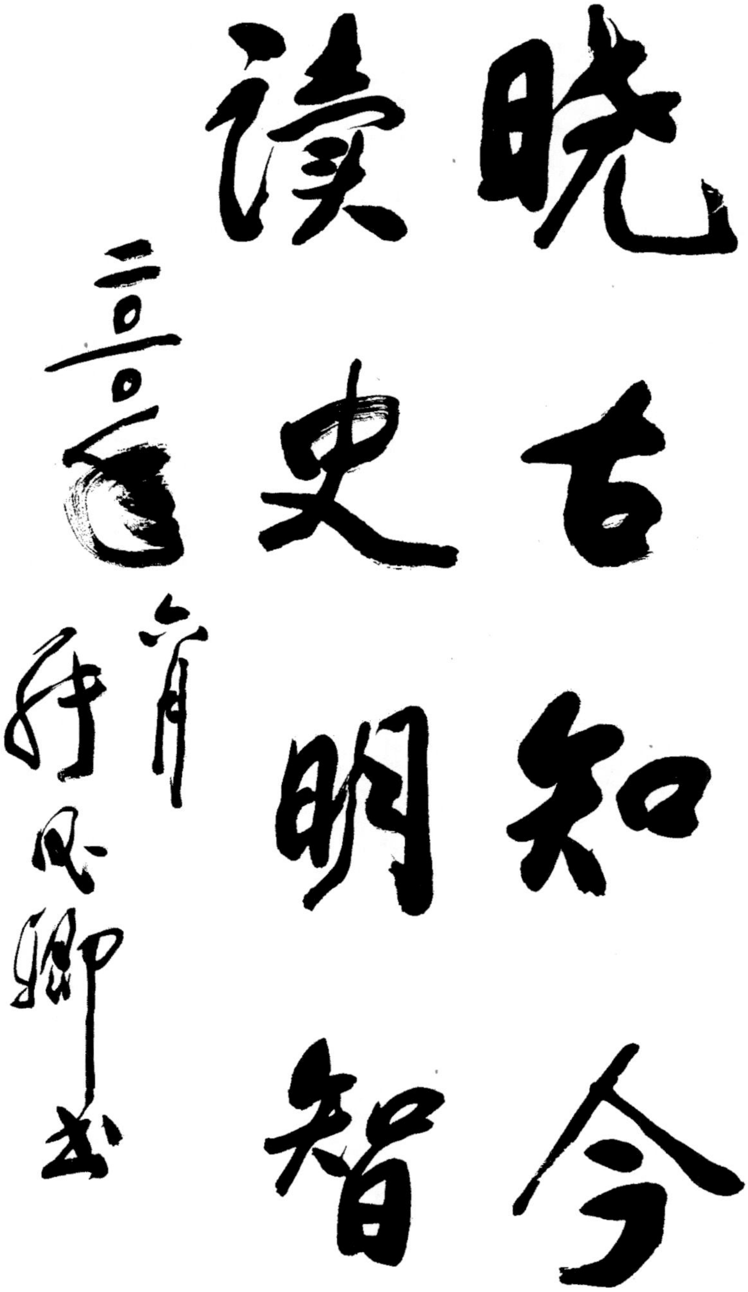

原全国政协副主席张思卿先生题词

跨湖桥文化国际学术研讨会论文集

杭州市萧山跨湖桥遗址博物馆　编

文物出版社

封面设计　张希广
责任印制　陈　杰
责任编辑　陈　峰

图书在版编目（CIP）数据

跨湖桥文化国际学术研讨会论文集 / 杭州市萧山跨湖桥遗址博物馆编. -- 北京 ：文物出版社，2012.9
ISBN 978-7-5010-3507-6

Ⅰ. ①跨… Ⅱ. ①杭… Ⅲ. ①新石器时代文化－中国－学术会议－文集 Ⅳ. ①K871.134-53

中国版本图书馆CIP数据核字(2012)第169067号

跨湖桥文化国际学术研讨会论文集

杭州市萧山跨湖桥遗址博物馆 编

文 物 出 版 社 出 版 发 行
（北京市东直门内北小街2号楼　邮政编码 100007）
http：//www.wenwu.com
E-mail：web@wenwu.com
影天印业有限公司印刷
新　华　书　店　经　销
787×1092　1/16　印张：23.75
2012年9月第1版　2012年9月第1次印刷
ISBN 978-7-5010-3507-6　定价：380.00元

《跨湖桥文化国际学术研讨会论文集》编辑委员会

序

跨湖桥文化是全人类的共同文化遗产和宝贵财富，她向世人展现了长江中下游地区 8000 ～ 7000 年前的文化脉络，架构了浙江史前文化多元化的全新格局，丰富了当代考古学的认识模式和研究思路，为全面形成长江流域新石器时代文化研究的整体观念提供了一个新的坐标。

栉风沐雨二十余载，跨湖桥遗址走过了发现、发掘、文化命名到原址保护的历程，萧山区委区政府始终坚持贯彻“保护为主，抢救第一，有效保护，合理利用，加强管理”的方针，在跨湖桥遗址保护、研究和利用上积极探索、勇于实践，终于迎来春华秋实、硕果累累。遗址博物馆的建成开放、两届跨湖桥文化节和跨湖桥文化国际学术研讨会的成功举办，标志着跨湖桥文化研究进入了一个全新的阶段。

跨湖桥遗址博物馆作为特殊的文化载体，无论是在学术研究还是在文化传承上都起着重要的作用，每年召开的跨湖桥文化国际学术研讨会，更是搭建起广泛的交流和协作平台，提高了跨湖桥文化在国内外的学术认知度和影响力。

这本论文集的编辑出版，正值跨湖桥独木舟出土十周年之际，既是对跨湖桥文化最新研究成果的梳理，弥补了许多研究领域的空白，又折射出跨湖桥文化研究不断推进的历程，为进一步提升学术研究水平，提供了一点值得借鉴的经验。

是为序。

编者

2012 年 4 月

目　录

上　编

下　编

Contents

Part1

Part2

上编

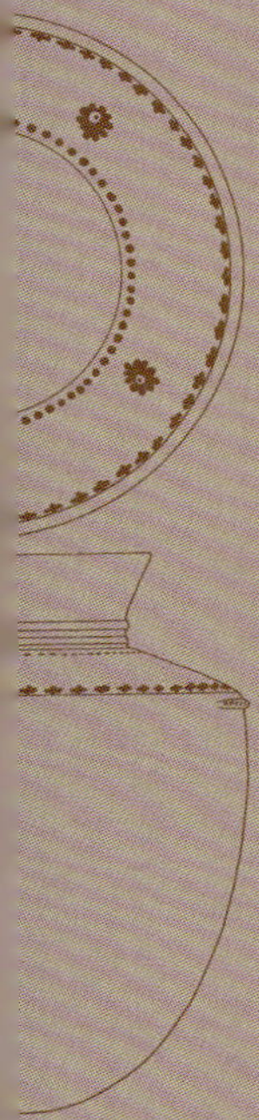

跨湖桥文化研究的回顾与进展

蒋乐平
（浙江省文物考古研究所 杭州 310014）

1990 年跨湖桥遗址第一次发掘，是跨湖桥文化研究的开始。回顾 20 年来跨湖桥文化的认识历程，可以大致划分为三个阶段：初步认识阶段（1990 ～ 1999 年）、认识的展开阶段（2000 ～ 2004 年）和认识的深化阶段（2005 年至今）。

再过 10 年、20 年，这样的划分或划分的内容会有变化，但这不妨碍我们进行阶段性的总结。

一 初步认识阶段（1990～1999年）

1990 年 5 月，萧山广播电视大学萧山分校学生郑苗提供跨湖桥遗址的线索，直接促成跨湖桥遗址的发现。在这之前，关注跨湖桥遗址出土文物的还有杭州砖瓦厂的厂医陈中缄，他很可能在 20 世纪 60 年代就已经发现湘湖出土的史前文物，并有意识地进行采集。后来，陈医生的后人将采集文物上交给萧山博物馆，这些上交的骨器、石器与跨湖桥遗址发掘文物完全一致。遗憾的是，跨湖桥遗址的命运比不上河姆渡遗址，种种原因，这一重要的遗址信息没有及时而有效地上报文物部门，并受到重视。

需要指出的是，据当地村民回忆，陈中缄发现的文物点，并不止于现在所界定的跨湖桥（包括下孙）遗址，也就是说，当初湘湖一带的跨湖桥文化遗址，分布范围要更广。

1990 年 10 ～ 12 月，跨湖桥遗址开始第一期发掘。发掘取得了不错的成果，彩陶、交叉绳纹卵腹釜、圈足器、木结构的椽子坑等重要信息即刻受到了重视。遗址出土的四个年代测定标本送到国家海洋局第二海洋研究所，测出了距今 8000 多年的年代数据。这一年代是惊人的，因为它比河姆渡遗址早了整整 1000 年。1997 年，《萧山跨湖桥新石器时代遗址》考古简报发表①。发掘者肯定了跨湖桥遗址的年代测定，几个基本概念也在报告中初步提出：早于河姆渡的年代、特殊的文化类型、与长江中游石门皂市下层的文化联系。

跨湖桥遗址发现后，考古界采取了较为谨慎、保守的学术态度，但浙江的考古工作者并没有放弃对遗址的思考。这主要体现在遗址发掘者芮国耀、方向明执笔的《萧山跨湖桥遗址发掘简报》和方向明的《试论跨湖桥遗址》、王海明的《二论跨湖桥新石器时代文化遗存》3篇文章。以“河姆渡文化课题组”名义发表的《二十年来河姆渡文化的认识与探索》（蒋乐平执笔）也谈到了跨湖桥遗址。

方、芮的简报和方向明的探讨文章，可以看出发掘者对遗址内涵的初步认识。发掘者的观点理应受重视，因为这是其他认识的重要源头。在《萧山跨湖桥遗址发掘简报》中，发掘者公布了重要的遗迹、器物、层位关系及年代测定数据。陶器的复原器较少，有几件釜，彩陶被重点介绍；木质文物及建筑遗存、橡子储藏坑等也引人注目。报告在肯定遗址年代的同时，指出其与浙江原有文化体系的较大差别，文化类型存在特殊性，并进一步提出与长江中游文化——特别是湖南皂市下层文化类型——的联系。《试论跨湖桥文化》在简报的基础上有所展开，将陶器质地归纳为夹砂陶、粗泥陶和夹炭陶，夹砂陶以釜类器为主，粗泥陶、夹炭陶多为盘、罐、支座等。夹炭陶与河姆渡的夹炭陶有差别，未发现掺和的炭化稻壳，烧成温度相对较高。陶器主要采用手制，亦有可能采用原始的贴塑法，分段制作普遍。纹饰以绳纹、镂空、刻划为主。彩陶较丰富，彩质疑是一种“漆”。彩纹除直观的太阳纹外，还有直条纹、曲折纹、十字形纹、网格纹等。器类以圜底器和圈足器为主，没有发现三足器。文章接着比较了与河姆渡遗址四层内涵的异同。陶系都为黑陶，器类都以釜、罐为主，不见三足器；釜的差别大；跨湖桥遗址的罐不见牛鼻耳、没有带嘴或流的器物，圈足盘类器不见于河姆渡遗址等。陶器的绳纹，跨湖桥遗址以交叉菱形为特色，河姆渡则多副之以刻划纹，跨湖桥彩陶显然要丰富，河姆渡的少量彩陶受跨湖桥影响的可能性大。跨湖桥出现较早的玉器穿孔技术。在与河姆渡比较之后，又与罗家角进行了比较，指出骨耜的置銎方法有共同性。最后，又与洞庭湖区新石器时代早期文化作了比较，认为釜、罐、盘、支座及其绳纹、刻划装饰的相似性，将这些共同性归纳为“长江流域新石器时代早期文化圈”[②]。

王海明是跨湖桥遗址年代的主要质疑者。他从原有的认识框架出发，强调钱塘江两岸存在着两支并行发展的原始文化，即宁绍平原的河姆渡文化和杭嘉湖的马家浜文化。由于跨湖桥遗址与河姆渡遗址均属宁绍地区，这种“地理上的亲缘性是我们不自觉地将跨湖桥新石器时代文化遗存与河姆渡文化比较最‘理直气壮’的一个理由”，通过比较，他认为跨湖桥遗址的年代相当于河姆渡文化晚期或更晚些。尽管如此，他也认为跨湖桥文化遗存具有鲜明的个性。怎样认识这种个性现象呢？他借用了苏秉琦对太湖地区原始文化的认识。苏氏认为河姆渡文化、马家浜文化是同一文化的不同地方类型，可细分为“圩墩—草鞋山类型”（苏南）、“马家浜—罗家角类型”（杭嘉湖）、“河姆渡类型”

(宁绍平原)，王在这一基础上略作拆分，将钱塘江以南的萧绍地区划出一块另立一个“跨湖桥类型”。王海明是这样解释跨湖桥遗址不见鼎这一原始现象的：鼎是受马家浜文化影响的器物类型，而马家浜文化向南的传播途径并非现在看来更为狭窄的钱塘江口，而是靠近宁波的杭州湾。他认为海盐王坟遗址、桐乡金家浜遗址、嘉兴南河浜遗址出土的夹炭红衣陶釜、陶罐的造型(纹饰)与宁波慈湖下层等钱塘江南岸遗址出土器物比较一致，这无疑是受到河姆渡文化的影响，这表明距今6000年左右，在杭州湾存在着一条至今尚未被我们认识的文化交流通道，具体位置可能在海盐与曹娥江东部的慈溪泗门——周行之间。既然这一拟想中的南北交流通道靠近东部，那么，位于宁绍西部的跨湖桥遗址因为距离较远，受马家浜文化影响较滞后，鼎这种三足器尚没有传播到这里③。因此，跨湖桥遗址不见鼎，是距离远、传播迟缓的原因，并不是因为年代早。

从可以检索到的论文看，王海明是当年唯一质疑跨湖桥遗址测年的研究者。但实际上，持怀疑态度的人更多，这种现象一直延续到2002年3月的“跨湖桥遗址学术研讨会”之后。因此仅就王得出的结论来看，应该是代表了更多考古界圈内人士的观点。但王的论证过程及思路，则是执著于以钱塘江为分界的“二元”体系，具有一定的典型性，是“二元”思维方式的在具体案例分析上的模式化体现，值得作进一步的分析评判。

为庆祝浙江省文物考古研究所成立20周年，蒋乐平执笔、以“河姆渡文化课题组”的名义发表了《二十年来河姆渡文化的认识与探索》一文④。文章谈到同属钱塘江以南的跨湖桥遗址，指出尽管遗址年代存在异议，但跨湖桥这种特殊的文化类型应该受到足够的重视，建议通过更充分的碳十四年代测定数据确定遗址的年代，因为年代是深化认识的重要基础。

这一阶段与跨湖桥文化研究相关的最重要事件，是无法逆转的学术资源的消失——这里指的是跨湖桥遗址的进一步破坏。后来看到剩下的半支独木舟，谁都禁不住一声叹息。只能说，这是“经济优先”大环境下的一个悲剧，是萧山社会快速发展所付出的一个代价。当然，也是文物法、考古知识未能普及于社会的一个教训。所幸的是，还存在郑苗这样有知识、有责任感的公民。

二 认识的展开阶段（2000年～2004年）

2000年，浙江省文物考古研究所以诸暨楼家桥遗址发掘为契机，联合萧山博物馆、诸暨博物馆、浦江博物馆，展开浦阳江流域新石器时代遗址专题调查。调查的起因之一，是发现同属浦阳江下游的楼家桥遗址与跨湖桥遗址文化面貌差别很大。楼家桥遗址当然也有自己的文化特点，但相比之下，与河姆渡、马家浜文化的联系要密切得多。那么，这到底是怎么回事呢？

这一年的12月下旬，考古人再一次踏上了跨湖桥遗址。由于考古调查队的队员均未参加跨湖桥遗址的第一次发掘，对遗址十分陌生，更何况经过近十年的破坏，遗址已经面目全非。出现在调查队前面的是一片繁忙的工地，到处都是挖掘机、铲土机以及传送带、小火车的轰隆声，遗址已化作一个十余万平方米的大土坑（为后来的湘湖恢复工程提供了很大的便利），遗址已经无踪可寻。最后，还是依靠砖瓦厂工人的指引，在大土坑的一个东部凸出的地块找到了文化层堆积，“贪婪”的履带印痕和铲斗齿痕正“蚕食”着这仅剩的区块，后来证明，这确实也是跨湖桥遗址的最后“阵地”，如果调查队晚到一步，遗址也就彻底消失了。跨湖桥遗址的重新发现有很多因素，但在遗址保护措施尚未到位的历史条件下，考古工作者的方向性选择，即试图在宁绍、杭嘉湖之外寻找学术突破点的努力，成为把握跨湖桥遗址命运的重要支点，则是毫无疑问的。

2001年5～7月，跨湖桥遗址完成第二次发掘。除了遗址的堆积相让人叹为观止（遗址之上叠压4米之厚的纯净淤泥，后来确认为海相层），最大的收获是陶器方面。整理过程中修复的陶器达一百五十余件，器物群的呈现比第一次发掘更为完整，在许多方面对发掘者产生认识上的震撼力。

第一是陶器制作的精致程度。除器形规整匀薄外，主要指彩陶与黑光陶工艺。彩陶保存的鲜艳程度，可能比不上前次发掘，但由于发现的完整或较完整的器物较多，彩陶的分布位置及组合形态看得更分明了。彩质分为厚彩与薄彩两种，均施于细腻的陶衣之上。薄彩一般见于圈足盘（豆）的内壁，有红、黄诸色，从口沿向内垂挂的环带纹、半月纹最为普遍；一些双腹盘从口沿到底心分层设组，十分讲究，这类器物应当不再是实用器皿，具备了充任礼器、祭器的基本特征。最有特色的是厚彩，施于器物的外部，如罐的肩颈、圈足盘（豆）的圈足等位置。圈足部的彩纹多呈以圆形镂孔为中心的放射纹；肩颈部位则多以组合纹饰出现，太阳纹引人注目；在手法上，点彩、条纹、波浪纹相配合；一件扁腹罐的器耳上还出现一个“田”字符号。厚彩材质似为加有某种黏合剂的泥料，脱落后遗留乳白色痕迹，大都清晰可辨。黑光陶一般见于豆、罐两类器物。黑光陶的概念，是为了区别良渚黑陶。浙江新石器时代晚期有著名的良渚文化泥质黑皮陶，初见很容易相混，当时社会上还出现一种民间说法，认为跨湖桥遗址的黑光陶是从良渚（遗址）过来的沉船遗存（这种说法当然也对跨湖桥遗址年代持否定意见）。其实两遗址胎质完全不同，外露的光泽也是不一样的，但这种混淆至少说明在陶艺效果上不分伯仲。这种黑光的表面形态同样反映在一批外红内黑的器物上，如钵类器，内壁十分光亮，为江南其他考古学文化所不见。器物上常见周正的弦纹、棱纹，分明使用了慢轮修正技术。更令人惊讶的是，在一件外红内黑的陶器的口沿部位发现用黏合剂进行修补的证据。

第二是完全陌生的陶器群组合。从器名上看，不外釜、罐、钵、豆（圈足盘）、甑几种，但形态完全是新的，如钵形釜、折肩釜、扁腹双耳罐、盅形钵、双腹豆。特别是甑，应该是中国出现食物蒸煮的最早证据。发现了唯一的一件流的残件，说明盉类器已经出现。

第三是纹饰的丰富与成熟。拍印的方格纹在浙江地区的新石器时代遗址中可以说从未发现过，但跨湖桥遗址出土了相当的数量，粗格者多呈菱形。另外还有蓝纹、篦纹、指甲纹、戳印纹以及“工”字、“卜”字、三角形、方形、圆形等镂空形式。绳纹除拍印，还应当采用了滚印等方法。

当然，最令人关注的还是遗址的年代。2001 年 11 月初北京大学考古文博院碳十四实验室的第二批测定数据出来。检送标本为2001年出土的木块，数据排列是6585±90年、6970±100 年、6450±90 年、6615±110 年、6180±90 年、6370±120 年；经过树轮校正，年代大致在公元前 6000 年至公元前 5200 年间。同时，1990 年发掘区编号 H22 出土的、补送北京大学实验室的橡子标本的测定数据也已出来，为 6800±170 年，树轮校正后为公元前 6000 年。这些数据虽稍晚于国家海洋局所做的第一批数据，但在整体上完全突破了河姆渡遗址公元前 5000 年的上限。

当初对跨湖桥年代质疑的一个理由是国家海洋局第二海洋研究所二所实验室对考古标本缺乏知识，技术处理有偏差，测定数据不准确。现在更具权威的北京大学复证了跨湖桥遗址的年代，大约再也没有猜忌的理由了！

跨湖桥遗址以更充足的资料准备，迎来了 2002 年 3 月下旬 “跨湖桥遗址学术研讨会”的召开。研讨会的目标十分明确，第一是赢得“浙江最早遗址”的美誉，二是增加学术界与社会各界对跨湖桥遗址的认知度。因此不但邀请了全国各地的专家，新闻媒体也特别作了安排。但尽管有了充分的碳十四年代测定数据，考古资料与学术思路上作了较充分的准备，与会专家对盛情的主办方也充满同情之心，但研讨会上专家们对遗址的年代还是提出了争议性的意见。

以下是“跨湖桥遗址学术研讨会”与会专家发言的简录。口头发言在表达上或有不周之处（记录也会有疏漏），但其基本观点大致可断，从中我们可以更深切地领会跨湖桥文化的研究是怎么样一步一步走过来的。

裴安平（南京师范大学）：汤家岗的细线条附加堆纹、城背溪的圈足盘均有可比之处；细柄豆在汤家岗遗址也有发现。

黄宣佩（上海博物馆）：新的文化类型。釜与河姆渡、罗家角有区别明显；以双耳器、彩陶豆（盘）为代表的文化。非常重要的发现，应该相信碳十四年代数据。无鼎、无穿孔石器、石器硬度高、未陶洗的粗泥陶特征。晚期与河姆渡、马家浜有共同性：1. 红褐色陶衣；2. 双耳罐、釜在河姆渡、马家浜也有。

宋建（上海博物馆）:1. 年代：从文化内涵、现象看，没有三足鼎；制法有慢轮修正，没有快轮；文化特征与石门皂市有联系；遗址中的自然遗物，鹿多、老猪多，说明对野生资源的猎取。新石器时代遗址中，一般是猪的比例增加，鹿的比例减少。人类刚到达一个地区时，有充分的自然资源的保障。2. 文化的独特性：专门的炊器，双耳罐，圈足器，罐、圈足器上的纹饰，构成一套独特器物、独特的文化类型。3. 不理解的地方。很多因素陌生、晚，为什么不大的范围内有三个类型，骨器上体现的穿孔技术，箭镞，大方格纹，高领罐上的刻划纹。既然整体的肯定，地层的认定，这应该是不断发现新事物的过程，认定事实，抱着认识新事物的态度，一万年到八千年是海平面迅速抬高的时期，不会有遗址，8000 年到 7000 年开始稳定，7000 年以后稳定，三个文化未必是本地发展起来，不同方向的因素在小范围里冲突、融合。

张敏（南京博物院）：开了眼界，又有许多问题。年代的确定不能光看碳十四数据，还要看本身的东西，江苏也没有发现 7~8 千年的东西，7000 年开始稳定下来，早于 7000 年可能性较小。缺憾：仅此一处，缺乏可比性；文化遗迹缺乏；遗物复杂，很早很晚的东西集合在一起。早的因素：1. 双耳罐；2. 无鼎；3. 石器单调；4. 无玉器；5. 动物中的牛鹿；猪以老幼猪为主；渔猎经济占主导地位。6. 纹饰上的原始性，刻划（不清）、指甲纹。先进（晚的）因素：龙山因素，镞、凿。年代：倾向于 7000 年左右；晚不过 6300 年，比河姆渡略早。文化性质：很新、先进；独立性强；外延范围不会很大；面貌复杂，个性突出。形成：不是土生土长，北纬 30 度，人类活动发达区；海退后形成最高生存空间，来无影，去无踪。结论，独立的文化类型成立，但有待于进一步的工作，二级台地的调查；“通道”上的调查。看不明白。

吴卫红（安徽文物考古研究所）：1. 不熟悉，细看遗址是个联系的整体，组合独立，独立的文化遗存；2. 早晚差别存在；3. 年代，安徽彩陶 7000 年前出现，彩绘 6000 年前出现。遗址将长江中游与浙江联系起来，安徽是个中间环节，对我们是个促进。

赵辉（北京大学考古文博学院）：1.90 年就看到，初步估计区别不大，根据经验，年代属于大溪早期。2. 对长江流域研究的意义，独特的一套东西，往东没有，与中游关系密切。凌家滩，发展程度高，有玉器，地区接近宁镇，水平比两翼高，石器有两个中心（高峰），巢湖是一处，跨湖桥对这种先进性提供了线索，相近而且发达，后阶段是屈家岭与良渚对峙。前后段不一样。3.将两者联系起来，提供了中间材料。甚至与珠江三角洲咸头岭类型相似；将南片串起来。把三地串联起来，将是非常重要的工作。文化类型没问题，内容还嫌单薄，加强周围地区的工作。

杨楠（中央民族大学）：与长江中游的共同性，如何分析？虚线，方向如何？独立的文化遗存，不忙于命名一个独立的考古学文化，在二级台地上寻找遗址。

吴汝祚（中国社会科学院考古研究所）：发掘面积630平方米，与河姆渡一模一样，会议也一样，巧合的背后？（严文明插话："斗巧"）相当重要。但面积发掘过小，大问题解决还有困难。曾几何时，大汶口放在龙山后面，挖东海屿、三里河以后慢慢解决。宏观容易看，微观难看。进步一定就晚？裴李岗发现的磨光石器（磨盘、带锯齿的镰刀），当时就不认识。碳十四数据不能完全抛弃，跨湖桥是河姆渡源头之一，河姆渡很多东西在跨湖桥找到同类型器的源头。彩陶最早有8000多年，与黄河流域不一样，临潼白家村有红陶，这里有红、白、黑，部位也不一样，黄河与长江各有源流，与中游比较，彩陶反而多，关系到底如何？现在说不好，长江流域普遍的衰微过程，河姆渡彩陶少，水平高，与老官台往上走不一样。河姆渡榫卯结构有源，跨湖桥的椽子坑的井字形木结构有榫卯端倪。

缪亚娟（中国社会科学院考古研究所）：是东南沿海地区继河姆渡、良渚以后的重要发现，不同于河姆渡、罗家角，年代要早，为区系类型研究提供新资料。

张忠培（故宫博物院）：1.陶器加工规整，面貌一致，代表一种遗存的文化特征，少数陶片注意一下，如方格纹等。2.层层叠压的烧土层与烧土坑是同一房子的使用过程。新的文化，彩陶非黄河流域（老官台）系统，是新的彩陶，与青莲岗构成一个组合，新的遗存。年代，进不了8000年，早于崧泽，倾向于宋建、裴安平，公元前4900年前后，超不过公元前5000年，下限在公元前4000年纪中期。不要看得太原始，肯定进不了8000年。3.孤单，进一步调查。提供了一个亮点，一种思考。苏先生的多元说，崧泽之前谱系更多，苏先生的区系概念有一个组合过程，产生新的观念，不一定是两种，现在有三种。

严文明（北京大学考古文博学院）：1.研讨，很好的学术性研究；2.90年的资料看过，没发表意见；不能不考虑旁边的文化，现在复原器增加，工作很好，上面堆积厚，没有后期扰动，前期的扰动也没有，没有干扰，工作不错，是一个单纯的整体，方格纹不可能晚，自己建立新的思路，不套老筐子，但要比较研究，插不到后面的序列，就往前搁，或不搭界；近而不联系，双耳罐略有联系，比河姆渡早，与皂市、汤家岗像，这批陶器复杂，选料不一样，有慢轮修整，造型圜底、圈足，简单，总体体现早期的特征；

但还是复杂，比皂市、汤家岗复杂，不像边缘化，技术水平高，年代相当石门皂市，联系在罗家角有（白陶）、河南龙岗寺也有，远距离的文化交流是可能的。器形复杂，纹饰更复杂，绳纹细匀，刻划纹，是彩陶，不应该叫彩绘，浓泥点的材料（当指厚彩中的点彩），一个器物上几种类型的装饰；烧制方法，十分丰富。黑陶，仰韶早期就有，赵宝沟黑陶很好，裴李岗黑陶一点不比这里差。内涵：不属于现有的任何考古学文化，但分布范围不清，不忙于确立新的文化，靠山找一找，更重要的是沿着浦阳江找，现在只是个框架，开了新石器时代考古工作的眼界。

最后的会议纪要综合了各方面的意见，在年代问题上采用了“跨湖桥遗存有较多接近长江中游地区文化的特征，面貌上接近洞庭湖地区的皂市下层文化或汤家岗、丁家岗下层类型，因此它们的年代相仿佛。至于跨湖桥遗存与浙江境内河姆渡 3、4 层或马家浜文化的关系，多数学者赞同跨湖桥遗存的上限较早，或者认为跨湖桥遗存整体早于河姆渡文化；或者晚段和河姆渡文化有一段并行发展的时期。”而在文化性质上，“与会代表一致认为，跨湖桥遗存的文化面貌十分新颖独特，其器物群基本组合、制陶技术、彩陶风格等，皆不同于浙江境内任何一支已知考古学文化，又自成一个整体，是浙江考古的崭新发现。由于其面貌的特殊性，因此，可以把它看成一个单独的文化类型。但限于目前有关发现尚少，特别是还不明了这类遗存分布的基本范围，因此，代表们建议，现在尚不急于给予其文化的命名。”⑤

2002 年的“跨湖桥遗址学术研讨会”取得了戏剧性的效果。遗址年代存在争议，但依然被评为“2001 年度十大考古新发现”。意外获评，证明考古界对遗址重要性还是有足够的认识。年代争议的背后，是对遗址内涵的另一种关注与期许。客观地说，无论放在哪一个年代，跨湖桥遗址都是中国东南地区或长江流域史前考古的一大发现。更何况还有严文明、吴汝祚等考古学家对遗址的碳十四年代测定数据持肯定态度。

从 2001 年秋冬开始，跨湖桥遗址的整理工作紧锣密鼓地进行着，为尽早发表考古研究报告作准备。2003 年下孙遗址的发现，加速了报告的编写进度。报告承载的一个使命，是提出“跨湖桥文化”的概念。从发掘者本身的认识及 2002 年“跨湖桥遗址学术研讨会”上的反映来看，跨湖桥遗址的文化特殊性，比其年代，更容易被学术界认同。唯一的不足是缺乏遗址数量的支持，根据考古学文化的命名法则，必须有两处以上的同类型遗址，才能从分布范围的角度，对“考古学文化”概念提供最基本的支撑。2003 年，浙江省文物考古研究所、萧山博物馆联合在湘湖地区进行调查，意图发现其他同类型遗址。这年的春夏之交，杭州铁路工务段职工倪杭强，一个一直对跨湖桥遗址发掘给予关注的文物爱好者，提供了下孙遗址的信息。下孙遗址位于跨湖桥遗址东北部不到2公里处，靠近杭州乐园旅游度假区，同样被砖瓦厂取土破坏。在取土坑的西部剖面上，可以捡拾到零星的陶片。得知信息后，考古队马上发现了稀薄的遗存堆积及“线轮”等跨湖桥典型器物。紧接着对遗址进行试掘，并在2003年的秋冬季节进行了正式发掘。

将下孙遗址认作一处独立的跨湖桥文化遗址，略有勉强之处。首先是两遗址相距太近，考虑到两遗址的中间地带还存在着过渡遗存（根据陈中缄后人及当地村民的反映），这两处遗存很可能就属于同一个遗址。其次，下孙的遗存性质很可能是一个制陶作坊，《跨湖桥》报告并没有讳言这一点。也就是说，下孙遗址实际可能是跨湖桥遗址的一个特殊功能区。但为了尽早命名为独立的考古学文化，也因为遗存的严重破坏影响了判断的确定性，报告的“综论”还是从两个不同遗址的角度进行分析，并在这个基础上提出了“跨湖桥文化”的概念，并将“跨湖桥文化”定义为“一种存在于距今8000～7000年、以湘湖及其周围地区为重要分布区，面向海洋、最后为海洋所颠覆的考古学文化”。这一概念值得商榷（从后面的发现看，跨湖桥文化的发布并非面向海洋，而是在河流的上游地区，这一点在后面部分会加以论述）。从中得到的教训是，赖以命名一个“考古学文化”的遗址必须是典型性遗址，否则，即使命名本身没有错误，但其内涵的设定可能会出现非科学的倾向。

2004年11月，《跨湖桥》考古报告如期付印⑥，“跨湖桥文化学术研讨会暨《跨湖桥》报告首发式”在萧山召开，“跨湖桥文化”的概念在会上得到严文明等考古学家们的支持，“跨湖桥文化”成功命名。跨湖桥遗址从年代讨论为开端，以“十大考古新发现”中选、跨湖桥文化的命名为高潮，知名度迅速提高，受到国际、国内学术界的关注。

这一阶段，开始从多学科的角度研究跨湖桥遗址。《跨湖桥》报告除了公布传统考古学的研究成果，还在遗址的环境变迁、动植物的利用或驯养等方面进行了专门研究。袁靖等报道了南中国地区最早的家猪；刘莉等提出遗址出土的圣水牛为野牛、并没有走向驯养的观点；郑云飞等从硅藻化石等遗存分析了遗址的沉积环境，并对水稻的驯化现象作了客观的解读。

三 认识的深化阶段（2005年至今）

这一阶段的成果主要体现在两个方面。一是多学科研究上，跨湖桥文化的经济、环境、意识形态以及独木舟等方面内容得到更广泛的关注，跨湖桥文化研究出现在更多的国际、国内学术议题中；二是考古发现上，浦江上山、嵊州小黄山、永康湖西、龙游青碓等遗址均发现跨湖桥文化层，这些跨湖桥文化遗存都直接叠压在上山文化层之上；在上山遗址中，甚至发现了上山文化—跨湖桥文化—河姆渡文化（非典型性）的三叠层关系。至此，跨湖桥遗址的年代、跨湖桥文化命名的意义等问题得到了肯定性证明。

在研究方面，有几篇文章值得一提。

第一篇是宗永强等撰写的《沿海湖沼火与水的控制造就华东最早的水稻栽培》[⑦]，该文通过发掘区的土壤采样，分析样品中的孢粉和微生物化石，试图对遗址环境的复原与重建提供新的解释。其中特别针对文化层比下部的湖相层桤树孢粉急剧减少和细小炭屑成倍增加的数据，得出人类毁林开荒、清除林地以扩大水稻的种植面积的判断。土壤中发现的粪便分解物，也被认为是当时人类可能利用动物粪便作为水稻栽培的肥料。因此，跨湖桥的早期水稻体现了一种用焚烧灌木、控制海水渗入以维持稻田蓄水和肥力的栽培模式，并进一步将跨湖桥遗址看做是东亚最早栽培水稻地点。该成果发表在高等级的国际学术刊物上，但却缺失考古学的知识背景。自然层与文化层的堆积性质完全不同，盲目比较只能得出不切实际的结论。比如，细小炭粒的急剧增加，是因为取样点就在独木舟遗迹附近，这里发现了多处烧土并发现木头或木器被烧的遗迹，树木被燃烧利用又是人类活动的普遍现象，与下部的自然层堆积当然不可同日而语。如果这些增加的炭屑发现于确定的耕种区域，或可推导出毁林开荒的结论，但绝不能反向推导炭屑就是一种烧荒火耕的遗迹。对此，舒军武等还从专业角度，对遗址中出现的桤树孢粉，提出了不同的分析意见。舒军武等重新在该遗址及遗址边缘做了更细致的工作，认为“一孔之见”（指同样的钻孔）的桤树属花粉单峰值并不能真正代表当时普遍发育桤木湿地林。相反，以栎树、松树为主的常绿、落叶混交林氏当时跨湖桥文化时期广泛分布的地带性植物，也是人类活动干扰的主要对象[⑧]。这与《跨湖桥》报告的结论是吻合的。同样，宗文将跨湖桥水稻认作东亚最早栽培稻，也是在对史前考古现状缺乏调查的条件下得出的草率结论。这篇文章的最大启示是，自然科学介入考古研究，并不能“自然”地得出科学结论，必须与考古学紧密结合，才能发挥其真正的作用。

另一篇是王长丰等撰写的《浙江跨湖桥遗址所出刻画符号试析》[⑨]，试图从意识形态的领域开掘跨湖桥文化的内涵。在《跨湖桥》第八章“总论”第五部分“艺术与宗教”中对陶、木器上原始符号的论述基础上，该文进一步分析认为，这些符号是目前所见到的最早的可能与数卦有关的符号类型，这种符号有可能是用于记录占卜的数字卦象，如果这一推测成立，就可表明早在 8000 ～ 7000 年间，数卦系统就已存在了。这种符号不独见于跨湖桥遗址，舞阳贾湖、大溪、崧泽、佛山河宕、良渚、平粮台等遗址也有出现，凌家滩的占卜文化就已经相当成熟。从符号出土地点来看，这些符号大都出土于长江流域和淮河流域，这或可说明黄淮、江淮和江南地区是我国占卜文化的主要源头。跨湖桥遗址符号的发现对我们更进一步地认识我国传统文化的起源与发展，具有重要意义。

焦天龙的《论跨湖桥文化的来源》[10]重拾旧说，针对跨湖桥与皂市下层的“共性因素”展开议论，并大胆提出跨湖桥人从长江中游迁徙而来的可能性。该文的重点是构建从内陆走向沿海的史前文化传播路线，在具体的比较研究中没有提出新颖的证据，但我们可以借此反思，当初提出的与长江中游史前文化的联系，具有怎样的考古学的认知意义。

为什么在跨湖桥遗址的发现之初，发掘者会将比较的目光投向长江中游地区的皂市下层文化？可从两方面对此进行推测，第一当然是文化面貌本身具有可比较之处；第二是以权宜之计，通过这样的比较获得对遗址测定年代的支持。两种因素可能兼而有之。毕竟，长距离文化之间的直接比较，在以往的研究中从没有真正采用过，尽管罗家角遗址出土的白陶，与长江中游有密切关系。

在20世纪八九十年代前，江淮以南早于7000年前的新石器时代文化，数长江中游洞庭湖地区最为著名。这里除了发现皂市下层文化，还发现了更早的彭头山文化。因此，要肯定在年代上“孤立无援”的跨湖桥遗址，援引长江中游资料十分自然。皂市下层文化以洞庭湖石门皂市遗址命名，主要分布于澧水中下游与沅水、湘水下游，代表性遗址有皂市、胡家杨场、汤家岗等遗址，年代约距今8000～7000年。皂市下层文化的主要特征是，陶系以夹炭红衣陶为主。陶器总体以圜底器、平底器为主，不见或少见三足器，纹饰以绳纹和丰富的刻划、压印、戳印为主，圈足上更有几何纹样镂空组合。典型陶器有罐、盆、钵、支座等，釜、罐难以区分。罐有双耳亚腰、折沿、卷沿深腹、高领等形式，盘为敞口、坦腹、外撇圈足。石器特征比较原始，有三种类型：一为细石器；二为利用鹅卵石砸击石片制成的斧、锛等；三类为通体磨光、器形较小的斧、锛、凿等。但无论从陶器的制作水平、风格形态，到石器的粗朴特征，与跨湖桥遗址相比，区别是明显的。釜、罐不分现象，亚腰形器均不见于跨湖桥遗址，即使是最值得比较的圈足器及其镂空装饰，也有很大的不同，比如跨湖桥遗址以小圆孔为中心的放射纹题材，就不见于皂市下层。

从资料的纯客观性角度，将跨湖桥文化与皂市下层文化进行比较，并不存在必然性。首先，共性因素不明显，圈足器、彩陶等仅仅是一些概念，在具体的形态上，差距还是比较大的，如果没有年代相近这一点，恐怕很难将两者联系起来。第二，比较的指向在哪？谁影响谁？从年代上看，跨湖桥遗址的年代上限其实比皂市下层要早。皂市下层文化的来源是彭头山文化，那么，跨湖桥文化的来源是否也要向彭头山文化追溯？但彭头山文化中并不存在彩陶、发达圈足器等因素。诚然，我们不能轻易否认新石器时代早中期的长江中下游地区存在着文化上的相互交流与影响，但这种交流、影响很难提到文化源流关系的层面上。值得欣喜的是，从近十年的考古发现看，跨湖桥文化的根在本地，我们在钱塘江上游地区，找到了跨湖桥文化的源头。

2000年的浦阳江流域考古调查，除了重新发现跨湖桥遗址外，还有一个重要的收获，就是发现了浦江上山遗址[11]。2006年，以上山遗址为代表的考古学文化类型正式被命名为上山文化。上山文化的年代距今约11000年至8600年，上山文化的发现，是浙江早期新石器时代考古的突破，这证明跨湖桥文化具有本地基础。但跨湖桥文化是否来源于上山文化，还需要在文化关系上寻找证据。

小黄山遗址是第一个发现上山文化、跨湖桥文化叠压关系的遗址[12]，但由于认识上的纠结，小黄山遗址没有即时指出这一事实。首先确认存在上山、跨湖桥文化叠压关系的是上山遗址[13]。在2006年发掘的上山遗址的北区，发现了叠压在上山文化层之上的跨湖桥文化层，在这个跨湖桥文化层中，发现了彩陶圈足器、折肩绳纹釜、钵等跨湖桥文化典型器，碳十四测定，这个跨湖桥文化层的年代约距今8500年。2008年以后，在考古专题调查中，金衢地区陆续发现了一系列新石器时代早期遗址。这些遗址包括；龙游青碓遗址、荷花山遗址、永康湖西遗址等。

龙游青碓遗址位于衢江支流灵山江西岸，海拔约50多米。遗址分布南北长约170多米，东西宽约160多米，遗址面积约30000平方米。遗址包含两个阶段的文化层堆积。下层陶器以夹炭红衣陶为主，复原或可辨器物有敞口平底盆（部分为多角沿）、乳丁足盆、镂孔圈足盆、平底贴耳盘、贴耳罐、折平沿（无耳）罐、小钵等，并见有折线刻划、戳印等装饰。石器丰富，主要有石磨棒、石磨盘、石锤、石片石器和少量的磨制石凿、石锛，还采集到穿孔石器等。这些遗物具有浓郁的上山文化晚期特征，年代约距今9000年。上层陶器包括夹炭、夹砂两种陶系，陶色总体偏灰黑，主要器物有凹沿侈口釜、浅腹平底盘、双耳罐、圈足器，装饰以绳纹为主、还有弦纹、米粒纹、镂孔等，石器见有石锛、磨石、石片等。从类型学的比较看，青墩上层遗物与浦江上山遗址中层的文化面貌基本一致、具有明显的跨湖桥文化特征，年代距今8000多年[14]。

荷花山遗址位于龙游县衢江东南部，遗址面积约50000平方米。2011年9月下旬开始，对该遗址进行了发掘。遗址包括5个文化层，清理了灰坑、柱洞、“石器制造场”等遗迹现象和丰富的陶石器。从发掘出土的遗物分析，遗址的最早年代约距今9000年左右。复原陶器近20件，包括大口盆、平底盘（浅腹、深腹）、圜底盘、圈足盘、双耳罐等器形，陶质以夹炭红衣陶和粗泥陶为主。从这些复原陶器和大量带有器形特征的陶片分析，遗址的年代约相当于上山文化晚期，但延续时间更长，末期出现了不少跨湖桥文化的因素，如侈口微敛，沿外侧置对称舌形鋬的绳纹陶釜、圜底钵、锛形石锤、青灰岩石锛等，都具有跨湖桥文化特征⑮。

在永康湖西遗址的调查中，也采集到侈口微敛、沿外侧置对称舌形鋬的绳纹陶釜，证明也存在跨湖桥文化阶段的遗存。湖西遗址的最大发现，是在上山晚期文化层中，出现了彩陶器。这些彩陶器的彩质与跨湖桥一样分为厚彩与薄彩，厚彩主要呈点彩形式，薄彩多为简单的条纹。湖西遗址的彩陶比跨湖桥遗址彩陶简单，但具备了共同的基本特征，是跨湖桥文化彩陶的源头⑯。

上山、小黄山、青碓、荷花山、湖西等遗址的发现，不但在文化的叠压关系上证明上山文化与跨湖桥文化的前后关系，也在文化内涵上证明两者的继承关系。曾经一度困扰学术界的跨湖桥遗址圈足器发达的现象，现在也找到了解释：在上山文化阶段，圈足器和带镂孔的圈足器就已经出现了。这也说明跨湖桥文化从它的出身看，属于典型的内陆型文化。尽管跨湖桥遗址出现了独木舟、跨湖桥遗址的位置靠近杭州湾、跨湖桥遗址最后被海侵背景下的海潮所湮灭，它的源头，来自河流上游。

通过跨湖桥文化遗存的不断发现，以及跨湖桥文化与上山文化关系的进一步理顺，我们或许可以对浙江新石器时代文化的发展规律作如下归纳。

浙江新石器时代不同时期遗址，呈现一种从上游山地向下游平原、从较高海拔向较低海拔的分布趋势。距今11000年至9000年以前的上山文化遗址发布于海拔120米～40米的钱塘江上游丘陵河谷地带，距今8500多年至7000多年前的跨湖桥文化遗址分布于海拔约50米～4米丘陵平原过渡地带，距今7000年以降的遗址则广泛分布于杭州湾两岸的平原区。伴随这一过程的是遗址数量的增加和人口规模的扩大。

新石器时代早期人群从上游山地向下游沼泽湿地迁徙，推测有三个基本动力。一是距今9000年前后，东亚地区出现了短期的干冷反复，钱塘江上游出现河流干涸甚至断流现象⑰，人类被迫向环境条件更适宜的下游地区转移；二是稻作农业发生后，在灌溉技术尚处于初级水平的条件下，喜湿的稻更容易在下游低湿地获得产量，人类有意识地向下游寻求发展；三是杭州湾两岸平原区的地理环境慢慢稳定下来，河口三角洲丰富的渔猎资源吸引了原始人群膨胀着的胃口。以上三点可能是复合地发生作用。

钱塘江新石器时代文化的发展稳健而快速。距今约8000年的跨湖桥遗址，记录了史前人群初据下游河口地带的文明状态：最早应用慢轮修整技术的复杂陶器群、彩陶装饰的繁盛、漆器的发明以及第一次出现的成熟独木舟、“中药罐”以及鹅卵石铺设的村庄道路。

跨湖桥文化的年代一度因其“过分”的进步状态而受质疑，现在看来，这正是钱塘江史前文化独具的优势，原生文化的创造性特质对一个区域文明的成长具有决定性的影响。

从这一意义上看，跨湖桥人是新石器时代人群从山地走向沿海平原的第一批“弄潮儿”。

至此，我们可以作一个初步的结论。跨湖桥文化是一种主体来源于上山文化、处在山地文化向平原文化发展的过渡期、在钱塘江史前文明史中起到承先启后关键作用、在中华文明起源研究中具有重要意义的考古学文化。

从考古学的角度，目前尚有两个基本问题需要解决：一是跨湖桥文化的分期，跨湖桥遗址本身的分期远远不够，现在钱塘江上游地区发现了更多的跨湖桥文化遗址，只有完成综合性分期、建立更详细的脉络框架，才能对其盛衰源流问题做出更充分的解答；二是与河姆渡等后续性文化的关系问题，这实际上是树立跨湖桥文化历史地位的关键性问题。河姆渡文化、马家浜文化直接指向良渚文化、指向中国东南地区史前文明发展的高峰，其中哪些是跨湖桥文化的遗产？这些遗产的进步意义如何？需要得到系统的回答。

注释：

① 浙江省文物考古研究所：《萧山跨湖桥新石器时代遗址》，《浙江省文物考古研究所学刊》，长征出版社，1997年。

② 方向明：《试论跨湖桥遗址》，《东方博物》第三辑。

③ 王海明：《二论跨湖桥新石器时代遗存》，《东方博物》第四辑。

④ 河姆渡文化课题组：《二十年来河姆渡文化的认识与研究》，《浙江省文物考古研究所建所二十周年论文集》，西泠印社，1999年。

⑤ 研讨会上专家的选择性的发言内容见《跨湖桥遗址学术研讨会纪要》（赵辉整理），《中国文物报》2002年4月5日。

⑥ 浙江省文物考古研究所、萧山博物馆：《跨湖桥》，文物出版社，2004年。

⑦ Zong, Y., Chen, Z., Innes, J.B., Chen, C., Wang, Z., Wang, H., 2007.Fire and flood.management of coastal swamp enabled first rice paddy cultivation in east China.*Nature* 449, 459-463.

⑧ Junwu Shu,Weiming Wang,Leping Jiang,Hikaru Takahara,2010.Early Neolithic vegetation history,fire regime and human activity at Kuahuqiao,Zhejiang Province,*East China:a new and improved insight Quaternary international*,227:10-21.

⑨ 王长丰、张居中、蒋乐平：《浙江跨湖桥遗址所出刻画符号试析》，《东南文化》2008年第1期。

⑩ 焦天龙：《论跨湖桥文化的来源》，《浙江省文物考古研究所学刊》第八辑，科学出版社，2006年。

⑪ 蒋乐平、郑云飞、郑建明:《浙江浦江发现距今10000年前的早期新石器时代遗址》,《中国文物报》2003年11月7日。

⑫ 张恒、王海明、杨卫:《浙江嵊州小黄山遗址发现新石器时代早期遗存》,《中国文物报》2005年9月30日。

⑬ 蒋乐平、盛丹平:《上山遗址与上山文化》,《环境考古研究》第四辑,北京大学出版社,2007年。

⑭ 蒋乐平:《浙江龙游县发现9000年新石器时代遗址》,《中国新闻网》2010年9月8日。

⑮ 浙江省文物考古研究所发掘资料。

⑯ 浙江省文物考古研究所调查资料。

⑰ 叶玮等:《浦阳江流域全新世早期环境演变与农业的发展》,《环境考古研究》(第四辑),北京大学出版社,2007年。

再读跨湖桥

陈淳、潘艳、魏敏
（复旦大学 上海 200433）

浙江萧山跨湖桥遗址以其较早的年代，丰富的物质遗存和蕴含的大量信息，受到学界和公众的广泛关注。特别是出土的独木舟、栽培水稻以及精美的陶器，极具重大的历史意义和学术价值。它们为我们了解8000～7000年前人类在钱塘江沿岸的适应生息，探索水稻栽培的起源和生态背景提供了不可多得的具体证据。同时，它也为我们探究新石器时代早期经济、资源、技术和社会复杂化问题提供了极具科学价值的样板。2002年，跨湖桥遗址被评为2001年度的中国十大考古新发现。2005年，萧山文化局和萧山博物馆委托复旦大学文博系为筹建中的跨湖桥遗址展示馆撰写信息主导型的展示方案。《跨湖桥》发掘报告已经提供了出色和全面的研究成果，然而科学研究与公众普及在信息要求上毕竟还是有所不同，需要一些更直观和生动的事例、数据和说明。为了向公众展现生态背景和变迁、先民的日常生息、乃至遗址栖居直到废弃的整个动态过程，我们觉得有必要对环境和文化的具体细节方面再做一些分析。在此，我们综合已发表的研究成果，尝试从环境、生计方式、陶器技术三方面对跨湖桥先民的生息与文化进行深入的阐释，了解其社会发展的层次和原因。

一 环境变迁

史前期的原始文化被认为是对特殊环境的适应，因此解读跨湖桥先民的生息和物质文化必须从他们的环境来综合考虑。我们采用从遗址中提取的生态物（ecofact）来了解古环境。比如，土壤粒度和微小炭屑的历时变化反映了文化活动的强度和变化，有孔虫反映了全新世海平面波动及其对遗址的影响，孢粉等各类微化石分析和真菌揭示了环境与植被的变迁。各项分析结果的综合显示，跨湖桥遗址的兴衰与海平面变化和周边水环境有着紧密的联系。

1. 土壤粒度

土壤粒度分析对地表至300厘米深的6个沉积层进行等间隔取样，显示整个剖面的沉积物都很细，以<63μm的颗粒为主，从上向下有变细的趋势，这种比较均匀的粒度反映了水动力总体较弱。文化层的粒度值略有变化（表1），上部平均粒度14.4μm，中部19.8μm，标准偏差增大，颗粒均匀程度不一。这一现象可能由文化扰动所致，也可能由地表流水侵蚀加大引起。下部粒度平均值较小反映一种静水环境，扰动很小。

表1 跨湖桥土壤粒度参数

取样部位	平均值(mean)	中值(median)	峰值(mode)	标准偏差(s.d)
文化层上部(88～198厘米)	14.4	10.4	22.5	13.8
文化层(198～240厘米)	19.8	7.8	17.6	32.9
文化层下部(240～292厘米)	12.1	6.2	8.6	17.5

2. 有孔虫

有孔虫是带壳的海洋单细胞动物，对海水的深度、温度、盐度等反应灵敏，因此是理想的环境指示物。研究结果表明大量有孔虫集中在文化层以上的1～4层，即剖面深度88～198厘米间。在110～150厘米间丰度最高，110厘米以上其次，150～198厘米最低。文化层和遗址下部地层中不见有孔虫。这表明，7000BP以前遗址下部和文化层尚未受到海侵影响，当时海平面在距现代海平面 −2.4米（跨湖桥遗址人类活动面）以下，但可能已非常接近遗址居住面的海拔位置。这种情况在跨湖桥持续了1000年左右，日益严重的海水入侵使先民难以维持日常生计，便放弃遗址，迁往他乡。

此后，受到海平面持续上升的影响，遗址有孔虫组合与含量表明通常生长在河口外20米深处的有孔虫已可直趋钱塘江河口，抵达当时地势较低的跨湖桥遗址。卫星遥感也显示，虽然遗址地势相对较高，但其所在的两座平行低山向东北形成一个近似喇叭口的峡谷，与紧邻的杭州湾之间没有任何天然屏障。如遇天文大潮，海水便容易长驱直入①。在7000～6000BP的文化层上部，已出现少量有孔虫，表明遗址开始受到海侵影响。6000～5400BP时，有孔虫组合以毕克卷转虫（Ammonia beccarii）和异地希望虫(Elphidium advenum)为主，且含量极多，反映了较强的海侵。5400～4600BP时，有孔虫数量又减少，海侵又变弱。这种演变表明全新世早、中期，海平面在波动中上升的特点。而且，海平面持续上升是遗址废弃的主要原因。

3. 环境复原

遗址植被呈“三层”结构景观，森林以亚热带和热带乔木树种为主；丘陵地带分布有适应温凉气候的榆、榛、松、云杉、冷杉等高大乔木；还有大量 20 ~ 25 米高的壳斗科树木，麻栎和白栎分布在山地较低处，栓皮栎生长在位置较高的向阳坡。林下灌木以杜鹃为代表，地面覆盖蕨类植物。南酸枣树生长在低山丘陵与平原相接地带，为高达 30 米的落叶乔木。先民在水网密布的平原上临湖而居，栽培水稻，周围有大量以蒿、藜科为主的杂草。淡水湖沼中生长着茂盛的芦苇和香蒲，还有以柳树和桤树为主的湿地灌丛，湖里盛产菱角和芡实。

这一从低山丘陵逐渐向湿地过渡的生态区域是许多动物的理想生境，因此动物群分布也呈现出多层次的特点。湖沼地带的生态过渡性尤为显著，生物种类也最为丰富，开阔的水域和繁盛的沼泽灌丛不仅是大量淡水软体动物、鱼类、爬行类和鸟类的栖息地，也是众多小型哺乳类的觅食场所。蟹等十足目栖于较远的河口半咸水域；乌鳢和鲤多见于水草丛生的浅水区；龟和扬子鳄活跃在蓬蒿杂乱的潮湿地带；雁、鸭、天鹅、鹤、鸻等水禽栖息在水域附近的沼泽草地或草原；部分雕类出没于湿地或附近林地草原；豹猫、貉、獾等小型哺乳动物则性喜在水浜觅食；犀牛和麋鹿也经常在沼泽附近悠游。人类捕猎的主要大中型哺乳动物中，鹿生活在森林边缘和山地草原，啃食幼嫩的草本植物和野果，间或到山下采食，还常到盐碱地舔食盐碱，温暖的向阳坡是其活动的主要地带，而苏门羚则出没在山地森林中②。

为了复原整体区域生态环境和植被演变的动态过程，我们对遗址保留的探方隔梁剖面进行了不间断的连续采样，采用 AMS 测年、高分辨率的孢粉以及非孢粉微生物化石分析相结合，提供了跨湖桥遗址详细的诊断性材料（图 1）。生态遗留物的历时特点显示，在剖面底部约 8722 ~ 9319BP 的 A 段和顶部 7144 ~ 7428 BP 的 G 段黏土沉积中，均为高比例的海相盐水硅藻和港湾型非孢粉微生物，主要为潮间带的真菌孢子、海生腰鞭毛虫囊，指示一种海相沉积。虽然这些海相沉积中存在盐沼草本植物的孢粉，但是大部分孢粉组合还是来自淡水植物群落，显示一种港湾而非开阔的海滨环境。碳十四数据表明，地层从 B 段到 F 段的 1500 年中，由于海平面相对稳定，主要反映了一种淡水环境的有机物沉积，落叶和常青栎树为陆地的主要植被，表现为一种温暖湿润的季风气候。

8,722 ~ 7,863BP 的 B 段沉积中的微生物化石指示了一种淡水环境，没有海水的影响。大量的水生真菌、大型植物和水藻指示存在宽阔的湖塘，而后又逐渐变为多芦苇的沼泽湿地。在 B 段上部，草类和淡水沼泽草本植物孢粉的增加表明水体逐渐变浅、芦苇湿地扩大。沉积中大量的尾梗霉属（Cercophora）是草本植物分解后产生的一种真菌，它进一步证明了沼泽湿地环境。B 段之末，这一湿地环境导致了茂密灌木的生成，先是桦树和柳树，然后是桤树。同时，硅藻证据显示有微弱的海水影响。

大约从 7,700BP 左右的 C 段下部开始，人类活动开始显著影响环境，显示了桤树孢粉、沼泽林地非孢粉微生物化石和水生沼泽种类的急剧减少。与此形成鲜明对照的是，炭屑增加了 10 倍。这一时期开始出现了水稻孢粉，还有杂草和人猪共患的寄生虫——鞭虫卵。这种人类活动对环境的明显改造过程持续了大约 100 年，直至被一次海侵所打断，表现为 D 段含盐的黏土沉积、一定程度的林地复苏和与人类活动相关的微生物证据的减少。自 B 段之末起，在 C、E、F 各时段中均表现为盐沼草本植物和耐盐硅藻的增加，尽管淡水硅藻仍占 85%以上，但是体现了少量海水经常性的渗入。在 E、F 时段，沉积中的炭屑减少，但是与人类活动相关的微生物却大量增加，其中包括指示土壤扰动和侵蚀以及粪便分解所产生的真菌孢子。季节性的高潮位使得沼泽湿地香蒲大量繁殖，有可能是人类的食物和加工原料。人类的这种活动持续到 7,550BP，最后被海侵所中断③。

二 资源、食谱与生计

史前人类生存与自然环境息息相关，特别是依赖野生资源的原始社会。斯图尔特在讨论文化生态学时提出，要了解过去的文化，必须从考察“文化核心”入手，这一概念被定义为“与生存活动和经济安排最紧密相关的特征组合”，主要指技术与生存方式。在此基础上，社会结构和政治、宗教等更复杂的方面才能被理解④。

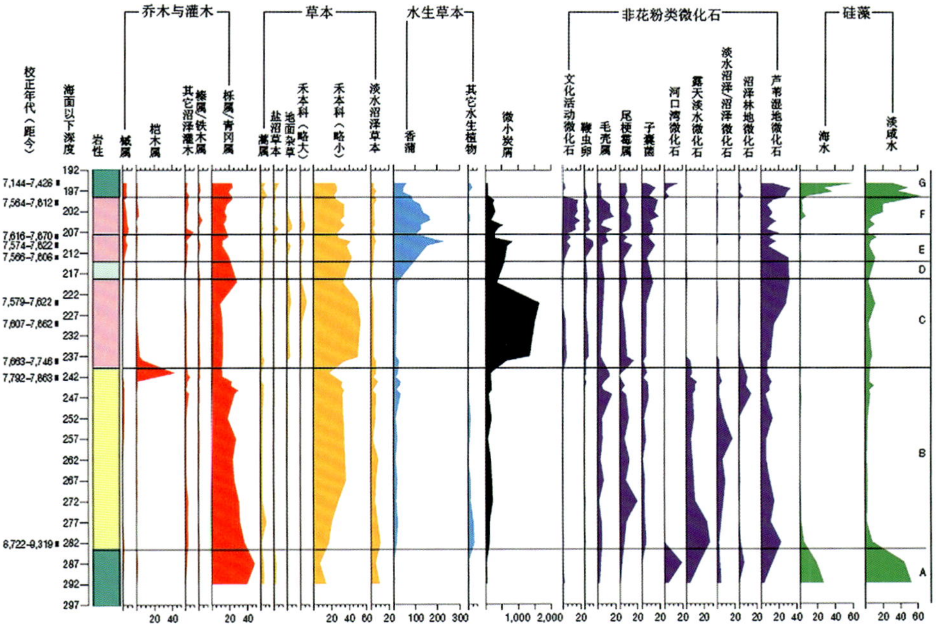

图1 跨湖桥古生态遗留物综合统计

生态环境决定了野生资源的种类和丰富程度,野生资源又决定了人类的生计和技术,并对群体大小有很大的制约。在此，结合《跨湖桥》报告中提供的信息，我们采用浮选法获得的结果来了解跨湖桥遗址周边环境中的野生资源，复原先民的古食谱。然后，我们试图结合其他考古材料来了解先民的觅食方式、加工与储藏，探讨他们如何根据不同资源的分布来调节食物供应的波动，维持自身的基本生存。

1．浮选

我们选取被认为是古人集中废弃垃圾的古湖泊岸“堤”，从考古报告的第⑥～⑩层采取土样，采样面积仅为 $1 \times 1m^2$，虽然局部观察有一定的局限和偶然性，但随机采样反映的分布应该体现了比较普遍的趋势。浮选物尺寸差异非常大，表明该埋藏地点应为静水环境，没有明显搬运和分选，保持着被废弃时的状态。其中的动物骨骼和植物遗存为人类食用后所丢弃，有助于深入观察遗址先民的环境和食谱。特别需要说明的是，尽管该遗址出土了稻壳和炭化稻米堆积，但浮选中尚未发现稻子遗存。表 2 为浮选物的种类。

浮选出的动物骨骼量比较多且非常细碎，所以能够辨认种属的很少，部分尚可辨认属爬行类、鸟类、哺乳类中的某一大类。其中，鱼类以脊椎骨、鱼牙为多，鸟类以肢骨为主，有些骨骼过于细小难以辨认。还有数量极少、尺寸很小的贝壳残片。此外，每个地层都筛出一定量的蟹螯，在整个文化的中晚期数量稳定。

植物遗存中大多数为果核、果壳，极少发现小颗粒种子，主要有：

壳斗科(Quecus)：每个地层中出土的壳斗科果壳数量巨大,在所有植物中数量最多。其外壳表面较平滑，有平行纹路。未见完整果实，也未见完整壳斗，因此难以确切断定种属，根据某些碎片特征推测可能包括橡子、栗子之类的果实。

芡实（Euryale ferox）：个体呈球形，一端有一小孔，旁边另有一凹陷种脐，显微镜下可见表皮呈网状雕纹。数量仅次于壳斗科，有多数完整果实。

表2 跨湖桥遗址浮选物一览

浮选产物种类	内容
植物	壳斗科坚果、芡实、菱角、蔷薇科
动物	鱼类、鸟类、哺乳类、爬行类、贝壳、蟹
其他	炭屑、陶片、红烧土、石块

菱科（Trapaceae）：果实碎片比较细碎，多为硬刺状角，尖端有喙。亦有完整个体，连角宽为 1.8 ～ 2.5 厘米，尺寸较正常个体略小，似未成熟。可鉴定出包括两个种：二

角菱（T.bispinosa）、四角菱（T.quadrispinosa）。

蔷薇科（Rosaceae）：个别地层发现少量，为梅和桃。

尽管跨湖桥文化时期资源丰富，但分布的季节性和不平衡比较明显。每年6月果树陆续开始结实，蔷薇科水果最先成熟，接着菱角进入花果期，可从7月一直收获到10月，延续时间最长。8～10月间是壳斗科坚果、菱角、芡实等淀粉类物种集中收获的时期，自盛夏至秋末可源源不断供应，并为冬季储藏作准备。到11月，各种植物结实完毕，收获季节结束。从12月到次年5月，是全年植食供应的低谷。此外，遗址中发现的麻栎和栓皮栎都是5月开花，翌年9～10月果熟，所以两年才能收获一次，如果加上植株自身营养状况和气候等方面的原因，很可能使收成有大小年差异。

动物的季节特征与植物性食物供应有一定的互补。植食最为短缺的冬春之际，正是众多候鸟回归的季节，某些禽类如鹤就在长江流域越冬，鹿、水牛、鱼类也可提供稳定的食物来源。春季是许多物种集中摄食和繁殖的时期，4～5月间，冬眠的两栖类和爬行类开始活动，从整个夏季直到入秋都可供人渔猎。到秋季，许多动物会为越冬储备脂肪、蛋白质而特别活跃，此时也成为先民一年中捕猎和收获的高峰。

因此，对跨湖桥先民而言，他们生活在一种生态群落层次丰富、多样性和互补性强、生物链结构稳定的港汊滨水环境中，土地载能较高，基本上是衣食无忧。资源本身也不易因过度开发而快速耗竭，即使某种主食物种发生短缺也不会影响基本食物供应，有其他多种食物可供选择。因此先民可以在此定居，经长期稳定的发展，会促进社会和文化的发展。

2. 古食谱

人类生活环境中有多种可食用的资源，但并非所有物种都是人类觅食的对象，而且食物种类的丰富性亦非选择的唯一标准，甚至不是主要标准。像其他动物一样，早期人类的觅食行为会遵循“最省力原则”，即选择支出少回报大的种类，这就是最佳觅食模式的原理。根据该模式，我们可以推测先民会在各种食物资源的种类上以投入及回报的大小，列出最佳食谱序列，其中大型有蹄类动物回报显然最高，可能是最优的食谱，然后依食物的回报率从高到低依次列入食谱，直至达到食谱整体的能量回报最大化为止[⑤]。我们以此原理来考察跨湖桥先民食谱的构成及其营养摄入状况。

果腹食物　植食的构成主要反映在浮选结果中，坚果比重占绝大多数，达80%以上，包括麻栎、白栎、栓皮栎等。此外还发现了许多规模不小的栎实储藏坑，有些还以木构件精心围护，说明其不仅产量多，而且是先民赖以果腹的主要食物。古籍中也有记载，《庄子·盗跖》：“古者兽多民少，皆巢居以避之。昼拾橡栗，暮栖木上。”这恰与考古发现长江下游早期史前遗址人群以木构干栏式建筑为居，主食坚果的情形相合。《夏小正》载“八月栗零”，更是以板栗成熟作为季节更替的标志，说明坚果对先民生存的重要意义。

芡实也是一种产量较大的坚果，性状与同为睡莲科的莲子颇似，俗称“鸡头米”，至今仍是江南地区制作糕点的原料之一，也应当是果腹的主食，经晒干后可储藏。浮选发现的菱角完整个体皆为未成熟的小坚果，估计因其果肉少而被直接废弃，这可能暗示菱角在收获当季产量很大，几近不可胜用。此外，由于菱角相对壳斗科和芡实较不易储藏，在晒干处理的过程中，它的果肉会迅速收缩，从而失去食用价值，所以估计它基本在收获当季被食用。

以上三种坚果都是淀粉类食品，尤其是壳斗科果实还含有脂肪和蛋白质，它们在觅食上又具有低投入、高回报的优势，使其成为跨湖桥先民食谱中的主食。

动物骨骼研究显示，鹿科和水牛的比例较高，为 30% ～ 40%，而且从早期到晚期持续上升，哺乳动物整体百分比增长也很快，从早期的 39.05%，到中期 69.95%，晚期达到 70%[⑥]。这说明大型有蹄类动物十分丰富，没有利用过度的迹象。它们在跨湖桥先民的食谱中应该占有极其重要的地位。此外，爬行动物也占相当比例，特别是在早期。但作为家畜的猪比例却持续减少，其原因十分耐人寻味。首先，在大型动物十分丰富的情况下，为何要饲养家畜仍不清楚。根据加拿大考古学家海登的观点，大部分早期驯化的物种都属于宴享物种[⑦]。所以，猪可能是作为美食驯养的。当然，也可能被用来应付偶然发生的食物短缺。从家猪减少与鹿及水牛增加的趋势来看，跨湖桥先民可能因生活方式的变化，逐渐减少投入代价较高的家畜驯养，直接获取野生资源。在华北新石器时代遗址中，猪往往作为财富的象征。如有这种可能，那么猪的驯化也可能是财富积累的一种初级状态。

宴享食物　上面我们推测猪可能是作为一种美食饲养的观点，是因为它不符合最佳觅食模式的原理。跨湖桥不符合这一原理的食物还有稻米和蟹。海登曾以不列颠哥伦比亚高原的民族学资料说明，在资源较为丰富和可靠的地区，采集社会会因经济富裕和人口增长而发展出比较复杂的社会形态。一些人会用夸富宴来来取得其他群体成员的劳力、忠诚和产品，借此树立自己的地位。而这些高投入低回报的食物很可能就是为夸富而消费，他们只是少数人才消费得起的奢侈品[⑧]。

水稻也有这个可能，在各种食物种类中，收集和加工野草籽的劳力支出最大，但是回报非常低。西南亚早期食物加工的实验考古学显示，橡子的热量回报率是谷物的 2 ～ 6 倍，该数据还未计入采集和加工的代价，若计入，悬殊更大[⑨]。跨湖桥遗址水稻的结实率很低，采集和加工成本却非常高，而且自然灾害和鸟类啄食使收获具有极大的不可预测性，因此在其他果腹食物十分丰富的情况下，难以想象先民会乐意将它作为主食来进行栽培。

全球的民族学、考古学和历史学资料显示，无论在原始社会还是文明层次较高的复杂社会，酒类的消费是极为普遍和重要的现象。酒类被认为是社会的凝聚剂和润滑剂，早期社会中各种社会活动和宗教仪式都少不了酒的作用。海登根据对中美洲玉米酒酿制和消费的研究认为，在史前期的中美洲，玉米酿酒的作用要比果腹更重要。我国新石器时代晚期和青铜时代遗址中，最为精美的器物往往是酒器，这也从一个侧面反映了酒在社会活动中的重要性。

尽管尚无直接证据表明跨湖桥出土的稻米用于酿酒，但是考虑到人们愿意花大力气来栽培产量很低的水稻，那么它至少是一种与平常果腹食物不同的“奢侈品”。一个间接的证据是河南舞阳贾湖遗址出土陶片残渍分析表明，公元前 7000 ~ 5500 年先民就用稻米、蜂蜜和水果（特别是山楂）为原料混合发酵制成饮料[10]。跨湖桥遗址有大量南酸枣出土。它属漆树科，9 ~ 10 月果熟，恰与稻同时收获，适于酿酒[11]，所以我们觉得稻米用来酿酒的可能性是很大的。只是后来野生资源日趋枯竭，人们才会加大投入来栽培水稻，将它作为我们的主食。

虽然我们觉得酿酒是稻米驯化的一种比较大的可能，但它毕竟也能用来果腹。我们参考了其他学者对稻谷驯化的假设，觉得果腹的作用也不能完全排除。在淀粉类食物储存中，坚果因颗粒大、产量高一直是比较重要的首选储藏品种。但是，坚果不同种类存在收获上的差异，有的是一年收获，而有的是两年收获一次。这样就无法保证每年冬天有充足的坚果储藏。这种储藏食品大小年的波动，可能会促使人们考虑在坚果小年的年份，用其他适于储藏的物种来补充。而可储藏淀粉类植物中，稻谷可能是仅次于坚果的合适选择。虽然颗粒较小，产量不及坚果类食物。但是作为补充，稻谷还是能够起到应付季节性食物短缺的作用。

在跨湖桥的每个地层中都发现一定量的蟹螯，而且皆经人为砸碎，可以判断是被人类食用。蟹似乎是一种不很经济的物种，投入大，肉量却很少。就单纯果腹而言，蟹与哺乳动物相比实在是一种回报率太低的食物。但它在食谱中长时间存在而未被淘汰，说明人类对其利用是文化适应的组成部分，它有可能是一种美食。当然，从冰后期盛行的“广谱经济”而言，它也可以因产量较高而被人类所青睐。

由于宴享食物往往出现在复杂社会中，因此利用这些宴享食物与精美的制陶工艺和大型的奉食器皿相互印证，间接提供了跨湖桥遗址先民的社会发展层次。

3. 食物加工与消费

遗址出土的人工制品中，有些与食谱有着密切关系，在此结合器物对植食加工和消费作一简略介绍，一般包括去壳、捣制、碾磨和炊煮几个步骤，这里主要分析坚果和稻谷。

芡实去壳较为复杂，因为其果实外面密布尖刺，所以收获后先要弄破有刺的果皮，才能取出种子。另一种方法也可能是将果实堆积数天，等果皮腐烂，再取种子。而种子并不能直接食用，因为其种皮坚硬，故还需将硬壳碾破，才能得到可食用的白色胚乳。相对来说，壳斗科坚果去壳就简便得多，通过手剥即可完成。

壳斗科坚果常含单宁酸，有毒并带涩味，除涩去毒的方法是用臼和杵将其捣成粉后用水反复浸泡。跨湖桥有一类陶钵，敞口、直腹、圜底略平，适合当做臼使用。它很可能与木质捣杵配合使用，出土的木器中有形似蒜头的木槌，适于作捣杵用。碾磨工具是石磨板和磨棒。跨湖桥出土 25 件磨石，多为灰绿色砂岩，其中部分磨面略凹，可见研磨痕迹，与近东拉文特遗址用来碾磨坚果和谷物的石磨板十分相似，推测其具有相同功能。不同之处在于，跨湖桥出土的一些卵石上有摩擦痕，可能曾用于捣制。磨粉的另一好处是有助消化吸收。

稻谷需要脱粒，方法多样。干燥后将其摩擦，颖壳就会脱落，也可用类似连枷的工具通过打谷脱粒。捣制也是一种方法，陶钵与木杵是十分胜任这项工作的。

动物屠宰肢解会在动物骨骼上留下切割痕迹，用锋利的石器进行切割，往往在骨骼上留下平行的 V 形凹槽。而较粗的 U 形凹槽和点状压印是食肉动物啃咬所致。表明人在食用骨头之后丢给狗，或遗弃在垃圾堆里，被其他食肉动物啃咬。尚不明确的是跨湖桥先民如何加工烹饪水牛这样的大型哺乳动物，因为许多水牛骨骼非常完整，不可能放在较小的陶器里水煮，有可能采用了民族学中常说的石煮法，即用烧烫的石头来煮熟大块肉食。

动物屠宰肢解会在动物骨骼上留下切割痕迹，用锋利的石器进行切割，往往在骨骼上留下平行的 V 形凹槽。而较粗的 U 形凹槽和点状压印是食肉动物啃咬所致。表明人在食用骨头之后丢给狗，或遗弃在垃圾堆里，被其他食肉动物啃咬。尚不明确的是跨湖桥先民如何加工烹饪水牛这样的大型哺乳动物，因为许多水牛骨骼非常完整，不可能放在较小的陶器里水煮，有可能采用了民族学中常说的石煮法，即用烧烫的石头来煮熟大块肉食。

4. 资源波动与对策

以狩猎采集经济为主的社会，主要问题是应付野生资源的波动。短期波动是季节性的，而长期波动则可能长至十几年或更长时段，大多表现为灾害性事件[12]。在此我们主要讨论季节性波动及其对策。

跨湖桥先民肯定会面临食物的季节性短缺，那么他们如何解决这个问题？根据考古分析和民族学资料，他们一般会采取以下几种对策：

（1）调节主食比例：在鲜果收获前的季节，人类可能以陆生动物和鱼类为主。跨湖桥发现的动物骨骼中，鹿的比例很高。鱼、禽类也是人类经常利用的物种。

（2）后勤移动：若遗址周围无法提供足够的食物，人们会扩大觅食的范围。宾福德把这种将资源移向人群的方式称为“后勤移动”。与之相对的是“迁居移动”，即将人群移向资源，在资源分散的环境里，人群往往会采取这种方式[13]。跨湖桥先民采取定居的方式，因此会采取后勤移动，在周边10公里范围里觅食（一天步行来回的距离）。

（3）储藏：储藏是复杂狩猎采集群的行事方式[14]。跨湖桥出土的大量橡子坑，表明储藏在应付资源波动中的作用。坚果储藏有一定的难度，其保鲜效果与环境温湿度有密切关系。以板栗为例，适宜的温度在5℃～10℃，低于0℃的低温会冻伤果肉。湿度低果实易干瘪，湿度高则易霉烂变质。此外，贮藏过程中还需注意保持通气，以免造成坚果无氧呼吸，产生有毒的乙醛物质[15]。

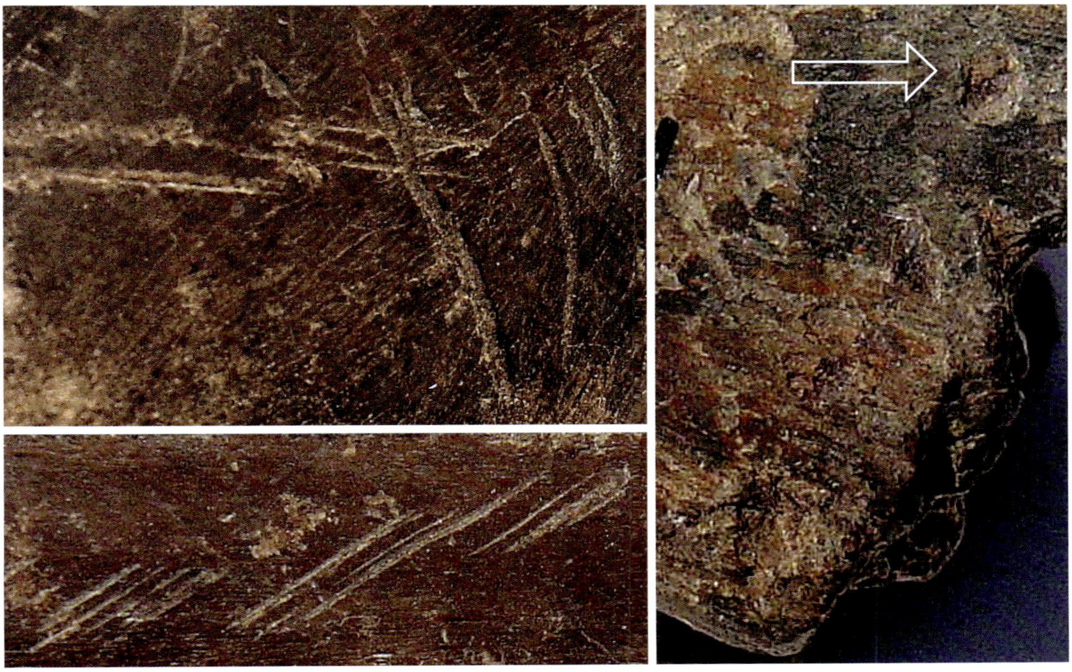

图2（左上）横向为石器切割的V形凹槽，纵向为动物啃咬的U形凹槽
图3（左下）人类工具切痕
图4（右图）箭头所指点状压印为食肉动物牙齿的齿痕

因此，储藏坚果首先要进行干燥处理，降低含水量。储藏过程中最重要的是控制温湿度，跨湖桥的橡子坑经过精心处理，一部分坑口架设“井”字形木构，交叉叠压，坑内有木桩支撑，有的坑底铺垫木板、木条，另有一些铺有一层沙。今天北京燕山栗区贮藏板栗多用沙藏保湿，贮藏在低温窑中，或在阴凉处储藏[16]。跨湖桥先民显然已经掌握了储藏坚果的要诀。

坚果自 9 ～ 10 月间收获贮藏，一个多月内新鲜细腻，口感最佳。自 11 月中旬到 1 月上旬的贮藏中期，含糖量因风干而逐渐升高，甜度增加、果肉稍硬，可食性最好。1 月底 2 月初，种实开始萌动，果皮皱缩变脆，果肉干硬萎缩，有些出现石灰化现象，但仍有近三成果实可供食用[17]。由此可见，储藏坚果基本可以解决整个冬季至初春的口粮问题，在尚未采纳大规模农业的社会中，它对供养人口和维持社会稳定起着举足轻重的作用。

（4）水稻：稻谷因其储藏上的优势可在食物短缺季节提供人类所需的食物。但由于种植和加工投入过大，在其他野生资源比较丰富的情况下，稻谷栽培可能是最不经济的选择。就跨湖桥遗址而言，尚难以断定水稻在食谱中扮演的角色，所以我们也不排除稻子作为应付短期波动而被栽培的可能。

5. 生存方式

跨湖桥先民的生计以渔猎采集为主，小规模尝试水稻栽培和家畜饲养。宾福德将狩猎采集群的行为分为两类：一类称为“集食者”（collector），他们居址相对固定，外出觅食并储藏食物，主要采取将资源移向人群的策略；另一类“寻食者”（forager）无固定居址，随觅食地点移动，不储藏食物，策略是将人群移向资源[18]。我们认为这一区分有助于认识生存策略差异导致的不同社会演进结果，尤其是粮食生产的起源。我们根据宾福德的概念，暂将跨湖桥先民定义为“集食—栽培者”（collector–cultivator）。另外，宴享食物的考虑可以启示我们从另一角度考虑长江下游地区稻作起源的动力机制。

三 陶器技术

跨湖桥陶器无论与较早的上山文化相比，还是与较晚的河姆渡文化相比，都呈现出技术和工艺上的复杂性和成熟性，使不少人对先民在 8000 年前所达到的技术水准大为惊诧，甚至怀疑其测定年龄。在此，我们对陶片进行了元素成分和食物残渍测试，尝试对其技术工艺及用途进行一些深入观察。

1.PIXE 测定与工艺分析

我们运用质子激发 X 射线荧光（简称 PIXE）等技术分析了陶胎和黑光陶衣的元素组成，并将数据与湖底淤泥层土样的元素分析进行对比。遗址淤泥层土样的化学元素组成与陶胎的元素组成基本一致，因此陶器应当是用黏土掺杂了湖底淤泥，或直接用淤泥制作而成，原料有着很好的均一性。稳定的化学组分还反映了在长达千年的时间里，陶土的挑选和处理没有明显变化[19]。

共振背散射和 XRF 测试显示，碳元素在黑陶呈色工艺中起着至关重要的作用。此外，黑陶样品的碳含量是日照两城镇龙山文化黑陶碳含量的 2 倍。烧失实验发现，当黑陶片被高温加热后，其中的碳完全消失，表面和胎体变成红褐色。由此可知，这些黑陶是因烧制时渗碳而通体发黑[20]。有人推测，玻璃相的黑光陶衣可能是海水制盐所致[21]。我们对黑光陶衣层的分析表明，其中并没有钠和氯元素。值得注意的是，黑光陶衣与胎体元素组成不同，硫含量特别高，且在不同层次存在浓度梯度[22]，我们推测很可能是先民在陶器烧制过程中有意对器表施加了某种特殊物质。柴尔德曾借鉴民族学资料对此进行描述，古人制陶时会在器表尚温热时特意涂油脂或兽类粪便使之达到某种特殊效果[23]。目前我们还无法知道，较高的硫含量来自何种物质。

南亚民族考古学研究提供了黑光陶制作的一个实例。当陶胎风干后，工匠把泥浆料涂抹到器表，趁其未干用钝口工具摩擦，使其均匀分布，经土包窑烧制后陶器表面的黑色陶衣就呈现光亮[24]。根据 Rye 对陶器技术特征的研究，陶器表面产生光泽的主要方法是打磨。一般利用工具的钝口刃缘或凸出弧面在表面来回摩擦，使陶衣物质微粒细腻均匀，从而烧制后会发亮。这一步骤会在表面留下与打磨方向一致的密集平行纹路（图 5），要使表面光泽更亮，须再用皮革之类的柔软物抛光[25]（图 6），以消除细小纹路，这两

图5 跨湖桥黑光陶罐表面打磨处理的条纹痕迹

图6 跨湖桥黑光陶罐表面抛光处理后光泽均匀

种情况都可在跨湖桥黑光陶表面观察到。此外，黑陶表面光泽层明显可见细小的迸裂纹，很可能是打磨留下的痕迹。根据以上分析，黑光陶器的制作有这几项要素。（1）渗炭呈色；（2）陶胎原料质地细腻；（3）器表涂有某种含硫的未知物质；（4）陶衣的打磨抛光。

Skibo 等人在实验中发现陶衣能增进夹炭陶的导热性能[26]。跨湖桥 168 件陶钵内外壁皆施彩，特别是其中 55% 外壁施红彩陶衣，内壁为黑光陶衣，还有几件陶罐内外皆施黑光陶衣。钵和罐都是典型的盛食器，特别是罐的敛口就有利于保持热量，看来保温导热是陶衣的一项重要作用。此外，在同类型的陶罐中，仅一部分被施以黑光陶衣，其外形以凸棱为界分段，饰以较密的弦纹，比同类器物制作更为精良。陶豆也有此现象，但豆是盛食器，其形状显然不适宜导热保温，却仍施黑衣。因此，陶衣除保温之外，是否还有其它社会功能或特殊意义目前尚难以确定，这需要对器物的出土背景加以更加细致和多元的考察才有可能揭示。

2. 残渍分析

为了获得更多陶器与食谱的信息，我们将 8 片黏结残渍（锅巴）的夹砂陶口沿送拉曼光谱实验室检测其化学分子结构，仅在两片陶片的 4 处测点上发现了一些线索，大致结果如下：测点编号 LF–zfb 和 LF–zf 显示为动物脂肪结构，LF–f 大致为肉食，LE1 为植物性食物。这些结果显示，跨湖桥先民很可能采取肉食与植物一锅煮的方式，在烹饪技术尚未完善的史前时期，一锅煮是世界范围内普遍采用的炊煮方式。从最佳觅食原理来看，这种炊煮方式不仅使食物变得可口，而且增强了食物的消化与营养的吸收。

3. 动力机制

基于以上分析结果，我们尝试从以下几个方面探讨制陶技术的动力机制：

（1）全世界的最早的陶器普遍发现于海岸河滨环境的狩猎采集群中，当时流行的广谱经济，使得人类开始利用过去不利用的资源，于是需要新的工具和加工方法来利用这些资源。陶器对扩大和强化利用某些资源优势明显，尤其是一些特殊物质的提取和加工，如油脂、发酵饮料、汤、炖品等[27]。坚果、稻米、水生动物的加工、炊煮和特殊处理都需要使用陶器。

（2）定居为陶器生产和使用提供了基本的条件，因为在流动性很大的狩猎采集群中，陶器会成为笨重的累赘。陶器掺料还是生存方式的重要指示，夹炭陶具有易于生产和便携的特点，夹砂陶则在导热性、抗撞击、抗热胀冷缩和抗剥蚀等机械性能上具有优势[28]。跨湖桥陶器组合中，夹砂陶始终占 1/3 到 1/2，且比例有从早到晚逐渐增长的趋势。夹砂陶器可以在火上加热，尤其适用于湿热法烹制食物，与干热法要达到

150℃～625℃才能煮熟食物相比，湿热法只需85℃～100℃，回报率明显较高，同时可以防止营养流失。夹炭陶衣能够增强导热保温性能，有利于炊煮。此外，黑光陶衣可能还有较好的防渗透功能，特别适用于长时间炊煮或盛放液体。有些钵仅在内壁施黑光陶衣，也许就是这种意图。

（3）Ingold提出复杂狩猎采集群储藏一般出现在资源非常丰富，而又有明显季节性波动的环境中[29]。跨湖桥已有复杂的储藏坑，大型陶器也可用于短期食物存放，以防老鼠等动物的破坏。

（4）大型陶器往往不是家庭使用的器物，它们与群体的宴饮活动有关，因此也应被视为财富或社会中一种分配机制的表现[30]。东非肯尼亚Luo部落的宴享实践为我们提供了大型陶罐使用的实例。罐直径达50～60厘米，高达60～70厘米，有的更大。宴饮时，将盛满酒的大罐放在地上，成年男性聚在周围，用中空的植物茎秆当吸管吸酒。酒是Luo部落宴享时特有的美食[31]。跨湖桥陶罐最大径达36厘米，高达40厘米，质地夹炭，不宜直接火煮，有可能类似于Luo部落的大酒罐。此外，跨湖桥还有作为盛食器的大型陶盆，直径达110厘米，器腹深达43厘米，一般家庭日常无需如此大型食器，所以它们很可能也用于群体宴享。还有，在夸富宴中，这种不同寻常的大型容器展示有助于确立主人的地位和声望。正如从Luo部落等现代土著社会所见，有能力拥有这种大罐的，只属于部落中的少数人[32]。从这些陶器的存在，我们可以想见跨湖桥先民较为复杂的社会关系和发展层次。

（5）陶器彩绘可能具有象征性的社会功能，跨湖桥大型陶器上的施彩尤为明显（图7）。以太阳形图案为主题，而且只在肩部、外壁和外撇的足部施彩。彩绘只见于盛食器，不见于炊器，因为炊煮会熏黑和破坏彩绘图案。在复杂狩猎采集群中，夸富者会在宴享中用精致的陶器及其特殊纹饰来显示身份[33]，一如殷商青铜器所发挥的功能。综合来看，跨湖桥的施彩陶器可能表明先民在奉食（serving）过程中有意通过象征或符号来炫耀财富或厘定身份。

西方学者将史前技术分为“实用”技术与“显赫” 技术两类[34]。跨湖桥陶器中那些普通的素面、掺砂粗陶显然为实用器，用来满足日常的需要。而那些体量巨大、制作精美的陶罐、陶盆、黑光陶和彩陶则可能是显赫技术的产品，用于仪式和宴享，具有展示身份的社会功能。

4. 陶器与文化演变

在跨湖桥之前，宁绍平原的上山遗址和小黄山遗址已出土了植物掺料的陶容器，尤其是上山遗址陶器掺有大量稻壳，但仍显粗糙。跨湖桥陶器体现了非常进步的工艺，由于年代较早，常常使人感到困惑。对于这样的疑虑，我们最好不要以文化累进和类型学的模式来进行思考。如果我们将文化看做是人类社会对特殊环境的适应，而且技术的发展取决于社会的复杂化程度，那么跨湖桥复杂的制陶技术应该从它特殊的社会背景来考虑。人类学和考古学资料有许多狩猎采集复杂社会的例子，它们存在于自然资源非常丰富的环境里，所以能够出现密集的人口聚居。如美国加利福尼亚沿海和北美西北沿海捕捞洄游鲑鱼的渔猎群体，这些社会都出现了大规模的定居村落，形成了复杂的社会结构和生产技术[35]。所以，跨湖桥先进制陶术是当时社会文化发展的一种反映，只要当地的环境适宜，那么不要很久，复杂的社会特点很快就会在人口增长和聚居的情况下出现，技术进步也是顺理成章的结果。

综上所述，我们认为跨湖桥陶器组合总体上比较适合资源强化利用的理论[36]。其出现原因可解释如下：富裕环境可以供养较多的人口，促使人类对资源利用的强化，并促使社会经济的复杂化。较为复杂的社会会提高技术的进步来满足日常生活以及群体宴享的需求，而一些地位较高的成员也会试图通过宴享和显赫产品的生产和拥有来确立自己的地位。由此观之，跨湖桥先民在8000年前就掌握比较高超的制陶技术，如慢轮制坯、施加黑光和彩绘陶衣等就不难理解了。

四 讨论与小结

跨湖桥文化可以被看做是全新世初人类在资源富裕环境中的一种特殊适应，它与世界上许多富裕狩猎采集社会的发展有许多类似之处，表现为发展层次较高的社会结构和技术水准。当时跨湖桥环境条件甚至可能不亚于华北地区以旱地农业经济为基础的一些新石器时代中晚期文化，因此可以创造出令人刮目的物质文化。

图7 跨湖桥大陶罐

8000～7000BP的跨湖桥遗址地理环境优越，气候宜人。每年的亚热带季风带来丰沛的降雨，沿海的湿地是自然资源最为丰富的生境，土地载能非常高。因此为定居的渔猎采集社会提供了可供多种选择而不易枯竭的资源库，使之能成功应对食物资源的季节性波动。较高的土地载能自然可以维持较多人口，并使人群长年定居在一个地方。人口的稳定增长必然导致社会结构复杂化，一些新技术得以发展，一些农业社会中常见的矛盾和关系也会在这样的社会中出现。丰富的自然资源还可能促发农业社会中因剩余产品积累所导致的贫富分化，一些地位较高的首领或族长，以及积累了较多财富的人，也许会以民族学中常见的“夸富宴”方式炫耀自己的地位和财力，确立自己在社会中的地位，增强社会的凝聚力。跨湖桥陶容器的技术和精致程度是经济强化和社会结构复杂化的明显表征，这种发展层次在华北以旱地农业经济为基础的社会中往往要到很晚的时期才能够出现。

尽管陶器反映出社会的初步分化，但是跨湖桥文化似乎仍处于原始的平等社会，因为它出土的装饰品和其他奢侈品极少。即使像较晚的崧泽文化出现了相当多的个人玉饰件，墓葬所体现的社会成员身份和等级并没有明显差异，这表明跨湖桥社会复杂化程度并不会很高。根据美国人类学家塞维斯提出的社会发展的四阶段理论[37]，跨湖桥文化所处的社会发展阶段应该属于部落层次，表现为一种超家庭聚合的社会结构，存在一定规模的村落，群体大小的上限在500人左右（与一个独立农业村落维生系统相比）。这种社会的基本维生活动为集食与栽培，在有野生动植物资源保证的同时，饲养狗和猪，并可能为酿制群体宴饮活动所需的酒类而利用并栽培水稻。由于资源丰富，剩余产品的积累可能在某些成员之间产生了细微的贫富差别，那些地位较高或比较富裕的成员会采取“夸富宴”的方式来表现自己的地位和财富。还有，人群的聚居也会使各种祭祀仪式和宗教活动成为日常生活的一部分，这种活动也常常表现为集会、宴饮和献祭。因为跨湖桥许多精致的陶器显然不是为家庭日用所制作，其生产加工所需的时间、劳力和技能，应该具备一定余暇时间和经验积累的熟练陶工才能做到。

跨湖桥遗址因海平面的上升而被废弃，这些先民的去向在目前考古研究中仍然是个谜。我们应该理解，依赖富裕自然资源的复杂社会是很不稳定的，一旦支持社会聚集的环境和资源消失，其文化也会随之消失。我们也许不必刻意追寻跨湖桥文化的去向，如果遗址的先民迁徙到一个环境和资源不同的区域里，他们也许再也无法重温过去的美好时光。

以上的解读工作只是将生态、技术与社会背景相联系的一种整体观察，借鉴了世界上的民族学观察和考古学成果。由于跨湖桥遗址的中心区域已经被破坏，我们只能从遗址残留的部分遗物和遗迹来进行社会文化的重建，其过程具有相当的难度和挑战性。许多观点还停留在假设层面，需要今后工作的检验和深入。

致　谢

感谢萧山文化局和萧山博物馆的大力配合，特别对施加农馆长和朱倩馆长在项目进行过程中周到细致的工作表示感谢。感谢华东师范大学的陈中原教授以及华师大地理系与河口海岸研究室的团队承担古地质沉积和古环境复原等相关研究，并完成报告《跨湖桥遗址环境演变的重建》。感谢英国杜伦大学地理系的宗永强教授与J.B.Innes教授提供了高分辨率的硅藻与孢粉等微化石分析序列。感谢复旦大学现代物理研究所的承焕生教授及其课题组承担陶片元素的PIXE分析。感谢复旦大学分析测试中心拉曼光谱实验室的姚文华研究员承担陶片残渍化学结构的测试。中国科学院古脊椎动物与古人类研究所访问学者金成坤博士曾专程赴萧山帮助进行动物骨骼的埋藏学观察，复旦大学文博系博士研究生陈虹也参与了微痕观察，在此向他们表示感谢。感谢复旦大学文博系实验室陈刚教授、俞蕙老师和殷敏同学对浮选研究的支持和帮助。

注释：

① 王永江、姜晓玮：《卫星遥感探讨杭州湾跨湖桥古文化消失原因》,《国土资源遥感》2005年第1期。

② 浙江省文物考古研究所、萧山博物馆：《跨湖桥》，文物出版社，2004年。

③ Zong, Y., Chen, Z., Innes, J.B., Chen, C., Wang, Z., and Wang, H.(2007).Fire and flood management of coastal swamp enabled first rice paddy cultivation in east China. *Nature* 449: pp.459-462.

④ Steward, J.H.(1963). *Theory of Culture Change*. University of Illinois Press, Urbana, pp.36-39 [orig.1955]

⑤ Smith, E.A.(1983). Anthropological applications of optimal foraging theory: a critical review. *Current Anthropology* 24: pp.625-640.

⑥ 同⑤

⑦ Hayden, B.(1992).Model of Domestication. In Gebauer, A.B., and Price, T.D.(eds.), *Transitions to Agriculture in Prehistory*, Prehistory Press, Madison, Wisconsin, pp.11-19；[加]布赖恩·海登著，陈淳译：《驯化的模式》，《农业考古》1994年第1期。

⑧ Hayden, B.(1992). Conclusions: ecology and complex hunter/gatherers. In Hayden, B.(ed.), *A Complex Culture of the British Columbia Plateau*, UBC Press, Vancouver, pp.525-563.

⑨ Wright, K.I.(1994). Ground-stone tools and hunter-gatherer subsistence in Southwest Asia: implications for the transition to farming. *American Antiquity* 59: pp.238-263.

⑩ McGovern, P.E., Zhang, J., and et al.(2004). Fermented beverages of pre- and proto-historic China. *Proceedings of the National Academy of Sciences*, USA 101: pp.17593-17598.

⑪ 江苏省植物研究所编：《江苏植物志》（下册），江苏科学技术出版社，1982年。

⑫ 同⑧

⑬ Binford, L.R.(1980). Willow smoke and dogs' tails: hunter-gatherer settlement systems and archaeological site formation. *American Antiquity* 45: pp.4-20.

⑭ Testart, A.(1982). The significance of food storage among hunter-gatherers. *Current Anthropology* 23: pp.523-537； Binford, L.R.(1990). Mobility, housing and environment: a comparative study. *Journal of Anthopological Research* 46: pp.119-152.

⑮ 秦岭、董清华、王有年：《板栗贮藏期间几种生理生化指标的变化》，《北京农学院学报》1995年第1期。

⑯ 同⑮

⑰ 同⑮

⑱ Binford, L.R.(1980). Willow smoke and dogs' tails: hunter-gatherer settlement systems and archaeological site formation. *American Antiquity* 45: pp.4-20；陈胜前：《农业起源与农业的不起源》，《中国文物报》2007年7月8日。

⑲ 林嘉炜：《PIXE在古陶瓷产地和制造工艺中的研究》，硕士学位论文，复旦大学，2007年。

⑳ 同⑲

㉑ 柳志青、沈忠悦、柳翔：《跨湖桥文化先民发明了陶轮和制盐》，《浙江国土资源》2006年第3期。

㉒ 浙江省文物考古研究所，萧山博物馆：《跨湖桥》，文物出版社，2004年；林嘉炜：《PIXE在古陶瓷产地和制造工艺中的研究》，硕士学位论文，复旦大学，2007年。

㉓ Childe, V.G..(1956). *Man Makes Himself*. Watts & Co, London.

㉔ Maria. Indian *Pottery Maker of San Ildefonso*. US National Park Service. (film document)

㉕ Rye, Owen S.(1981). *Pottery Technology: Principles and Reconstruction*. Taraxacum, Washington, DC, pp.89-90.

㉖ Skibo, J.M., Schiffer, M.B., and Reid, K.C.(1989). Organic-tempered pottery: an experimental study. *American Antiquity* 54: 122-146； Schiffer, M.B., and Skibo, J.M.(1987). Theory and experiment in the study of technological change. *Current Anthropology* 28: 595-622；刘莉：《植物质陶器与石煮法》，《中国文物报》2006年5月26日。

㉗ Rice, P.M.(1999). On the origins of pottery. *Journal of Archaeological Method and Theory* 6: pp.1-54.

㉘ Skibo, J.M., Schiffer, M.B., and Reid, K.C.(1989). Organic-tempered pottery: an experimental study. *American Antiquity* 54: 122-146； Schiffer, M.B., and Skibo, J.M.(1987). Theory and experiment in the study of technological change. *Current Anthropology* 28: 595-622.

㉙ Ingold, T.(1983). The significance of storage in hunting societies. *Man* 18: 533-571.

㉚ 同㉙

㉛ Dietler, M.(2001). Theorizing the feast: rituals of consumption, commensal politics, and power in African contexts. In Dietler, M., and Hayden, B.(eds), *Feasts: Archaeological and Ethnographic Perspectives on Food, Politics, and Power,* Smithsonian Institution Press, Washington and London, pp.65-114.

㉜ Dietler, M.(2001). Theorizing the feast: rituals of consumption, commensal politics, and power in African contexts. In Dietler, M., and Hayden, B.(eds), *Feasts: Archaeological and Ethnographic Perspectives on Food, Politics, and Power,* Smithsonian Institution Press, Washington and London, pp.65-114； Clarke, M.J.(2001). Akha feasting: an ethnoarchaeological perspective. In Dietler, M., and Hayden, B.(eds), *Feasts: Archaeological and Ethnographic Perspectives on Food, Politics, and Power,* Smithsonian Institution Press, Washington and London, pp.144-167.

㉝ Rice, P.M.(1999). On the origins of pottery. *Journal of Archaeological Method and Theory* 6: pp.1-54； Ingold, T.(1983). The significance of storage in hunting societies. *Man* 18: 533-571.

㉞ Rice, P.M.(1999). On the origins of pottery. *Journal of Archaeological Method and Theory* 6: pp.1-54； Clark, J.E., and Gosser, D.(1995). Reinventing Mesoamerica's first pottery.In Barnett, W.K., and Hoopes, J.W.(eds.), *The Emergence of Pottery, Technology and Innovation in Ancient Societies,* Smithsonian Institution Press, Washington, DC, pp.209-221； Hayden, B.(1998). Practical and prestige technologies: the evolution of material systems. *Journal of Archaeological Method and Theory* 5: 1-55.

㉟ 同⑧

㊱ Hayden, B.(1995). The emergence of prestige technologies and pottery. In Barnett, W.K., and Hoopes, J.W.(eds.), *The Emergence of Pottery, Technology and Innovation in Ancient Societies,* Smithsonian Institution Press, Washington, DC, pp.257-265.

㊲ Service, E.R.(1962).*Primitive Social Organization.* Random House, New York.

跨湖桥—上山与浦阳江文化

曾 骐
（中山大学 广州 510006）

跨湖桥—上山，中国东部北纬30° 最早期种植原始栽培水稻的史前文化，发现于世纪之交。

一 发现跨湖桥

跨湖桥古遗址发现至今已整整20年。1990年考古学家在浙江萧山跨湖桥进行的考古发掘，它是继余姚河姆渡文化发现之后，浙江史前考古，史前史年代的又一次前移和刷新。杭州湾钱塘江南岸一种新的考古学文化破土而出。2001 ~ 2002年间，跨湖桥再度进行了两个季度的田野发掘，2003 ~ 2004年，还发掘了跨湖桥东边，关系密切的下孙遗址。

2004年，记录着跨湖桥遗址发掘和初步研究成果的大型发掘报告《跨湖桥》（文物出版社2004年）出版[①]。当年十二月在萧山举行的《跨湖桥》首发式的学术发布会上，文化内涵丰富，文化特色鲜明的跨湖桥文化得到了学界的认同。

跨湖桥位于杭州萧山东经120° 8′，北纬30° 05′的湘湖区。湘湖在钱塘江南岸，《水经注》早有记载，称西城湖。北宋年间为治水患，修堤为塘后称为湘湖，状作长条形呈西南—东北走向，明代嘉靖时期，在湘湖中部筑堤建桥沟通东西两岸，始有跨湖桥之名，跨湖桥遗址位于桥南。

湘湖是第四纪以来，浙江（钱塘江）经多次海侵，海退以及湖汐作用形成的泻湖地貌，它经历地面抬升沉降的沧桑变化。距今8000年，在萧山城南、西兴、长河、浦沿形成由贝壳层、砂坝、砾质坝组成的松散古海岸，跨湖桥、下孙一带已成陆地，适宜人类居住、生产和生活。距今7000年上下发生的海侵，湮没了跨湖桥人生活的家园[②]。他们的遗迹、遗物被深埋于厚达数米的海相、湖相沉积之下。

对比明代建桥的历史（约500年），跨湖桥史前文化显得十分苍老。但在湘湖形成的地质史中，它却是短暂的瞬间。

二 跨湖桥文化的超前性、进步性

跨湖桥遗址位于浦阳江下游，其生态环境为多变的泻湖地貌，备受七千年以来潮水淹没的破坏，近现代则为人为的取土蚕食、破坏严重。虽然如此，经过几次考古的田野发掘，仍出土了内容丰富的遗迹、遗物，并有许多重要发现。

1. 遗迹方面：有房址，以成排的柱子洞及独木梯的发现可为存在干栏建筑的实证，有许多贮藏物品或堆放垃圾的地窖、灰坑，发现有用作加工橡子的橡子坑，曾经在以往发现过的石子铺砌的道路，由多层圆形烧土面堆积而成的台形建筑，可能是用于宗教祭祀的遗迹。

2. 发现水上交通工具——独木舟和几件木桨。

3. 出土大批生活用的陶器、石器、骨木竹器。

4. 出土具特色的陶纺轮、线轮，发现哑铃状木器、两端有刻槽的木棒形器等原始纺机构件及编织物残片。

5. 发现1000多粒稻米、稻谷、谷壳，显示存在原始栽培稻作农业；陶釜大量用来炊煮米饭，釜的内壁多黏附厚薄不等的锅巴。

6. 发现菱角、核桃、酸枣、芡实等多种可采食的野生果物，窖穴内大量收藏橡子提取淀粉。

7. 与原始稻作农业同时，已有狗、猪驯养。

8. 渔猎经济仍占重要地位，发现弓、镖、浮漂等渔猎工具。发现有34个种属的动物骨头，包括大、中、小型动物，有鱼类、龟鳄、哺乳动物、飞禽等，其中的三十二种野生动物为人们捕食对象，捕猎和宰杀梅花鹿、野生圣水牛等。

这就是跨湖桥人家园的生存空间，衣、食、住、行的内容。

跨湖桥文化的考古发现，年代竟然早至距今8000年。人们对它的初识与当年发现距今7000年的河姆渡文化时的认识有很大的相似。跨湖桥的许多遗物给人们一种陌生感。钱塘江南岸地区相邻，年代相接的两种考古文化却难找到它们的相承关系，使浙江考古学家又一次感到费解和茫然。

跨湖桥文化反映出它极强的文化个性。

时间、空间、文化内容告诉人们，新发现的跨湖桥文化是特殊时期，特殊环境出现的特殊的文化。学界对跨湖桥文化的陌生，是因为在对该文化的文化因素分析时，发现它的许多内涵有着反常规的超前性、进步性。

超前性、进步性表现之一：陶器，制陶工艺。

陶器的发明与推广，使用是人类生活史上的巨大飞跃。跨湖桥出土数以万计的陶片，复原的陶容器有200多件，器类除了三足器尚未发现，圜底、平底、圈足器类均已出现，包括釜、罐、盆、盘、豆、钵、甑及器盖、支座、纺轮、线轮等十余种；为适应稻作农业的兴起，骤然出现了大量的陶釜，其数量占复原陶器，总量一半。大量釜、罐、盆、豆、盘、钵的组合，凸现了跨湖桥人丰富的饮食生活。

跨湖桥陶釜A型卵腹圜底，饰交叉绳纹；河姆渡陶釜敛口或盘口，带脊圜底饰绳纹；罗家角——马家浜陶釜，弧腹或深腹腰沿表面光素；它们构成东南苏浙三大釜系。前两者需与支座配套，后者其腰沿可用作灶围放置在土坑灶上。带脊圜底釜在河姆渡文化后期消失；当北辛——大汶口文化的陶鼎南下，影响和取替了马家浜的腰沿釜。崧泽、良渚文化时期，各式陶鼎百花齐放，腰沿釜也趋衰落，鼎式炊器盛行江浙、赣、皖。独有跨湖桥式釜生命力强并最后流向岭南。

跨湖桥陶器虽处于原始低温手工制作阶段，但已有令人感到意外的慢轮加工技术，器形规整，厚薄均匀，与晚它近千年的河姆渡陶器相比较，后者器形多不规整，口、颈、肩、腹、底各部分的平面空间并不平行，各圆心也不在一条轴线上，而且器壁面常呈不同程度的歪、斜、偏、扭。

跨湖桥陶器开创了钱塘江流域延续数千年的夹炭陶系。它的黑光陶可与几千年后的光亮的龙山文化黑陶、良渚文化的黑皮陶媲美；马家浜文化特色的外红里黑陶系，跨湖桥文化早它两千年出现。

跨湖桥人在陶器上使用多种颜色陶衣装饰，厚彩、薄彩的红白彩陶并存的风格，在黄河、长江、珠江三江彩陶中，它的彩陶出现早，纹样独树一帜。

跨湖桥陶器以平底或圜底双耳式为大宗，在颈、肩、口部位多黏附双耳，耳式为管状、两侧端向外斜切的桥形耳，数千年后仍流行于马家浜文化中，江苏常州圩墩就出土大量此式灰陶器耳，并由此种器耳演变为典型的牛鼻状器耳。

崧泽文化时期陶器圈足上流行镂孔、镂刻、戳印三角、圜圈组成的装饰纹样。这种装饰手法早它三千年的跨湖桥文化已经使用。

跨湖桥文化陶器纹饰早已有蓝纹、方格纹等印纹，虽然数量不多，也属超前出现。

超前性、进步性表现之二：独木舟

在江南水乡，舟楫发明和使用的时间很早。跨湖桥文化时期，遗址附近有江河及宽阔的水域，催生了舟楫交通工具的诞生。2002年发掘跨湖桥时，在遗址东部边缘的古湖滨岸边，发现了一条独木舟。

独木舟用松木质料制成，保存状态完好，长度估计6米左右（残长5.6米），舟宽52厘米，船头上翘，宽约29厘米，保存有部分船舷。独木舟内发现有多处大小面积的黑焦面和黑炭面，可知史前人造舟是使用火焦法挖凿舟体的。在停放独木舟的活动面现场的东西两侧，分别发现一支长度约为140厘米的木桨。桨在古代称为楫，在遗址的其他文化层中，另发现三支木桨。这样，跨湖桥人就拥有不只一条独木舟了，跨湖桥人已掌握舟楫之便，可以面向江海、河湖。

跨湖桥的独木舟，是我国迄今为止发现的年代最古老的一条独木舟。东南沿海和太湖地区有许多年代稍晚的水边文化如河姆渡、罗家角、钱山漾、圩墩等都出土过木桨遗物，但不见舟船。当然有桨可以推论必有舟船，可以肯定这些文化的族群在河湖上也有舟楫之便。

因其他遗址缺少出土独木舟的实物，结构已相当完善的跨湖桥独木舟无法与之进行比较。

在发掘独木舟的现场，考古学家就地保存了各种遗物、遗迹的原态，包括：

1. 用于固定独木舟停放位置的桩架结构（柱洞、木桩）。

2. 木桨和木料。

3. 五根被剖开的木料，最长的两根长约2.8米，宽分别为5厘米和8厘米。

4. 砺石、石锛、木锛柄。

5. 席状编织物。

通过发掘清理出独木舟的出土现场，这里既是水域干涸后，湖边废弃独木舟的现场，更是一处准备对木舟进行加工修理、改造的木作加工场。《跨湖桥》报告根据现场遗物及其分布情况，参照古代有关舟船的资料，推论这条独木舟有可能准备实施改造工程，把它改造成双架舟或单架舟。所谓单架或双架舟，就是在独木船弦的一侧或两侧外，绑扎固定木架（剖木），这样在水上行驶平稳，不易为风浪倾覆。这个推论未最终得到证实，但论述符合逻辑，可以成立。跨湖桥人准备实施改造独木舟工程，显示出他们的智慧才能及超前性、进步性。

三 考古人类学与浦阳江文化

浦阳江发源于浦江县西部的龙门山系，全长151公里，贯流浦江、诸暨、萧山等县区，河流作南西向东北走向，在萧山闻堰汇入钱塘江。浦阳江水资源丰富，下游受杭州湾湖汐影响较大，是历史上水患严重的地区，考古调查表明浦阳江流域史前文化遗存分布相当密集。

人类学经常把一条江河看成一个文化的整体，沿着一条河流开展考古人类学考察，目的在探求河流两岸古人类的生存，古文化发展的规律，这种考察并非为寻求或满足孤立的、个别地点的展现。人类学认为古代人类发展的早期与自然界关系紧密，一般说人类经历了山林文化、山前文化、河谷文化。进入河谷文化阶段的史前人已经是有了原始农业的文化。在浦阳发现的上山文化、跨湖桥文化可以分别归在山前文化、河谷文化的不同阶段，山林文化（旧石器文化）尚待发现。

继跨湖桥文化发现之后，浦阳江最重要的考古人类学发现是在它的上游发现了上山文化[③]。上山遗址坐落在浦阳江上游浦江县黄宅镇东的两个南北山丘，可把遗址分为南北两区，北区的 5 ～ 8 层文化层，南区的第 5 文化层绝对年代可早至距今万年，称为上山文化（10000 ～ 8600BP）。上山文化有以下特征：

1. 上山人能构建由排柱架起的干栏式长屋。

2. 陶器种类较少，但个性很强，以红衣厚胎、大敞口，平底陶盆，口颈部平贴双耳的陶罐最具特色，文化遗物中不见釜式炊器。

3. 有较多的打制石片、砾石石器、使用磨盘、磨棒及用于狩猎或锤击的石球。

4. 发现人工栽培的原始粳稻，有了最早的稻作农业[④]。

上山遗址的另一重要发现是在北区地层中叠压在上山文化层（5 ～ 8 层）之上的第四文化层为跨湖桥文化，发现有该文化明显风格的遗物如釜、甑、镂孔圈足盘、陶片纺轮等夹炭陶质的器物[⑤]。

可以说用年代和器物联系起来的上山文化和跨湖桥文化是浦阳江流域的最重大古考发现，是浦阳江文化的根。以此两大发现为契机在浦阳江流域先后进行的考古调查获得了巨大的成功，发现了 28 处史前文化遗址[⑥]。对 1/3 的遗址进行试掘或发掘。其中的 26 处遗址分别包含有河姆渡文化、罗家角文化、马家浜文化、良渚文化、后良渚文化等因素。它们与上山、跨湖桥文化判然有别，也无任何继承关系。跨湖桥南边的楼家桥遗址，文化内涵较复杂，含河姆渡、马家浜、良渚三个毫不相干的文化层。28 处古遗址中含良渚文化的遗存多达 14 处，占浦阳江发现古遗址的半数，它覆盖整条浦阳江的各段。在上山遗址附近的査塘山背遗址还清理了 44 座良渚文化中期的土坑独木棺墓，很可以说明那个时期拥有独木棺葬俗的良渚人已移居浦阳江而不是匆匆的过客。

基于浦阳江史前文化的多元性和复杂性，我们把 10000 ～ 4000BP，长达 6000 年的历史年序中的史前文化统称为浦阳江文化。在这个年序中填充着由数个彼此毫无关联的不同族群，演绎了土著与移民色彩浓厚的史前历史的文化。浦阳江文化的历史大致可划出以下的几个阶段：

1. 土著文化期 10000 ~ 7000 年 BP，上山人演进至跨湖桥人到最后消失。

2. 第一移民期 6500 ~ 5500 年 BP，邻区河姆渡，罗家角—马家浜人先后进入后又陆续离去。

3. 第二移民期，良渚文化中晚期 5000 ~ 4000 年 BP，由钱塘江北良渚文化中心区的良渚人陆续进入，定居延续至后良渚文化时期。

浦阳江文化还存在许多时间的不连续或缺失，但是只要河流没有消失，赖以生存的人类的生命就不息，史前期结束后，浦阳江成为古越文化和越国的故地。

四 小黄山考古发现的启示

由于浦江县上山遗址的新发现，追踪跨湖桥文化的来源时，由上山文化进而演变为跨湖桥文化的看法由模糊渐变为清晰，这种看法似无大的疑问。至于探讨跨湖桥文化往何处去？就比较复杂了。

我们与跨湖桥文化时空相隔七、八千年，无缘同跨湖桥人擦肩而过。在湘湖，人们看到跨湖桥文化废墟的湮没，一种“跨湖桥”之后再无“跨湖桥”的想法令人骤生几分苍凉悲壮之感。

《跨湖桥》报告 334 页指出：“跨湖桥文化是一种距今 8000 ~ 7000 年，以湘湖及其周围为重要分布区，面向海洋，最后为海洋所颠覆的考古学文化。”

跨湖桥文化的命运似乎已成定论。

当灾难降临，除了灾变的“灭绝论”，跨湖桥人是否还有其他的生路?

譬如：

1. 划着成队的独木舟、携带装备，漂洋过海。

2. 逆着先辈迁移的足迹，沿浦阳江退回上游山区丘陵地。

3. 避难，远走他乡。

换一个角度⑦，一个大胆的推想——跨湖桥人远距离的西迁。

因为跨湖桥文化不仅是一个面向海洋的文化，生活在北纬 30° 的跨湖桥人还是一群较早掌握野稻驯化，已会栽培水稻的农人兼狩猎采集者，在当时的东方，他们并非弱势群体。我在多年前曾论及北纬 30°（29°～31°之间）是中国稻作农业起源和传播地带[8]。沿着跨湖桥的纬度西行 1000 多公里便是今天湖南的澧水流域，分布在洞庭湖西侧，长江南岸沉降平原边缘的彭头山、八十垱、胡家屋场、皂市的史前人是一批距今 8000 年前后，也能种植水稻的族群（彭头山文化甚至年代早至 9000 年前），他们聚落所在的纬度均与北纬 30° 相近，居住的生态环境（河湖边）与跨湖桥相似，物质文化（陶器）有着大同小异的共性，同是种稻人，因此，湘中的北部，不排除会成为跨湖桥人西迁落脚点的可能。

或许西迁之后的跨湖桥文化就融进洞庭湖区的史前文化之中。

“古人不见今时月，今月曾经照古人”。

公元 2005 年在浦江县上山遗址以东数十里的嵊州的星空，“今月”再次照古人，隔着会稽山的曹娥江边的甘霖镇，考古学家发现并发掘了一个叫小黄山的遗址[9]，它的重要发现给人们的震撼程度不亚于此前发现跨湖桥和上山遗址。小黄山新石器时代早期遗址的遗迹单元及遗物除去良渚文化晚期之外，可划分为早、中、晚三个阶段。

第一阶段，相同于浦江县上山遗址距今万年的文化层（含陶盆、打制石片、石磨盘、磨石）。

第二阶段，陶器出现许多新因素（如钵、釜、甑新器形、拍印交叉绳纹、镂孔、放射线的圈足装饰，红衣白彩装饰等），相似于跨湖桥同类陶器和装饰，但又显得比之古老。

第三阶段，圜底器、圈足器、平底器常见，夹炭红陶衣色泽艳丽，夹炭黑陶的黑色乌黑纯正，和跨湖桥文化有相当多的可比性。小黄山类型文化遗址的相对年代，参照遗址碳十四测定数据，在 8000～10000 年 BP 上下。最重要的是在小黄山找到了上山文化遗存和跨湖桥文化遗存的叠压地层，两者在遗存中的承继关系再次被证明[10]。

小黄山的发现，等于又出现了一个上山文化古遗址。曹娥江可能变成浙江的第二条浦阳江。

小黄山考古发现给我们启示：跨湖桥文化并非孤立独存。

我们暂且不去探求 7000 年 BP，发生在浦阳江下游的灾难，跨湖桥人是如何去面对？他们是否退回上游，重返丘陵山前？或是沿着北纬 30° 西迁？小黄山的考古发现犹如茫茫长夜中闪亮的火光，给人们寻找消失的跨湖桥文化带来了希望。

注释：

① 浙江省文物考古研究所、萧山博物馆：《跨湖桥——浦阳江流域考古报告之一》，文物出版社，2004年。

②《跨湖桥》图三、图四、图八、第十五～十七页，地层介绍。

③ 浙江省文物考古研究所、浦江博物馆：《浙江浦江县上山遗址发掘简报》，《考古》2007年第9期。

④ 郑云飞、蒋乐平：《上山遗址出土的古稻遗存及其意义》，《考古》2007年第9期。

⑤ 浙江省文物考古研究所、浦江博物馆：《浙江浦江县上山遗址发掘简报》《考古》2007年第9期

⑥ 蒋乐平：《浦阳江流域新石器时代遗址的发现与思考》，《浙江省文物考古研究所学刊》第八辑，科学出版社，2006年。

⑦ 学界有一种看法认为跨湖桥文化可能是一个外来的移民文化，见焦天龙《论跨湖桥文化的来源》，《浙江省文物考古研究所学刊》第八辑，科学出版社，2006年。

我们说换一个角度是指跨湖桥文化也可作一种移民文化向外迁移。

⑧ 曾骐：《北纬30°——中国稻作农业起源地带》，《古今农业论丛》，广东经济出版社2003年。文中列举迄今为止史前最早的栽培原始水稻的遗址多发现在北纬30°、29°～31°）这条纬度带上，它们是城头山——石门皂市29°31′、彭头山29°40′、八十垱29°43′、河姆渡29°58′、楼家桥29°59′、跨湖桥30°05′、城背溪30°30′、罗家角30°36′、草鞋山30°15′。本世纪初发现的上山29°27′，小黄山纬度与之相当。

⑨ 王海明：《九千年前的远古文化——浙江嵊州小黄山遗址》，《浙江省文物考古研究所学刊》第八辑，科学出版社，2006年。

⑩ 安徽省文物考古研究所等：《2005年度南方地区考古新发现》，十五，浙江省（一），嵊州市小黄山遗址新石器时代早期遗存，《南方文物》2006年第3期。

跨湖桥文化内涵刍议

陈绍棣
（中国社会科学院历史研究所 北京 100732）

在我国辽阔广大的土地上，迄今已发现的新石器时代遗址有6000多处，好像“满天星斗”。跨湖桥遗址就是其中最亮的星座之一。这颗星一升起，就立即吸引了学界的眼球，引起学者的关注和兴趣。之所以如此，是由于跨湖桥遗址其文化内涵丰富，其文化类型独特，在学术史上具有重要价值和意义。限于篇幅，仅就以下若干问题略述自己不成熟的见解。敬请方家不吝赐教。

一 跨湖桥文化的年代

文化年代是解读文化内涵的前提，为此首先要确定文化的年代。关于跨湖桥文化的年代，碳十四测定为距今8000～7000年之间。但是往往会有一定的误差。林华东先生指出：“供碳十四年代测定数据的标本常受地层周围环境的影响”，“故所测结果只供参考”，关键在于对变化最快的陶器的分析及其所反映出的社会生产力水平。他因此认为跨湖桥遗址的年代距今7500～6500年①。众所周知，在新石器时代，出土器物中以陶器的变化最快，便于分式，看出形态演变规律，以陶器的变化分期断代是较好的选择。所以要将陶器的分期研究与碳十四测定的数据结合，比较分析，作出推断。我认为林华东先生的见解言之成理，持之有据，成一家之言，值得重视。

二 跨湖桥的彩陶

彩陶是跨湖桥遗址出土的陶器精品之一。制法为手制，即泥条盘筑，加拼筑、贴筑。有慢轮加工技术。低温烧成。器形有圈足盘、豆、罐等。其中有的体量较大。器形规整，厚薄均匀。孙维昌先生认为，跨湖桥遗址的彩陶，“是中国最早出现的彩陶之一，彩陶作彩于陶衣之上”。“陶罐往往在折肩以上施衣作彩。这种在浑圆之中进行彩纹布局的特色，体现了跨湖桥彩陶对视觉效果的特殊追求。另外，厚彩、薄彩的彩料之分以及点彩等等别具一格的彩纹形式，也构成跨湖桥遗址彩陶浓郁的自身特色。”[②]这是很有见地的。彩陶是原始艺术的突出成就。跨湖桥遗址的彩陶纹饰色彩浓艳，线条粗犷，绘制精美。纹饰种类有太阳纹、火焰纹、波折、波浪纹、环带纹、条带纹、垂桂纹、十字或叉形纹、点彩、矩形彩纹以及组合纹样等[③]。可谓丰富而规范，美不胜收。跨湖桥的彩陶，虽然尚未出现造型稳定、坚实、简洁、刚健的三足器，但从总体上说，无论在技术上还是在艺术上，都达到了较高的水平。由此可以推知，彩陶出现的时间还要上溯一千年上下。因为远古社会较之当代社会，其发展要缓慢得多。

学者认为，火焰纹或许“反映一种拜火心理。太阳与火在光热上存在统一性，因此太阳崇拜的宗教核心可能是对光与热的祈祷。”[④]这种看法无疑是言之成理的，但似乎还不够全面。我以为太阳纹不仅是对太阳的崇拜，也是原始社会观象授时的萌芽。《史记》卷一《五帝本纪》载黄帝“迎日推策”，指观象授时，即根据多年观察天象所掌握的规律推算即将到来的季节时日。跨湖桥越先民种稻，为了丰收，自然要观测日月星辰，积累与摸索规律性的认识。这在河南郑州大河村遗址的陶器上、甘肃秦安王家阴洼遗址的彩陶碗上、陕西华县柳子镇遗址的彩陶钵上、江苏连云港将军崖一组大石遗址的岩画上、山东莒县阳陵河、诸城前寨及大朱村刻有“日月山”的陶尊上等均可得到佐证[⑤]，而几何形图案是同越先民的蛇图腾崇拜有关，如波浪纹似蛇的爬行状，环带纹似蛇的盘曲状[⑥]。

三 跨湖桥的独木舟

跨湖桥遗址引人注意的发现是独木舟。对于独木舟，古人类学家和经典作家早有论述。摩尔根认为：“燧石器和石器的出现早于陶器，发现这些石器的用途需要很长时间，它们给人类带来了独木舟和木制器皿，最后在建筑房屋方面带来了木材和木板。”[⑦]恩格斯进一步指出，在新石器时代，“火和石斧通常已使人能够制造独木舟，有的地方已经使人能够用木材和木板来建筑房屋了。”[⑧]

恩格斯的这段话我以为有两个要点。一是独木舟出现在相当久远的时代；二是独木舟是用火和石斧制造的。

独木舟的制造过程如何？《易经·系辞》云：“刳木为舟，剡木为楫。”意思是，将木材剖其中而空使为舟，削令上锐使成楫。

在我国民族学资料中，没有用火烧加石斧刨凿制造独木舟的具体情况，但在澳大利亚人中间，却有用这种方法制造独木舟的。其办法是选择一根粗大的树干，然后从一面加工，先在其上用火烧，把木头烧掉一层，然后再以石斧刨刮一层。如此这般经过一烧一刨等反复程序，终于制成于独木舟。我国佤族制造木臼时，也采用这种火烧斧刨的方法[9]。

跨湖桥的独木舟，有多处黑炭面或黑焦面，这是“通过火烧的方法挖凿船体的”证据[10]。著名造船史专家席龙飞先生指出，跨湖桥的“独木舟是用火和石锛制作出来的”，因为“在制作独木舟时，石锛较石斧当有更高的工作效率”；又“在跨湖桥发掘到的器物中，石锛的数量（28 件）远比石斧（5 件）为多。”[11]这一见解无疑是实事求是的。

跨湖桥遗址发现的独木舟残长 5.6 米，宽 0.53 米。置于湖泊岸边，被两侧若干木桩固定。周围有数片木桨，还有木料、木桩、木作工具等。学者认为这是一处与制作修理有关的独木舟工场。根据独木舟所在的地层关系，是在最早的第⑨层，即遗址的早期阶段，而碳十四测定和热释光测定，其年代都在公元前 8000 年左右，所以这是迄今国内发现的最早的独木舟[12]。

在独木舟出现之前，原始的渡水工具有葫芦、皮囊和筏。有学者认为，用葫芦、皮囊泅渡，大半身要浸入水中。用筏也因其贴近水面，会被水淹没。“独木舟的出现是渡水工具的一项重大突破。独木舟与筏相比有显著的优点，即独木舟可提供相当的水密的空间。乘舟人和所携带的货物都可避免被水淹浸。独木舟还具有一定的干舷，即有一定的储备浮力。它不仅可适应载重量的增减，还能承受一定强度的波浪的袭击。独木舟是真正意义上的舟船”[13]。甚是。

跨湖桥的独木舟，据蒋乐平先生研究，其起势十分平缓，横截面呈半圆，船底不厚，舱编浅。这种船在水中的稳定性差，载重量也有限。可能只能在岸边使用；但如果绑成边架艇的形式，可能出入近海[14]。为了改善稳定性和增加载重量，学者指出：“独木舟有三种可能的发展方向和演变途径。一种是以两只或多只单体独木舟并排连接，使舟体宽度成倍增加；二种是以火烤、日晒等加热的办法并加横向支撑以扩展舟体宽度，再进一步则是在舷侧加木板形成复合舟；第三种，设置弦外支架或弦外平衡物体。”[15]

跨湖桥先民有没有为改善独木舟的性能，而对其加以变革，以求发展呢？从独木舟周围发现不少木桩、横木、木板、木料看，答案是很有可能。如果是这样，跨湖桥的先民就可以驾舟出入近海了。

对跨湖桥独木舟的进一步研究，有待于新的独木舟考古发现及其比较研究。只有对跨湖桥独木舟定位准确，由此出发的推论才是真正有意义的。

四 跨湖桥的社会面貌

社会面貌涵盖经济形态、社会结构、社会生活、意识信仰等。

跨湖桥越先民处于新石器时代前期的母系氏族社会阶段，即传说中的神农氏时代。古籍载："神农之世……民知其母，不知其父，与麋鹿共处，耕而食，织而衣，无有相害之心。"⑯李泽厚先生认为其时"大概相对来说比较和平安定"⑰。甚是。人们开始过着定居的生活。遗址可能是一处原始聚落。先民使用磨制石器和木器，狩猎和采集是生活的主要来源，种植稻谷和家畜（猪、狗）饲养只是补充。

越先民杂食，日常饮食具有多样性。食品种类可分肉类、谷物类和果蔬类。肉类包括鹿、水牛、猪、狗、鱼、龟鳄、水禽、贝、蟹等。谷物类有野生稻和栽培稻⑱以及粟、小豆⑲等。果蔬类有栎、芡、核桃、橡子、菱角、南酸枣等。食器按用途可分水器、炊器（以釜煮食，以甑蒸食）、盛食器、挹食器（匕）和储器等。从出土的陶纺轮、线轮可知已有了纺织，用骨针缝制麻布、兽皮。以木材建构房屋。因发现独木梯和木桩立骨的土墙，可知当时干栏式和地面建筑形式并重⑳。以鹅卵石铺路。驾独木舟出行捕鱼或出海航行。

跨湖桥越先民已有"审美意识"。出现"原始绘画与雕塑"。骨哨是"原始音乐艺术"的体现。竹篾编织物反映了"高超的编织艺术水平"㉑。已有璜形饰等少量艺术装饰品。可能已知用中草药治病。信仰崇拜太阳。可能以蛇为图腾。刻划符号"有可能是用于记录占卜的数字卦象"㉒。而"由多层圆形烧土面堆积而成的台形建筑，可能是用于宗教祭祀的遗迹"㉓。

五 跨湖桥文化在学术史上的意义

跨湖桥文化的发现在学术史上有重要的价值和意义。她丰富的内涵雄辩地说明：长江与黄河一样作为母亲河哺育了中华民族并使中国以其古老的文明著称于世。独木舟的发现显示，长江流域是我国古代舟楫的发源地，其先民是乘舟弄潮的先驱。并改写中国古代交通史、造船史和中外文化交流史。跨湖桥的漆弓是迄今发现最早的漆弓。漆弓的发现也将改写中国漆工艺美术史。其他发现可将杭州湾地区的榫卯木构件和彩陶等上溯至7000多年以前㉔。而栽培稻的发现则再次证明长江流域是世界稻作农业起源的中心之一。跨湖桥遗址颇具特色的遗存，反映浙江新石器考古文化其类型丰富，其谱系多彩㉕。

注释：

① 林华东：《跨湖桥文化初析》，载林华东、任关甫主编《跨湖桥文化论集》，人民出版社，2009年。

② 孙维昌：《论跨湖桥文化》，载林华东、任关甫主编《跨湖桥文化论集》，人民出版社，2009年。

③ 浙江省文物考古研究所、萧山博物馆：《跨湖桥》，文物出版社，2004年，第55～63页。

④ 浙江省文物考古研究所、萧山博物馆：《跨湖桥》，文物出版社，2004年，第326页。

⑤ 参见：A.朱大渭主编：《中国通史图说·原始社会》，九洲出版社，1999年，第85～87页；B.柳志青、柳翔：《远古文明天文历法起源于华域——从贾湖、跨湖桥、老官台文化的闪光到河姆渡、仰韶、马家窑文化的辉煌》，载林华东等主编《跨湖桥文化论集》。

⑥ 参看《江南地区印纹陶学术讨论会纪要》，《文物》1979年第1期。

⑦ 摩尔根：《古代社会》上册，商务印书馆，1977年，第13页。

⑧《马克思恩格斯选集》第四卷，人民出版社，1972年，第19页。

⑨ 宋兆麟：《中国风俗通史·原始社会卷》，上海文艺出版社，2001年，第202页。

⑩ 蒋乐平：《跨湖桥独木舟三题》，载林华东等主编：《跨湖桥文化论集》。

⑪ 席龙飞：《跨湖桥独木舟的学术价值》，载《首届跨湖桥文化国家学术讨论会·发言论文材料》，未刊稿。

⑫ 施加农：《跨湖桥遗址的发现与发掘》，载林华东等主编：《跨湖桥文化论集》。

⑬ 席龙飞：《中国造船史》，湖北教育出版社，2000年，第1～2页。

⑭ 蒋乐平：《跨湖桥独木舟三题》，载林华东等主编：《跨湖桥文化论集》。

⑮ 戴开元：《中国古代的独木舟和木船的起源》，载1985年《船史研究》（创刊号）第13页。

⑯《庄子·杂篇·盗跖》。

⑰ 李泽厚：《美的历程》，文物出版社，1989年第2版，第15页。

⑱ 张崇根先生认为跨湖桥栽培的可能是陆稻。详见张崇根：《跨湖桥文化先民栽培的可能是陆稻》，载林华东等主编《跨湖桥文化论集》。

⑲ 详见杨晓燕、蒋乐平：《浙江跨湖桥遗址陶釜内残留物淀粉粒分析》，载《首届跨湖桥文化国际学术研讨会·发言论文材料》，未刊稿。

⑳ 宋煊：《跨湖桥建筑遗迹分析》，载林华东等主编：《跨湖桥文化论集》。

㉑ 何汉生、肖梦龙：《实用美观，相得益彰——论跨湖桥文化的原始艺术》，载林华东等主编：《跨湖桥文化论集》。

㉒ 张居中：《浙江跨湖桥遗址刻划符号的启示》（提要），《首届跨湖桥文化国际学术研讨会·发言论文材料》，未刊稿。

㉓ 曾骐：《跨湖桥——上山与浦阳江文化》，《首届跨湖桥文化国际研讨会·发言论文材料》。

㉔《中国考古学年鉴·2003年》，文物出版社，2004年，第17页。

㉕ 参见林华东：《浙江通史》第一卷《史前卷·导论》，浙江人民出版社，2005年。

从跨湖桥彩陶谈中国彩陶的多元起源

张朋川
（苏州大学 苏州 215021）

一 跨湖桥遗址彩陶的文化内涵和地位

1990年至2002年，浙江省考古所和萧山市文管办、萧山博物馆先后三次对萧山县跨湖桥遗址进行了考古发掘，对跨湖桥遗址的文化内涵和年代有了深入的认识，跨湖桥遗址出土了中国南方地区最早的彩陶，这对研究中国彩陶及中国文明起源问题提供了新的视角。

1.跨湖桥遗址的陶器及年代

跨湖桥遗址的第二、三期的发掘，出土了陶片数万片，整修复原陶容器200多件。据《跨湖桥》考古报告阐述：陶质以夹砂陶和夹炭陶为主，还有少量的夹蚌陶，但陶胎中均有明显的炭质，因此夹炭陶质是跨湖桥遗址陶器的主要特征之一。陶器多为手制，但已出现了用慢轮修整陶坯及制陶，在跨湖桥遗址中出土了4件木砣形器（图1），应是木慢轮的带木轴的下面部分①。制陶陶器的器形以圜底器为主，圈足器次之，平底器最少。陶容器以作为炊器的夹砂釜为主、还有作为贮盛器的罐、作为食器的钵、盆，以及盘、豆等器物②。关于跨湖桥遗址的年代存有不同的看法，《跨湖桥》考古报告根据遗址演变特点及陶器分期研究，结合碳十四测定数据的分析推断，将跨湖桥遗址分为三期，年代距今8200～7000年。

2.跨湖桥彩陶的器形和装饰手法

跨湖桥遗址出土的陶器中，出土了少量的彩陶，彩陶片约占陶片总数的2%。彩陶的陶质为泥性成分较多的夹炭陶，亦称泥性夹炭陶，质地较细腻。彩陶的器形以圈足盘、豆、罐为主。圈足盘共复原6件，口径22～29厘米。复原的2件Ⅲ式圈足盘，圈足施扁圆形镂孔，以镂孔为中心绘放射形线纹（图2）。彩陶豆的彩绘花纹绘于豆盘内，在一件彩陶豆的盘内中央绘圆形纹，口沿内四面绘垂弧纹（图3）。彩陶罐的彩绘花纹一般绘于肩部，以太阳纹或米字纹为主题花纹（图4）。彩陶表面多施陶衣，其中以红色陶衣为常见，有的陶器的红衣之下有灰白色的底衬，在红衣以上常绘白色的彩陶纹样。

图1 跨湖桥出土的木陀形器

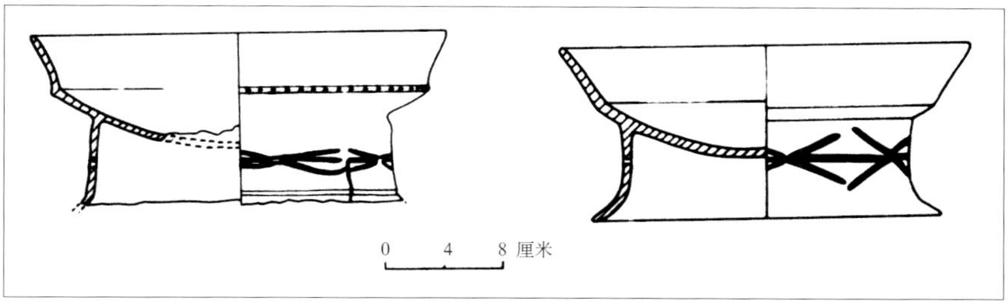

图2 跨湖桥出土的彩陶圈足盘

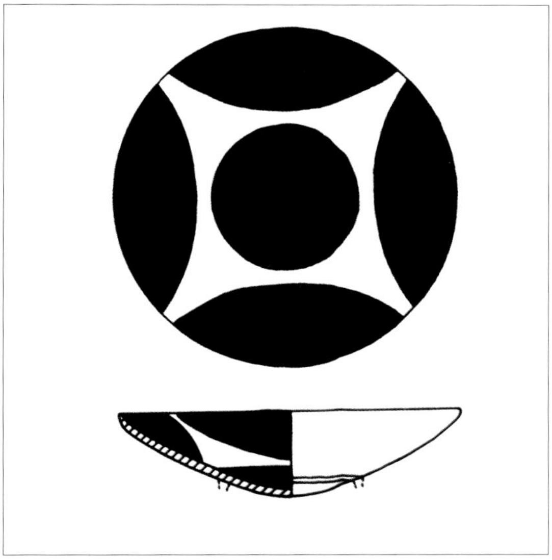

图3 跨湖桥出土的内彩圆弧纹彩陶豆

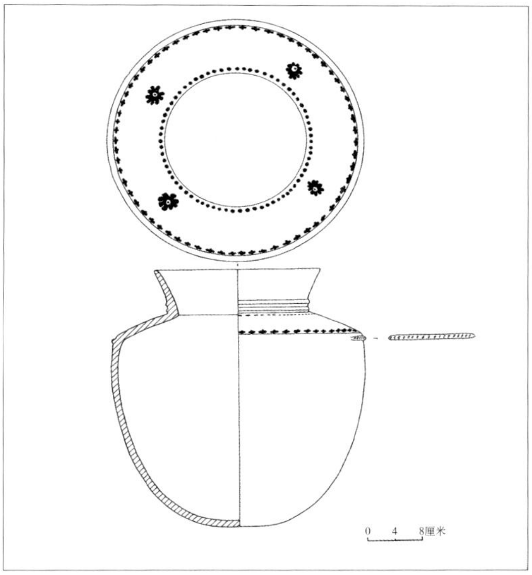

图4 跨湖桥出土的变体太阳纹彩陶罐

除此，陶器上还有灰白、灰黄色、黑色陶衣。在陶衣上的彩绘花纹有厚彩、薄彩两种，据实验室检测，“厚彩是用含铁量较低的泥料烧制后形成的，颜色较淡”③。薄彩以红彩为主，多施于豆盘和圈足盘的内壁。

3. 跨湖桥彩陶的纹样和有代表意义的太阳纹

彩陶纹样大致分为两大类，一类是带有标志性的单独纹样，如太阳纹与太阳纹的变体纹样（图 5、6、7）、火焰纹（图 8）。另一类是作为区隔器形或图案的几何形花纹，如平行条纹、连续折线纹（图 9）、十字纹、交叉纹（图 10）、斜线纹、点纹、方格框和菱格框纹（图 11）等。这些彩绘的几何形纹样，主要以直线构成，具有齐整对称的装饰效果。跨湖桥彩陶纹样中，以太阳纹及其变体纹样为代表花纹。一种是具象的太阳纹，有以中有圆点的圆圈为中心向外放射光线；有在一排“+”形纹上方绘太阳纹；有左右相向的半个太阳纹。独体的＊形纹可理解简化的太阳纹，象征太阳向八方照射。彩陶圈

图5 跨湖桥彩陶上的太阳纹

图6 跨湖桥彩陶上的太阳纹

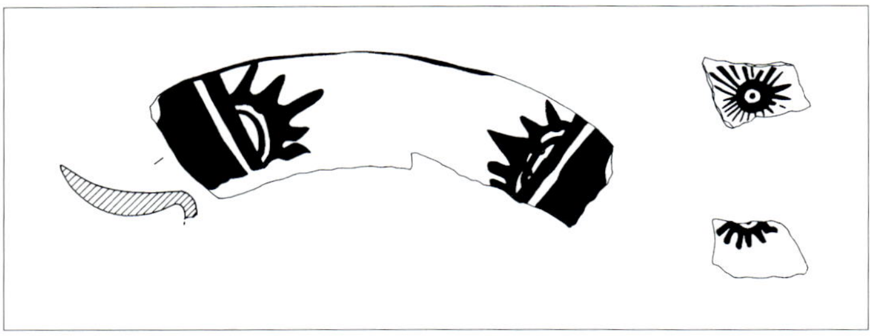

图7 跨湖桥彩陶上的太阳纹

图8 跨湖桥彩陶上的火焰纹

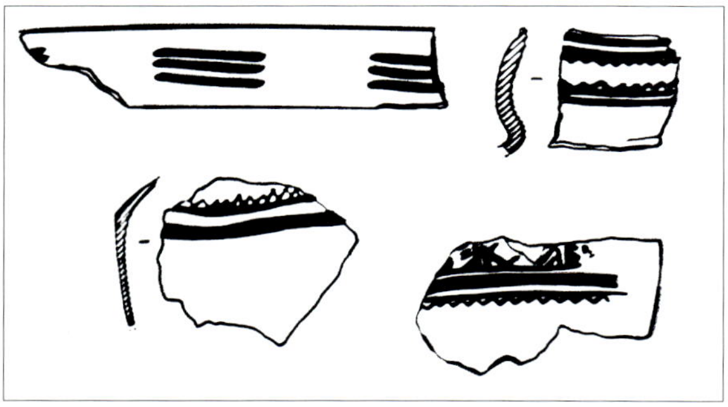

图9 跨湖桥彩陶上的平行条纹、连续折线纹

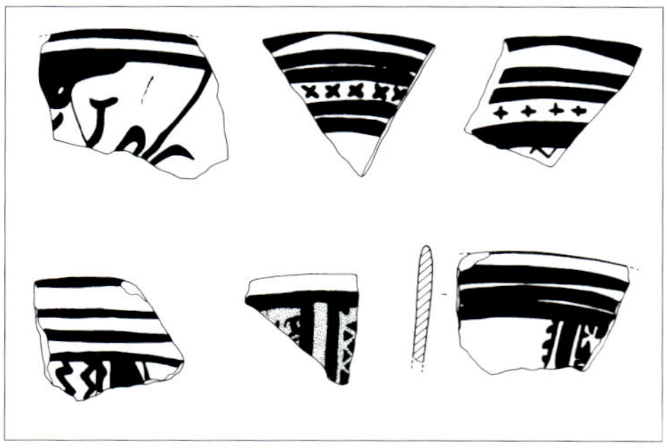

图10 跨湖桥彩陶上的十字纹、交叉纹

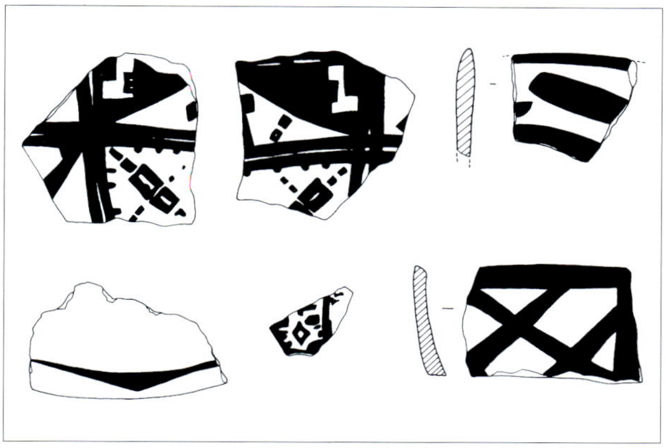

图11 跨湖桥彩陶上的方格框、菱格框纹

图12 河南郑州出土大河村文化彩陶上的太阳纹

足盘的圈足上以扁圆镂孔为中心绘放射形线纹，可能也是太阳纹的一种表现形式。至于十字形纹，是由中心向四方放射，但是否为＊形纹的简化，尚不能确定。世界远古文化许多以太阳纹为主题纹样，中国的远古文化以跨湖桥文化出现的太阳纹最早，古中国的东部及中部地区，以太阳纹为首瞻，衍生出围绕太阳而形成的系列纹样（图 12）。

4. 跨湖桥彩陶在中国彩陶文化中的地位

距今约 8000 年左右的跨湖桥文化彩陶的发现，对钱塘江下游一带彩陶起源的问题有了定位。原先在这一地区以河姆渡文化发现的彩陶最早，距今约近 7000 年。虽然跨湖桥文化与河姆渡文化分属相邻区域的年代早晚不同的两个文化，但也有一定的联系。在河姆渡文化的一些器物上，太阳纹也是主要的装饰纹样之一，但是太阳纹和鸟纹组合在一起，太阳纹的光芒呈火焰状。如浙江余姚河姆渡一期遗址出土的骨匕柄部和象牙饰片上，分别刻着载着太阳的双头鸟、双鸟朝阳的纹样（图 13）。河姆渡一期遗址出土的三片彩陶，是一个小口罐的口沿和腹部的残片。陶质为夹炭黑陶，表面施灰白色陶衣，上绘褐红色花纹，绘着鸟翅、鸟羽状的纹样（图 14），

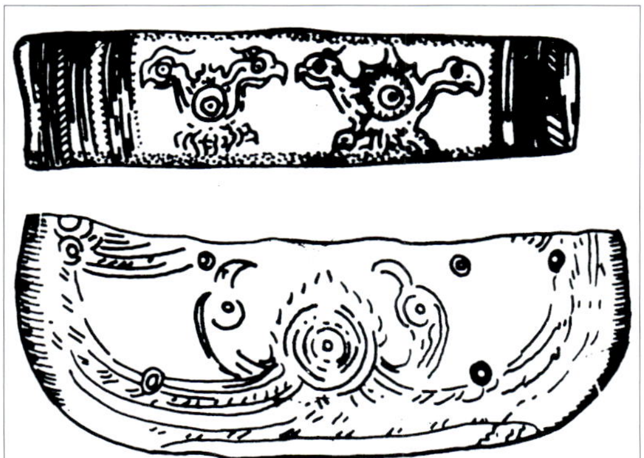

图13 河姆渡一期遗址骨、牙器上的双头鸟载日、双鸟朝阳纹

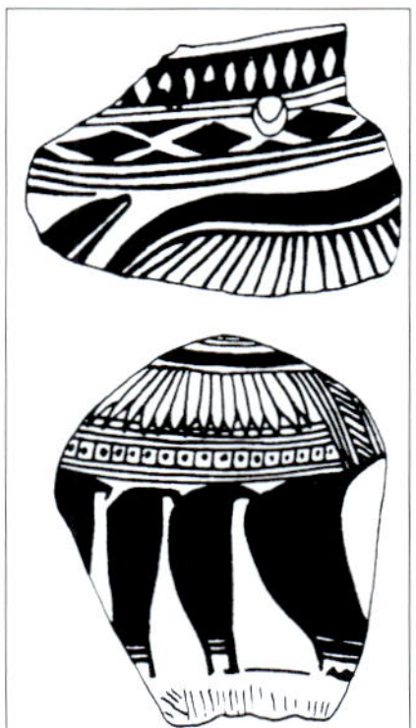

图14 河姆渡一期遗址出土的彩陶片

虽然彩陶的装饰手法和跨湖桥彩陶有共似性，但河姆渡彩陶以鸟的翅羽纹为主题纹样，彩陶纹样的造型丰富而生动，比跨湖桥彩陶要显得成熟。跨湖桥遗址彩陶的产生途径具有自身的特点，它是在陶器上施加彩色化妆土和陶衣的基础上发展出彩陶的，它的彩陶纹样大多是绘在化妆土或彩色陶衣上的，彩陶纹样的造型简单，纹样较少组合成完整而有机联系的图案。从彩陶的角度来看，跨湖桥文化的彩陶具有原始性，跨湖桥遗址的彩陶的发现，将钱塘江一带出现彩陶的时间上推了近千年，成为江南最早出现彩陶的远古文化。

二 跨湖桥文化与大地湾文化和半坡类型彩陶的比较

从北方地区发现的含有彩陶的文化遗存，以大地湾文化的年代最早。笔者曾参加甘肃秦安大地湾遗址的发掘工作，在相当于仰韶文化早期的大地湾二期遗址的地层之下，发现了大地湾一期的文化遗存。在大地湾一期遗址的墓葬和灰坑中，发现了少量的彩陶。大地湾一期遗址的碳十四测定年代的数据为距今 8170 ~ 7350 年。大地湾文化的彩陶在渭水、泾水、西汉水流域都有发现，它是黄河上、中游地区出现得最早的彩陶，是北方地区彩陶的重要源头。将中国北方和南方最早的又是同时的彩陶文化进行比较，对于研究中国文明的起源是一个有文化意义的课题。

1. 居住环境的比较—木骨泥墙居屋与深地穴居屋

彩陶纹样的题材选择和精神寄托，是和制作彩陶的氏族人们的居住环境有一定的关系，将跨湖桥文化与大地湾文化的氏族人们的居住环境进行比较，两者有很大的不同。跨湖桥遗址位于钱塘江入海口北岸的湘湖之滨，遗址被沼泽、沙洲包围，当时的气候温暖湿润，在跨湖桥地区定居的氏族人们，采用了在地面上建造房屋的方式，跨湖桥遗址的房子是以木桩立骨的土墙式的建筑。河姆渡文化的房屋为带有榫卯的木构框架的干阑式的建筑，是从潮湿地面上架空建造的房子。跨湖桥文化和河姆渡文化的居民仰承炽热的阳光，心仪天空翱翔的飞鸟，人们的视野是从地面投射到天上。

大地湾文化主要分布在黄土高原山前地带的渭水流域河谷，黄土深厚而干燥，对建造半地穴房子提供了有利的条件。大地湾一期遗址发现了三座圆形半地穴式房址，地穴壁上发现有向室内倾斜的柱洞，应为圆锥攒尖式的小屋。大地湾二期遗址的房子属于仰韶早期的半坡类型，房址多为方形或长方形，由较深的半地穴房子发展为较浅的半地穴房子④。这里的氏族人们的居住面在地面以下，人们的视觉经验很大部分来自地下，对河里的水族动物很自然地有亲切感。

2. 彩陶陶土的比较—泥性夹炭陶与夹细砂陶

跨湖桥文化和大地湾文化彩陶的陶质有很大的不同，跨湖桥文化彩陶的陶质为泥质较多的夹炭陶，陶坯经烧制后，烧化的植物茎叶碎末会产生气孔，陶器器表显得粗陋，为了弥补这一缺憾，在陶坯上施加彩色陶衣或化妆土，然后再彩绘花纹。大地湾文化彩陶的陶质为夹着均匀细砂的红或灰褐色陶，泥质成分较强，陶胎较薄，而且厚度比较均匀。陶器的内部多为黑色，经过抹光处理而显得光滑，外部为红或灰褐色，器表比一般的夹砂陶显得细腻，不需要外加陶衣或化妆土。大地湾文化晚期还出现了泥质彩陶。

3. 彩陶器成型方法的比较—泥条盘筑法与模具敷泥法

跨湖桥文化彩陶的成型方法以“泥条盘筑为主，辅以分段拼筑、贴筑。出现慢轮修正技术”[⑤]。可以作出较规整而复杂的器形。大地湾文化彩陶的成型方法采用模具敷泥法，圜底彩陶器用圜底的内模逐层敷泥而成，因受模具限制，器形较简单，器壁外形弧圆，易于脱模。

4. 彩陶器形的比较—圈足盘与三足圜底钵

跨湖桥文化彩陶的器形以圈足盘和与圈足盘器形相近的豆为主，两者的区别在于圈足的形制，盘的圈足较宽矮，豆的圈足较瘦高。《跨湖桥》考古报告认为：“遗址出土的带内彩的陶豆、圈足盘可能属于祭器的范畴。”[⑥]（图 15）跨湖桥遗址中的建筑 B，为分层的圆形台式建筑，可能是用于祭祀的祭坛。可以认为跨湖桥文化的彩陶中，有一部分不是日常生活的用器，或用作祭器。大地湾文化彩陶的器物种类少，而且器形也较简单。彩陶器形绝大多数为圜底钵，有的在圜底钵底部加三个锥形足（图 16）。在大地湾一期遗址的房基、墓葬和窖穴中都出有彩陶，说明大地湾文化的彩陶主要为日常生活用器。

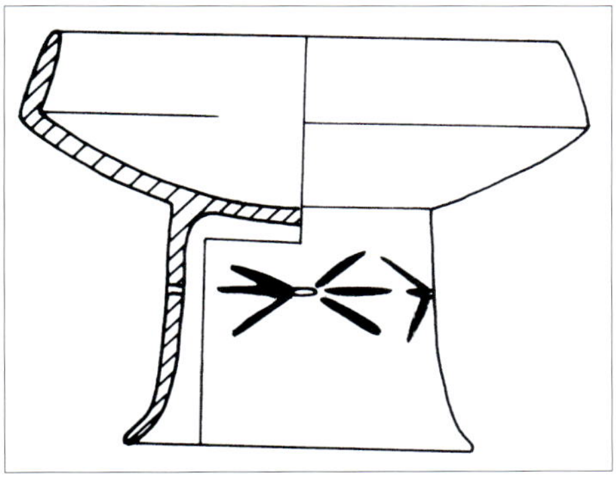

图15 跨湖桥出土的彩陶圈足盘和豆

图16 大地湾一期遗址出土的彩陶圆底三足钵

5. 彩陶纹样的比较—太阳纹与宽带纹

跨湖桥文化彩陶的彩绘纹样比较多样，除去太阳纹及其变体纹样外，还有上文提及的火焰纹、平行条纹、连续折线纹、十字纹、交叉纹、斜线纹、方格框和菱格框纹。既有自然形的纹样，也有几何形纹样。可以看出跨湖桥文化的彩陶纹样的装饰性较强。大地湾文化的彩陶纹样的种类较为单一，通常在圜底钵的口沿外绘一圈红色宽带纹，在口沿内绘一圈红色窄带纹，在一些钵内绘红色短斜线、折线等纹样。绘于宽带纹彩陶钵内的红色独体符号，很令人注目，有“|”、“+”、“个”、“×”等十余种符号（图17）。相对而言，大地湾文化的彩陶纹样，装饰性弱，标志性强。

通过以上跨湖桥文化和大地湾文化的彩陶的多方面比较，两者虽然都是距今八千年左右产生的彩陶，都反映出早期彩陶的一些特点，但他们之间的差异是明显的，分别表现出这南北二区最早的彩陶是在各自的自然和人文的环境中产生的，并非同源。

图17 大地湾一期遗址出土的彩陶上的彩绘符号

二 中国彩陶的多元起源和发展

1. 中国彩陶的多元起源

对于中国彩陶的起源问题的认识是随着考古新材料的发现而不断修正的。1923年，瑞典地质学家安特生在甘肃、青海发现了马家窑文化等文化类型的彩陶，认为甘青地区和西亚地区的远古文化的彩陶纹样有相似性，并错误地将以素陶为主的齐家文化列为甘肃古文化的第一期，进一步提出中国彩陶西来说。随着甘青地区远古文化考古的大规模的展开，揭示出这一地区远古文化彩陶的成系列的发展过程，中国彩陶西来说已不攻自破。由于黄河中游地区的半坡、庙底沟等含有彩陶的仰韶文化遗址的发掘，又产生了彩陶文化以中原为中心向四方传播的观点。20世纪70年代以来，大地湾文化、皂市下层文化、河姆渡文化相继发现了距今七千年和八千年左右的彩陶。这些含有早期彩陶的新石器时代文化分布在不同的区域。我在1990年所著的《中国彩陶图谱》一书中，论述了中国彩陶是多元发展，又是自成体系的⑦。跨湖桥文化彩陶的发现，更有力地支撑了中国彩陶多源多元发展的观点。

2. 各区系文化彩陶的发展趋势和流变

中国彩陶的起源是多元的，但各地区的彩陶的发展趋势是不同的。而且不同文化的彩陶在相邻地区会互相产生影响，一些类型文化的彩陶还有流动和传播的现象。如大地湾文化的彩陶，对继起的仰韶文化半坡类型的彩陶有很大的影响，半坡类型彩陶中的具有代表性的宽带纹圜底彩陶钵，是由大地湾文化宽带纹圜底彩陶钵发展而来的（图18）。以大地湾文化的彩陶为源头，发展出以彩陶为特征的仰韶文化，黄河中上游地区构成了源远流长的经数千年之久的彩陶发展史。位于钱塘江一带的跨湖桥文化的彩陶，与相邻的河姆渡文化的彩陶，看不出明显的承接或产生影响的关系。这其中是否缺失中间环节的考古资料，还是跨湖桥文化和河姆渡文化的彩陶是各自发展起来的，是留待解决的问题。在钱塘江地区和环太湖地区，以后出现的崧泽文化、良渚文化的彩陶没有得到充分的发展，而是玉器文化大放光彩。位于长江中游地区的皂市下层文化，发现了距今约7000年的彩陶，可视作这一地区继起的大溪文化彩陶的源头之一，大溪文化和屈家岭文化将长江中游地区的彩陶文化达到繁荣发展的阶段（图19）。位于鲁南苏北地区的大汶口文化的彩陶，特色鲜明，自成体系（图20）。在大汶口文化以前，这地区应有更早的彩陶，但目前尚缺乏充分的相关的考古资料。继大汶口文化而起的龙山文化，以制作技术精湛的黑陶取代了彩陶。东北地区的红山文化等类型文化的彩陶，也自成体系（图21），但同样被玉文化占去了发展的空间。通过以上几个地区的具有代表性的彩陶的发展情况，可以看到中国彩陶多源多元发展的一面，但另一方面各彩陶文化还存在着交流、传播，如江南的彩陶是在彩色陶衣和化妆土作底衬的基础上产生的，后来彩陶上的这种装饰手法向北传入到黄河流域。在距今5000多年时，仰韶文化庙底沟类型彩陶的影响面很宽，庙底沟类型彩陶具有代表性的勾羽圆点纹，向四方传播，北至内蒙古、南达湖北北部，东南到长江下游、西及甘肃东部。至于各区、系、类型的彩陶文化之间的交流更不乏其例，正是在我国新石器时代多元文化的流动、传播、交融的过程中，促进了多元一体的中华文化的形成。

图18 半坡类型宽带纹彩陶圜底钵

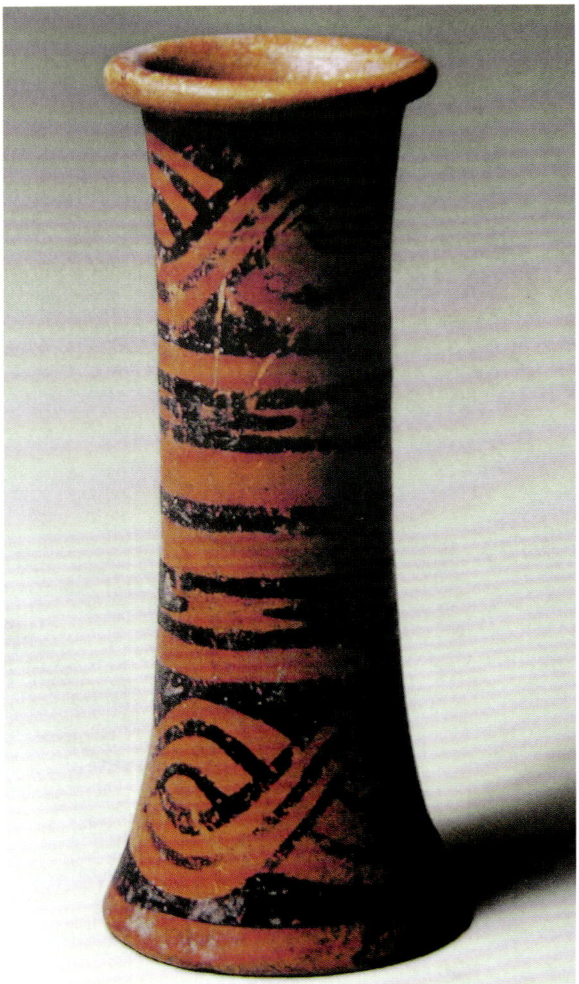

图19 大溪文化彩陶筒形瓶

图20 大汶口文化彩陶背壶

图21 红山文化彩陶筒形器

注释

① 浙江省文物考古研究所、萧山博物馆：浦阳江流域考古报告之一《跨湖桥》，图版三二：7、第209页、图一五九。文物出版社，2004年。

② 同①，第77页。

③ 同①，第56页。

④ 甘肃省博物馆文物工作队：《甘肃秦安大地湾遗址1978～1982年发掘的主要收获》（执笔：张朋川　郎树德），《文物》1983年第11期。

⑤ 同①，第321页。

⑥ 同①，第327页。

⑦ 张朋川《中国彩陶图谱》，文物出版社，1990年，第207页。

文化断层现象与考古层位学

——跨湖桥遗址的启示

叶文宪

（苏州科技学院人文学院历史系 苏州 215009）

一 跨湖桥文化与河姆渡文化之间的文化断层

位于杭州市萧山区城厢镇西南的湘湖村跨湖桥遗址经过2001年和2002年两次考古发掘，发掘面积850平方米，共发掘出土骨、木、石、陶器450余件和一条长5.6米、基本完整的独木舟，以及大量动植物标本。器物形态及其组合迥异于余姚河姆渡、桐乡罗家角等附近地区发现的早期文化遗址，可以明确为一个新型的、独立的考古学文化类型。

2003年在距跨湖桥遗址东北约2.5公里的下孙村又发现了一处与跨湖桥文化内涵相同的遗址，初步探明其面积约5000平方米。下孙遗址出土的遗物有陶器、石器、骨器、木器等；还发现了10多个灰坑，里面出土的橡子表明这些大小深浅不一的人工坑洞是当时人们储藏食物的地窖，还发现一些柱洞，表明这里曾是先民们的生活区。

河姆渡遗址与跨湖桥遗址的直线距离仅100公里，四个文化层的年代经过测定为距今约7000～5000年（树轮校正后年代，下同）。跨湖桥遗址的年代也进行了碳十四测定和热释光测定，年代约距今8200～7000年左右。两者的绝对年代前后相接，但是跨湖桥文化并不是河姆渡文化的直接源头①，也就是说在跨湖桥文化与河姆渡文化之间存在着一个断层。

浙江省地质调查院进行的地质勘探还表明，跨湖桥遗存埋藏在海相沉积之下，底层略低于现在的海平面，文化层分为9层，堆积最厚处仅1.24米，但上部覆盖的青灰色海相淤积层却厚达4.6米。叠压在下孙遗址之上数米厚的淤泥也为海相沉积，与跨湖桥遗址相同。从跨湖桥、下孙遗址文化层的沙性特征及其堆积相分析，它们都曾因遭水淹而被废弃。这两处低于海平面的遗址都是由于全新世卷转虫海侵而导致文化最终消失的。

在河姆渡遗址第四文化层的底部是海相层，表明这里是在最后一次海侵达到最高海平面以后再海退成为陆地才有人类定居的，而跨湖桥遗址是在文化层之上堆积了海相沉积，很可能就是因为这次海侵随着水位的不断上升而导致遗址被海水淹没并废弃。因此，跨湖桥遗址在海侵之前就已有人类定居生活，后来受到海侵影响而移居他乡；而河姆渡遗址则是在海退成陆之后才有人类定居的。

二 良渚文化与马桥文化之间的文化断层

继良渚文化以后出现在太湖地区的是马桥文化，但是两者的文化面貌完全不同：前者有大量玉器而无铜器，后者有小件铜器而几乎没有玉器；前者石器磨得很光滑，后者石器却很粗糙；前者多灰黑陶，后者多红陶和几何形印纹陶；前者陶器盛行圈足和贯耳，后者则盛行圜底和凹底，不见贯耳；前者的炊器是鼎，后者既有鼎又有甗；前者的鼎为盆形或釜形，鼎足多扁形或丁字形，后者多罐形鼎，鼎足多凹弧形或圆锥形；前者的器物形制上承崧泽文化，后者却明显地含有二里头文化和二里岗文化因素。良渚文化最晚的碳十四年代数据为4200±145年，而马桥文化最早的碳十四年代数据为3730±150年[②]，中间相差500年左右。马桥文化层虽然是叠压在良渚文化层之上的，但是许多遗址的这两层文化层之间夹有一层淤土或泥炭（图1）。江、浙、沪三地的考古工作者长期以来在太湖地区做了大量的工作，现在已能证明在良渚文化和马桥文化之间不可能存在一个尚未被发现的过渡类型。所以，可以断定在它们之间确实存在着一个文化断层，并且中断的时间大约有几百年。

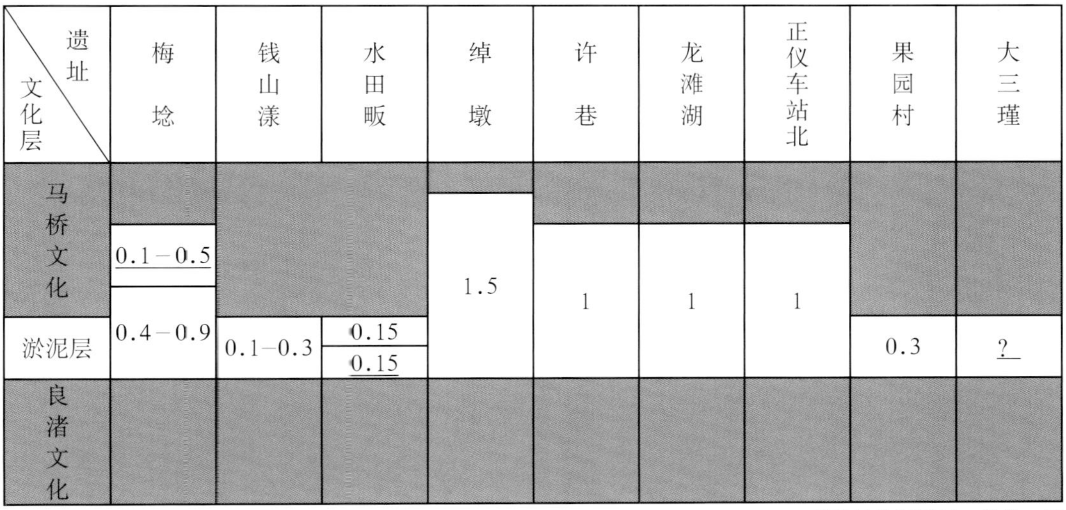

划线的为泥炭层　单位：米

图1　良渚文化遗址淤土层所在层位示意图

三 普遍存在的文化断层现象

这种地层上下叠压但是所包含的遗物内涵不相衔接的文化断层现象在各地新石器文化遗址中是普遍存在的现象。

山东龙山文化不仅社会发展水平并不低于中原龙山文化，而且技术发展水平也略胜中原龙山文化一筹。它的黑陶、白陶和蛋壳陶表明其制陶技术在同时代各地先民中是最高超的；玉器的制作也极其精美，日照两城镇曾经发现过成坑的半成品玉材；东海峪和三里河发现的房屋采用了挖槽起基的先进技术，尧王城发现了用土坯砌墙的房屋，龙山文化城垣普遍采用了堆筑与版筑相结合的建筑技术，提高了筑城的效率和城垣的质量；两城镇类型的三里河、呈子、尧王城等多处遗址发现过青铜锥和炼铜渣，说明青铜制造技术已经发生；从分布在长山列岛和辽东半岛上的郭家村类型文化中所包含的诸多龙山文化因素来看，龙山文化先民已经掌握了近距离航海的能力。然而，继龙山文化之后出现在山东地区的岳石文化在生产技术水平和社会发展程度方面却都出现了明显的退步。龙山文化常见的穿孔石铲不见了，而代之以无孔的石铲和粗笨厚重的方孔石镢、方孔石锄；龙山文化常见的石镰不见了，而代之以半月形双孔石刀；龙山文化的石器打磨得都很光滑，而岳石文化除了石铲和石刀磨光以外，石镢和石锄都只琢不磨；龙山文化石器上的穿孔都用管钻和棒钻的方法钻成，圆而光滑，而岳石文化石器上的方孔和圆孔都是琢制而成的，技术水平明显地落后。

陶器的变化也极其巨大。龙山文化常见的黑陶不见了，而代之以泥质与夹砂褐陶为主；龙山文化常见的蛋壳陶也不见了，而代之以器壁厚重的陶器；龙山文化的陶器都是轮制的，器形规整，而岳石文化的陶器大多是手制的，制作草率；龙山文化常见的鸟首足盆形鼎、侧三角形足鼎、袋足长流鬶、高柄杯、浅盘高圈足豆、三足盘，横把手大口瓮等器形都不见了，而代之以锥足鼎、甗、浅盘豆、子母口罐、尊形器等新器形。

现已发现的龙山文化城址已有18座之多，除了城子崖龙山文化城址上面叠压有岳石文化城址以外，其他城堡到了岳石文化时期似乎都被废弃了，即使在有些地方仍被沿用，但极少发现有新筑的岳石文化城堡。如果说城堡的出现代表着社会发展程度达到了某种水平的话，那么晚于龙山文化出现的岳石文化的社会发展程度显然是后退了。

岳石文化和龙山文化虽然有着共同的分布面，而且在时代上前后衔接，然而两者的文化面貌却并不连贯，两者之间在文化上存在着一个断层。

关中地区的客省庄二期文化不见了。当时先周文化还非常弱小，隐而不显，并且它肯定不是客省庄二期文化的直接继承者；而宝鸡地区的刘家文化（先羌文化）却显得非常强大，并且其与甘青地区的齐家文化之间倒有较多的联系。

江汉地区紧靠中原，仰韶文化就已开始向南方渗透，到龙山时代来自中原的势力大大增强了。在强大的中原文化的压迫下，江汉平原上的新石器文化发展到石家河文化阶段便中断了[3]。江汉地区后来成了楚人生活的区域，但楚人的祖先是从中原南迁来的，他们并不是石家河文化先民的后裔。

在燕辽地区小河沿文化以后出现了一个文化的断层。夏商时期生活在那里的是一批从事农业生产的先民，他们留下的遗存就是夏家店下层文化，但是后来取代它的夏家店上层文化却是另一批从事游牧的先民所留下的。燕辽地区的夏家店下层文化和夏家店上层文化之间也存在着文化断层[4]。

四 文化断层现象的启示

考古文化是古代人类共同体留下的物质遗存，它的变化反映出了古代人们的活动和社会的变迁。从新石器时代早期到龙山时代末期社会在不断地发展变化，这种变化是一种渐变，我们可以从地下的遗存中找到它一步一步演变的足迹，这就是环环相扣的考古文化的区系类型。但是如果因为某种原因导致社会出现了突变，那么我们就无法在地层中找到它演变的轨迹了——一个文化在某地悄然消失，而另一个文化在该地区突然出现，这样就会在两个文化之间出现一个断层。

出现文化断层的原因有的是自然原因造成的。例如青海民和县喇家村的齐家文化遗址表明该遗址是毁于一场突然发生的地震与洪水所造成的没顶之灾，而间隔在跨湖桥文化与河姆渡文化之间和良渚文化与马桥文化之间的一层海相沉积或淤泥表明气候与地貌变迁是造成两者之间文化断层的原因。

如果没有遭受灾变的遗迹，也没有遭受自然环境变迁的遗迹，那么文化断层就一定是人为原因造成的——由于族群之间的争斗、征服、迁徙、流动等原因，长期生活在某地的一群人离开了故土。因为古代的人口远比现代要少，所以在以后的很长一段时间内那里可能无人居住，这样在地层中就会出现一段空白。如果以后再迁入该地的是外族的居民，那么由于两者的生活习俗与文化面貌各不相同，因此就会在上下叠压的地层里留下内涵不相衔接的遗存。这样，经过几千年以后当我们把它们从地下发掘出来的时候就会看到一个文化断层。这种文化断层在历史时期也屡见不鲜。例如在太湖地区春秋末期吴国被越国灭亡以后吴文化就消失了，取而代之的是越文化，无锡鸿山发现的战国墓就完全是越人的墓葬，而当战国中期越国被楚国灭亡以后，这一带出现的又都是楚墓了。

如果我们按照地层关系把它们排列起来，绝对找不出文化传承关系，好在我们从文献中知道了这一段历史，不会对这一文化覆盖与置换现象产生误解，但是如果这样的事件出现在史前时代，那么我们面对这样的“三叠层”又将作出如何解释呢?

1931 年梁思永先生在主持安阳高楼庄后岗发掘时发现了著名的“后岗三叠层”，证明了由仰韶文化、龙山文化到商文化这样一个基本的发展序列，从而奠定了考古层位学的基础。80 年来层位学以及类型学一直成为支撑中国考古学的两大基础理论。考古工作者在考古实践中非常重视寻找三叠层，而且一旦发现三叠层就努力去证明它们之间的承继关系。这实际上是一种思维定势，因为根据我们现在的认识，安阳后岗的龙山文化和商文化并不是直接继承的，在它们之间也存在着一个断层。三叠层可以说明三个文化层的相对年代先后，但是并不能说明三者之间一定存在着继承关系。

层位学和类型学的理论都是建筑在渐变的思维基础之上的。虽然用这种方式来思考问题本身并没有错，然而问题在于人类社会的发展并不只是渐变，事实上还存在着大量的突变——革命、动乱、战争、征服、迁徙、融合以及自然灾害造成的社会变故，这种突变或变故会使原来一脉相承发展的文化出现中断。在有文字记载的时代如果出现这种中断大家都很清楚，例如明清之际因为改朝换代而剃发易服，但是如果这种现象发生在史前时代，那么我们就只能发现一个文化断层，因为我们无法用类型学的方法来说明明朝的服饰怎样变成了清朝的服饰。如果我们的思维只是局限于渐变，那么就会忽视历史上实际出现过的突变，这样就不能真实地复原历史的原貌。所以，在运用层位学与类型学进行考古研究的同时必须重视文化断层现象，这就是跨湖桥遗址以及现已发现的种种文化断层现象给我们的启示。

注释：

① 黄渭金、张殿发、杨晓平：《河姆渡遗址与跨湖桥遗址的比较研究》《东方博物》2008年第2期。
② 中国社会科学院考古研究所编：《中国考古学中碳十四年代数据集》，文物出版社，1992年。
③ 俞伟超：《先楚与三苗文化的考古学推测》，《文物》1980年第10期。
④ 中国社会科学院考古研究所：《新中国的考古发现和研究》，文物出版社，1984年。

跨湖桥遗址保护厅改造工程探讨

吴 健
（杭州市萧山跨湖桥遗址博物馆 杭州 311203）

跨湖桥遗址是长江下游一处重要的新石器中期遗址①，先后经过三次考古发掘，出土了独木舟等大量珍贵文物，碳十四年代测定距今 8000 ～ 7000 年，是浙江史前考古工作的重大发现。遗址出土的独木舟由于年代久远且受保存环境的影响，呈腐朽贯穿状态，强度较低，需要原址保护。

2009 年 9 月跨湖桥遗址保护厅交付使用，建筑由浙江省水利设计研究院设计，为永久性围堰结构，水泥钢筋浇注，双层挡水墙之间有一条隔水廊道，围堰中空顶面为钢构网架设计，最外层由铝镁锰合金钢板覆盖，平面呈椭圆形，占地面积约 2000 平方米，承担着 2001、2002 年发掘区现场保护的职能。因湘湖建设原因，水面抬高，外部环境与发掘时相比变化较大，围堰隔水墙大多被湖水环绕，遗址区最低处位于湖面以下 8 米。2010 年底，因遗址厅内湿度过大，顶面保温层饱水后部分跌落，为安全起见保温棉整体卸除后，温湿度控制、冷凝水现象、霉菌滋生等问题比较突出，对木质文物及土遗址保护极为不利。遗址厅相关文物保护问题的接连出现，意味着改造工程已迫在眉睫。

一 遗址保护厅现状分析

1. 遗址厅地下水的问题

讨论遗址厅地下水的问题首先要大致了解遗址厅的建筑结构。遗址厅围堰为上下两层结构，上层由高 10 米的双层中空隔墙和隔水廊道组成；下层为约 30 米的建筑桩基以及由厚度 1 米，长度为 6 米连续墙连接组成的封闭挡水墙体。桩基打入岩土弱风化层 0.5 米位置，连续墙体由水泥钢筋在弱风化层自下而上浇注完成。上层建筑浇盖在下层基础之上，建筑高度总体约 40 米，露出湘湖水面约 2.5 米。根据水文地质部门勘探资料和对遗址中土体特征的数据检测分析表明，遗址区底部第四系上更新统残破积层黏土、粉质黏土分布稳定，土体渗透性底，厚度约 4 ～ 8 米，处于硬塑状态，可视为相对隔水层（渗透系数小于 1.0×10^{-7} 厘米 /s）②。但就目前状况存在的问题：

(1) 湘湖水被挡水墙挡在围堰之外。围堰原理是在遗址的四周形成隔水层，可以切断从侧面进水，缺陷是无法隔断从垂直的下方渗透上来的水量。虽然遗址区底部第四系上更新统残破积层可作为相对隔水层，但只能做到渗透量较少而已。

(2) 围堰高度总体约 40 米，37.5 米存于湘湖水下，巨大的压强下湖水是否通过围堰下层挡水墙体和地下弱风化层风化裂隙以及浇注间隙进入遗址，使遗址土层处于保水状态，保水的土体挥发水分。这直接导致遗址厅的高湿环境。

(3) 侧面围堰的毛细水渗入外层墙体进入隔水廊道，廊道的积水是否能够通过内侧挡水墙渗入遗址厅地面没有作细致研究。按照我馆遗址厅廊道水位监测程序，由文保人员定期观察水位并抽排隔水廊道的积水至湘湖。

2. 遗址厅及独木舟核心区温湿度问题

遗址厅建造过程中，因为建筑面积大，钢构顶面最高处距离遗址地面中空高度约 10 米，考虑到运作效果、建设成本等因素，未能安装整体温湿度控制设备。2010 年 11 月 11 日，在开馆运行过程中，用锡箔和钢丝网固定在钢构网架上的保温层（超细玻纤保温棉）因吸附空气中的水汽，饱水后重量增加导致坠落，为消除安全隐患，12 月保温隔热材料被整体拆除，形成现在的局面：

(1) 遗址厅钢构屋顶材料采用铝镁锰合金钢板，金属物利于传导室外冷暖温度。作为水下遗址，湖水因中空隔墙原因又没有起到调节温度的作用，隔热保温材料已经拆除，再加上厅内通风不畅，湿度大，夏季闷热难耐，冬季异常潮湿。以 2011 年为例（图 1），常年相对月平均温度在 19.6°，月平均湿度在 83.6%。根据月份统计数据反映，除第

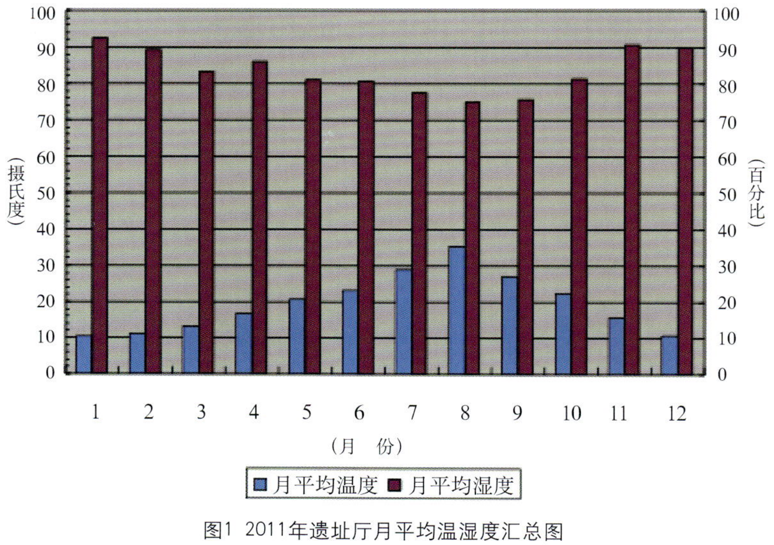

图1 2011年遗址厅月平均温湿度汇总图

三季度7、8、9三个月温度过高外，其余月份温度正常。湿度指标超高，和彻底密闭遗址湿度类似，严重违背木质文物和土遗址保护的规范要求。

(2) 相对遗址厅大空间来说，独木舟及相关遗迹核心区早在2009年9月跨湖桥遗址博物馆开馆前夕，为确保有效的保护和展示独木舟及相关遗迹，单独搭建了相对封闭的60平方米玻璃保护房，购置了总功率26.9KW卓邦恒温恒湿空调机，设定温度18°，湿度67%，温湿度控制成效显著提高。以2011年（图2）温湿度统计为例，月平均温度17.7°，月平均湿度71%。玻璃房内湿度控制标准跟独木舟及木构件原址文物保护脱水施工有关，统计数据基本达到了保护要求。

有一点需要说明的是，恒温恒湿机正常工作时间为每天9:00–16:30时，为杜绝夜间文物安全事故隐患，下班后恒温恒湿机停止运行。目前温湿度统计数据为每小时自动记录一次，核心区月平均湿度统计数据略高，和夜间湿度以及遗址厅大环境有直接关系。

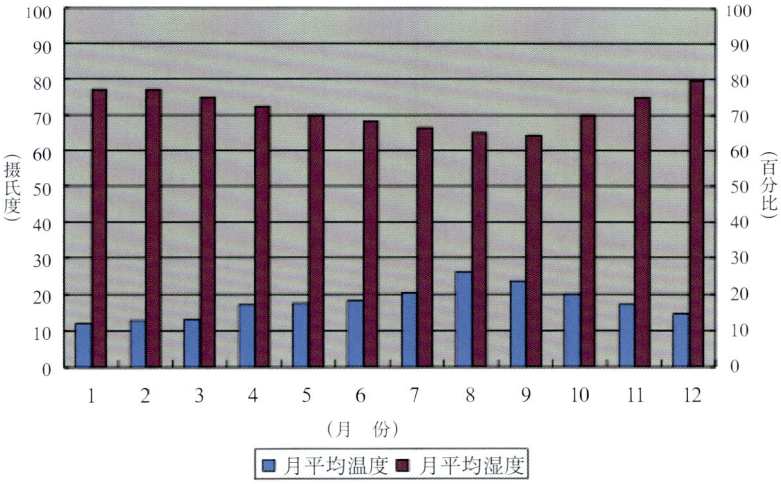

图2 2011年独木舟核心区月平均温湿度汇总图

3. 遗址厅出现的“冷桥”现象

为消除公共区域空中坠物的安全隐患，保温材料整体卸除后，室内外温湿差较大，冷热空气频繁接触钢构屋顶，导致钢构材料导热不均匀，由此产生大量的冷凝水。自2010年12月开始，遗址亍顶棚、吊架、排风口出现大量结露滴水现象，高温高湿的空气遇到未作冷桥处理的钢构顶棚，形成“冷桥”效应。新排风系统的风机口出现大量冷凝水沿墙面流淌。当室内空气湿度越高，室内外温差越大，冷凝水现象就越严重。

“冷桥”现象造成的危害及影响：①冷凝水直接凝结在棚顶钢梁上，对钢梁存在一定的腐蚀，长期将导致建筑结构受损，存在一定安全隐患。②在高湿环境中，室内的安防、消防及电器设备故障频发，缩短设备的使用寿命。③冷凝水的长期作用将对前期已经通过验收的土遗址加固工程造成破坏，并影响未发掘区文物的保存状况，危及原址保护木质文物的安全。④结露滴水现象严重影响正常的参观接待工作和展示效果。⑤跨湖桥遗址曾被海水覆盖，在有盐分的区域，由于湿度不稳定，导致水分挥发的地面有盐结晶释出。

4. 遗址厅病虫害的问题

遗址保护厅空间面积近20000平方米，厅内无除湿设备，受通风条件的限制，在高湿环境中，极易造成土遗址内微生物生长繁殖。加之跨湖桥遗址曾被海侵，遗址被海水长时间淹没，土壤中含海洋无机盐和动植物遗存的有机质非常丰富，使遗址微生物危害非常严重。

2010年5月开始，遗址厅中微生物生长情况加重，展区出现了多处菌落，最多时有20多处，有的菌落直径达1.4米，仍有不断蔓延和扩展的趋势。由于微生物具有代谢能力强、繁殖速度快、容易发生变异和对环境适应能力强等特点，霉菌又以孢子形式在空气中传播，遗址厅内细菌和真菌总量超过了《公共场所集中空调通风系统卫生管理办法》中的有关规定，对厅内空气污染造成影响。因此，不但危及遗址内文物安全，影响展示效果，同时也严重危害观众和工作人员身体健康。

二 遗址保护厅改造工程设想

1. 对遗址厅安装全循环除湿系统

关于遗址厅的地下水问题，在前期实施的原址保护疏干排水工程里，已经对独木舟核心区140平方米区域四周进行四面体隔断和暗沟疏排水施工，效果比较理想。但现在要讨论从源头上解决大环境水害问题，显然是力不从心。笔者认为要解决遗址厅出现的高湿问题，减轻或消除屋顶结露现象，安装全循环除湿设备是正确的选择之一。

通过前期考察，笔者了解到，全循环除湿系统具有空气过滤、冷却、转轮除湿、送风、温度调节等功能。当室外新风经过过滤器过滤后进入表冷器，由于表冷器表面温度低于空气的露点温度，空气在冷却时其含有的水分变成凝结水析出，空气的温度和水分同时降低，经过一次冷冻除湿的新风进入一级转轮进行二次除湿，得到低温低湿空气，低湿的干燥空气经过调温后成为满足工艺要求的干燥风被送至指定区域。该除湿系统可以根据遗址厅的空间和温湿度情况设计使用风量、新风参数和除湿状态参数等，是专业程度相对较高的精密除湿设备。了解了该循环除湿系统的工作原理后，下一步我们的工作程序有：

(1) 首先制定遗址厅温湿度标准。自上述问题暴露以来，我们邀请了木质文物保护、环境检测、土遗址保护、结构工程等各学科专家一起会诊，经过“杭州萧山独木舟遗址原址保护可行性方案研究”课题组专家调查研究，根据现场客观条件和文物原址保护要求，制定遗址厅室内温度和湿度控制区间要求为温度 20℃ ~ 25℃，湿度为 55 %~ 65 %。

(2) 委托专业设备单位编制设计方案。通过实际勘察，调查遗址厅的温湿度，现有排风系统、建筑结构等情况，掌握除湿的关键控制因素。根据现场环境的实际情况，有针对性地提出除湿技术路线，在确保除湿的前提下，选用优质、低耗能的设备，减少运行维护成本。尽可能采用简单、成熟、可靠的处理工艺，达到功能可靠、经济合理、管理方便。为施工方案提供充分依据并编制投资、运行费用预算。

(3) 对方案进行充分论证。组织各学科专家对项目的设计方案进行可行性评估，要从控温、除湿和通风三方面进行全面统筹规划论证，既节能、环保，又能彻底解决遗址厅温湿度控制及结露滴水等问题。通过安装全循环除湿设备，实现为观众提供健康舒适低耗的展览环境以及原址保护规范要求的温湿度环境。

2. 对钢结构顶面重新铺装保温层

遗址厅结露或“冷桥”现象的产生，总体来说是由于保温材料拆除后导致，是高温空气中的水分与低温物体表面接触，达到对应的露点温度而析出水分的现象，通过安装全循环除湿设备，将相对湿度控制于露点下，然后在建筑屋顶重新加装保温材料，应该可以杜绝此类现象。

如何减轻钢铁腐蚀，延长建筑寿命。英国学者 VERNON 曾经指出，在相对高湿度条件下，钢铁的腐蚀率 100 ~ 2000 倍的高于在相对低湿度的条件。如果遗址厅相对湿度＜ 55%，对应的腐蚀率约为 0.75 微克每平方厘米每小时，远低于相当湿度为 70% 时对应的腐蚀率约为 6.5 微克每平方厘米每小时[③]。以遗址厅 2011 年为例，厅内月平均湿度高达 83 %，严重影响钢结构的安全。避免“冷桥”现象的出现，做好遗址厅保温工作是最重要的。

(1) 在钢构顶面内部重新安装保温层。此方案的优点是对遗址厅整体外观没有改变，但因为是改造，施工需在遗址厅内搭建高空作业施工脚手架，对遗址区文物保护有一定程度影响，施工难度较大。另外，保温层和屋顶铝镁锰合金钢板之间的安装固定需要一个切实可行的施工方案。方案一旦实施，还会影响遗址厅的正常陈列展示。

(2) 在外围弧形顶面加装保温层。外围顶面施工人员可以正常作业，施工较为便利。但该方案在保温层上还需要覆盖一层拒腐材料，会增加相应的工程量，外围顶面厚度的增加对遗址厅整体外观有所影响。另外，现有顶面铝镁锰合金钢板总体呈条状凹凸，和保温材料之间的结合面以及覆盖面拒腐材料层之间的施工工艺需要研究。此方案最大的问题是增加了遗址厅钢构部分的承重负荷，需要最新计算相关参数。

3. 对围堰和顶面的立面间隙进行封闭

(1) 遗址厅围堰墙体高出外围湖面仅 2 米左右，整个围堰 2/3 面积被湖水环绕。钢构顶面与围堰墙体之间连接部由普通铝板遮挡，又非完全密闭，湖面的湿气通过立面连接挡板的间隙进入遗址厅在所难免，对厅内的湿度会造成一定程度的影响。对围堰和顶面之间的立面进行环境封闭的目的是防止湘湖湖面以及遗址厅外围潮湿水气进入遗址厅。

(2) 现有的 5 台抽风机和 3 台送风机只起到了交换空气的作用而不具备除湿功能，相反潮湿水气能通过上述风口进入遗址厅，加重了遗址厅内空气的湿度比。另外，房屋保持通风，其实并不能从根本上解决“冷桥”现象。所以，上述抽风机应该停止使用，对现有 3 台送风机进行改进，连接全循环除湿系统，利用原有送风管道循环送风并进行除湿处理，加装送风支管、送风口、回风管道等。在封闭的状态下，遗址厅的温湿度由全循环除湿系统通过温度调节和除湿装置来保证要求参数，既保证了运行效果，又减少了相关损耗。

(3) 在遗址厅入口处安装电子感应进门，及时密闭遗址厅内的空气，防止和外围潮湿空气形成对流，造成不必要的能源损耗。

4. 针对遗址厅霉菌滋生的防治对策

真菌在遗址内生长繁殖必须具备五个条件：①有适宜的温度，一般真菌生长的最适宜温度为 20℃ ~ 30℃。②有适当的湿度，大多数真菌在相对湿度 95% ~ 100%条件下生长良好，特别有利于真菌孢子的萌发。③有合适的营养。④有适宜的酸碱度。⑤有一定的氧气供应[④]。上述条件缺一不可，反之就会阻止或避免真菌的侵染危害。基于这一思路，我们防治的对策之一是破坏真菌生存的水环境，因为真菌通常在它的细胞周围需要一层水膜，以便于营养的吸收和酶的扩散。按照上述真菌生长繁殖必须条件，笔者认为利用安装全循环除湿系统降低空气中的水分，按照文物保护要求把湿度控制 55% ~ 65%之间，这样就从源头上遏制了霉菌的滋生，应该是行之有效的。

除此之外，把握跨湖桥遗址防霉防菌课题研究机会，对微生物侵蚀情况展开全面调查，掌握遗址微生物侵蚀的区域分布状况、种类特性和更替演变规律。①通过采集样本，培养、分离、纯化、鉴定等技术手段，确定侵蚀主导菌及区域分布状况，遴选适用于遗址的微生物防治措施。②了解主要土壤盐类对微生物生长的影响，研究生物酶抗菌材料及其工艺，并结合遗址土壤和环境条件研究出一套环保和节能的综合性防治方法，以更好地保护跨湖桥遗址原貌⑤。防霉防菌课题的深入开展，也为南方梅雨季节有害真菌生长繁殖的旺盛期使用防霉剂直接杀灭提供了技术支撑。

三 结语

跨湖桥遗址从发现、发掘到原址保护，风雨兼程几十年，其中饱含了国内外各学科专家和文物保护工作者的心血与汗水。土遗址保护作为文物保护的一个重要分支，是一个世界性难题，还没有现存完整的科学体系，随着科技的发展，土遗址的保护越来越引起人们的重视，人们对土遗址的认识逐渐加深，研究也逐渐深入⑥。

跨湖桥遗址原址保护的正确决策为跨湖桥文化的研究保留了原始的考古信息和研究平台。只是遗址外围环境变化之大是文保工作者始料未及的，这也增加了原址保护的难度。现在矛盾的焦点都集中在遗址厅大环境温湿度的控制上。截至发稿时，“跨湖桥遗址保护厅恒温除湿改造项目”已经立项。随着遗址保护厅改造项目的实施，跨湖桥遗址原址保护工作一定会走上更高的台阶。

注释：

① 吴汝祚：《跨湖桥遗址的人们在浙江史前史上的贡献》，《杭州师范学院学报（社会科学版）》2002年第5期。

②《杭州萧山跨湖桥独木舟遗址原址保护工程可行性方案研究》，2004年9月，由湖北省文物保护技术研究中心、浙江省博物馆、中国地质大学等七家单位共同编制。

③《杭州市萧山区跨湖桥遗址室内展馆除湿项目设计方案》，浙江省环境工程有限公司，2010年12月。

④ 夏克祥、安学芳、朱幼玲：《萧山跨湖桥独木舟遗址的微生物与防霉技术研究》，2004年7月。

⑤《萧山跨湖桥独木舟遗址的微生物危害综合防治研究课题中期报告》，2012年1月。

⑥ 孙满利：《土遗址保护研究现状与进展》，《文物保护与考古科学》第19卷第4期，2007年11月。

跨湖桥遗址与河姆渡遗址文化差异性探微

高 萍
（杭州市萧山跨湖桥遗址博物馆 杭州 311203）

发现于1973年的河姆渡遗址，地处浙江省余姚市河姆渡镇，是我国目前已发现的最早的新石器时期文化遗址之一。遗址总面积达5万平方米，叠压着四个不同的文化层。经考古专家多次测定，最下层的年代为7000年前。河姆渡遗址经过1973年和1977年两次大规模的科学发掘，出土了骨器、陶器、玉器、木器等各类质料组成的生产工具、生活用品、装饰工艺品以及人工栽培稻遗物、干栏式建筑构件，动植物遗骸等文物近7000件，全面反映了中国原始社会母系氏族时期的繁荣景象。河姆渡遗址的发掘为研究当时的农业、建筑、纺织、艺术等东方文明，提供了极其珍贵的实物佐证，是新中国建国以来最重要的考古发现之一。

相较之下，跨湖桥遗址的出土要晚一些。它的第一次发掘是1990年由浙江省考古研究所和萧山博物馆组成的联合组成的考古队进行的，在时隔十年之后的2000年，进行了第二次发掘，在2002年10月至12月进行了第三次发掘之后，地处钱塘江、富春江与浦阳江三江的交汇处的跨湖桥遗址，以全新的面目出现在世人面前，并被评为全国十大考古发现。遗址原有面积数万平方米，已发掘1030平方米。遗址堆积厚2～3米，文化内涵丰富，面貌独特，碳十四测年距今7000～8000年。出土遗物有陶器、石器、骨器和木器，有机质文物保存良好。釜、豆、盆、钵、甑、罐为常见的陶器群，形制别致，彩陶较多，分内彩和外彩两种。发现千余粒栽培稻谷米，出土7500年前的独木舟。跨湖桥遗址，是由古湘湖的上湘湖和下湘湖之间有一座跨湖桥而命名。由于长期的湖底淤泥沉积，遗址的表土厚达3～4米，从而使遗址内的文物保存比较完整。遗址原有面积数万平方米，已发掘1030平方米。遗址堆积厚2～3米，文化内涵丰富，面貌独特，碳十四测年距今7000～8000年。出土遗物有陶器、石器、骨器和木器，有机质文物保存良好。釜、豆、盆、钵、甑、罐为常见的陶器群，形制别致，彩陶较多，分内彩和外彩两种。发现千余粒栽培稻谷米，出土7500年前的独木舟。

整体而言，河姆渡遗址和跨湖桥遗址有诸多相似之处，比如说处于同一地理区域，比如说在时间上有相对的延续性，再比如说，同时都集中反映了新石器时代的人类生活生产的大致情况。但本文的着力点则在于从两处遗址所呈现出来的文化特质展开论述，在古代人类灿烂文明的光辉里试图寻找它们两者之间的文化差异性。

1. 跨湖桥遗址是一个相对独立的文化类型

从目前出土的各种文物看，跨湖桥遗址距今 8000 ～ 7000 年，其年代明显早于有拥有 7000 年历史的河姆渡遗址。在跨湖桥遗址，出土的器物主要有跨接肩颈双耳罐、骨针、带圈足的木盘、大量的动物残骸、石器等。其中，跨接肩颈双耳罐、大宽沿直腹豆等陶器的形态为浙江省其他遗址所未见，尤其是陶器上普遍发现的彩绘、镂空等装饰风格，个性鲜明，技艺成熟。基于此，国内考古界的学者一致认为，跨湖桥遗址的文化面貌新颖独特，其器物群基本组合、制陶技术、彩陶风格等不同于浙江境内钱塘江流域任何一处已知的考古文化。从这个意义上讲，这是浙江考古的崭新发现，甚至说，在国内也享有盛名。

这也是 2002 年 4 月 12 日，在由国家文物局主办、中国考古学会和中国文物报社承办的全国十大考古新发现评选活动中，跨湖桥遗址被评为“2001 年度全国十大考古新发现”的理由之一。它在实现了萧山文物考古史上零的突破的同时，更为深远的意义是跨湖桥遗址作为一个相对独立的文化类型而存在，因为它反映的是新石器时代早期的人类活动。

河遗产遗址的发掘，从地理位置及出土文物等方面，条理明晰，可以准确地归纳新石器文化，而跨湖桥遗址的发掘，则提出了更多的可能性。跨湖桥的面貌与洞庭湖地区的皂市下层文化或汤家岗、丁家岗下层类型近似，因而它有较多接近长江中游地区文化的特征。从这个意义上讲，跨湖桥遗址的发现，第一次把长江中下游地区的考古学问题联系起来，并为研究当时整个长江流域的文化格局及其此后的变迁提供了重要线索。

2. 跨湖桥遗址的出土文物呈现出一个相对先进的生活形态

跨湖桥遗址本身有 28 个，加上新近发现的与其相距仅仅 2 公里、文化面貌具有相似性的下孙遗址的 2 个，总共有 30 个，这 30 遗址组成的跨湖桥遗址群，其数据基本上都聚集在距今 8000 ～ 7000 年的年代范围之内，可以说体现了遗址形态高度集中的特质，这在国内其他遗址群里，都是很少见的。

更为重要的是，在跨湖桥遗址出土的文物里，无论是陶器、石器、木器、骨器，还是器类、器形、装饰与制作的技术工艺等都很丰富，而且陶器中有彩陶、磨光黑陶、方格纹饰等等在人们对一时代的传统设想中难以接受的因素，还有稻米、独木舟、纺轮、弓箭、编制品等等。当然，不可否认的是，它们的先进性只是表现在一定范围之内，如果从本质上讲，只能是原始形态范畴里的先进。

事实上，这种先进性表现在文化上，则造成了文化视觉上的突兀以及物理结构特征上的新奇。中国早期新石器时代文化及稍后的区域文化传统的发生，需要我们设定不同的时空观察点进行研究，但是，在新石器时代早期，区域性的文化传统开始奠基，可以称之为文物与文化的一个重大形成时期，因而是一个至关重要的区域文化传统的孕育时期。

过渡阶段是人类初始的定居阶段，是人们进行文化与发明的试验、探索的一个高峰时期，但是还没有文化传统对技术与发明进行选择与定位，在这个具有普遍性的文化阶段没有普遍性的意识形态传统。尽管因为定居，文化中的社会性因素在迅速培养，但是文化因素与技术更体现一种具体的适应性，体现人与环境的关系。因此，因为定居而变得复杂起来的遗址往往会包括相对多的文化因素与技术特征，使考古观察的前后联系与比较变得困难。所以说，从历史沿革的角度看，跨湖桥遗址把浙江的文明史提前到了8000年前的新石器时代早期，是浙江悠久历史和深厚文化积淀的重要证据，它也再次有力地证实了长江流域也是中华文明的发源地之一。

但是，引起我们注意的是，跨湖桥遗址是由多个源流谱系组成，它们之间的相互关系错综复杂，是一个相对艰深的课题，因为它与长江中游文化有诸多相似之处，在为研究当时整个长江流域文化格局以及此后的变迁问题提供了重要线索的同时，也提供了一个相对独立和个性鲜明的研究脚本。

3. 跨湖桥的标志性文物独木舟的文化意义，标志着跨湖桥遗址与海洋文化的某种关联

2002 年 11 月在跨湖桥遗址发现的独木舟及相关遗址，经碳十四测定，距今约8000。独木舟出土在遗址 T0512 西北角，舟体呈西南—东北方向。舟体残长 560 厘米，最宽处约 52 厘米。独木舟木质坚硬，船身敦实，船头略有上翘，通体精致流畅。其工艺证实了人们的祖先用火烤然后复且刳制独木舟的技法。

有号称中华第一独木舟的发现，从以工具为代表的文化适应方面，我们还是看不出多少人类生活或者文化的海洋性因素，它们仍然符合中国早期新石器时代文化起源的共同规律——从中国早期特有的若干内陆的、山麓或者山前生态位起步并向各地——主要是滨河、滨湖、滨海地区不断地探索与扩展。就跨湖桥来说，它仍然和南岭沿线的新旧石器时代过渡带具有内在的联系。其实，这也就是说，横空出世的跨湖桥的来源需要放在更广阔的范围内来认识。如果旧石器时代晚期末次冰期的最盛期海平面确实如现代环境学者所推测的那样，比全新世的大暖期期间要低至少 100 多米，那么，有相当的过渡时期包括新石器时代早期最适宜人类生存的地方——如果按照文化一贯的逻辑，应该是靠近低海面时期的海边的，甚至应该是在现在的海平面之下的。这应当是新石器时代早期文化源头扑朔迷离的重要原因之一。跨湖桥和下孙遗址的现代海拔恰恰就是在海平面之下，我们还不能确定这么低的海拔是确实的位置还是地貌升降之后的结果，但是它确实启发我们将这类遗址和海洋联系起来。正如报告已经指出的，海侵是遗址被废弃、文化进程被打断的原因之一。但是，遗址的人们还不是海洋之子，他们没有将海洋作为自己生活资源的开发对象，因此他们的独木舟也不会驶向海洋。

总之，如果从陶器发展史上讲，跨湖桥遗址是南岭沿线过渡阶段人类生态位和南方起源中心的延伸之一，但是，意味深长的是，它和河姆渡遗址的关系以及它和江浙地区新石器时代稍后阶段文化进程的关系，反倒显得扑朔迷离起来。跨湖桥遗址与河姆渡遗址共处于一个不大的地理空间内，年代几乎衔接，甚至跨湖桥遗址的晚期和河姆渡遗址的早期可能还共存过一个时期，但它们的生存形态又不完全相同，那么，这到底是什么关系呢？为什么海侵没有如此彻底地摧毁临近的、同样海拔高度的河姆渡？还有一个谜，为什么河姆渡和江浙地区稍后的新石器时代文化序列没有像马家浜那样密切的关系？像跨湖桥这样先进的有些横空出世味道的文化并没有发展出强大的后裔，这往往是文化中最令人着迷和扼腕的地方之一。

参考文献：

1. 林华东：《河姆渡文化初探》，浙江人民出版社，1992年。
2. 林华东、任关甫主编：《跨湖桥文化论集》，人民出版社，2009年。
3. 费黑主编：《萧山县志》，浙江人民出版社，1987年。
4. 陆原：《下汤文化遗址：7000年前的远古密码》，《风景名胜》2012年第3期。
5.〔美〕萧邦齐：《九个世纪的悲歌——湘湖地区社会变迁研究》，社会科学文献出版社，2008年。

“大路越席”考

齐韶花
（德国慕尼黑大学）

《左传·桓公二年》有言“大輅越席，大羹不致，昭其俭也”[①]，文中的“大路[輅]越席”后几乎成为礼书中的固定搭配，陆续出现在《礼记·礼运》、《荀子·礼论》、《史记·礼书》中。诸家作注者遇此虽偶然会有些踌躇[②]，但大部分的释文最终忠实于郑注：“越席，翦蒲也。”[③]是否可能将“越席”理解为“越地之席”，而恰是因为越地人有采蒲结席或剪蒲而席的习俗，而始有“越席”之称呢?

实际上，汉兴以来笃信上古“越人”性习“禾草”的已大有人在。《尚书·夏书·禹贡》中扬州条下有“岛夷卉服”（区别于兖州的“岛夷皮服”）一说，孔安国注之为：南海岛夷草服葛越[④]。太史公《史记》是之[⑤]，《淮南子·原道训》更补充之为“于越生葛絺”[⑥]。而后汉许慎在对《淮南子·主术训》中“越席不缘”作注时就已采用了“越，结蒲为席也”的说法[⑦]。

然郑、许之前，汉人却曾两难于《左传》“大路越席，昭其俭”与《荀子》“乘大路，趋越席，以养安”两个说法之间。西汉儒人普遍笃信“唐叔献禾”“周公得命禾”[⑧]的说法，又加上后来理念上受黄老哲学的掺杂渗透，此时之“禾”已被赋予了“王权”与“以阴阳之道养和”的双重含义[⑨]。所以，不难想象，此时他们对于“大路越席”的理解，虽游离于《左传》与《荀子》两者之间，但在事实上，必然是偏取荀子的观点的。前汉儒生单以属禾草类的蒲草言“越席”，就可能是源于他们这样的观点取向的。

至于后来郑、许为何未将“越席”直注为“越人之席”而译之以“翦蒲为席”这一特殊的方式，若单单从解诂方法与传义溯源的角度观察，我认为：一是因为他们步了《淮南子·主术训》改“越席”为“越席不缘”的后尘[⑩]，二则显然是与他们对与它并列搭配的词组“大路”的解释有关。

从结构上观察，不管是郑玄对“大路”在周礼的解注“木路”[⑪]还是杜氏对“大路”的解注“玉路”[⑫]，与其构成并列结构的“越席”均宜为“蒲席”而不是“越人之席”。而另一方面，这样的解注方式也照顾到了各个文本中相关文意的互相呼应，如《礼记·礼器》中提及的“繁缨一就”[⑬]及当时已普遍引用的“越席”在解释上的相近之处。

经过以上对文献的切磋琢磨，我认为，可以得出这样的结论：一：尽管郑、许之前少有人对“越席”是否“蒲席”点注，但有理由相信，自汉以来，人们已经推测认为，“越席”当与“越人”的“蒲席”相关。故《尔雅》中虽未有对“越席”的译释，而后来的郭璞却找出《释草篇》中的“芏，夫王”条来，并为其加注：“芏，草生海边。似莞蔺，今南方越人采以为席。”[14]二：汉人多数是囿于解注的传承关系与训诂的方法论，而生出“翦蒲为席”来替代“越人之席”的说法的。至于是否“越席不缘”或越人是否确有“剪蒲而席”的习俗，至此似无法确定。当然这不能排除以下情况存在的可能：越地“剪蒲而席”，“越席不缘”的民俗，已始于汉之前，只是在《礼书》形成之后，它才被渐收录成案，进而形成以后许慎和郑玄的明确的说法的。

现代考古在越地自史前至越立国前后的，与“席”相关的揭露，无疑可以为我们提供重要线索：

1. 跨湖桥遗址上发现多块“人字纹”席状编织物。其中保存较好的一块，报告称：“三面残，但残面较整齐，完整一面斜向收边。”其中一块编织物的质地，“似为竹”。这里席状编织物的发现，可能是中国新石器时代早期遗址中的首次发现[15]。

2. 良渚文化遗址中，有竹席，竹篓，竹篮等竹工艺品的发现，并有竹木或芦苇编扎的井圈装置[16]。

3. 吴兴钱三漾遗址上出土了两百多件的竹编物，其中尤以多经多纬的编织物为最，而这之中就包含了坐卧之用的席子。除此之外，还发现一件编工细密的草编织物[17]。

4. 绍兴印山大墓中出土了 19 件实心玉镇，除 1 件外，其他均出土于墓室之中[18]。据推测，它们可能是用于压席的。

从以上的四则信息中，我们可以判断到：

1. 越地的原始居民中，确存在着以竹或草编席子的传统。

2. 如果它们可以称之为越席，则越席之中，自古即存在着“竹席”和“蒲席”之分，而两者之间也并无孰俭孰奢的区分。

20 世纪 80 年代，学术界在杨宝成与石璋如之间，曾展开过对殷代车子构造等问题的激烈讨论，其中的焦点之一，就是关于殷车车舆的质地问题。杨宝成认为，“席子是一种殷人习用的葬具，而石璋如先生却误将其当做舆本身的遗迹了”，石璋如根据席纹的出土位置和材质的对比，认为殷代的“车舆是由荆或竹编织而成的”，他还专门引用民国初年豫西农家农车上的结构，提到一种被称作“围子”的车厢内构件，就是以“竹篾编成”，“两边以破鞋帮缠牢，一来保持它的牢固，二来可免刺手”的。石据此复原的殷车，就是以席围铺车舆的[19]。而其中最引起我注意的就是：这些席子的边缘，是经特别加工封口的。

前文在对文献的考证过程中，曾经读出，“大路越席”《礼书》中专为殷祭天而记的礼车的搭配内容，而《左传》的叙述，也将当它当做最原始，最俭约的一项礼仪内容。因此，对比殷车的装置，“大路越席”的礼车，应可能表现得更简单和更原始。故此，我认为：一来石璋如关于殷车的判断是正确的，即殷人车马坑中随葬的席子中，有属于车舆的编席部分，但不能排除以下的可能：编席在殷车中的使用，可以不必是整个车舆部分，而可能只是在木质的车斗之中，加以铺底的；二来依据石璋如复原的殷车模式，我认为，郑康成对“大路越席”的诠释是最接近的，也就是：这项礼车的搭配是，木结构的祭车车斗，配上蒲草编的坐席，只是这里坐席的边缘，正如《淮南子》所云，虽经整齐剪切，却未曾封缘。当然，在石璋如的复原方案中，郑康成的“大路越席”就应该是：席围的整个车斗，加上其他部位以木构成的成车，只是作为车舆的围席，边角部位未作封缘而已。

综合以上的文献考证与对出土材料的分析，本文的结论是：“大路越席”的确切含义应该是：木制的车构和“越席”的搭配。汉儒对“越席”内容下的大部分注解是可信的：“越席”不但可以理解为“越地之席”的，且它的最直接信号正是：席子的边缘是未经封口处理的。

至于越席的材质，从目前的考古资料判断，似乎可竹，可草。礼书中之所以出现了“蒲草”的这一属于“禾”的材质，可能是汉儒受《荀子》思想影响的直接反映。然进一步的判断，则有赖于更多的地下资料的涌现。

注释：

①《十三经注疏·左传》，桓公二年。

②《荀子集解》杨倞按：礼以大路，越席为质素，此云养安以为盛饰，未详其意。

③《十三经注疏·礼记》。

④《十三经注疏·尚书》。

⑤《史记·夏本纪》扬州条下“岛夷卉服”与《尚书》同，《越王勾践世家》“越王勾践，其先……纹身断发，披草莱而邑焉”。

⑥《淮南鸿烈集解》，中华书局。

⑦《淮南鸿烈集解》，汉许慎注，中国基本古籍库。

⑧《史记·鲁周公世家》，《十三经注疏·尚书·周书·微子之命》。

⑨ 譬如，至《淮南子》时已尚禾而对其颂之又颂，例如文“孟夏之月，以熟穀禾，雄鸠长鸣，为帝候岁”。《淮南鸿烈集解》，中华书局。

⑩《淮南鸿烈集解》，中华书局。我认为，《淮南子》将“越席”改为“越席不缘”以化解“养安之仪”和“昭俭”的两难之处。

⑪《十三经注疏·礼记·礼器》大路繁缨一就。郑注：大路繁缨一就，殷祭天之车也。周礼王之五路：玉路繁缨十有二就；金路九就；象路七就；革路五就，木路翦繁鹄缨。此处正与“大路越席”之注，“越席，翦蒲”吻合，故我认为，郑玄之意，周礼之“大路”当为“木路”。

⑫《十三经注疏·左传》，桓公二年。杜氏注：大路，玉路，祀天车也。

⑬ 如注⑪。

⑭《十三经注疏·尔雅》。

⑮ 浙江省文物考古研究所、萧山博物馆：《跨湖桥》，文物出版社，2004年，第46、49、21、217页。

⑯ 林华东：《良渚文化研究》，浙江教育出版社，1998年，117页；何汉生、肖梦龙：《实用美观，相得益彰》，林华东、任关甫编《跨湖桥文化论集》，人民出版社，2009年，第82页。

⑰《考古学报》1960年第2期，第86页。

⑱《文物》1999年第11期，第12页。

⑲ 石璋如：《殷车复原说明》，李伯谦编《商文化论集》，文物出版社，2003年，第370～394页。

申报发行跨湖桥文化邮票的思考与建议

方晨光
（杭州市社会科学院 杭州 310006）

跨湖桥遗址位于杭州市萧山区城厢街道浙江省湘湖旅游度假区内，是目前浙江省境内最早的新石器时代早期的文化遗址，距今约 8000 ~ 7000 年，比著名的河姆渡文化早 1000 年。从跨湖桥遗址文化面貌的独特性，出土文物的典型性，对东南沿海新石器时代文化体系的冲击力，以及对杭州城市文化研究、湘湖旅游开发等考虑，申报发行跨湖桥文化邮票，是一件很有意义的事情。

目前，杭州市已经成功地进行了西湖、千岛湖、良渚文化等邮票的申报，通过邮票首发式，提高了文化知名度和品牌效应，促进了当地旅游开发和经济发展，尤其是对于低碳环保绿色经济的开发具有重要作用。

一 跨湖桥文化与影响

（一）跨湖桥遗址考古发掘和跨湖桥文化

跨湖桥遗址经历了 1990 年、2001 年、2002 年等 4 次考古发掘，出土了大量陶器、石器、木（竹）器、骨角器，发现了灰坑、黄土台、残存墙体等建筑遗迹，尤其是发现了独木舟及相关木作加工遗迹。遗址内涵丰富，特征明确，整体性强。2003 年，在湘湖地区发现了与跨湖桥遗址同类型的下孙遗址。2004 年 12 月，全国各地专家又汇聚一堂，在“跨湖桥考古学术研讨会”上，专家们一致同意命名为“跨湖桥文化”，即：跨湖桥文化是一种存在于距今 8000 ~ 7000 年、以湘湖及其周围地区为重要分布区、面向海洋、最后为海洋所颠覆的考古学文化。

（二）跨湖桥文化相关荣誉

2002 年被国家文物局评为“2001 年度全国十大考古新发现”；在 2004 年 12 月召开的跨湖桥考古学术研讨会上，被命名为“跨湖桥文化”。《跨湖桥》考古研究报告，被评为 2004 年度“全国十佳文博图书”。2005 年 3 月，跨湖桥遗址被公布为第五批省级文物保护单位。2006 年 5 月，跨湖桥遗址被国务院正式命名为第六批全国重点文保单位。2006 年 5 月，国务院公布跨湖桥遗址为第六批全国重点文物保护单位。2009 年 9 月 28 日，跨湖桥遗址博物馆开馆。2009 年 10 月，跨湖桥遗址出土的独木舟和榫木构件被入选“中华文明之最”。

二 申报发行跨湖桥文化邮票的意义

（一） 申报发行跨湖桥文化邮票的文化意义

1. 跨湖桥文化是一种独立的文化类型

它距离浙江境内的河姆渡文化、马家浜文化和良渚文化都很近，但其面貌又如此迥异；比河姆渡文化早 1000 年，是浙江省境内最早的新石器时代文化遗址之一，是浙江悠久历史和深厚文化积淀的又一重要证据。申报发行跨湖桥文化邮票，对于宣传跨湖桥文化本身的影响力和内涵具有重要意义。

2. 跨湖桥文化改变了习惯的以直线演进为认识模式的单一思路

跨湖桥文化的发现，打破了原有的河姆渡文化、马家浜文化两分体系，建立起的中国东南沿海地区新石器时代文化的多元格局。它表明浙江境内新石器时代文化的情况绝非以前认识的那么简单，而是由多个源流谱系组成。申报发行跨湖桥文化邮票，对于人们认识浙江新石器时代文化的源流谱系具有划时代的意义。

3. 跨湖桥文化再次有力地证实了长江流域也是中华文明的发源地之一

跨湖桥文化第一次把长江中下游地区的考古学问题直接联系起来，为长江流域新石器时代文化研究整体观念的形成提供了一个新的坐标，对今后整体上研究长江流域的文化起到了重要的中介作用。她还以一种特殊的方式将中国东南沿海新石器时代文化传统与海洋文化的关系问题提了出来。申报发行跨湖桥文化邮票，无疑是对长江流域是中华文明发源地与新石器时代海洋文化的研究与宣传具有重要作用。

4. 跨湖桥文化对于研究新石器时代早期杭州湾地理环境与人类生存关系提供了实证

在距今 7000 年，亦即直接导致跨湖桥遗址湮灭的那次海侵之后，杭州湾地区人类生存环境发生了大的变化，宁绍平原、杭嘉湖平原终于开始了河姆渡文化、马家浜文化的延续发展的历史。跨湖桥文化的消亡表明，古跨湖桥人未能成功应对海侵的威胁，在迁徙、撤退过程中，文化作为一种完整的生命体可能遭到了毁灭性的破坏。申报发行跨湖桥文化邮票，亦是新石器时代早期人与自然关系对现代人的启示具有借鉴意义。

（二）申报发行跨湖桥文化邮票的时代意义

1. 申报发行跨湖桥文化邮票，可以丰富杭州的文化底蕴，提升杭州城市的文化品位

首先，它丰富了杭州城市的文化底蕴。杭州的城市发展已走在全国前列，作为杭州市的萧山区其经济发展已有目共睹，已有相当的知名度。然而，在一些外人眼里，仅与杭州一江之隔的萧山被认为是一个没有文化底蕴的城区。跨湖桥遗址发现与发掘，充分说明，萧山不仅有发达的经济，同时也有灿烂的文化，萧山不仅现在发达，早在新石器时代早期，萧山湘湖的跨湖桥人曾经也是走在时代前列的佼佼者，是经济文化非常领先的区域之一。其二，它张扬了杭州城市的文化个性。萧山已划入杭州，萧山已有的人文景观湘湖、浙东运河、钱塘江景观、西施古迹群、衙前农协旧址和贺知章、毛奇龄、葛云飞、蔡东藩等名人都已成为杭州城市文化的一部分。跨湖桥遗址的发现，无异又增添了文化的独特性，不仅把萧山历史文化而且是杭州历史文化向前推到了 8000 年。若从时间上推定，谈论谁影响谁的问题，那河姆渡、马家浜、良渚等文化，均要从跨湖桥遗存中寻找线索。

2. 申报发行跨湖桥文化邮票，可以为杭州经济发展注入一笔巨大的物质财富和精神财富，推动杭州的旅游业

跨湖桥出土文物是一笔极其珍贵的国有资产，是杭州的无价之宝，若用经济价值来衡量，则是一个天文数学；若传于子孙后代永续保存，再考虑到增值因素，将给子孙后代保存一大笔精神和物质财富。更重要的是，跨湖桥文化给杭州经济社会发展创造了良好的文化环境，具有不可忽视的无形资产效应。跨湖桥文化具有本土化、个性化、直观化的特征，是最清晰、最深切地凝视这个地方的窗口，是足以引杭州人自豪的文化标志、文化形象。跨湖桥遗址考古发掘、学术研讨会、考古发掘成果展览的成功举办，被评上全国十大考古新发现等，无疑在全国引起了极大的震动，跨湖桥遗址一下子成为新闻热点，几十家新闻单位紧追其后，报道铺天盖地。省市主要领导更给予极大的关注，亲自前往或作重要指示。跨湖桥遗址带来的文化影响力，使萧山区的文化知名度得到了极大的提高，依托这一资源，可以大力开发湘湖的旅游业，带动其他相关产业发展。同时，跨湖桥遗址还给世人留下了许多难解的谜，引导人们不断去关注、探讨、研究。有疑问就会勾起了人们强烈的好奇心，提醒人们去探索这些谜，解开这些谜。这种文化影响力所带来的无形资产是其他任何商品所不能比拟的，更是无法取代的。

3. 申报发行跨湖桥文化邮票，可以进一步弘扬跨湖桥文化，提炼和提升杭州人的创业精神与精神境界

杭州市萧山区在创业过程中闪耀着一个又一个的精神之光：艰苦创业，白手起家的“围垦精神”；“千山万水、千言万语、千辛万苦、千方百计”的“四千精神”；“抢上头班车、抢进快车道、抢抓潮头鱼、抢开逆风船”的“四抢精神”；还有在萧山工业发展过程中形成的“敢与强的比、敢向高的攀、敢同勇的争，敢跟快的赛”的“四敢精神”；还有我们开展“钱江时代萧山人”的大讨论，倡导“实力萧山，活力萧山，魅力萧山”和“奔竞不息、勇力潮头”的萧山精神，其核心点就是要实现萧山经济社会发展新跨越，凝聚萧山人的创业精神，树立敢同世人争第一的雄心壮志。萧山精神是杭州创业精神的浓缩。追溯历史，杭州人的这些创业精神，都可以从 8000 年前的祖先跨湖桥人身上找到影子，跨湖桥人为求生存发展，在创造灿烂物质财富和精神财富。面对世人，完全有理直气壮地说，杭州人的创业精神完全是有悠久历史、浓厚文化传统和根基的。跨湖桥文化遗存中反映历史、艺术、科学之内涵，其活生生的表现形式，容易被人们所理解，能够起到了众心同归的聚合作用。

4. 申报发行跨湖桥遗址邮票，还可以整合跨湖桥文化资源，打造特色文化名片，增添杭州城市文化亮点

跨湖桥文化遗存是曾经生活在湘湖的跨湖桥人活动的见证物，其蕴藏的文物信息量非常丰富，无论是骨器、木器，还是陶器、石器，虽然斑驳残破，但它是人类文明最具权威的见证人，反映人类文明进程的步伐，向后代和域外客人诉说着跨湖桥人曾经创造的辉煌，讲述着跨湖桥人一个又一个活生生的生活故事，展现了跨湖桥人敢想敢干与自然抗争的艰难历程。这就是跨湖桥文化之所以能引起人们兴趣的关键所在。跨湖桥文化是跨湖桥人的创造物，其透出的丰富的文化信息，对后人来说是一种资源，一种不能用其他物品取代的不能再生的特殊的资源。跨湖桥文化是杭州人引以为自豪的文化资源，这种资源是萧山的宝贝，更是杭州的宝贝，全国仅此一处。这种不能被夺走、不能再生的珍贵资源，是体现杭州城市个性的重要因素，现已纳入市委、区委，市政府、区政府经济社会发展的总体思考中，尤其是纳入了湘湖开发的重点范围。

三 申报发行跨湖桥文化邮票的基础
——跨湖桥文化典型器物特征分析

跨湖桥文化有其鲜明的个性特征和文化成就，表现在器物特征、建筑特征、独木舟、经济形态和艺术与宗教上。这为申报发行跨湖桥文化邮票奠定了基础。

（一）器物特征

1. 陶器

跨湖桥遗址出土有数万件（片），经专家拼复的有200多件。大多器形规整，厚薄均匀，保持在0.5厘米以内，以夹砂陶、夹炭陶为主，还有少量夹蚌陶。制作工艺以泥条盘筑为主，辅以分段拼筑、贴筑。出现慢轮修正技术。陶器的烧成温度在750℃～850℃间，总体上要低于河姆渡遗址早期的800℃～850℃。这说明跨湖桥文化陶器的工艺成就是在原始的烧造条件下完成的。器类与器形以釜、罐、钵、盘、豆为基本陶器群。线轮、纺轮别具特色。陶容器以圜底器、圈足器为主，平底器少见，不见三足器。陶器的纹饰有条带纹、波折纹、环带纹、垂挂纹、太阳纹、火焰纹、十字或交叉纹等，装饰工艺包括印、戳、刻、镂、贴等手法。菱格、方格的拍印纹在浙江新石器时代遗址中极为罕见，亦是跨湖桥陶器文化的显著特征之一。彩陶是跨湖桥文化最重要的特征。彩陶占陶器的2%，纹饰多施于罐、圈足盘、豆等三种器形。跨湖桥文化早期的主要形式为盘内彩，手法较为成熟；晚期薄彩、厚彩并存，彩纹丰富而规范。彩陶作彩于陶衣之上，陶衣为跨湖桥彩陶文化的构成元素。陶衣有褐黄色衣、灰白色衣、红色衣、黑衣等，其中黑衣十分光亮，与红衣、灰白衣比，附着力较强。黑光陶和外红内黑（光）陶器是体现跨湖桥遗址比较先进、又能被成熟运用的陶衣成就，体现了跨湖桥文化陶器制作的水准。东南沿海地区的新石器时代遗址中，尚无其他遗址出现如此丰富的彩陶。在年代上看，跨湖桥文化是中国最早出现彩陶的遗址之一。

2. 骨器

跨湖桥遗址出土骨器不多，遗址出土有耜、镞、镖、锥、针、匕、匙、哨、叉等100余件，分别用于农耕、渔猎、纺织、缝纫、生活用具等。以动物肩胛骨、肢骨、头骨及鱼骨、鹿角为原料，加工方法采取切、割、削、磨等。与河姆渡、罗家角遗址比较，其骨料的取舍、加工和器形的分类特征基本一致。骨耜采用凿孔插装法安柄，与罗家角遗址相同，而与河姆渡遗址的捆扎安柄法不同。

3. 石器

遗址出土有锛、斧、凿、镞、锤、磨棒、磨石、璜形饰件等135件，功能包括生产工具、加工工具、装饰品3大类。石器的石料采自附近山区，以沉积岩为主，少量火山岩。石料的选用与工具的用途相关。锛均为沉积岩中的泥岩，砺石均为沉积岩中的砂岩，磨棒则有基脉岩、沉积岩、火山岩3种，装饰品用萤石。石器加工主要采用打、琢、磨的方法。其磨制水平很高，大多通体磨光。遗址出土大量磨石，其中包括砺石。萤石类装饰用具中出现钻孔技术。遗址出土较多的是石锛，与遗址中发现的数件锛柄一起，成为跨湖桥人制作独木舟或其他木器加工工具的重要证据。石锤为跨湖桥石器的特色之一，从石锤的制作工艺和敲砸痕迹、崩疤破损情况分析，跨湖桥人已经开始使用不同石锤进行粗细加工之分。

4. 木器

遗址出土木器较少，这与保存条件有关。出土的器物有锥、叉、弓、镞、勺、桨、铲、浮标、梯、器柄及一些不明物，功能包括生产工具、渔猎工具、纺织工具和建筑工具等。材质有马尾松、青冈、麻栎、榉、糙叶树、柘、春榆等。加工技术包括坎、削、凿、刻、磨等，许多尖锥利用火烤法增加其硬度。木器中不明器物较多，有砣形器、槌形器、管形器、双尖形器、尖槽形器、铲形器、哑铃状器、凹形器等。除独木舟（下有介绍）外，跨湖桥遗址还发现了新石器时代遗址中十分罕见的木弓。木弓，残长121厘米，弓柎完整，用韧性良好的桑木边材削制，外捆扎树皮增加其强度，说明当时的制作技术已比较成熟。

（二）独木舟及遗址

2002年跨湖桥遗址发现了残长5.6米的独木舟，一个船头被砖瓦厂取土破坏。独木舟的两侧发现有木桩、木板、木料、船桨、砺石、石锛、编织物等数十件文物和炭灰遗迹。根据迹象分析，这是一处与独木舟有关的木作加工现场。

新石器时代遗址中的考古发现表明，江浙一带是出土舟船最早最集中的地区。遗址位于古越地区，其河、浹、港、湾等独特的地理条件，造就了当地制造独木舟文化。有桨必有船。余姚河姆渡遗址出土了6支木桨，桐乡罗家角遗址出土过如同船底形的木质“掩泥板”，吴兴钱山漾遗址和杭州水田畈遗址都出土过木桨。跨湖桥遗址发现了迄今中国存世年寿最高的距今8000年的独木舟，有力地证明了中国内地的东南沿海地区，是发明、使用独木舟最早的地区之一。独木舟遗址表明，中国的造船业可追溯到8000年前跨湖桥文化时期。

（三）建筑特征

跨湖桥遗址的建筑遗迹主要分布在遗址中心区。1990年发掘区揭示4处房址遗迹和多处相关的建筑遗迹，即灰坑、房址、墓葬、灰沟、柱洞及一些特殊建筑遗迹，还有用鹅卵石铺设村落道路的遗迹。从成排的柱洞及出土的“独木梯”分析，跨湖桥遗址以木构建筑为主要建筑形式。出土的少量榫卯残件及独木舟的制造技术分析，跨湖桥遗址已经具备了相应的木作技术。跨湖桥遗址发现以木桩立骨的土墙建筑，土墙内以30厘米间距埋设木桩，这一发现表明，土墙式建筑在比河姆渡架空式干栏建筑更早时已经存在了。

（四）经济形态

1. 稻作农业

跨湖桥遗址出土了1000多颗稻谷、稻米和稻壳。从粒型分析结果看，跨湖桥遗址古稻谷的粒型，有50%以上的稻谷明显短于普通野生稻，显示栽培稻的牲特征，为没有完全分化的原始栽培稻。在地层上分析，栽培稻标本在跨湖桥遗址早期文化层中已经发现，说明跨湖桥遗址从一开始就开始了稻作生产实践；中期地层中发现集束状带茎秆的稻禾标本，所存均为秕谷，说明栽培稻处于原始的低产量阶段。遗址还发现了农业生产工具骨耜，为以插装方式的骨耜，有平头和双刺两种。这一结果表明，长江下游地区在距今8000年以前已经开始利用或驯化水稻了，从而使这一地区的稻作历史又向前溯近千年。

2. 采集经济

跨湖桥遗址文化层中有机物堆积丰富，在局部地方可见到大量的壳斗科植物种实的残骸，主要发掘的植物遗存有蔷薇科的桃核、梅核、杏核，壳斗科的麻栎果、栓皮栎、白栎果，漆树科的南酸枣，菱科的菱角，睡莲科的芡实等，还发现了豆科、葫芦科、山茶科和蓼科的植物种子和果实。毛桃、野生梅、杏子等含糖、含水量较高，不易贮藏，采后即食；栎属树木的果实、菱角、芡实等成熟果子或淀粉量高，水分含量较少的采集后便于贮藏。遗址有不少橡子坑发现，其制作相当考究，先挖出筒状或袋状的坑，口部乃至边壁用木料搭成框架结构；有的橡子坑还被二次利用，坑口形成焦积的锅底状灰烬烧土坑。这说明橡子坑的使用不是长年的，而是具有季节性的；也证明了它不是一般意义上的储藏坑，是针对橡子食性进行加工的程序的一个环节。采集在跨湖桥先民的食物生产中占有重要的地位，是获取食物的重要途径。反映采集信息特征在跨湖桥遗址中是一种稳定的文化现象。

3. 渔猎经济

跨湖桥遗址出土动物骨骼共计5125块，保存状态较好，除1292块骨骼过于破碎，缺乏明显的特征和形状，无法鉴定外，已知鱼类、爬行类、鸟类和哺乳类动物有32种，分别为蟹、鲤鱼、乌鳢、龟、扬子鳄等7种；天鹅、雁、鸭、鹰、雕、丹顶鹤，灰鹤、鸻属等鸟类 12 种；海豚科、鼠、貉、狗、獾、虎、豹猫、猫科、犀、小型食肉动物、猪、麋鹿、梅花鹿、小型鹿科、水牛、苏门羚等哺乳动物 15 种。许多哺乳类动物骨头有火烤遗留的黑焦面，肢骨端部砸断的现象也比较普遍，反映了烧烤食肉和吸食骨髓的行为。遗址出土的明确的狩猎工具中，有弓、镞、镖等。浮标的发现，说明当时已经开始出现结网捕鱼的行为。渔猎经济在跨湖桥遗址中占有重要地位。

4. 家畜饲养

跨湖桥遗址已发现有狗、猪、水牛等家畜动物骨骸。虽然，跨湖桥遗址的居民获取肉食资源的生存方式以渔猎为主，但是饲养家猪的行为已经形成。跨湖桥遗址有家猪是我们迄今为止发现的南方地区最早的家猪，而且这些资料还启示我们中国南方地区家猪起源的时间可以继续向前追溯。

5. 原始纺织

河姆渡文化中的骨匕的功能定为纬刀，这种纺织工具在跨湖桥遗址中同样发现。遗址出土的陶线轮，发现有纤维质线圈，与纺织有关。哑铃形器的中段留下的浅痕表明是绳线牵引留下的痕迹；棒形器两端有槽额，是用来捆绑绳索的，或可以理解为原始纺机的构件。

（五）艺术与宗教

跨湖桥遗址彩陶器上的圆圈、放射线图案，包括镂空、刻划放射线图案，都是以太阳为模仿题材；施于豆盘内底的红彩大圆圈，同样可能指代太阳，体现了跨湖桥古人的太阳崇拜心理。火焰纹的特征也十分明确，反映出跨湖桥古人的拜火心理。太阳与火在光热上存在统一性，因此，太阳崇拜的核心是对光与热的祈祷。

1990 年考古的主体遗迹，有一处多层次堆积形成的黄土台，被揭露部分的长、宽均 10 米，高约 1.6 米，堆积共分 19 小层，除第一层外，每层均有一个浅坑结构的烧土面，是一种烧火的痕迹。烧土面一般都有固定形态；筑台的过程，实质上表现为烧土面的递增过程。土台很难从实用的功能角度去理解，屋外炊煮场所也不太可能形成如此稳定、独立的台形结构，是否可以理解为一种火祭仪式留下的场地？

跨湖桥发掘报告中提到的 G 型罐肩部对称双耳的正面各有一个“田”字形符号；Ba 型木锥端部正反两面的“元”“彡 ”符号，十分特殊，这种陶、木器上的原始符号代表什么？遗址出土的带内彩的陶豆、圈足盘可能属于祭器范畴。

四 跨湖桥文化邮票题材的选择与定位

通过跨湖桥文化出土文物特征的分析，使之对跨湖桥文化邮票题材的选择有了基本的认识与思路，并提出相应的

（一）跨湖桥文化邮票题材选择的原则

其题材可以是考古发掘的题材，可以是出土文物的题材，还可以是跨湖桥遗址博物馆的题材，亦可以是综合性的题材。笔者以为，以出土文物为题材较好。这不仅是因为本人组织和参与跨湖桥遗址考古发掘、遗址保护、独木舟保护及跨湖桥文化研究等相关工作，更因为了解其中出土文物样式和内涵。以出土文物的代表器物作为设计跨湖桥文化邮票的核心，既可以反映出古代跨湖桥人的生存环境和生产生活状况，体现出了古代跨湖桥人的精神生活风貌，又便于策划和设计，并具有一定的观赏价值。选择出土文物为题材，必须把握典型性原则与观赏性原则。典型性原则体现的是跨湖桥文化的精华，观赏性原则则体现邮票的美学价值。

（二）跨湖桥遗址代表性出土文物反映的文化内涵

以弓箭和独木舟为代表的出土文物是古代跨湖桥人渔猎生活的真实写照，以骨耜和稻谷为代表的出土文物则是古代跨湖桥人从事当时先进的耜耕农业的典型器物，以药釜和釜中茎类植物为代表的出土文物是古代跨湖桥人抵御各种疾病的有效手段，以黑光陶、彩陶等为代表的出土文物是古代跨湖桥人先进的制陶技术集中反映，以太阳纹、火焰纹为代表彩陶纹饰和骨笛为代表吹奏器物则是古代跨湖桥人精神生活生动体现。

（三）跨湖桥遗址典型器物邮票图片选择及说明

跨湖桥遗址出土文物的图片，应反映出跨湖桥文物的典型性与观赏性，并在图片后作说明。据笔者分析，可选取石器 2 张、骨器 4 张、木器 2 张、陶器 4 张等 12 张图片（照片引自文物出版社《跨湖桥》），可以作为正式出版邮票的候选。一般说来，出 4 张邮票，1 张小型张，已经很不错了。

典型器一：独木舟

独木舟船体残长 560 厘米，船头宽 29 厘米，船身宽 52 厘米，船体内深不足 15 厘米，底部与侧舷厚度均为 2.5 厘米。独木舟基本保存完整，船头上翘，船体较薄，可见侧舷，通体光洁，松木材质。专家称此为世界现存最早的独木舟。

典型器二：三孔骨哨

动物肢骨截制，管状，三孔并列。长 7.3 厘米，管径 1.2 厘米。据研究，一说为狩猎用的，另一说是最早的管乐器。

典型器三：骨锯齿型器

动物肢骨的骨壁切、削、磨成，扁薄。一端削斜尖，穿一小孔；另一端圆润带齿；两侧切割成均匀的锯齿状，齿尖圆钝。长 12 厘米，宽 2.3 厘米。拟为纺织用具。

典型器四：插装式骨耜

大型哺乳动物的肩胛骨制成，肩臼部凿孔，以插装法安柄，棘突部位均经修削，下端在使用过程中折裂。高 15.2 厘米，刃部宽 8 厘米，孔径 2.4 厘米，深 10 厘米。为农业耕地用具。

典型器五：折肩双耳罐

直口，尖圆唇，折颈，折肩，扁腹，圜底，肩部以上施红衣，领下一周细线堆纹，肩部施带、点组合的乳白厚彩图绘，置跨连肩颈的对称双耳，双耳正面各有“田”字形彩纹。口径 24 厘米、肩径 29.2 厘米、高 13.8 厘米。此为，跨湖桥文化典型陶器之一。其规整的工艺当为慢轮制作。

典型器六：太阳纹饰

红底白彩，以同心圆为中心，环周施放射纹，一般见于罐类器的肩、腹及领沿部位，厚彩。此可见跨湖桥人的爱美或崇拜心理。

典型器七：绳纹小陶釜

侈口鼓腹尖圜底，夹砂灰褐陶，施交叉右向绳纹，陶釜外有烟熏火燎痕迹；出土时内盛捆状植物茎枝曲缩釜底，茎枝无泥，当为因故丢弃之煎药。口径 20 厘米，肩径 22.8 厘米，残高 7 厘米。专家研究内盛的捆状植物茎枝一为中药，或为茶叶。中药和茶叶界均视此为起始。

典型器八：黑光陶罐（残）

尖圆唇，口微敛，斜领，平行 7 道凹弦纹，折颈处为一圈突脊，脊处起耳连肩部，置对称双耳，折肩深腹，外壁漆黑光亮，夹炭陶。口径 16.5 厘米，腹径 27.2 厘米，残高 19 厘米。器物口上平行 7 道凹弦纹，可见跨湖桥文化先进的慢轮制陶工艺与黑光陶制陶技术。

典型器九：璜型饰

淡青色萤石，短环状，截面呈椭圆状，对钻穿孔。长 2 厘米，截面长径 1.2 厘米，短径 0.6 厘米。跨湖桥人装饰用品。

典型器十：石锛

灰紫色石料，平面呈梯形，各面平整光滑，器形较厚，背较直，偏刃，明显纵向层理。长 12 厘米、宽 6 厘米、厚 2.6 厘米。劳动工具，亦用于制造独木舟。

典型器十一：木陀型器

圆台型，上端呈榫凸，榫头以下截面呈正梯形，平底。高 22.4 厘米，底径 14 厘米。专家研究，此为慢轮制陶的底座。

典型器十二：骨复合器

在一截动物肢骨的髓腔一端插入一截骨棒，另一端也应有对称一截，通体磨制光亮。长 8.7 厘米，圆径 2.7 厘米。有人研究为钻木取火或用于纺织的工具。

五 申报发行跨湖桥文化邮票的程序与相关工作

（一）申报发行跨湖桥文化邮票的程序

由邮政部门牵头，落实具有相当专业水准且了解跨湖桥文化的专业人员做出文本方案，然后经过专家组的评审，由政府出面向浙江省邮政局提出申请，再由浙江省邮政局向国家邮政局申报。邮票申报到出版时间比较长，一般要 3 ～ 4 年。在漫长时间中，也可以先出个性化邮票。

（二）申报的组织领导与申请工作

做好发行跨湖桥遗址邮票的申报工作，应建立相应的领导协调机构，由萧山区政府牵头，组成邮政、文化、财政、跨湖桥遗址博物馆等部门参加申报班子，由区文广新局、跨湖桥遗址博物馆负责申报文本的起草与制作，由区邮政部门负责向国家邮票局申报，以纳入国家邮票局的出版计划，由区财政局负责申报经费的落实。

（三）申报文本方案的研制

由区文广新局、跨湖桥遗址博物馆落实相关懂邮票与跨湖桥文化的专业人员，组成申报文本起草班子，起草班子必须由专家挂帅，对跨湖桥文化进行细研，提出具体方案，并确定完成要求与时间，最后进行论证，提交萧山区政府。

文本一般应包括以下内容：（1）申报文件：杭州市萧山区人民政府关于申报发行跨湖桥遗址出土文物邮票的请示；杭州市萧山区人民政府成立萧山区申请发行跨湖桥遗址出土文物邮票领导小组的通知。（2）跨湖桥文化简介。（3）跨湖桥遗址出土文物图片介绍。（4）跨湖桥遗址相关活动及领导人视察照片。（5）相关证明材料：2001年中国十大考古新发现的材料，文物出版社《跨湖桥》考古发掘报告，跨湖桥文化命名材料，全国部分新闻媒体报道材料，政协议案提案材料等。

（四）加强邮票出版前后的宣传工作

要把邮票出版与跨湖桥遗址宣传、跨湖桥文化宣传、跨湖桥文化旅游等结合起来，形成邮票宣传、文化宣传、文化旅游项目推出的综合活动，起到相互推动、互相促进的目的。必要时由区政府领导出面到浙江省邮票局、国家邮票局进行申报工作，以显示政府对此事的重视。发布指出的是，由于申报时间较长，也许会碰到相关负责领导的更替，这就要求做好申报工作的交接。跨湖桥文化邮票出版后，须进行由国家邮票局、浙江省邮票局、萧山区人民政府共同举办的"跨湖桥文化邮票首发式"，以扩大宣传，促进邮票的发行，提高跨湖桥文化的知名度，推进跨湖桥文化旅游与湘湖旅游。

跨湖桥文化邮票是一种很好的文化旅游纪念品，既有纪念价值，又有收藏价值。凡到过跨湖桥遗址博物馆或湘湖的，如果拥有一套跨湖桥文化纪念邮票，那是一件非常有文化意义的事，在提升自身文化内涵的同时邮票得到了升值。

参考文献：

1. 蒋乐平主编：《跨湖桥》，文物出版社，2004年。
2. 方晨光：《跨湖桥遗存：萧山人的文化名片——跨湖桥遗址文化类型地位与作用的思考》，《中国文化报》，2002年10月17日。
3. 陈志根主编：《萧山历史文化研究》，方志出版社，2006年。
4. 林华东、任关甫主编：《跨湖桥文化论集》，人民出版社，2009年。
5. 方晨光：《文脉湘湖》，方志出版社，2007年。

博物馆教育功能浅析

李 萍
（杭州市萧山跨湖桥遗址博物馆 杭州 311203）

一 引言

一提到教育人们立即想到的就是学校：大学、中学、小学甚至是幼儿园，这些都是人们心中受教育的地方，但是人们长期忽视了一个非常重要又非常有意义的社会教育场所——博物馆。博物馆作为一个为社会和发展服务的向大众开放的非盈利性的永久机构，其最终目标是面向观众，而当前的一些博物馆在收藏、研究方面很重视，在陈列、观众、社会教育的方面就比较轻视了，这种观念下就形成了博物馆教育功能的淡化。这不得不引起我们的重视，重视这一重要“教育机构”。

我国的博物馆有着重视教育功能的优良传统，几十年来一直属于教育部门，成为了文化教育事业的一支主力军。新中国成立以后，博物馆虽然改属为文化部门，但是其教育功能却在不断地强化，努力地发展好博物馆的教育功能，是实施普及科学文化知识，促进社会主义精神文明建设的重要措施，是中华民族精神发扬光大的必然要求。

二 如何提升博物馆的教育功能

博物馆有着其自身的特点，目前，我国的绝大多数博物馆已经免费开放，这就为作为历史性博物馆进一步地挖掘自身的历史资源，不断深化陈列内涵，更新展览形式，提供了便利的条件。

（一）增强陈列展览的吸引力是博物馆实现教育功能的首要前提

博物馆、纪念馆主要是通过举办各种文物展览传播历史文化信息吸引观众，从而更好地发挥其教育职能。全国2400多座博物馆，以历史类博物馆、纪念馆为其大宗。“单调、冷僻、雷同”是以往很多看不懂、不愿看博物馆的观众的基本借口。因此增强展览的吸引力，将陈列的总体职能延伸到陈列的环境和服务两端是免费开放后，区域博物馆首先应该考虑的问题。笔者认为要解决这个问题应该注意把握以下几个方面：

1. 展示内容地域化

地域文化特色是一个地区的人文历史、自然景观中反映出来的蕴含浓厚文化意义的带有个性色彩的特质，是当地人文自古至今精神的集中反映，它是一个地区区别于另一地区的显著标志。一个博物馆陈列是否成功，不完全在于展线上文物的多少和等级的高低。展示出文物蕴藏的文化内涵、外延和文化渊源，并展示出它们之间的联系所形成的文化体系，更是不容忽视的重要方面。地域文化特色是当地独有的文化资源，博物馆的展览唯有把握了地域文化特色，突出反映地域文化特色，发挥其文化优势，让藏品数量和质量的弱项变强项，让共性之中呈现出鲜明的个性，方能在众多博物馆中脱颖而出。跨湖桥遗址博物馆于 2009 年 9 月 28 日对外免费开放，是一个遗址上新建的专题馆，设有“八千年回首”主题陈列厅、水下遗址厅和临时展览厅。

2. 展示手段多样化

展示文化精粹，弘扬民族精神，开展社会教育，是博物馆的主要社会职能。虽然博物馆的一切精神现象都是其物质存在的反映，其实物性、直观性的特点十分突出。但是，文物本身只是反映古代历史的一个重要却又非常具体的物质形态，而在文物的背后往往蕴含着极其丰富的历史文化信息。任何一件文物都与当时很多事物有着密切的关联，绝非孤立存在，对来博物馆参观的绝大多数人来说最想知道的也正是文物背后的故事及与其相关的趣闻轶事和文物信息。近年来，随着社会的进步和信息技术的发展，一些博物馆在展览形式上引入了互动开放的动态陈列并得到了观众的赞同和认可。实践证明互动和高科技展示手段恰当适度地运用，是对传统展示方式的有效补充与完善。跨湖桥遗址博物馆展厅内的数字影片、电子翻书系统、独木舟模拟装置、采集狩猎游戏、互动问答、声光效应、500 多米的迂回廊道等不仅没有冲淡文物本身的主题，反而调动了观众的参观兴趣和主观能动性，加深了对展览的印象，有效改变了静态展示的不足和单调。

3. 临时展览常新化

博物馆的基本陈列是相对固定的，也是不可或缺的，但如果没有常换常新、生动活泼的临时展览，博物馆就缺乏生气，就无法紧跟不断变化中的社会形势。临时展览对藏品的要求相对不高，规模可大可小，投资少、周期短、针对性强、效益明显。经常举办多种多样、丰富多彩的临时展览，既可以满足不同观众多等方面要求，使公众得到更多的科学知识教育和文化艺术享受，又能够有效增加博物馆的人气，不失为活跃博物馆工作的方法。临时展览由于其灵活、机动的特点，已成为博物馆“仁者见仁、智者见智”的自由舞台，但目前很多博物馆的临时展览内容单一，缺乏多样性。笔者认为，要发掘临时展览的内在活力，第一是要深入群众，深入生活。通过多渠道、多形式的群众调查，广泛了解群众的真正需求，以此不断推出新展览。第二是效益综合，教育优先。既要追求经济效益，也要重视展览良好的社会效益，注重展览本身所具有的教育价值。作为一个文化服务窗口，一味追求经济效益并不符合自身性质，两者应该相辅相成。第三，热点追踪，与时俱进。要通过举办与传统节庆或时代热点问题等内容相关的临时展览，激发展览活力。如2011年是纪念辛亥革命100周年，跨湖桥遗址博物馆推出“纪念辛亥革命100周年——民国萧山文物展”，受到公众一致好评。同时推出的萧山本土篆刻艺术家蔡履平的异材印篆刻展也引起了高度反响，深受群众欢迎。

（二）开展多元教育服务是博物馆发挥社会教育功能的重要途径

无论哪一类博物馆“人”的因素是衡量其能否实现将藏品意义和价值传达给观众，这是最终目标与最基本的标准，这不仅是考虑陈列展览的内容是否将“人”放在第一位的问题，更主要的是博物馆工作者应在为社会、为观众进行传统服务的实践中，改善和提供更全面的综合服务。

1. 提供高质量的讲解服务

一个好的博物馆要有好的陈列展览，更要有一支好的讲解队伍。讲解是一项创造性的劳动，讲解员通过自己的语言，能使凝固无声的文物“活”起来，实现文物与观众的人文情感交流。好的讲解可以加大陈列的广度与深度，甚至可以弥补陈列的某些不足，还能给观众以美的享受和深刻的思想教育。好的讲解也能使观众对博物馆留下深刻的印象，从而可以提高博物馆的社会影响和知名度。讲解员则是联系陈列展览与观众之间的桥梁。所以，建立一支高素质的宣传队伍，对于发挥博物馆的教育功能是至关重要的。博物馆狠抓讲解员队伍建设，吸收不同专业适合讲解员岗位的人员担任专职讲解员，除要求讲解员加强地方历史、文物专业学习，熟练掌握讲解内容外，采用“引进来”和“走出去”的办法，加强讲解员的在职培训和继续教育。一方面，邀请中国博物馆协会宣教委员会专家张希玲和马青云老师来馆进行为期一周的专业指导，通过言传身教，从语言表达、语速语调、语言感染力和仪表仪态等多方面综合培训，提高讲解员的整体素质；同时聘请国家一级播音员王宽老师给讲解员指导普通话音准培训。另一方面，选送所有讲解员到良渚博物院参加为期一个月的讲解培训学习；组织讲解员到浙江省博物馆、中国江南水乡博物馆、嘉兴博物馆、湖州博物馆、杭州博物馆等省内外兄弟馆观摩、学习、取经。在这基础上推出了多元化讲解模式，针对不同年龄层次差异和接受能力的不同，要求讲解员编写多套讲解词，做到“因人施讲”、“有的放矢”。如幼儿园组织参观则选派有幼儿教育经验的讲解员用通俗、浅显的语言讲解，注重故事性和趣味性；如中小学生参观则选派有舞台表演经验的讲解员用绘声绘色的语言启发诱导式讲解，引人入胜，增加吸引力，增强学习效果；如高中生、高校大学生参观则选派熟悉历史的专业骨干讲解，让参观者能接受更有深度，更有广度的知识。2011 年暑假，博物馆为丰富学生的假期生活，策划了暑期“小小讲解员”培训活动。通过理论培训、实践上岗、讲解考核等环节，最终 15 名同学收获颇丰，共为 1353 位游客提供了 201 场志愿服务讲解。其中常博同学在实习志愿讲解的 20 多天里，志愿服务了 43 小时，讲解 34 场，为 158 位游客提供了讲解服务。此类培训不仅让中小学生更深了解萧山的地方文化，引领他们主动学习历史、文化等各方面的知识，更让他们有了一个成长的空间，同时也为全体讲解员提供了一个展示自己、提高自己的平台。

2. 创造文明的参观氛围

博物馆免费开放，可能会给博物馆工作带来一些压力。一方面，要引导和培养公众的参观兴趣，另一方面要提高服务和管理水平。博物馆只有坚持“以人为本”，增强服务意识，把好事办好，才会在新形势下快速发展，有益于社会。

由于观众数量的剧增，要根据观众数量的变化及时增加服务人员的数量并完善相关服务设施。例如，除为观众提供免费的物品寄存、参观导览、宣传册页、免费饮水、卫生设施、休息查阅等服务外还要考虑增加残障人专用卫生间，无障碍通道及无障碍标志等项目。要用良好的服务带动管理，应特别注意通过文明服务带动观众文明参观。例如针对部分观众一些不文明的行为，博物馆人不应以“禁止”、“严禁”“不许”，一类强制性语言阻止甚至呵斥观众，而应通过人性化的语言、举止和文明服务，感染、引导观众养成一种文明的参观秩序。

3. 打造丰富的博物馆文化

博物馆文化包括基本陈列、临时展览、导引讲解、学术报告、教学演示、环境氛围等。“对于求真者，博物馆是离真理最近的地方；对于求善者，博物馆是离‘上帝’最近的地方；对于求美者，博物馆是欣赏‘风景’最好的地方”。这是博物馆人的愿望和理想，也是观众的期待。打造博物馆精品文化，使博物馆成为人们探索发现的园地、孩子们的乐园、成人的终身学校、人们共同的精神家园。丰富的博物馆文化是观众接纳博物馆的基础，也是博物馆教育功能的最好张扬。

（三）开展丰富多彩的教育活动是博物馆教育功能的有效深化

目前，许多博物馆开辟了电化教育、专题讲座、流动展览、出版读物等多种形式的教育活动，其意义不仅仅使教育形式多样化，还是教育功能的深化。只有转变教育观念，创新教育方法，才能更好地发挥博物馆的教育功能。这需要改变博物馆长期以来单一的说教式教育模式，进行多渠道、开放式的互动教育。博物馆所蕴藏的知识量是巨大的，如何充分利用这一知识宝库向广大观众传授知识是我们博物馆的工作者的一项艰巨任务。长期以来，大多数博物馆形成了以说教为主的单一教育模式，以讲解员的“讲”为主，观众成为被动的“听众”。这种说教模式只是一种知识的灌输，不利于激发观众的兴趣和调动观众思考的积极性。这在很大程度上制约了博物馆教育功能的发挥。我们要改变这种单一的说教模式，采取多渠道的互动式教育，为观众提供亲身参与、动手操作、触摸展品、活动和游戏、趣味问答、设置文物复原等互动项目。

跨湖桥遗址博物馆自开馆以来，每年配合区委区政府的跨湖桥文化节活动，举行大型学术交流活动和观众体验活动。2010 年，博物馆举行了首届跨湖桥文化国际学术研讨会，80 余名海内外学者齐聚一堂，从各自研究的学科出发对跨湖桥文化、史前考古、跨湖桥独木舟等方面进行研讨，加深加大了跨湖桥文化的宣传。同时，举行萧山区跨湖桥文化征文比赛，得到了团区委、萧山区教育局、萧山日报的大力支持，共收到稿件 900 余篇，参与学校达 80 余所，最后评出 120 篇一二三等奖和优秀奖作品由杭州出版社结集出版。《跨湖桥文化获奖征文集》由原全国人大常委、浙江大学教授毛昭晰题词，萧山区委常委、宣传部长裘超作序，是一本全面反应全区中小学生热爱家乡深厚历史文化底蕴的优秀征文集。2011 年区委区政府举行的跨湖桥文化节上，博物馆举行的舟船文化国际学术研讨会和萧山区跨湖桥文化“小小讲解员”大赛作为文化节的主体活动和联动活动，又一次把跨湖桥文化节推向了高潮，丰富了活动内涵，引起国内外众多媒体的关注。一条有近 8000 年历史的萧山跨湖桥独木舟再次将国内外一批造船研究、考古、博物馆、文物保护的专家学者吸引到了浙江萧山，以舟船文化国际学术研讨会为平台，共同研讨舟船的制造技艺以及与之相关的文化。为了更好的弘扬跨湖桥文化，传承跨湖桥文化精神，由萧山区委宣传部、萧山区文广新局，萧山区教育局，萧山广播电视台联合面向全区中小学生举行萧山区跨湖桥文化“小小讲解员”大赛，通过初赛、复赛和决赛三个阶段的激烈角逐，60 名金、银、铜牌小小讲解员获奖。来自高桥小学的陈亦奇因为紧张没有发挥好，但是通过比赛让她收获不小，“以前都没有来过这个博物馆，更不知道这些历史，现在为了准备讲解稿，学了不少知识。”湘师附小的吴可更是对讲解员的身份有了新认识："讲解和演讲不一样，演讲一般是激情澎湃的，但是讲解面对的是参观者，要'交谈'。"与此同时，大赛也受到了老师和家长的肯定。来自朝晖初中的一位老师告诉记者："这次大赛让跨湖桥文化更加深入人心，让下一代人更多了解家乡的历史文化，是对萧山文化的传承。孩子们走出去，对家乡的历史文化也能头头是道地讲给别人听。"

虽然这只是一次比赛，孩子们通过体验式学习培训，全方位地了解了博物馆的展品和文化内涵；通过零距离接触优秀讲解员，多角度地理解讲解员职业的礼仪、礼节与素养，从而深层次地认识自我、锻炼自我、超越自我……博物馆正是用这样的服务理念给孩子带来一个成长的平台，让孩子们用自己独特的视角，去探究文化无尽的魅力；让孩子们在用自己简洁的语言，来解读展品蕴含的奥秘；让孩子们在用自己真诚的服务，来诠释自己成长的印记……

另外，博物馆还紧紧围绕"博物馆致力于社会和谐"这一主题，举办跨湖桥文化讲座、知识竞答交互活动、青少年志愿者活动、萧山日报小记者活动、康乃馨自闭症儿童康复游活动、新老萧山人手拉手活动、心脏病患儿献爱心活动、40年照顾残疾弟弟姐弟游活动等多种形式的活动进行跨湖桥文化知识的宣传，以积极主动的姿态、开拓创新的途径增强博物馆社会服务意识和使命感，贴近实际、贴近生活、贴近群众，更好地服务于和谐社会的构建和发展。

（四）加强形式多样的宣传活动是发挥教育功能的重要手段

博物馆教育功能发挥得如何，在一定程度上取决于民众对博物馆的需要。因此，博物馆要加强自我宣传的意识，要让民众了解博物馆，培养他们的博物馆意识，使他们感到参观博物馆是文化生活中不可缺少的一部分。可以说，自我宣传既是实现博物馆教育功能的一种手段，又是博物馆教育功能的一种体现。在信息发达的今天，再好的展览也必须进行积极的自我宣传，这是让社会大众熟悉并接受的有效展览推介手段。跨湖桥遗址博物馆十分注重媒体的参与，每次主题活动、纪念日活动、展览开幕等都邀请媒体参与，目前，跨湖桥在互联网上的信息量已达两万多条。随着网络的普及，网上博物馆已逐渐走进我们的生活。博物馆在开馆伊始，就建立了网站，网上博物馆最大的优势是打破了时间与空间的限制，突出了自身优势，以藏品特点、展览风格和研究成果取胜，在远程教育中，形成了互联网上一道道亮丽的风景线。网上博物馆不受开放时间限制，人们可以在网上随时了解到博物馆的最新动态，可以加强博物馆之间的交流与合作。总之，网上虚拟博物馆的出现、克服了传统博物馆在空间、时间、距离、内容等方面的限制，满足了人们随时随地参观博物馆的需求，使博物馆的教育功能得到了更广泛化和多样化的发挥。同时，博物馆还推出博物馆论坛、编写宣传手册等多种方式，积极进行博物馆及博物馆展览的推广宣传。

宣传分“有形宣传”和“无形宣传”两种形式。有形宣传通常采取利用新闻媒体、出版宣传品、举办或参与社会活动、做广告等方式；无形宣传是指博物馆本身所具备的“硬件”和“软件”，尤其是能为观众提供一流的陈列展览和优质的服务。好的服务本身就是广告，观众到博物馆，如果得到高质量的服务，就会对博物馆留下美好而深刻的印象，有的甚至会流连忘返。因此博物馆工作者应该有自我宣传的意识，应该认识到自身所做的人和事都要有利于扩大博物馆的影响，都是直接或间接地发挥博物馆的教育功能。每年的“5.18 国际博物馆日”、6 月的中国文化遗产日，博物馆都组织有纪念意义的活动扩大社会影响。如成立跨湖桥文化志愿服务总队、网站开通仪式、《银色追踪》首发式暨赠书仪式、消防大演练、上街宣传、举办展览等活动都得到了社会各界的一致好评。

（五）打造“第二课堂”活动品牌是博物馆教育功能的拓展和延伸

青少年是祖国的未来，社会的栋梁，引导青少年树立正确的人生观、价值观、荣辱观至关重要。社会教育作为青少年教育的重要组成部分，博物馆有着其他社会教育无法替代的优势，与学校教育、家庭教育的作用相得益彰。学校以应试教育为主，以书本为核心，重视学校的科学文化知识的传授解惑，注入式教学，被动式学习。而博物馆以文物为主，直接生动，富有感染力，教育形式灵活，教育内容多样。学生主动学习，轻松获取知识，没有人给他们以“不及格”的分数，强调的是一种极为宽松、和谐、自由的学习氛围。因此，博物馆教育具有直观性、交流性、社会性、时代性、非强制性，是其他教育机构所无法比拟的。因此，找准定位，充分认识青少年教育的重要性，打造“第二课堂”活动品牌，也是博物馆宣教工作的风向标。

博物馆实施的社会教育与学校教育的作用是相辅相成、相得益彰的，青少年学生在博物馆社会教育服务对象中占据了极重的分量。但在大力提倡素质教育的今天，一些博物馆和学校间还是缺乏必要的联系和互动，许多博物馆的“爱国主义教育基地”工作只是简单流于形式。如何真正落实这项工作同样是我们需要认真研究的课题。

首先，要建立长效的教育机制。只有持之以恒，才能将爱国主义教育由表面推向深入，才能取得良好的社会效益。馆校之间要长期联系、深入合作，不能一年安排参观一次就了事。目前，杭州市政府推出了中小学生“第二课堂”计划，让杭州市所有中小学生免费享受“文化大餐”，这是一项非常有益的活动。跨湖桥遗址博物馆如今除了杭州市“第二课堂”活动基地外，还被命名为萧山区爱国主义教育基地、萧山区青少年素质教育基地、浙江旅游职业学院实践基地等。

其次，博物馆设置专门的教育部门。这一联络机构的存在能够有效强化与学校的联系。在美国，博物馆都设有专门的教育部门，配合学校教育。该部门通过为学生在博物馆设立专门的教室、实验室，或者开办专供儿童参观的陈列室，提供有偿借用的图片、幻灯、标本、模型等方法，为来博物馆参观的青少年提供服务。一些大型博物馆还专门编制了讲座教材。如纽约自然历史博物馆有两套为 3 至 9 年级学生准备的讲座，内容是《我们居住的世界》，每次讲座大约一小时左右，另有一小时结合讲座安排参观，进行直观教育。

再次，加强馆校互动。博物馆教育应注重学生的直观、感性认识，注重让学生在轻松、活泼的气氛中掌握学习内容，注重“以博物馆为主导，以学生为主体”开展教育活动。一方面，要多举办符合学生认识特点的展览，弥补学校教育说教因素相对较多的缺憾——如通过历史文化展了解先人的勤劳与智慧；通过科普展教增强求知的动力等；另一方面要拓宽视野，充分发挥爱国主义教育基地的教育职能，主动与所在地区的学校签订“共建”协议，制定“共建”计划，以学生为主体开展各种活动。2010 年，跨湖桥遗址博物馆进行了首次实行校园巡讲计划，把流动博物馆开进了学校，并在全校开设讲座，介绍跨湖桥文化，引起了教育界很好的反响。2011 年，博物馆拓宽思路，把触角伸向社区，与社区联动，举办讲座，赠送书籍，特别是与党湾镇中村结对，为“春泥俱乐部”的孩子带去了一场高雅的文化大餐，让农村的孩子大开眼界，受益匪浅，活动得到省委宣传部的好评。

三 结束语

综上所述，博物馆的一项长期而艰巨的任务就是持之以恒地强化教育功能，只有不断解放思想，求实创新，以自身的作为来提高博物馆的地位，才能使博物馆的教育职能在社会主义精神文明建设中发挥更大的作用。在新阶段，博物馆作为社会教育机构，应该结合免费开放等新情况、新特点，研究如何进一步加强教育功能，只有这样，博物馆才能在社会主义政治建设、经济建设、文化建设、社会建设、生态文明建设中发挥更大的作用。

跨湖桥遗址文化价值的探索

沈一敏
(杭州市萧山跨湖桥遗址博物馆 杭州 311203)

一 文化可提升价值

中国著名的旅游胜地——西湖以其秀丽的湖光山色和众多的名胜古迹而闻名中外。客观地讲，西湖的景色确实很美，但是国内景色秀丽的湖泊还有很多，其中不少湖泊的景色不输于西湖，甚至有过之。然，它们的名气却远比不上西湖。何故？文化差异是一个重要的原因。断桥白娘子和许仙的故事为西湖平添了几份浪漫色彩。白居易、苏东坡等历史名人也都在西湖留下了自己的故事。可以说，西湖著名，不仅仅因为她景美，也得益于其深厚的文化底蕴。

作为“姊妹湖”，湘湖与西湖有着很多相似的地方。风景秀丽，文化深厚。湘湖城山之巅的越王城遗址，距今已有2500多年的历史，是当年勾践屯兵抗吴的重要军事城堡，见证了“卧薪尝胆”的历史风云，为迄今为止保存最好的古城墙遗址；李白、陆游、文天祥、刘基等历代名人在此留有不朽诗文，此外，这里还是唐代大诗人贺知章的故里。而地处湘湖的跨湖桥遗址，自2001年发掘以来，更是为湘湖深厚的文化底蕴添上了浓墨重彩的一笔，也使湘湖的文化底蕴提升了一个档次。

如果西湖没有了断桥、雷峰塔，那么西湖还是会非常著名，断桥、雷峰塔离开了西湖，也一样会成为著名景点，而它们在一起，则是相辅相成。同样的，湘湖和跨湖桥的关系也是如此。

在湘湖众多的景点中，跨湖桥遗址无疑是最大的看点，尤其是2001年，跨湖桥遗址被发掘以来，湘湖便进入一个快速发展的时期，并在2008年被评定为国家4A级风景旅游区、中国百强旅游景区。而2011年以来，湘湖景区已经开始向5A级景区的目标迈进，而在这其中，跨湖桥遗址的发展，或许会起到非常重要的作用。

二 跨湖桥遗址具有的价值

跨湖桥遗址发展的最好方式便是将其自身的价值进行转换，将考古价值、学术价值、文化内涵等转换为经济价值。

湘湖地处杭州市萧山区主城西，隔钱塘江与西湖风景名胜区相对，与西湖、钱塘江构成杭州旅游风景的金三角。跨湖桥遗址便位于湘湖。1991 年，跨湖桥遗址进行了第一次的发掘，2001 年，进行了第二次发掘。

在跨湖桥遗址发掘前，浙江传统的考古学文化分为河姆渡文化与马家浜—良渚文化两支，分处钱塘江南北的宁绍、杭嘉湖平原，两支文化的相互传播、相互融合以及认识上的相互说明构成了浙江新石器时代文化的基本线索，并对整个东南沿海地区的史前文化研究发生着重要影响。

经过两次发掘，跨湖桥遗址被确定为新石器时代的遗址，距今 8000 ~ 7000 年。出土了一大批陶、石、骨、木器，陶器复原器近 150 余件。经过研究，器物形态及其组合迥异于河姆渡、良渚、马家浜等附近地区发现的早期文化遗址，其中发现的跨连肩颈的双耳罐等器具竟似与湘赣地区有更多的联系。

地处古浦阳江流域的跨湖桥遗址打破了原来的平衡，被认定为是一种独特的文化类型——跨湖桥文化，也成为这一地区的第三支文化。这就将本地区新石器时代文化的存在置于一个更为开放的系统中。对东南沿海地区的史前文明研究有着重要的意义。

跨湖桥遗址的发现表明，浙江境内石器时代文化的情况并非之前认识的那么简单，而是有多个源流谱系。跨湖桥遗址和河姆渡遗址、马家浜—良渚遗址之间的相互关系，也将成为今后研究的一个主要课题。

跨湖桥遗址和长江中游文化有较多相似因素，这为探讨两地的文化关系提供了重要线索，也为研究当时整个长江流域文化格局以及此后的变迁问题提供了重要线索。

由于跨湖桥遗址和长江中游文化有比较密切的联系，又地处浙江中北部，和本地文化也有一定关系，因此，它的发现，第一次把长江中下游地区的考古学问题直接联系起来。

跨湖桥遗址陶器制作技术水平，骨角木器和石器、动物遗存及多种遗迹现象所反映的经济、社会生活内容，彩陶、黑陶等一些颇为特殊的文化现象的源流等，都有研究价值。

而最让人感兴趣的则是跨湖桥遗址出土的独木舟。2002 年，跨湖桥遗址发现了独木舟及相关遗迹，独木舟标本经碳十四测定，其年代达 8000 年左右。这是目前发现的国内最早的独木舟相关遗迹。

2011 年 10 月，首届舟船文化国际学术研讨会在跨湖桥遗址博物馆召开，来自美国、澳大利亚、波利尼西亚等国家以及国内舟船研究、遗址与考古、博物馆等方面的知名专家学者100余人相聚一堂，探讨世界舟船文化。

跨湖桥的独木舟用有段石锛制造的，有段石锛代表的中国海洋文明远播太平洋，影响所及不仅在我国东南沿海，对太平洋广大区域都产生了重大影响。跨湖桥独木舟遗存的发现，填补了中国船史研究的重大空白，不仅为“独木舟在长江中下游和滨海地区形成于8000年前或更早”的论断提供了强有力的实物证据，而且还为进一步研究中国木板船最早出现的年代提供了新的线索。

独木舟是世界古代文明的重要标志、中华独木舟遗存是丰富而悠久的，独木舟的制造成功，是人类历史上的一件大事。有了独木舟，人们的活动范围扩大了，以此可以跨越水域，开拓新的天地，促进了生产进一步发展。独木舟为人类进一步认识自然、改造自然提供了有效的工具。跨湖桥较完整的独木舟和具有造修独木舟作坊特征的遗迹，在中国是唯一的、而在世界上可能也是仅有的，年代又最为久远，令人信服地证明，中华独木舟不仅发明的早，而且应用的早，在人类江海交往的历史中，在公元前6000年吴越先人已为世界做出中华民族的特殊贡献。

随着首届舟船文化国际学术研讨会的召开，标志着跨湖桥遗址探索舟船文化进入一个新的时期。

三 文化价值发挥功效

中国是文明古国，留下了很多文化遗产。但是长期以来，文化遗产只有社会效益被为社会所普遍公认，而其经济的贡献往往被忽视，甚至有人认为，保护文化遗产会阻碍地方经济的发展。因此，不少地方文化遗产的价值一直被低估，资源效应未能完全释放，直接或间接作用于其他相关行业所产生的社会效益和经济效益也没能很好地被揭示出来，加之长期缺乏具体的定量分析，使其成为包括旅游业在内的各行各业的“无名英雄”。在国家文化遗产政策中，保护永远是第一位的，但合理利用也应该是重要的举措。

而跨湖桥遗址在经济价值利用方面，则走在了前列，资源效应就很大地发挥出来。湘湖虽然有历史底蕴，但是缺乏吸引人眼球的焦点，而跨湖桥遗址的出现，正好弥补了湘湖的这一短板，与整个景区相呼应，起到了鲶鱼效应。

有资料显示，中国最令人感兴趣的旅游资源中，排名前五位的分别是山水风光、文物古迹、民俗风情、文化艺术、饮食烹饪。其中在华侨眼中，文物古迹排在第一位。而这五种旅游资源中，文化遗产旅游类型就占了四种（包括物质文化遗产和非物质文化遗产）。

近年来，随着人们观念的不断转换，文化遗产的价值逐渐被人们所认识，越来越多的文化遗产点成为城市的重要景观、象征物、城市文化名片、特色地域、休闲场所等，文化遗产所营造的文化氛围和环境使得文化遗产周边的地价不断提升。据调查证明，如今，人们相比十年前越来越愿意在文化遗产的景区附近居住。文化遗产对房地产作用也越来越明显。而事实证明，跨湖桥遗址的发掘，首先使得湘湖得到了新一轮的开发，大幅度提高了湘湖的知名度，也带动了湘湖周边的地价。

文化遗产在创造良好的人居环境方面发挥着越来越大的作用。调查证明，人们相比于10年前越来越愿意住在文化遗产点附近。文化遗产对房地产业的作用也越来越明显。而事实也证明，湘湖周边的房地产随着湘湖的开发，迎来一个黄金时期。

2012年，龙井茶的价格已经非常接近奢侈品的价格。其实，龙井茶卖的已经不仅仅是茶叶，而是一种文化。

当一种文化即将消失之时，深受此文化影响的人内心总是况味百生，情绪复杂。对中国传统文化亦是如此，一些人纵有百般不舍，却无法阻挡历史潮流和时代趋势，也挽救不了它渐行渐远的命运，只能不断咀嚼过去那段灿烂辉煌的光景。

遗址是重要的物质，也是文明的重要载体。在远古时代，人类的生产力非常落后，对自然非常敬畏。独木舟的出现，很好地表明了古人的拼搏精神，体现了一种舟船文化。而这与萧山现在“奔竞不息，勇立潮头”的精神可谓有着一定的呼应。

四 文化博物馆是挖掘文化价值的主力军

博物馆对大家来说并不陌生，但是很多人都觉得博物馆仅仅只是一个保存文物的地方。其实不然，博物馆还应承担起学术研究的责任。

公元前3世纪埃在亚历山大港成立了一所庞大的博物院，以研究学术为重心，设立图书馆，并收藏珍贵文物。作为跨湖桥遗址博物馆，也应该承担起研究跨湖桥遗址的重任，尤其是挖掘跨湖桥遗址的文化。目前跨湖桥遗址博物馆已经在重点挖掘跨湖桥遗址的舟船文化。

从某种角度上说，了解一个地方的过去和现在是从博物馆开始的。作为跨湖桥遗址博物馆，不仅应该展示跨湖桥遗址的历史原貌，还应该挖掘出其文化渊源，探索其文化之传承，发扬其文化的价值。让跨湖桥遗址再次发光发热，让人们实现与跨湖桥历史的对话。

文化是城市的灵魂，跨湖桥遗址作为不可再生资源，是城市发展的积极力量，得到很好保护与开发的跨湖桥遗址已经成为了湘湖的一张名片。

什么样的文物遗产能够打响品牌战略并且最大限度地创造经济效益？应该说是既有重大历史事件，又有重要历史人物穿插，也有丰富的历史文献记载，同时还有当时人活动所依托的建筑遗址、旧址等等历史场景的烘托。

灿烂的中华文明留下了很多精神财富和各种名胜古迹，这些古迹记录着先人的智慧，体现着中华文明的底蕴，在新兴地标不断出现的今天，古迹对于一座城市的影响力仍然不可替代。

文化遗产悠久的历史、独特的造型、深厚的内涵、广泛的影响日益成为现代社会地利用资源，许多文化遗产成为一些城市和地区的形象和特色的代表，在国内外产生了强大的影响力。跨湖桥以自己独特的魅力，快速成为萧山的名片。

文物保护工程档案规范化建设探讨

楼 卫
（杭州市萧山跨湖桥遗址博物馆 杭州 311203）

随着国家对文物保护工作投入的加大，文物保护工程数量逐年增加，规模不断增大，其规范化、法制化建设引发了人们的关注，特别是文物保护工程档案的管理也越来越引起重视，加强文物保护工程档案的收集和整理，已成为文物保护工程的重要内容。本文针对文物保护工程档案管理中存在的问题，结合文物保护工程实际，以跨湖桥土遗址保护工程为例，对文物保护工程档案科学化和制度化建设方面进行了分析和探讨。

一 文物保护工程档案管理中存在的问题

（一）缺乏文物保护工程档案规范性文件

文物保护工程是指对核定为文物保护单位的和其他具有文物价值的古文化遗址、古墓葬、古建筑、石窟寺和石刻、近现代重要史迹及代表性建筑、壁画等不可移动文物进行的保护工程。本文所探讨的文物保护工程就是指上述不可移动文物保护工程。目前，我国尚未出台一部专门的文物保护工程档案验收规范及相关细则，仅在2003年文化部公布《文物保护工程管理办法》中第二十五条提到：“文物保护工程的业主单位、勘察设计单位、施工单位、申报机关和审批机关应当建立有关工程行政、技术和财务文件的档案管理制度。所有工程资料应当立卷存档并归入文物保护单位记录档案。”而许多单位也没有出台相应的文物保护档案的管理办法。由于文物保护内容的不同和文物个体独特价值的差异，使文物保护工程和一般的建设工程有较大区别，许多资料无法参照《建设工程文件归档整理规范》（GBT/50328–2001）的要求形成档案，档案的收集、归档和保管等制度也有较大差别。专门文物保护工程档案规范的缺失，使文物保护工程档案的收集、整理和利用工作缺乏规范和依据，缺乏标准化的管理模式，造成资料不够全面系统，将给后续的文物保护工作造成许多困难。

（二）文物保护工程档案重视程度不够

长期以来，不可移动文物保护工作中存在着重施工、轻资料的误区，认为档案工作就是抄抄写写、整理、保管等琐碎的事务性工作，不是主要的业务工作，没能引起足够的重视，既没有相应的规章制度，也没有专门的档案人员，大多数档案人员身兼数职，对档案工作精力投入不足，档案收集意识淡薄，日常事务往往只是将材料放人档案盒，没有及时整理归档，缺乏相应的监管机制，只要不丢失，有地方存放，能简单应付日常查档就行了。轻视档案工作的思想表明了对档案工作缺乏了解，严重影响了档案管理水平。

（三）文物保护工程档案管理力量不足

档案管理的好坏，在很大程度上取决于档案工作人员。而目前大部分档案人员没有经过专业的档案知识培训，对档案的重要性、管档要求、档案材料的收集、整理、归档、装订等业务不太了解。同时，文物保护工程的特殊性，要求档案工作人员不但要具备一定的档案专业知识，熟悉档案工作的各个环节和基本要求，科学的掌握档案管理的原则和方法，还要具备相当的文物保护专业知识，具有较强的敏感性和档案收集意识。

二 文物保护工程档案的科学化管理

文物工程资料是延长和保留文物的物理生命及历史信息，保证文物遭到损坏或后续维修保护等的重要载体和信息源，是加强工程质量过程的控制，提升施工现场管理水平，确保现场记录和报审工作的准确性的重要依据。因此，建立完整系统科学的文物保护工程施工资料管理体系，对提高文物保护工程档案质量具有重要意义。

（一）工程资料收集的内容及要求

与工民建、桥涵、公路等工程较为系统、科学、详细的资料格式及管理体系相比，文保工程资料管理体系目前还并不完备，笔者以跨湖桥土遗址保护加固工程为例，结合文物保护的特殊要求，对文物工程资料收集的内容及规范进行阐述和探讨。

文物工程资料包括记录和收录两大形式，记录的内容包括文物历史记录及相关信息资料记录；收录的内容指有关文献史料，大致可分为科学技术资料和行政管理文件两部分，也就是涵盖了从保护工程项目的提出、调研、可行性研究、勘测、试验、筹备、勘探、设计、施工到竣工等过程中形成的文件材料、图纸、图表、计算材料、声像材料等资料，主要内容包括可行性研究报告、加固工程勘察报告、加固工程方案、加固工程施工设计、施工组织设计、施工技术资料、施工日志、施工会议纪要、施工总结、施工图集、竣工图、自评估报告及验收申请等相关资料，应特别重视以下几方面资料的收集：

1. 文物历史记录。主要包括对该文物保护本体作历史沿革、基本状况描述和价值评估等方面的详细文字著录。历史沿革主要描述文物保护单位的建置沿革、修建沿革、使用沿革；基本状况描述内容包括总体状况描述基本和详细状况描述，即对文物保护单位的基本情况作概括性介绍和对有代表性的单体作详细介绍；价值评估是综合对文物保护单位的历史、艺术、科学价值的认定。从而科学、系统、准确、翔实地记录和保留该处文物保护单位的历史文化信息。

2. 文物环境记录。过去人们只关注到文物本体，而忽视了映衬它的环境，这些年，提出对文化遗产保护整体性、系统性、综合性的要求，也是对文化遗产所处的环境的要求。因此，文物环境和文物一样，也是档案非常重要的内容。环境记录包括详细描述文物的地理位置，除描述经、纬度，海拔高度、行政区域位置，还需描述河流、峡谷、山脉、山峰、公路、铁路、重要建筑物、大地坐标等情况，以及记录自然与人文环境，包括气候、地貌、地质、水文、土壤、植被、动物、特殊景观、居民、产业、交通状况、环境变化、主要环境问题等。

3. 科技保护研究记录。主要对文物的保存现状及布局、文物保护工艺及技法特点的记录，包括文物的地质环境、风场、温度、湿度、降雨等环境特征的研究、土层的工程地质特征、遗址的主要病害及其成因、电化学桩加固法和化学加固法的现场试验及研究成果、水性环氧加固土遗址的室内和现场研究成果、土遗址锚固灌浆技术，竹加筋复合锚固技术、灌浆效果进行现场检测、加固的措施及技术方法、部分典型遗址加固工程实例和土遗址加固法的工程特性等进行详细记录。

4. 施工现场记录。主要包括临时支护、锚杆加工、钻孔施工记录、锚杆安装、裂隙灌浆、竹（钢筋）锚杆锚固、水性环氧表面防风化、表面作旧等多种施工技艺记录。各工种的施工工艺及措施不同，记录的方式方法亦有所不同。在加固过程中，裂隙灌浆的记录比较复杂些。可以通过图纸和记录裂隙走势，以裂隙编号记录裂隙的不同位置和形态，同时以表格形式（灌浆记录表）记录图纸中裂隙的注浆管位置，在注浆过程中现场记录说明各注浆管的注浆量，以裂隙封闭前后的照片展示施工前后裂隙变化的情况及对整个墙体外貌的影响情况，也为以后土遗址的加固研究留下相对详细、准确的资料。

5. 施工报审资料记录。土遗址加固工程施工要求遵循文物修复原则，即施工后要隐蔽施工痕迹，保证施工质量，做到“修旧如旧”。一般对施工过程的每一道工序都要做自检，再通过项目质量部门检查，其中包括对资料的核实，现场检查后以图纸、照片、表格的形式记录整个施工过程，以各种形式相结合完成报审资料，并上报监理方。监理方对资料审阅，核实现场施工情况，确认签字后方可进行下一道工序。资料报审记录包括加固材料检验表、检验部位施工前后对比、与施工图有关的设计变更、材料变更等资料的汇集。

6. 竣工文件资料记录。竣工文件由施工单位负责编制，监理单位负责审核．主要包括开工报告、工程发包登记单、部分工程验收记录表格、工程报验单、工程质量验收记录表、工程质量控制资料核查记录、图纸会审、材料质量保证书、隐蔽工程报验单、施工日志、施工会议纪要、竣工图等，最后还要形成详细的竣工报告。监理单位的资料包括旁站监理记录、监理月报、监理总结等。

（二）记录形式

简单的表格和图纸形式并不能完全展现土遗址加固工程的施工过程，为了更好地记录施工过程及施工前后的遗址状态，更全面反映加固部位的微小变化及加固前后的整体效果，在跨湖桥土遗址加固工程中，采用以文字、表格、图纸和照片等多种形式相结合的手段，运用数字化的记录模式，特别是运用大量的数字照片，将施工信息记录和描述下来，较为准确、详细、客观地反映施工过程，弥补了文物保护工程资料记录单一性的不足，更直观地反映土遗址加固施工技法的全过程，也为土遗址保护工程资料格式及管理体系的完善积累了经验。

同时，笔者认为文物保护工程中还应加强声像资料的记录和收集，特别是将每种加固方法及重点、难点部分的加固施工过程进行全程摄像，将施工工艺及过程以图像的形式保存下来，对于总结保护经验将提供更加直观、准确的一手资料。

（三）归类方式及基本要求

1. 归类方式

工程资料整理工作是工程建设过程中不可或缺的一项重要工作，是一项系统工程，是涉及各个专业技术部门、贯穿整个施工过程的一项复合性工作，要保证工程竣工资料真实、准确、完整、规范、齐全，真实地记录和反映施工及验收的全过程，就必须不断加强业主、监理和施工单位的管理水平，只有这样才能保证形成一流的工程施工资料，从而为建设成优质的文物保护工程提供资料方面的保证。工程资料可以按照施工时间、施工工序、工程工种、施工部位和单位工程等多种方式进行整理和归类。

2. 基本要求

文物保护工程档案的必须做到及时、真实、准确、完整，及时性是前提，真实性是灵魂，准确性是核心，完整性是基础。具体要做到以下几方面：

(1) 字迹清楚，图表整洁，图样清晰。签字手续完备，应用不易褪色的书写材料书写、绘制；复印、打印文件及照片的字迹、线条和影像的清晰及牢固程度应符合设备标定质量的要求。

(2) 录音、录像文件主题明确、内容连贯简洁、影像清晰、画面完整、未加修饰剪裁，能体现工程竣工后的外观、设计特色、地理位置、周围环境等；以传统感光材料为载体的照片需报送底片、正片（照片）；使用数码相机拍摄，其影像不能进行后期加工，光学分辨率不得小于 400 万有效像素（不允许插值）。长期存储的电子文件应使用不可擦除型光盘。文字说明包括：工程名称、建设单位名称、设计单位、施工单位、地点、开工日期、竣工日期、投资额、占地面积、面积、拍摄日期、拍摄者等。

(3) 归类要求分类分项明确，封面、目录、清单资料齐全，排列有序，逐页编码。

三 文物保护工程档案的制度化管理

（一）制定文物保护工程档案验收制度

明确建档相关职责，出台相应验收制度，形成有效监管机制，实行“分散建档、集中管理”的原则，由设计单位负责形成基础材料和项目设计等文件；施工单位负责现场、竣工图、设计变更等文件；监理单位负责对各参建单位在工程建设中文件的形成及竣工档案的编制进行监督与审核，特别是对竣工图完整、准确、系统性进行监督、审查和签署，并向建设单位提交有关专项报告，以及验证材料、监理文件的收集、积累和整理。档案工作由各行政省级文物部门组织、审核、验收，未进行验收或验收不合格的，不得申请竣工验收，项目竣工验收 3 个月内，应按规定将档案资料移交，各文物保护单位的管理机构负责收集、整理、归档和保管，并统一报国家文物局备案。

（二）施工过程档案工作需要深度介入

由业主派出熟悉文物保护工程实施对象基本情况、文物保护法规的专业技术代表或文博专业业务骨干与业主委托的工程监理单位派出的咨询工程师组成工程项目部，确定项目经理，由项目经理确定档案工作负责人员，负责项目施工全过程的工程资料的形成，以避免工程完工后资料的缺失，而造成不可弥补的损失；同时要加大工程监理单位对项目设计阶段的介入，并委托监理单位对工程资料形成全过程进行监控，确保工程资料真实、准确、完整，同时符合《文物保护法》以及《文物保护工程管理办法》《中国文物古迹保护准则》有关文物保护的基本要求。

（三）档案工作制度的基本原则

档案工作制度要符合科学性、可操作性和约束性原则。首先，规章制度的制订必须符合本单位特点和档案管理实际，要体现合理性、科学性；第二，规章制度必须简明实用，具有可操作性，以便更好地发挥制度的指导和规范作用；第三，规章制度必须要有一定的强制性和约束性，需要规定明确的职责和义务，要做到有功必赏、有过必罚，充分体现制度的权威性，这将直接影响着档案制度的顺利有效执行。

四 结语

文物保护工程档案是一项政策性、专业性较强的工作，是单位协调、有序、高效运行的有效保证。管好利用好档案，对文物保护工程特别是后续保护和利用，将起到非常重要的作用。因此，必须充分认识档案管理工作的重要性，紧紧联系时代发展和文物保护的要求，积极探索档案现代管理模式，及时研究解决档案管理工作中遇到的问题，做到有“法”可依，有“法”必依，加快档案工作规范化建设步伐，为文物保护的考证和查阅提供了丰富有效的材料。

参考文献：

1. 李多：《市场经济下的信用档案及其管理和利用》，安徽大学，2005年。
2. 乐利珍：《浅谈事业单位档案管理的现状及对策》，《科技风》，第24期（2008年）。
3. 徐微明：《试论文物保护工程档案的管理与利用》。
4.《中华人民共和国档案法》
5. GB/T50328—2001,建设工程文件归档整理规范。
6.《建筑工程施工质量验收规范汇编》，中国建筑工业出版社，2002年。

中国海事博物馆的建设与发展初探

袁晓春
（登州博物馆 蓬莱 265600）

2010年7月，中国航海博物馆建成开放，标志着中国海事博物馆进入新的发展里程。迄今中国建成4000多座博物馆，海事类博物馆发展成为新的专题性博物馆门类。但是对于具有8000年造船史和取得卓越航海成就的中国来说，对于首次成为世界第一造船订单量的造船和航海大国来说，中国海事博物馆的发展空间极大。本文试对中国海事博物馆的建设、布局、分类、尚待完善之处等进行探析，希望对中国海事博物馆加速发展有所裨益。

一 中国众多古船发现与海事博物馆兴起

中国古代航海和造船技术，曾影响世界航海和造船技术的发展。自1949年以来，中国先后发现出土100余艘古代沉船，为中国海事博物馆的兴建和发展提供了众多的文物资料。中国海事博物馆的兴建，应该追溯到泉州宋朝远洋贸易沉船的发现。1974年8月，在福建泉州湾发现宋朝远洋贸易船，古船发掘时拍摄了电影新闻纪录片，在海内外引起轰动。此后建起“泉州湾宋朝海船陈列馆”，发展成“泉州海外交通史博物馆”。其后在山东、浙江、广东、江苏、上海等省市建成各种海事博物馆，可以说展示中国航海和造船卓越成就的海事博物馆，历经30多年的发展历程。

二 各具特色中国海事博物馆建设与发展

目前，中国海事博物馆已发展到一定规模，形成综合性海事博物馆、古代沉船博物馆、船文化及海洋文化博物馆、小型海事博物馆、纪念性海事博物馆、海军博物馆、院校海事博物馆、数字化海事博物馆等门类，简论如下：

1. 综合性海事博物馆

中国航海博物馆（上海市南汇区）

中国航海博物馆建筑面积 46434 平方米，展室面积 21000 平方米，于 2010 年 7 月正式开放，该馆设航海史、船舶、航海与港口、海事与海上安全、海员、军事航海 6 个展馆，渔船与捕鱼、航海体育与休闲两个专题展区，另建有天象馆、4D 影院、儿童活动中心等。馆内设 100 多项展览，展出文物数千件，其中明朝铁梨木木椗、古代木舵等

表一 中国古船重要发现一览表

发现年代	地　点	时　代	简　　介
1956年	山东省梁山县宋金河故道	明朝	内河船，长21.9米，宽3.49米，深1.24米，长宽比为6.28，两桅，从船底到上甲板的全部结构基本完好，是中国出土沉船中最完整的一艘。船板连接技术先进，接头形式多样，出现蛇形榫等。
1958年	江苏省武进战国奄城遗址的护城河	春秋战国	3艘独木舟，其中一艘长11米，口宽0.9米，内底宽0.56米，深0.42米。
1958年	浙江省温州市	东晋	4艘独木舟，其中一艘长7.8米，口宽0.64米，深0.20米，还有一艘长9.55米，中宽0.76米。
1960年	江苏省扬州市施桥镇	唐朝	内河船，长18.4米，宽4.3米，深1.3米，全船分5个水密舱，船身由榫结并用铁钉钉连。
			独木舟，长13.65米，宽0.75米，深0.56米，楠木制成，舷侧有13对安放横梁的挖孔。
1964年	云南省通海杞麓湖畔		独木舟，长约5米，宽约0.6米。
1964年	广东省揭阳县		楠木独木舟，长约12米，宽约1.5米，舱内设四道隔板，艉部有一孔。
1965年	江苏省武进奄城		2艘独木舟，一艘长4.34米，宽0.7～0.8米，深0.56米，底厚约0.06米，另一艘长7.35米，宽0.8米。
1970年	浙江省温岭箬横		独木舟，残长7.2米，中宽1.1米，深0.5米，舟体上有用火烧加工的痕迹。
1972年	广东省珠海三灶堂湾浅水区	清朝	缝合船
1973年	江苏省如皋县蒲西马港河故道	唐朝	木船，残长17.32米，宽2.58米，深1.6米，该船有9个完备的水密舱，为单桅内河船，这是世界上最早的水密舱实例发现。
1973年	江苏省武进奄城		古独木舟
1973年	福建省连江鳌江南岸的水田	西汉	独木舟，长7.1米，艏宽1.2米，艉宽1.6米，樟木挖制，船舱中间有一方形凸起木座。

1974年	福建省泉州湾后渚港	宋朝	大型远洋贸易船，复原船长30米，宽10.5米，深4.5米，排水量约430吨，该船底部为两重板，舷侧为三重板，全船设12道水密舱壁，分成13个货舱，船舶长宽比为2.8，尖底，横剖面呈V形，龙骨宽42厘米，厚27厘米，船板厚18厘米。
1974年	广东省潮安、怀集		各出土一艘独木舟。
1974～1978年	浙江省宁波河义路船厂遗址	唐朝	4艘独木舟，一艘长11.3米，宽0.92米，舷侧有设置的横梁对称孔。
1975年	广东省揭西县金河乡竹排头溪		独木舟，樟木质，长10.7米，宽1.3米，深0.8米，中间宽两头小，艉部有一摇橹或装置舵的孔。
1975年	江苏省常州武进县万绥蒋家巷	汉朝	木船
1975年	河北省磁县南开河村	元朝	6艘平底木船，长约10米，1号船出土瓷器300件，4号船船尾烫有“彰德分省粮船”文字。
1976年	广东省湛江化州县石宁村鉴江东堤	东汉	6艘独木舟，2号舟基本完整，长5米，中宽0.5米，深0.22米。
1976年	山东省平度县泽河东岸	隋朝	双体木船，长约20.24米，宽约2.82米，载重约23吨，船体连接使用铁钉。
1976～1984年	韩国新安郡海域	元朝	残长28米，残宽6.8米，发现陶瓷器20664件，中国铜钱28吨，紫檀木1017件，为重要的中国古船和文物海外发现。
1978年	上海市嘉定县杨湾的封滨河	宋朝	平底船，残长6.23米，7舱，船体由3段木材构成。
1978年	上海市南汇县大治河	宋朝	平底沙船
1978年	浙江省宁波市东门口码头遗址	宋朝	大型远洋木帆船，复原长15.5米，宽5米，深2.4米，全船设6道水密舱壁，在船壳板舭部装有减摇龙骨，总长7.5米，为中国首次发现减摇龙骨实物。
1978年	天津市静海县元蒙口	宋朝	木船，长14.62米，宽4.05米，首次发现完整的平衡舵实物。
1978年	江苏省扬州市		两艘楠木独木舟，其中一艘残长7.1米，宽0.64米，另一艘残长6.3米，宽0.7米，中间有横梁。
1979年	上海市川沙县川扬河	唐朝	木船，残长14.5米，复原宽1.9米，船底由三段独木衔接而成。
1981年	福建省泉州湾的后渚港水域	明朝民国	郑和船队的铁锚和民国时期的沉船

1982年	山东省荣成市郭家村	商周	独木舟，全长3.9米，宽0.74米，深0.15米，有两道隔舱，把独木舟分成三个舱。
1982年	福建省泉州法石	宋元	远洋木帆船
1983年	南海海域	明末清初	中国帆船
1984、2005年	山东省蓬莱市古登州港	元朝明朝	4艘古代木质沉船，2艘中国元、明朝古船，元朝古船长28.6米，明朝古船长21.5米。2艘朝鲜古船，其中一艘长17.1米。
1985年	江苏省宜兴吾桥	春秋	独木舟，全长8米，宽0.73米，深0.32米，舟侧有木榫以固定舱板。
1988年	广东省吴川县吴阳镇沙角漩	清朝	沉船
1988年	北京方庄	元朝	漕船，船长14.6米。
1990、1995、2000年	福建省连江县定海海域	宋元朝	白礁1号宋元沉船，白礁2号明末清初沉船。
1990年	海南省文昌县宝陵港海域	明末清初	沉船
1990年、2001～2002年	浙江萧山跨湖桥	新石器时代7500～8000年	发现独木舟、2把木桨，为中国发现最早的独木舟
1991～1997年	辽宁省绥中县大南埔三道岗海域	元朝	沉船中发现磁州窑600件等珍贵瓷器
1992年	韩国珍岛	南宋	独木舟，残长16.85米，残宽2.34米，残深0.7米。
1994年	浙江省象山县后七埠村	明朝	该沉船为大型海船，残长23.7米，残宽4.9米，残深1.2米，保存较完好。
1999年	安徽淮北柳孜	唐朝	在大运河发现8艘唐代沉船（2艘为独木舟），1号船长9.6米，2号船长10.6米，6号船残长23.6米。
2000～2004年	福建东山岛东古	清朝	发现沉船龙骨，龙骨骨长3.26米，估计船长超过20米。
2003年	浙江宁波	宋朝	古船残长9.4米，残宽2.8米，深1.15米，9舱，复原长12.79米，5.15吨。
2004年	山东莱州海沧	隋唐	发现三艘独木舟，第一艘长7米，宽1米，第二艘长6.6米，宽0.9米，第三艘由两段连接而成，长9.5米，宽1.05米。
1950～2007年	北京市通州区	元、明、清朝	发现沉船15艘，5艘沉船毁坏，8艘沉船埋藏，发掘2艘沉船，清朝客船长17.48米，元末明初货船残长17.5米。

1989～2008年	广东省阳江市海域	宋朝	南海1号宋船长约30米，宽约10米，沉船中打捞出福建德化窑、磁灶窑，江西景德镇窑，浙江龙泉窑等窑瓷器2000余件，其他金、银、铜、铁文物2000余件。
2008年	西沙群岛华光礁	宋朝	华光礁1号古船，残长14.4米，宽9米，残存11舱，发现宋朝瓷器10000多件。

文物展品尤引人注目，馆内门厅30米长的仿古“福船”以及10米长仿明朝“快船”，其造船工艺均达到国内一流水平。中国航海博物馆的建成开放，填补了国家级航海博物馆的空白，体现出我国作为航海大国的国家航海博物馆的形象。

泉州海外交通史博物馆（福建省泉州市）

泉州海外交通史博物馆由新、旧两馆组成，原建于1959年，新馆建成于1991年，建筑面积1.68万平方米，展室面积9000平方米。馆内设泉州古船纪念馆、泉州与古代海外交通史陈列馆、泉州宗教石刻馆、泉州海交民俗文化陈列馆、中国舟船世界等，展出有宋代海船及船载文物，古代石碇、木椗、铁锚等锚具，数百方伊斯兰教、古基督教、印度教等宗教石刻，中国古代外销陶瓷器，中国历代160余艘古船模型等珍贵文物。泉州海外交通史博物馆是中国唯一展示古代海外交通及经济、文化交流为主题的专题性博物馆，在国内外享有盛誉。

中国海外交通史研究会设于泉州海外交通史博物馆，定期出版会刊《海交史研究》，30余年来刊载大量中国古船、古港等海内外资料，培养了一大批学界的专家学者。经常举办有关海交史方面国内、国际会议，著名的研究人员有王连茂、丁毓玲、李国清、李玉昆研究员和陈丽华、叶恩典、王丽明等。

2. 古代沉船博物馆

以发掘出土古代沉船为展示主题的古船博物馆，将在全国各地陆续兴建，如陈列展示西沙群岛“华光礁一号”宋朝古船的海南丝绸之路博物馆正在计划筹建，主要古船博物馆简述如下：

登州古船博物馆（山东省蓬莱市）

登州古船博物馆旧馆1990年正式开放，在登州港古船发现原址建起的新馆，计划于2012年开放，建筑面积7200平方米，展室面积5000多平方米，馆内展出出土于登州港4艘古船，分别为长28.6米的元朝古船、长21.5米的明朝古船，以及两艘朝鲜古船，其中一艘长17.1米。还展出古代石碇、木椗、铁锚等锚具，出水的中国历朝陶瓷器、日本瓷器、朝鲜瓷器等珍贵文物。

多年来先后出版《蓬莱古船与登州古港》、《登州港与中韩交流国际学术讨论会论文集》、《蓬莱古船》、《朝鲜使节咏山东集录》、《蓬莱古船国际学术研讨会文集》等书籍，研究人员有袁晓春、刘莉等。

广东海上丝绸之路博物馆（广东省阳江市海陵岛）

广东海上丝绸之路博物馆建筑面积1.75万平方米，于2009年正式开放，馆内设“南海一号”宋朝古船水下发掘展、海上丝绸之路史、水下考古史3个展览，展示从“南海一号”宋朝古船发现的金、铜、铁、瓷、玉器等文物4500多件，宋朝铜钱6000多枚，中国著名古窑龙泉窑、德化窑、景德镇窑等精美外销瓷器。最重要展品“南海一号”宋朝沉船残长26米，宽10米，型深8米，载重量约800吨。广东海上丝绸之路博物馆是世界首例将古代沉船整体搬移到“水晶宫”的巨型玻璃展柜内，边水下考古发掘边向观众展示的古船博物馆，在海内外产生巨大影响。有关著名研究人员有魏峻、张万星研究员等。

3. 船文化及海洋文化博物馆

我国船文化及海洋文化博物馆形式多样，如古代祭祀海神的天后宫、龙王宫，许多已改建成博物馆。因篇幅所限，不能一一论述，择其要者，试述如下：

嘉兴船文化博物馆（浙江省嘉兴市）

嘉兴船文化博物馆建筑面积8000平方米，为3层建筑，展室面积1800平方米，2003年正式开放。馆内设舟船史话、水乡船韵、名船世界、船舶科技等4个展厅，该馆最吸引观众的参与性项目为航海模拟驾驶器，采用先进的计算机成像技术和无缝拼接环幕投影技术，具有较强的科学性与娱乐性。有关研究人员有寿平、杨洪明、阮连根等。

韦文禧古船展览馆（江苏省常熟市尚湖）

韦文禧古船展览馆建筑面积390平方米，2010年4月正式开放。该馆展示古船船模21艘，古船船具桨、橹、桅杆、帆、铁锚以及古船建造工具等。室外展品仿明朝2000料船正在设计建造中，该船长30米，投资350万元。

韦文禧为江苏省常熟市古船建造工艺师、非物质文化传承人，仿制多艘古船，展售国内有关单位和出口美国，制作古船模型40余艘，其中古船模型明朝“快船”等陈列于中国航海博物馆。

浙东海事民俗博物馆（浙江省宁波市）

浙东海事民俗博物馆是利用“庆安会馆”（天后宫）改建而成，建于1853年，占地面积8000平方米，建筑面积5000平方米，设宫门、仪门、前戏台、大殿、后戏台、后殿、前后厢房等建筑，为全国重点文物保护单位。馆内展示有长13米唐朝龙舟，以及尤飞君提供的古船模型75艘。该馆既是祭祀天后妈祖的殿堂，又是行业聚会的场所，是江南现存唯一融天后宫与会馆于一体的古建筑群。该馆著名的研究人员有林士民、黄浙苏等。

尤飞君为浙江宁海企业家，成立宁波宝德古船研究所，出版《中国古船图鉴》，制作古代船模100余艘，在嘉兴船文化博物馆、武汉理工大学海事博物馆等馆展出，制作浙江江山大型仿古红木船，用于游览观光。

长岛航海博物馆（山东省长岛县庙岛）

长岛航海博物馆设在庙岛显应宫内，建筑面积1600平方米，展室面积500平方米，设8个展室和中国航海史、中国航海技术史、航海起源、郑和纪念馆、天妃史迹等5个专题展，展示船模20余艘，重要展品有12米长古船舵、宋朝妈祖铜像、“定远”号铁锚等文物。有关研究人员有郭贤坤、孙明孝等。

4. 小型海事博物馆

小型海事博物馆展览面积虽小，但展览内容丰富，颇具各馆特色，简介如下：

香港海事博物馆（香港赤柱）

香港海事博物馆展室面积500平方米，2005年9月正式开放。馆内分古代馆、现代馆两个部分，其中古代馆主要设船舶模型、中国古代航运发展、海事画作、中国沿岸与邻邦的接触、西方远洋的探索、东南亚海上路线的变化等展览，现代馆主要设蒸汽机时代、驾驶室与电报室、现代船舶的锚地、香港船运的演变、货柜码头、未来船舶等展览，出版有英文香港海事博物馆资料集，有关研究人员有方敏儿、Stephen Davies等。

澳门海事博物馆（澳门妈阁前地）

澳门海事博物馆1987年建成，主要反映澳门航海史、中国和葡萄牙海事史，陈列10余艘船模，其中有中国明朝“郑和宝船”模型和葡萄牙“萨格雷斯”号、“克雷奥拉”号古代帆船模型，以及内港鱼栏、各种捕鱼方法等展示内容。馆内的研究人员有黄洁娴、陈宜婉等。

5. 纪念性海事博物馆

纪念性海事博物馆主要纪念重大海事事件和海事名人，如多处郑和纪念馆等，因篇幅所限，不进行一一介绍。

中国甲午战争博物馆（山东省威海市刘公岛）

中国甲午战争博物馆占地面积10万多平方米，室内展示面积5000平方米，馆址为全国重点文物保护单位。1985年3月正式开放。该馆设北洋海军提督署、北洋海军将士纪念馆、北洋海军将士名录墙、丁汝昌寓所、黄岛炮台兵器馆、旗顶山炮台、东泓炮台等。馆内收藏展示众多甲午战争珍贵历史文物，其中“济远”舰主炮、“济远”舰铁锚、北洋海军将士委任状、望远镜、指南针、怀表、英国皇家海军训练用鱼雷等文物引人注目。该馆以历史文物、图片资料、沙盘、模型、塑像、影视等手段，真实反映北洋海军和甲午战争的历史，北洋海军将士捍卫祖国、勇于牺牲的爱国壮举。中国甲午战争博物馆以爱国主义教育为宗旨，增加国防知识，出版有《中国甲午战争博物馆馆刊》，经常举办有关甲午战争国内、国际学术讨论会，并正式出版会议论文集和甲午战争丛书。馆内著名的研究人员有戚俊杰、王记华研究员等。

虎门鸦片战争博物馆（广东省东莞市虎门镇）

虎门鸦片战争博物馆前身为1957年建立的林则徐纪念馆，1985年设鸦片战争纪念馆，两馆同为一体，占地面积达50万平方米，分为鸦片战争博物馆、沙角炮台管理所、威远炮台管理所三个部分，设林则徐销烟、鸦片战争史实两个专题展，馆内展示林则徐手迹、销烟池木桩、木板、鸦片烟具，以及大炮、火药缸、大刀、长矛等抗击英军武器和缴获英军的洋枪、洋炮等文物3000多件。林则徐销烟池、虎门炮台旧址为全国重点文物保护单位。鸦片战争博物馆是收集、陈列、研究林则徐及鸦片战争文物史料的纪念性和遗址性相结合的博物馆。1990年，创办《鸦片战争博物馆馆刊》，研究人员有张建雄等。

6. 海军博物馆

海军博物馆在进行爱国主义和国防教育等方面，起到越来越大不可替代的作用。博物馆展品多为退役的军舰、武器等，深受广大青少年观众的喜爱和欢迎，与国际著名的海军博物馆一样，成为海事博物馆中一道独特的风景。

青岛海军博物馆（山东省青岛市）

1989年10月正式开放，该馆分为室内展厅、海上军舰展区、武器装备展区三个展览部分。室内展厅面积1100多平方米，分为海军史展示、海军服装展示、礼品展示等。海上军舰展区面积4万余平方米，展示5艘退役军舰，为我国第一艘驱逐舰“鞍山”号，曾在南海荣立战功的“南充”号，33型潜艇“长城”号，防空导弹护卫舰“鹰潭”号，21型导弹快艇。武器装备展区面积2万余平方米，分设小型舰艇、飞机、导弹、火炮、水中兵器、观通设备、水中坦克等7个陈列区，陈列展品150余件。青岛海军博物馆目前正在投资扩建，已成为深受观众欢迎的著名海军博物馆。

海军上海博览馆（上海市吴淞）

海军上海博览馆占地面积8000平方米，1992年扩建开放。该馆由主题展览馆、外景兵器馆、海洋艺术馆等组成，主题展览馆设中国海军历史展、东海舰队历史展、海洋奇观珍品展、世界海军装备和舰模航模展、海洋科学知识展等五大部分，著名展品有毛泽东乘坐过的“长江”号军舰、参加过海战立有战功的鱼雷快艇等。

目前，在海军北海舰队的青岛、东海舰队的上海分别建立海军博物馆，每到暑假海军博物馆内人头攒动、一片兴旺景象。青岛海军博物馆正忙于扩建，增加馆内展品，扩大游览面积。为适应国家将海南岛建设成为“国际旅游岛”的旅游事业发展需要，海军南海舰队如果在榆林港等地兴建海军博物馆，建成开放后必将会取得良好的社会与经济效益。

7. 院校海事博物馆

院校海事博物馆主要面对在校的学生，其发展方兴未艾。在中国海洋大学、大连海事大学、上海海事大学等大学，有的大学原建有小型展览馆。相关大学应适应建设海事博物馆的发展需要，投资建设校园海事博物馆。主要院校海事博物馆简介如下：

上海交通大学中国船史陈列馆暨董浩云博物馆（上海市徐汇区）

上海交通大学中国船史陈列馆暨董浩云博物馆于2003年1月开馆，为两层西式建筑，展示面积600平方米，一楼为中国航海史展，主要展出新石器时期8000年前开始使用的独木舟，中国发明的橹、舵、撑条式风帆、水密隔舱、指南针等造船和航海重大发明，以及中国古代福船、广船、沙船三大海船，还介绍明朝著名航海家郑和七下西洋的历史创举。二楼为董浩云陈列展，运用照片、实物、资料和场景，生动反映其白手起家，建立了拥有巨轮100余艘，载重量超过1100万吨航运王国，成为“世界七大船王”的传奇一生。

上海交通大学中国科学院院士杨槱教授、辛元欧教授等，为中国船舶史研究倾尽了心血，他们在学术队伍建设和学术刊物编辑出版等方面付出毕生努力。此外，中国船史研究会设于上海交通大学，不定期出版《船史研究》学术刊物，已出版至18期，为中国船舶史的研究和发展作出重要贡献。

武汉理工大学航海博物馆（湖北省武汉市武昌）

武汉理工大学航海博物馆建筑面积322平方米，该馆分为古船、航海驾驶、港口机械等几个展示内容，展出船模35艘，其中古代船模14艘，现代船模21艘，航海仪器22件以及港口沙盘模型等，该馆在2010年5月正式开放。

武汉理工大学设立造船史研究中心，组成有《中国造船史》著者席龙飞教授，以及何国卫、顿贺、蔡薇、龚昌奇等著名学者组成的学术研究团队，为中国院校实力最强的船舶史研究和教学团队。该中心学者自泉州宋朝古船发现时参与研究，先后为登州古船博物馆、嘉兴船文化博物馆等馆建立和发展提供学术支持，并活跃于国内外学术讲坛，为中国船舶史研究作出突出贡献。

武汉船舶职业技术学院海事博物馆（湖北省武汉市汉阳）

武汉船舶职业技术学院海事博物馆于2009年开始兴建并征集藏品，已藏有数艘古船模型和一批航海展品，目前该馆正在筹建中。

8. 数字化海事博物馆

中国数字化海事博物馆仅有上海交通大学中国船史陈列馆暨董浩云博物馆一家建成，该数字化海事博物馆于20世纪90年代后期开始筹建，本世纪初期建成，为中国第一批数字化博物馆，为中国海事博物馆兴建数字化博物馆的先行者，在中国博物馆界产生了一定影响。

中国海事博物馆现在投资和管理主体，分别是国家各部门单位。随着中国海事博物馆事业发展，各造船企业、各港口以及私营海事博物馆将会出现，中国海事博物馆将会呈现百花齐放的局面，进入快速发展期。限于搜集资料不完全，对其进行分类和论述，肯定存在欠准确和遗漏等问题，尚待今后进一步的研究、补充与完善。

三 中国海事博物馆尚待完善之处

1. 国家级海事博物馆亟须建设发展

迄今，我国发现众多的古代海船，其年代和数量在世界各国均为罕见。但是，除中国航海博物馆之外，尚未有国家级的古船博物馆。虽然近年来，在原有福建、山东、浙江等省古船博物馆基础上，又将有广东、海南等省建成和待建古船博物馆。但是对于中国这样一个古代航海和造船强国来说，未建成一个国家级古船博物馆，来全面反映中国悠久和辉煌的航海造船成就，不能不说是一种遗憾，中国海事博物馆界呼唤“航母级”国家海事博物馆的领航。

2. 中国海事博物馆研究人员和学术组织有待发展

在我国建成开放的海事博物馆中，泉州海外交通史博物馆研究人员和学术组织发展较好，馆长为博士出身，馆内有国务院特贴专家，老、中、青研究梯队组织有序，定期出版《海交史研究》学术刊物，走出国门到海外举办展览和进行交流。但是纵观其他海事博物馆，研究人员缺乏，不能形成研究队伍，直接制约了各海事博物馆的发展。此外，在海事博物馆界，尚未成立国家级的学术研究学会等学术组织，也没有国家级的学术出版物。中国海事博物馆界的研究人员需要搭建国家级学术研究平台，迅速提高研究水平，在国际海事博物馆界崭露头角，使中国的海洋文化融入世界海洋文化的大潮中。

3. 中国海事博物馆数字化技术有待加强

在国际海事博物馆界，数字化技术得到普遍采用，各海事博物馆的资料搜集、贮存和展示等数字化技术颇引人瞩目。在我国海事博物馆界，采用数字化技术尚处于起步阶段，如浙江嘉兴船文化博物馆的模拟驾驶室，很受观众欢迎，但与香港海事博物馆的模拟驾驶室相比，香港馆是采用实景拍摄的数字化技术，给观众以更强的真实感。我国各海事博物馆数字化技术专业人员缺乏，亟须吸收相关人员，开发和全面使用数字化技术，使中国的海事博物馆在数字化技术运用方面，与国际海事博物馆同步发展。

4. 中国海事博物馆参与性项目有待发展

在中国海事博物馆，吸引观众的参与性项目普遍太少，各海事博物馆多为静态展示。海事博物馆界需设计开发更多的参与性项目，在使观众原有的眼观、耳听等基础上，增加手动等项目，以获得观众的体验性感受，从而使观众亲近博物馆。国外海事博物馆参与性项目有的设计建造仿真古船，允许观众登船参观；有的参与性项目是让观众进行升帆、摇桨等驾船活动，让观众感受航海乐趣。

四 结语

回顾中国海事博物馆三十多年的发展历程，兴建的海事博物馆主要分布在福建、山东、浙江、广东、江苏、上海等沿海省市，基本形成一定的发展规模。而北京、天津、河北、吉林以及内陆广大省市尚未兴建海事博物馆，可见海事博物馆的发展极不平衡。目前，中国正在从造船和航海大国向强国迈进，海事博物馆的发展与世界造船和航海大国的地位极不相称，可以预料中国海事博物馆将进入新的快速发展期，中国海事博物馆必将为满足我国广大国民的文化需求作出自己的贡献。

参考文献：

1. 泉州海外交通史博物馆：《泉州湾宋代海船发掘与研究》，海洋出版社，1987年。
2. 席龙飞编：《蓬莱古船与登州古港》，海运学院出版社，1989年。
3. 何宇健等编：《嘉兴船文化博物馆》，2003年。
4. 尤飞君：《中国古船图鉴》宁波出版社，2008年。
5. 山东省文物考古研究所、烟台市博物馆、蓬莱市文物局：《蓬莱古船》，文物出版社，2006年。
6. 席龙飞、蔡薇：《蓬莱古船国际学术研讨会文集》，长江出版社，2009年。

下编

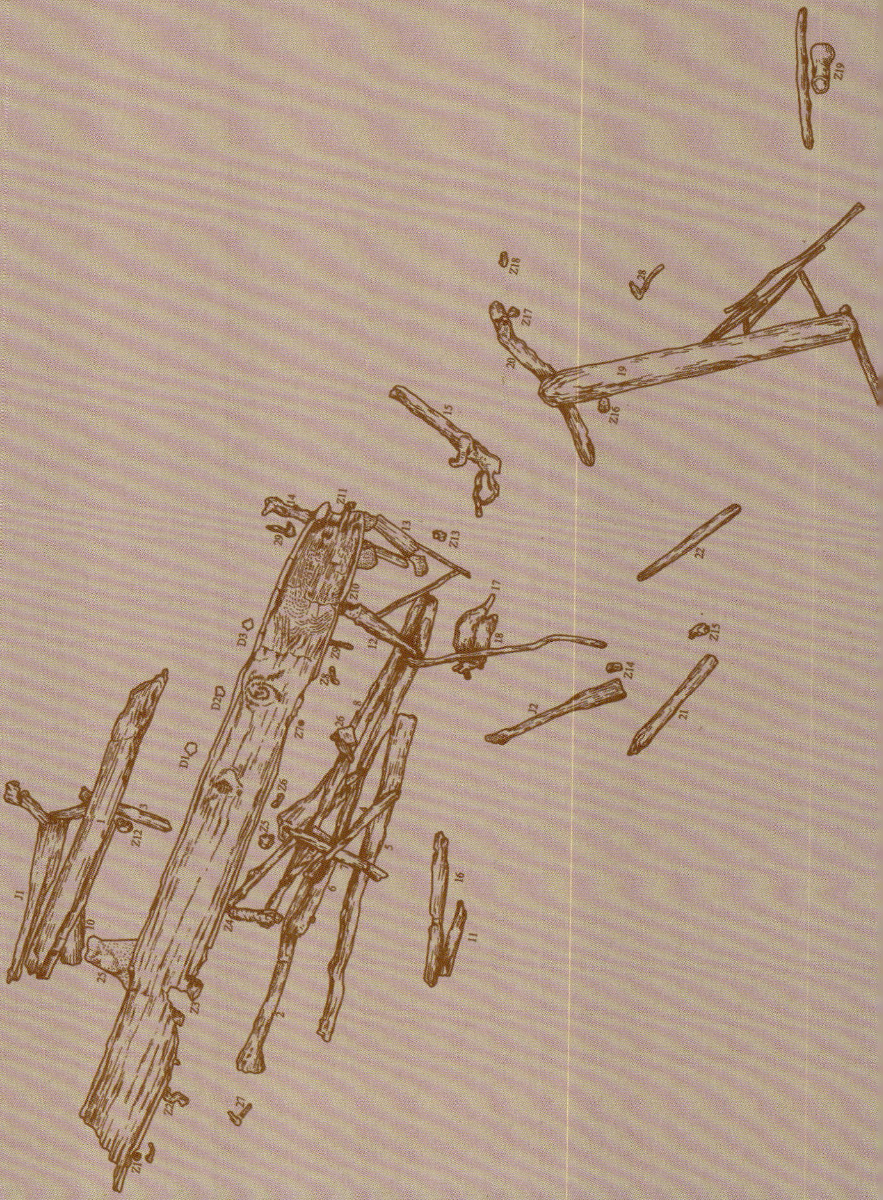

跨湖桥遗址独木舟出土状态分析及思考

吴 健
（杭州市萧山跨湖桥遗址博物馆 杭州 311203）

跨湖桥遗址位于浙江省杭州市萧山湘湖景区，由于天然屏障钱塘江的缘故，和杭州主城区南北隔江相望。遗址经过三次考古发掘，出土了大量珍贵文物。其中2002年出土的独木舟是我国目前现存最早的独木舟。独木舟残长560厘米，最宽处52厘米，厚约2.5厘米，舟体最大内深约15厘米，由整棵马尾松火烧锛刳而成。北京大学考古文博学院、中国社会科学院考古研究所对独木舟及遗址木头进行三个标本的碳十四年代测定；2002年发掘过程中，上海博物馆针对独木舟遗迹的年代问题采集了三个陶片标本进行热释光测定，综合测年数据表明，跨湖桥遗址出土的独木舟距今近8000年，属新石器时代中期①。这一发掘与发现使我国成为拥有世界上最古老独木舟的古船文明国家之一，对研究新石器时期人类水上交通工具史具有重要价值。笔者就职于跨湖桥遗址博物馆，长期以来，对独木舟的原址保护工作从不敢懈怠。现就平时的点滴工作心得，结合近年来海内外专家的研究成果，对独木舟出土状态进行客观分析，对相关遗迹产生的缘由进行赘述。

一 独木舟处于非使用状态

1．独木舟被置于干涸湖岸边

跨湖桥遗址2002年发掘区共布10米×10米探方4个，编号为T0412、T0512、T0513、T0613；7米×7.8米探方一个，编号为T0409。独木舟出土的具体位置在T0512探方的西北角，舟头以下1/3面积及部分遗迹进入T0513探方南侧，舟尾残缺部留在2001年发掘区T0412探方内，船头朝东北面，总体呈西南——东北向摆放（图1）。遗迹内一条近30米的湖岸堆积呈弧线状从T0613东北角开始经T0513中心区域贯穿至T0512西北角外，并延伸至2001年发掘区T0411、T0410的西侧。沿湖岸堆积外侧西北方向及独木舟的尾部被砖瓦厂取土毁坏。该区域堆积内涵以生活废弃物和橡子壳为主并向东南方向呈倾斜状，而这一位置正好处在生土面迅速下降和湖相层积出现的交界处。

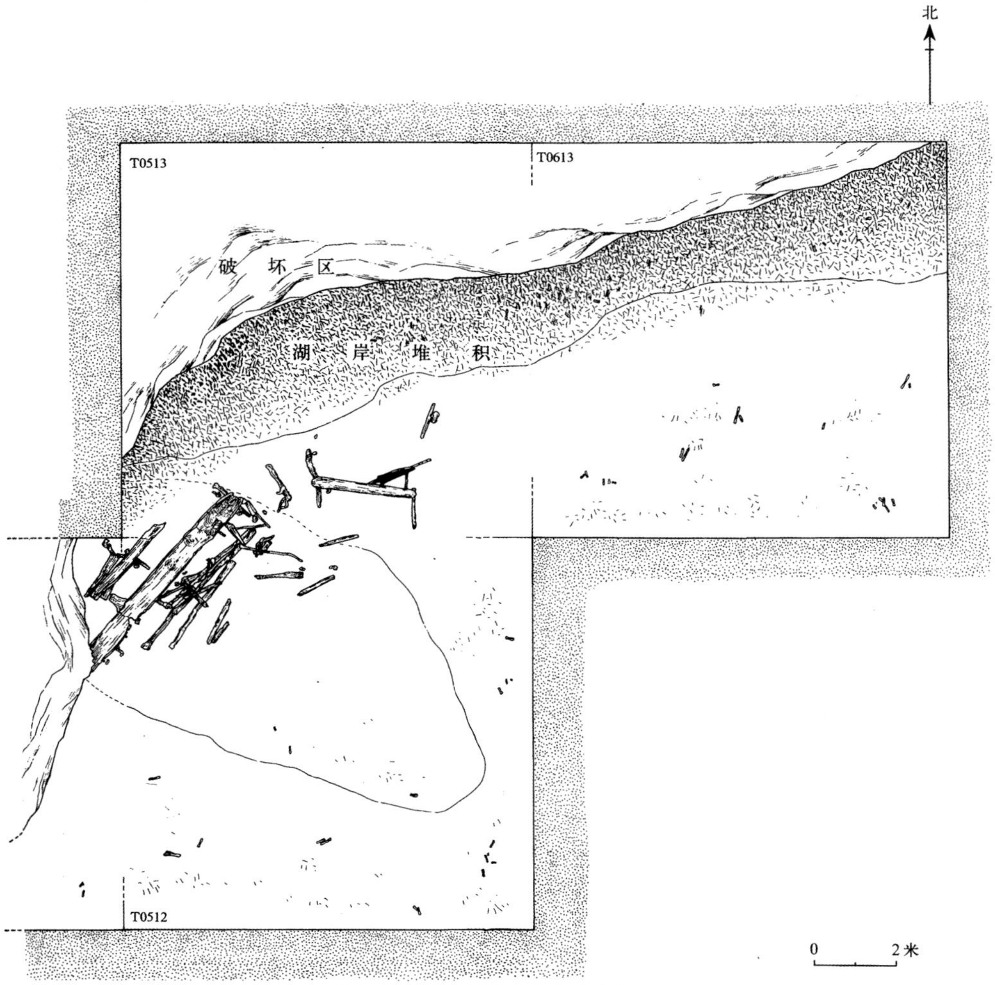

图1 跨湖桥遗址独木舟出土位置图

从考古报告看，跨湖桥遗址 2001、2002 年发掘区的地层堆积统编为 9 层，第 1 层为地表扰乱层，第 2 层为沼泽相沉积，文化层堆积实际上是 3 ~ 9 层。在⑨C 以下，是古湘湖的湖相层积区。该区域第⑨C 层有机质明显从西北向东南方向呈倾斜分布，湖相层积有机质和包含物也表现出从西北向东南逐渐减少、土质渐趋纯净的特点，属于湖岸堆积性质。

通过湖岸性质的确定，可以对遗址堆积过程作这样轮廓性描述：在遗址形成的最早阶段，2001 年、2002 年的发掘区大部分属于近岸水域，但由于生活废弃物堆积等原因，水域已趋萎缩。到了第 9 层，这一水域已经干涸或向东南方向退却②，湖相层积上下层分布局促，为水域的收缩状态，而独木舟及相关遗迹发现于湖 I 层之上，位置就处于与湖岸呈平行走向干涸的湖岸边。

2. 独木舟被桩木结构支放着

跨湖桥独木舟出土时，呈西南—东北向摆放，舟身四周被桩架支放在现场（图 2）。独木舟的东南侧舷有 10 根木桩（编号 Z1 ～ Z10），紧挨舟体，基本呈直线等距离分布，但打入土层角度有所区别，有的下端倾斜，深入独木舟底部，有的垂直打入；东北端舟头中间位置也有一根木柱，编号 Z11；西北侧舷中部外侧发现一根木桩，编号 Z12，离独木舟位置稍远。除此之外，紧挨独木舟西北部侧舷还有 3 个柱洞，是木桩打入后拔掉留下的痕迹。除木桩和桩洞外，独木舟头部底面还垫有一根贯穿横木，横木未经专门修削，直径约 8 厘米。在舟体约 1/2 处西北部侧舷外部有一块横木板，横木板紧挨 Z12 木桩，与舟体侧舷垂直相交，木板未能直接伸入舟底。从舟头往西南方向 3/4 处，还发现有一块上部平整的大石头紧枕舟底。石块宽约 40 厘米，长约 45 厘米，厚约 15 厘米。舟体枕石和头部横向垫木应该是出于整体平稳或水平高度等缘故刻意垫放的，独木舟当时摆放时应该有特殊的条件要求。

从上述现象分析得知，独木舟当时不是呈简单的丢弃和沉没状，是由许多桩木、枕木、垫石组成的桩架结构支放在遗址现场，而且放置的位置是干涸的湖岸边。可以想象，这种情况下不太可能是正在使用且运行状态良好的独木舟。

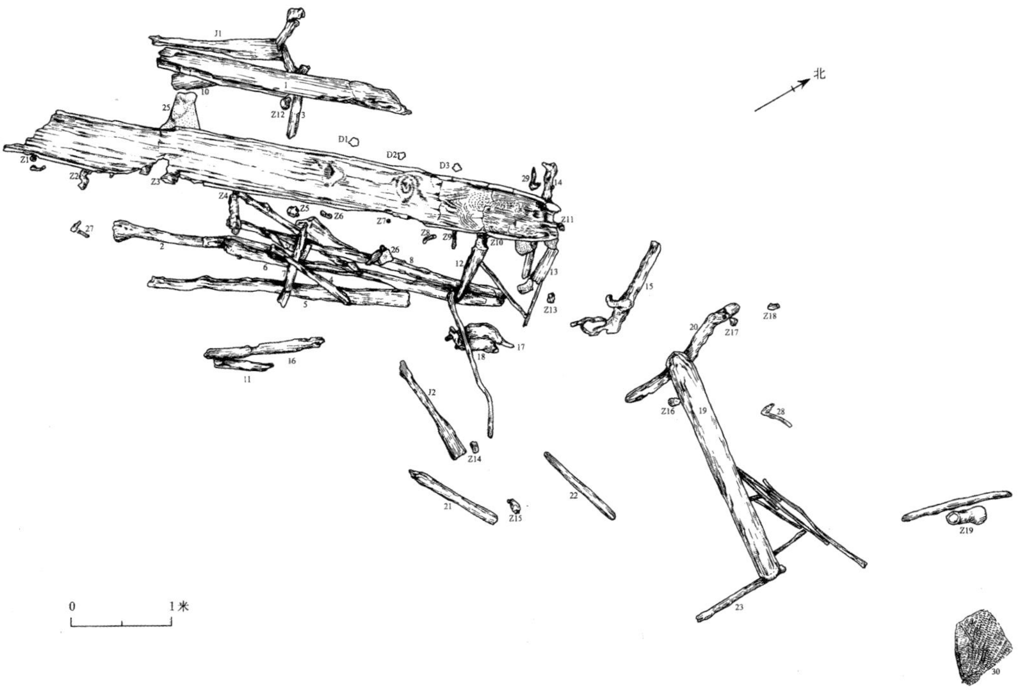

图2 独木舟及相关遗迹平面分布图

二 独木舟处于加工状态

1. 遗址现场有剖木及加工工具

独木舟出土现场除固定舟身的木桩、枕木外，还有其他剖木及石锛、锛柄、砺石等加工工具。独木舟通体光滑，原始的斧凿锛刳痕迹不明显，舟体弧收面以及底面的上翘面等部位十分光洁，除侧舷断裂外，舟体内外没有加工痕迹。相反，舟体的火焦面是最初制作独木舟时留下的，与周边的组织比较，除颜色外，手感平滑。综合独木舟周身光滑程度表明，是长期生产生活过程中反复摩擦的结果。所以，跨湖桥遗址出土的独木舟是使用过的旧舟。

在独木舟的东南侧有一堆木料，分剖木和整木两类（图 2）。剖木源于同一整木，截面多呈扇形，保留自然裂纹，未经加工。五根木料长约 260 ～ 280 厘米，宽约 5 ～ 8 厘米。在木堆的东北端，另有一根整木，长 250 厘米，直径约 25 厘米，两端截面凹凸不平，从许多错杂的断面分析，应该经过锋利的石器斧凿而完成。在独木舟的两侧，各发现一支木桨，其中一支柄部有对穿方孔，孔长 3.3 厘米，宽 1.8 厘米，孔沿及孔壁光滑，无磨损痕迹[③]。通过上述记录笔者发现：①从共存关系看，五根剖木是由一根整木剖开还未来得及细加工。而另外一段整木从别处砍斫搬运至此，且粗细、长度都基本接近已剖开的整木，应该有类似的功用；②有孔木桨的孔沿及孔壁无磨损痕迹，显然是未经使用。木桨边缘参差不齐，桨面有斧凿迹象，表面远没有舟体光滑，尤其是木柄处粗大笨拙，转折棱角分明，可能是没有加工完成的缘故。另外，在独木舟周围还发现了三个锛柄和多个石锛，石锛的锋部残片、砺石等。加工工具的集中发现，应该和木作加工现场有关。

2. 独木舟侧舷呈人为加工状

独木舟的头部位置保存基本完整，船头上翘，比船身窄，宽约 29 厘米。距离舟头 50 厘米处，宽度突增到 52 厘米。侧舷仅保留了船头往下 1.1 米的长度，52 厘米内完好无损，以下至 1.1 米处左右侧舷均有残，其余部位的侧舷至舟尾残缺部分止均以整齐的形式残缺，残面和木料纵向的纹理相合。仔细观察残缺面的延伸，刚好处在底面和侧舷折收接近直角的位置。通过这一现象分析，两侧侧舷现有的保存状况不是使用过程中自然损毁的结果，而是跨湖桥人刻意加工为之。联系到独木舟周边由整木均匀剖割成的木材，显然是需要一定的技术水准的。尤其是独木舟附近木屑尤为密集，遗址有红色烧土面和不规则黑色灰烬残留，可视为加工现场的又一有力证据。

图3 独木舟修补木块背面砍凿痕迹

图4 独木舟树疤修补处

3. 舟身有明确修补遗存

在距离独木舟头部位置2.3米处有一个树疤。2011年，独木舟在文物保护施工过程中经过长时间纯净水浸泡和药水喷洒，树疤处在脱水风干中有自然松动，至此隐藏在独木舟身上的秘密才暴露出来。原来，该树疤原本已经脱落，系跨湖桥先民修补完成。从正面看（图3），修补树疤的木块为平面不规则椭圆形，顺着木料纵向纹理直径最长处15厘米，横向直径最长约11.5厘米，大小面积和树疤脱落的位置基本严丝合缝。仔细观察，木块颜色及纹理和独木舟松木材质有所区别，结构致密，为阔叶树。木块背部2/3面积砍斫的痕迹非常明显，显然为锐器所为，未加修饰；另外少许面积顺树木纹理呈自然开裂状，是剖木时留下的痕迹。椭圆形木块四周接口处最薄，慢慢斜向加厚至中间位置，最厚处2厘米。接口外围舟体四周有一圈向里不规则的斜切口，纵向宽度分别为5～9厘米，横向宽度3～5厘米，斜切口内的面积经过铲挖，与树疤修补面呈同一水平位置，略低于舟体底板的平面高度（图4）。根据这一现象我们可以发现，树疤的修复应该有两道工序。①是加工树疤大小的木块对树洞进行黏结修补；②是为了防止修补处在使用过程中受水向上压强的力量而导致修补物向船舱内脱落。为牢固起见，在接口面和斜切口连接面填充黏结修补物至舟体底部齐平，做二次整体补充加固。舟底落水面因独木舟原址保护的缘故，没有完全发掘，故无法作进一步的探讨。

另外，我们从遗址其他相关迹象，侧面反映跨湖桥人已经掌握了一定的修补技术：①陶器的修补遗存分析。2001年发掘出土的T0511⑨A：1是陶器修补相关迹象遗留的残片标本。这是一片外红内黑豆盘的口沿残片，标本长约6.7厘米，宽约4.5厘米，一边为完整的圆弧豆沿，一边为略呈圆角的残面。这一残面显然是二次破裂，因为在裂面上发现有暗红色的半透明胶结物，延伸过去，发现经修补的裂缝上同样嵌满胶结物，二次破裂面与经修补的裂面最宽距离不过0.2厘米。从这一现象看，这一残片是一次不成功的修补工作遗留。在胶汁尚未完全硬结的时候，又脱落了，结果在黏结牢固的部位出现了新的破裂[④]；②从漆弓的制作分析。2002年出土的标本T0512⑨A：17是一张弓。弓残长121厘米，弓柎完整，截面扁圆，最宽处约3.3厘米，厚2.2厘米，两端略细，由桑木边材削制。据日本专家研究发现，此件标本的表面残留系生漆涂抹而成，这是迄今保存世界上最早的漆器之一。生漆为漆树代谢过程中的产物，从漆树韧皮部割口流出的乳白色乳状液体，当接触空气后，其色泽因氧化由浅逐渐变黑，并凝结成一层黑亮而有弹性的漆膜。由于漆膜具有很强的抗腐蚀能力，又具有耐热、耐腐、耐水及绝缘的优良特性，因此是一种珍贵的天然涂料[⑤]。

通过上述现象得知，跨湖桥文化时期，跨湖桥先民已经懂得和掌握用动物骨胶或植物的树脂（汁）等天然的材料来修补破损陶器和涂饰木器，同时生漆又是绝佳的粘补剂。由此看来，跨湖桥人已经开始适应和熟悉大自然、掌握大自然的一些客观规律，积累生活常识，并开始具体用于生产实践。

三 加工独木舟的原因

1．从独木舟的制作成本分析

《易·系辞下》："刳木为舟，剡木为楫，舟楫之利，以济不通，致远以利天下"。"刳"，《汉典》的基本字义为"从中间破开再挖空"，形象地道出了跨湖桥人制作独木舟的先后步骤。火焦法是新石器时期制作独木舟的方法，在独木舟上如今仍然能够找到多处火焦面，这就是跨湖桥人借助火焦法挖凿船体的证据。所谓火焦法制作就是先选一根挺直粗大的树干，将整木从中间剖开，去除枝杈部分后（可制作桨），根据舟形确定先后烧烤的位置，其余部分用湿泥保护，然后用火烧烤需要挖刳部位，待其呈焦炭状后，再用石锛等加工工具加工，比较疏松的焦炭层很快被刳除。这样周而复始，反复加工，最后用砺石打磨完成。

从制作方法上我们可以得出，火焦法制作独木舟，由外往内一层层挖刳，费工费力，制作周期长。跨湖桥遗址出土的独木舟残长5.6米，保留下来最宽处52厘米，舟体平均厚度约2.5厘米。参考我国黎族关于独木舟的制造工艺可以了解到，制作独木舟，树干必须宽大且有浮力，一般树干直径在1米左右[⑥]。由此可以推断，制作跨湖桥独木舟整木的直径和长度是如何之巨。暂且不考虑其他因素，如此费时费力的制作成本，身处磨制石器阶段的跨湖桥人是不可能轻易丢弃一条独木舟，只要还有一线使用的可能，一定会修复或改造加以反复利用。

2. 从边驾艇的制作原理分析

"独木舟"从字面解释，由一颗整木加工成的舟。优点就在于舟身浑然一体，严整无缝，不易分体。单纯就独木舟看，如果没有其他附属设施，要想远距离的跨海航行，是有相当难度的，但如果能加工成边架艇独木舟情况就大为改善。边架艇独木舟，就是在独木舟的一侧或两侧，用二、三根甚至更多横木连接，用纤维质的长绳捆扎与独木舟同向的浮木以增加其稳定性，成为单架艇或双架艇。浮木一般有圆木形、扁舟形等，长度一般是独木舟舟体的1/2。横木与独木舟的连接有船舷穿洞嵌入式、船舷穿孔绳索捆扎式、船舱内横杆绳索捆扎式、舷上平台结构式等。除了近海航渡的舟船外，无论是竹、木拼接的浮筏，还是边架艇或双体独木舟，太平洋土著远洋航海舟船常见舱面平台搭建船家生活起居、搭载货物的大小平台，既有露天平台，也有封闭的舱房建筑，甚至还有圈养家畜的栅栏等⑦。

在本文"遗址现场有剖木及加工工具"中已经将独木舟旁放置的剖木、整木做过阐述，那么这些木料有什么用途呢？笔者认为根据现场状况分析用途只有两个：①修理残缺的侧舷用。现存独木舟通体的厚度平均只有2.5厘米，独木舟被埋藏在海拔高度-1米处约8000年之久，是否收缩或挤压变形了呢？蒋乐平先生曾就跨湖桥独木舟委托浙江大学物理化学研究所对独木舟的变形率进行检测，检测结果独木舟的厚度应该在3.5厘米以上⑧。那么跨湖桥人是否为了方便修理侧舷故意人为地将侧舷整齐的去掉呢？跨湖桥独木舟残长560厘米，侧舷仅保留了船头往下1.1米的长度，剩余的那么长距离要在3.5厘米的结合面做到严丝合缝修理好侧舷，难度可想而知。从独木舟原址观察，整齐只是相对的，在非金属时代的跨湖桥人要想做到这一点谈何容易；②改造边驾艇的材料。考古报告将独木舟周边的剖木和木材理解为改造边驾艇需要的木材，笔者认为是非常有见地的。而且独木舟发掘现场的整木和剖木作为改造边驾艇的辅助木料从大小、长度、体量也和独木舟体积相匹配，否则这些长短木料放置在加工现场的作用就很难解释了。

根据吴春明先生对比太平洋民族志中各种边架艇的形态和设置方式认为，跨湖桥独木舟完全可以通过船舱内的横杆捆扎绳索或舷上平台结构的方式，将边艇浮材和连接横木安装起来，未必都要在侧舷穿孔捆扎横木，况且独木舟侧舷的大部分已经残失，原来是否有穿孔结构已不得而知。独木舟船舷坏了，是否更需要相适应的绑扎形式，以取得更好的航行效果呢？从遗存看，独木舟两侧与船体平行的长木料有6根之多，因此不仅仅有边架艇结构的问题，这些木料有可能还是边架艇上部平台结构的组成部分。如果上述独木舟边驾艇的制作原理分析成立，边架艇独木舟与边架艇上部平台结构既克服了独木舟在风浪中容易横向摇曳、甚至翻覆的不稳定性，又具备独木舟轻便、构造整体性的优点，成为太平洋上稳定的远洋海船⑨。

四 从相关遗迹引起的思考

1. 编织物的功用问题

从独木舟的动力来说，木桨是考古发现最直接的实证。萧山跨湖桥、余姚河姆渡、湖州钱山漾、杭州水田坂等新石器遗址都发现了多件木桨，但摇橹划桨也许对于近海航渡是可行的，对远洋跨海航行来说，几乎是不可能的。风帆是世界上所有航海民族共用的舟船动力。汉代刘熙《释名 · 释船》语："随风张幔曰帆，帆，泛也。使舟疾泛泛然也。"从摇橹划桨到扬帆驶船，是航海技术的一次重要飞跃。这一飞跃出现在什么时候，学术界至少有商代说、战国说、汉代说等不同的认识⑩。

在跨湖桥遗址独木舟及相关遗迹的清理过程中，发现了多处小块的席状编织物，其中一块保存较好（编号30）。编织物（图5）的单根宽度3.8厘米，从残处看，似有两层，下层单根宽度0.8厘米。形状呈梯形，三面残，但残面比较整齐，完整一面斜向收边，残幅最宽约60厘米，最窄处约50厘米，较宽一侧有T字相交的木质条骨编织其中⑪。编织方法与现存我国江南地区夏天所使用的篾席编织方法类似，经鉴定为苇草类。以竹篾等材料编制船帆也是太平洋土著民族的重要内涵之一，此前在福建泉州港多次发现的我国最早的船帆实物也是竹篾编制物⑫。

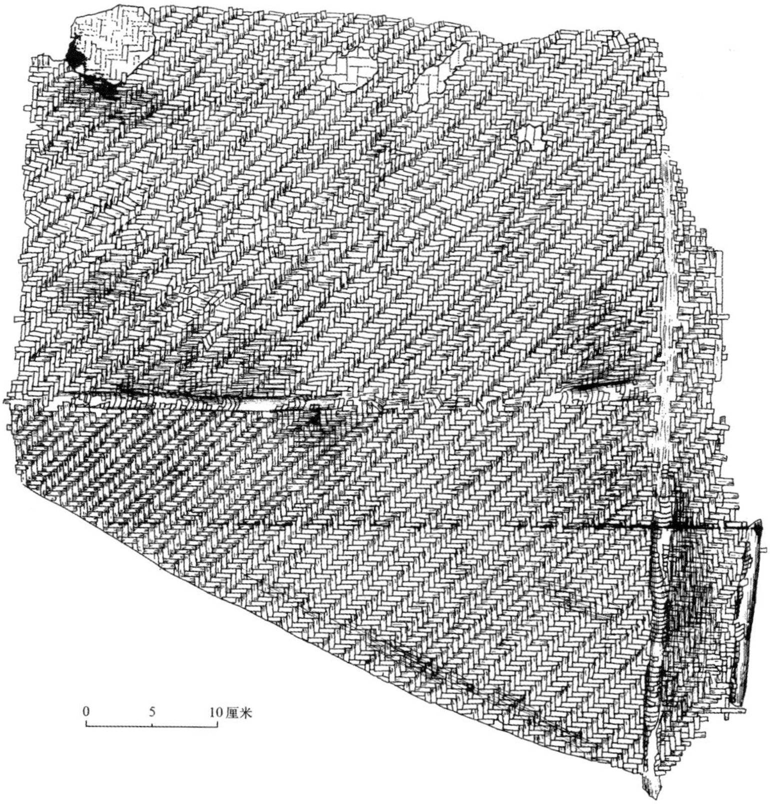

图5 跨湖桥遗址出土的编织物

虽然编制物的用途迄今没有最终认定，但从共存关系与遗迹形态分析，它有可能就是一面原始船帆的遗存。独木舟周围散布的木料中，除两侧的平行和垂直的长、短木料可能与边架艇及船上平台有关外，还有船体东北部与编织物间一组斜向倒置的木料，也有可能与悬挂席帆的支架有关。据吴春明先生介绍，这类支架常常捆扎在船上平台上，跨湖桥遗址出土的编织物从形状、结构、材料基本与太平洋民族三角帆的特征吻合。所有这些迹象都推向一个共同的结论，跨湖桥遗址出土的独木舟，完全有可能是一艘适于海上航行的边架艇独木帆舟，这一认识与跨湖桥文化作为中国东南新石器早期文化、太平洋南岛语族在东亚大陆发源地之一的地位吻合[13]。

2. 独木舟体内盐分含量高的问题

浙江省地质调查院研究证实，跨湖桥遗址文化层之上青灰色淤泥层为海相沉积。与遗址相距 2.5 公里的下孙遗址覆盖有沙层，其中混杂有大量的海洋贝壳类碎片，遗址中留存的木柱都被一种叫“船蛆”的海洋生物蛀空。这充分说明跨湖桥遗址所在的湘湖地区在 7000 年以前的某一时期曾经被海侵。2004 年，“跨湖桥独木舟遗址原址保护工程可行性方案研究”课题组为了制定独木舟原址保护脱水方案，采用全谱等离子激光光谱法（ICP）和离子色谱法（IC）对独木舟及遗址环境进行检测。检测结果表明，跨湖桥遗址环境的硫酸盐含量比 5‰近海海水大是该遗址的一个显著特点，跨湖桥遗址独木舟的含盐量大于印山大墓木椁底木及 10 种南方生材的平均含量，也大大超过遗址所在的湘湖湖水及地下水含量[14]。

根据上述的检测结果，笔者认为有两种可能：①跨湖桥遗址曾被海侵，海水淹没遗址并长期叠压于海拔高度 −1 米的地层中，海侵层周边环境中的盐分被独木舟所吸附；②另外一个推测就是该独木舟原本就是海船，因为生产生活的原因，长期被海水浸泡，从而导致独木舟体内的盐分含量比较高。

3. 石器材料采集地的问题

2011 年 10 月 7 ～ 9 日，由跨湖桥遗址博物馆执行承办的“舟船文化国际学术研讨会”在萧山召开。学术研讨会期间，美国毕士普博物馆焦天龙先生介绍其本人的研究课题，其中一项最新成果表明，跨湖桥石器的制作材料采自 300 公里之外台州湾的三门县。这个信息对于跨湖桥文化来说意义非凡。跨湖桥文化是由钱塘江上游的浙中山区发展迁徙而来，是浙江新石器时期由丘陵山地向沿海平原过渡的考古学文化类型。现有已经探明的跨湖桥文化分布以跨湖桥遗址为代表，其余有距离 2 公里的下孙遗址以及嵊州小黄山遗址、浦江上山遗址、龙游青碓遗址，总体以钱塘江的支流浦阳江和曹娥江区域为分布范围，行政区域涉及衢州、金华、绍兴、杭州。

因为没有相关成果资料，笔者不敢妄言。如果焦先生这一研究成果成立，跨湖桥文化分布将扩大至浙江台州区域并接轨海洋，同时也直接说明8000年前跨湖桥先民已经驾驭独木舟开始了海上作业。

五 结语

独木舟出土以来因为舟体轻薄的原因，学者们一直弱化与海洋文化的联系。近年来通过综合外部环境研究，越来越多的信息都指向跨湖桥独木舟作为海船的极大可能性。跨湖桥遗址出土的独木舟会不会只是艘内陆船，还是我国海洋文化的卓越代表，迄今没有同时期、同类型遗迹来佐证上述这一现象。但有一点是肯定的，距今8000年～7000年前，跨湖桥人不仅熟练地掌握了用火焦法制造独木舟的技术，并且还具备了一定水准的修补技术。目前，海内外学者对跨湖桥独木舟研究工作中反映出来的地质变迁、海平面高度、海洋的季风和洋流等诸多学术问题的探究工作方兴未艾。

2010年7月，6名法属波利尼西亚人复原建造了一艘长15米、宽1.6米无人工动力的仿古风帆单边架独木舟，从大溪地出发，模仿古人方式借助季风和洋流航行，开始1.6万公里“南岛语族寻根之路”。在航行116天后，于11月19日凌晨登陆“溯源终点”——福州港马尾码头[15]。波利尼西亚人此举的意义，就是要尝试复原数千年前他们祖先依靠边架艇独木舟，从中国东南沿海横跨太平洋漂流到南岛语族的壮举。同时此举也证明，边驾艇独木舟完全符合跨海远洋的基本要求，我国新石器时期的先民已经具备驾驭独木舟征服太平洋的航海能力。

今年是跨湖桥遗址独木舟发掘出土10周年，跨湖桥独木舟及相关遗迹的原址保护，为中国乃至世界水上交通史以及舟楫文化的研究作出了贡献。跨湖桥先民在古湘湖畔生活了近千年，最后被海水淹没而废弃。笔者坚信，跨湖桥文化是“面向海洋，最后为海洋所颠覆的考古学文化”。跨湖桥人在波涛汹涌的海洋面前，会有望而却步者，也一定会有束缚蛟龙的勇士。随着跨湖桥文化各学科研究工作的不断深入，与海洋文化的课题研究也将继续全面地开展下去。

（本文图1、2、5摘自《浦阳江领域考古报告之一——跨湖桥》）

注释：

① 吴汝祚：《跨湖桥遗址的人们在浙江史前史上的贡献》，《杭州师范学院学报（社会科学版）》2002年第5期。

②《浦阳江领域考古报告之一——跨湖桥》，文物出版社，2004年，第40页。

③《浦阳江领域考古报告之一——跨湖桥》，文物出版社，2004年，第42页。

④《浦阳江领域考古报告之一——跨湖桥》，文物出版社，2004年，第77页。

⑤ 刘余辰：《漆树资源及“涂料之王”》——生漆，引自“百度文库”。

⑥ 于伟慧：《黎族独木舟走过千年 水上文明》，《海南日报》2008年9月11日。

⑦ 吴春明：《中国东南与太平洋的史前交通工具》，《南方文物》2008年第2期。

⑧ 蒋乐平：《跨湖桥独木舟三题》，《跨湖桥文化论集》，人民出版社，2009年。

⑨ 吴春明：《史前航海舟船的民族考古学探索》《海交史研究》2009年第2期。

⑩ 林华东《中国风帆探源》，《海交史研究》1986年第2期。

⑪《浦阳江领域考古报告之一——跨湖桥》，文物出版社，2004年，第46页。

⑫ 福建省泉州海外交通史博物馆：《泉州湾宋代海船发掘与研究》，海洋出版社，1987年，第60页。

⑬ 吴春明：《中国东南与太平洋的史前交通工具》，《南方文物》2008年第2期。

⑭ 卢衡、靳海斌：《跨湖桥遗址地层性质的盐量法研究》，《东方博物》第十八辑。

⑮ 洪冷冷：《南岛语族后代驾木舟福州“寻根” 漂洋近4个月》，《东南快报》2010年11月19 日。

跨湖桥独木舟的学术价值

席龙飞
（武汉理工大学造船史研究中心 武汉 430063）

1. 跨湖桥独木舟在我国是唯一的在世界上是罕见的

在2002年跨湖桥独木舟出土之前， 在我国已经发现有独木舟遗存有20多起，其年代有早也有晚。年代最早的如1982年在胶东半岛荣成县发现的商、周时代的独木舟①。荣成县独木舟“最下层的堆积当不会晚于距今3800～3000年这一时期”，即为商、周时期。由于年代久远，表面腐蚀，没有发现有火灼和工具的痕迹，但就其工艺水平判断，当是金属时代的产物。

已发现的独木舟年代较晚的，例如1999年在淮北柳孜隋唐大运河遗址出土的唐代的独木舟②，长10.6米，中部最大宽度1.25米。舷部的厚度仅有6～7厘米。

按照中国造船技术的发展进程，早在春秋、战国时期，就出现有战船大翼、中翼、小翼和王舟余皇。在汉代有楼船。在晋代就发明了水密舱壁。在唐代出现了包括楼船、艨艟、战船、走舸、游艇、海鹘船等多型战船组成的混合舰队。中国唐代海洋船舶已经远航到波斯湾。笔者以为，淮北柳孜唐代独木舟在技术上没有时代的先进性，学术价值不高。即使是胶东半岛荣成县商周时期独木舟也是如此。因为众所周知，当年周武王伐殷商时，曾以47艘船在孟津抢渡黄河。一个抢渡战役共摆渡了战车300乘、虎贲3000人和甲士45000人。这说明在商周时期就有了由众多桨手操驾的大型船舶。商周时期的独木舟也没有代表性。

图1 跨湖桥新石器时期独木舟（席龙飞摄）

我们说的独木舟，应当是像恩格斯所说的：“火和石斧已使人能够制造独木舟，有的地方已经使人能够用木材和木板来建筑房屋了。”③也就是说应当是在新石器时代用火烧、用石斧刳出来的独木舟。

跨湖桥独木舟是在2002年发掘到的。据《跨湖桥》④报告，独木舟是在T012、

T013 这两个探方发现的。处在这两个探方湖 I 层的独木舟的年代分别是 8050±800 年和 8100±800 年。在发掘现场观察独木舟，发现多处有大片的黑焦面，“这些黑焦面当是借助火焦法挖凿船体的证据”。

可以说，跨湖桥独木舟正是在新石器时期，边用火烧和边用石斧挖凿出来的。

不过，在跨湖桥遗址发掘到的器物中，石锛的数量（28 件）远比石斧（5 件）为多。而且，在发掘到的木器中有锛柄 8 件还“制作规整”。据此，是否可以这样说：在中国，或者说在浙江一带（联系到时间稍晚的河姆渡遗址曾出土过对世界广大地区有影响的有段石锛[⑤]），独木舟是用火和石锛制作出来的。笔者以为，在制作独木舟时，石锛较石斧当有更高的工作效率。

跨湖桥独木舟在中国是唯一的，在亚洲是年代最古老的。在全世界来说也是罕见的。笔者仅见的一例是在荷兰出土的公元前 6300 年的独木舟[⑥]，从时间上来说，两者是相当的。

2. 跨湖桥独木舟突破了认定黄河是中华文明唯一摇篮的定势

在我国的史学界，或者说在中国历史文化的著述中，对中国传统文化的认识似乎形成了一种定势，认为黄河是中华文明的唯一“摇篮”，即黄河中心论或中原中心论。

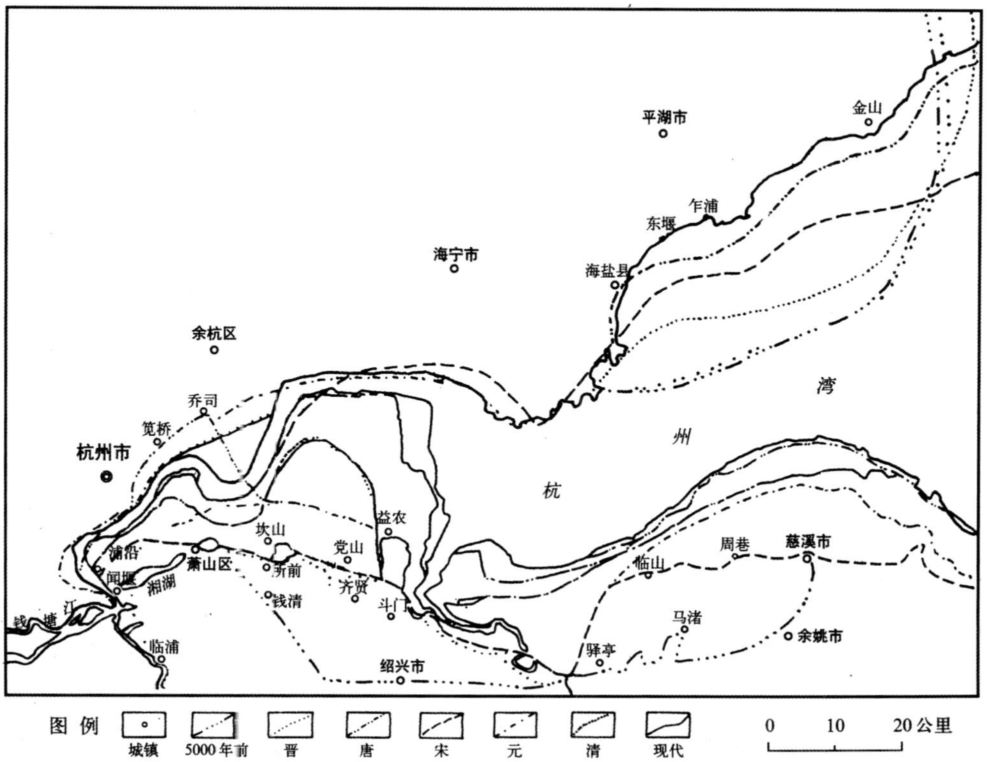

图2 历史记载钱塘江及杭州湾演化变迁图（采自《跨湖桥》图二）

远的不说，就在浙江省发现吴兴钱三漾遗址和杭州水田畈遗址并各自出土若干古木桨时，在同时发表的两份发掘报告[7][8]中就宣称“这是龙山文化南进的结果”。20年以后，在浙江宁波余姚发现了河姆渡遗址，并出土6只木桨。在发掘报告[9]中则宣称：“长江流域也是中华文明的摇篮”。当时我还不能理解，遂写信给浙江的考古学家牟永抗。牟永抗先生及时给我回信，他说：“前一种观点已经过时，望勿再引用。长江流域也是中华文明的摇篮这一新说，已经成为考古学界和历史学界的共识。”在20世纪80年代，我曾参观坐落在西湖之滨的浙江省博物馆。在序馆中一把7000年前的雕花木桨（复制品）展出在序馆中心的突出位置。这序馆给我的突出印象就是“长江流域也是中华文明的摇篮”。

河姆渡地势低洼，海拔高度只有三四米，北距杭州湾仅约30千米，目前的滨海平原史前期尚未成陆，河姆渡离海岸更近，原始人可较方便地顺水东进或北上，向海洋进军。河姆渡除出土大量淡水鱼遗骨外，还发现鲨鱼、鲸鱼及鲻鱼、裸顶鲷等海洋鱼类和生物的遗骨，可以相信当时人们的捕捞范围已扩展到滨海的河口并进而到了海上。

对河姆渡为什么只提“长江流域”而不提海洋文化呢？这是我新的疑问。

当2002年我第一次看到跨湖桥独木舟之后，我就请教现场的考古学家们：这跨湖桥地区是不是通江达海的？得到的回答是肯定的。这期间又有幸与浙江的考古学家牟永抗先生相会晤，我发问：对河姆渡遗址为什么没有提海洋文化呢？牟先生回应说：提“长江流域也是中华文明的摇篮”在当时已经是很大的突破了。我对这样的回答很表示理解。

现在，在《跨湖桥》一书的第4页，刊有历史记载钱塘江及杭州湾演化变迁图。该图显示：在5000年前，萧山区、绍兴市和余姚市一线，都地处杭州湾的南岸线。根据这幅杭州湾岸线的演化变迁图，我相信，这被磨得精光而且已经残损的跨湖桥独木舟，当年必定是航遍杭州湾，而且不会不进而出海漫游的。我们是不是可以说，跨湖桥8000年前独木舟和河姆渡7000年前的雕花木桨，都是我国海洋文化的代表性器物。如果此说成立，我们研究造船史的人就可以理直气壮地说：黄河、长江与海洋共同孕育了中国的舟船文化。

笔者以为：这正是跨湖桥独木舟突破了认定黄河是中华文明唯一摇篮的定势，也是跨湖桥独木舟具有重大学术价值之所在。

3. 跨湖桥独木舟凸显中国舟船文明的辉煌

提到跨湖桥独木舟，笔者十分激动。为什么呢？因为她是中国的唯一，也是中国广大船史研究工作者多年的期盼。

根据新石器时代生产力的发展规律，也根据有桨必有舟的认识，在看到河姆渡文化遗址的七千年前的雕花木桨之后，在拙作《中国造船史》（2000年）中我曾推论："独木舟在长江中下游和滨海地区形成于8000年前或更早，也概可定论。"⑩

看来我的推论未免大胆，尽管它是符合逻辑的。与其说是推论，不如说是船史研究工作者的期盼和梦想。推论也好，期盼也好，梦想也好，居然在我有生之年，在《中国造船史》出版两年之后实现了。这是我的幸运，当然也是始料未及的。作为船史研究工作者，我对考古学家辛劳和贡献的感激之情油然而生。

2002年11月，我接到国内知名的文物保护专家、泉州海外交通史博物馆副馆长李国清研究员的电话，得悉在杭州萧山发掘到新石器时期的独木舟。李副馆长还告知：萧山跨湖桥遗址考古队蒋乐平队长将电话与我联系。不久我接到浙江省文物考古研究所研究员蒋乐平队长的电话。蒋兴奋地通报说，他们发掘到的是7500～8000年前的独木舟。他还热情地邀我尽早地去遗址考察。

2002年12月14日下午，从澳门海事博物馆考察访问归来，刚在杭州萧山国际机场着陆，就驱车到萧山跨湖桥遗址现场。在这里我生平第一次见到了先用火烧再用石器刳制出的独木舟。由于经过长期使用，舟体的内表面被磨得很光滑，但是大面积被火烧的痕迹犹存。这一考古发现证实了恩格斯的关于"火和石斧通常已使人们能够制造独木舟"的论断。不过，对我们中国来说，或者对跨湖桥遗址来说，制造独木舟使用的是火和石锛。伴随着独木舟的出土，还发现有相当数量的石锛及与之相配套的木柄。我当时看到这许多浸泡在药液中的石锛的木柄大致可分成大、中、小号，由于经过长期使用，已经被磨得非常光滑，甚至可以被看成是精致的工艺品。

在看到跨湖桥独木舟之后使我感到激动的还有另一层原因。那就是在没有发现新石器时期独木舟之前，作为船史工作者，面对国际上的同行和国内其他学界的朋友时，似乎理不直气也不壮。

在木板船尚未出现的时候，独木舟当是最主要的水上交通工具，而且使用了相当长的历史时期，这是毫无疑义的。然而在过去，在20世纪40年代以前，在中国广袤的国土上并未曾发现独木舟遗存物。西方和日本的一些学者有一种颇为流行的观点，即中国古代极少有或没有独木舟；中国的木船是由竹筏和木筏直接发展演变而来的。日本学者上野喜一郎在其《船的世界史》⑪中，竟然以一艘内河船为据，说"中国船是以没有纵向构件（按：指龙骨）为特征的"。上野先生还认为中国人按照传统的方式造船，由于不采纳外国任何进步的造船技术，所以几千年来并无任何大的改良和进步。然而在《船的世界史》出版前6年，在中国的福建泉州湾出土了带有宽42厘米、厚27厘米的方形龙骨的宋代海船之后，泉州宋船的技术精湛，为世界各国同时代古船所罕见，它的2层板、3层板技术和用舱壁分隔成14个大舱的技术以及使用铁钉和捻缝技术，使在《马可波罗行记》和日本学者桑原骘藏在《蒲寿庚考》等著作中对中国古船的论述和赞美得到证实[12]。作为《船的世界史》的作者，竟对亚洲近邻的古船信息如此的隔膜和麻木，实在是让人难以理解。

日本学者上野先生对中国造船技术的不切实际甚至是带有污蔑性的评述，经查，竟然是从他自己20世纪50年代初出版的小册子《船の历史》上转抄的。我们相信这当然是极少数学者的个别现象。现在，浙江萧山跨湖桥独木舟的出现，跨湖桥8000年前独木舟的实证，凸显中国古代传统造船技术的辉煌，也足以澄清某些外国学者对中国舟船文化的误解和偏见。笔者以为这当然也是跨湖桥独木舟重要学术价值之所在。

在结束本文时，我要再一次向以蒋乐平研究员为首的跨湖桥考古工作者表示由衷的敬意。

注释：

① 王永波：《胶东半岛上发现的古代独木舟》，《考古与文物》1987年第3期：第29~31页。

② 阚绪杭、龚昌奇、席龙飞：《柳孜运河一批唐代沉船的发掘与研究》，《淮北柳孜——运河遗址发掘报告》，安徽省文物考古研究所、安徽省淮北市博物馆编，科学出版社，2002年，第144~161页。

③〔德〕恩格斯：《家族、私有制和国家的起源》，《马克思恩格斯选集》（第4卷），人民出版社，1972年，第19页。

④ 浙江省文物考古研究所、萧山博物馆：《跨湖桥》，文物出版社，2004年。

⑤ 林士民：《论河姆渡文化中的石锛》，收入《再现昔日的文明——东方大港宁波考古研究》，三联书店，2005年，第24～31页。

⑥ *Richard Woodman. The History of the Ship. Conway Maritime Press.1997.p11.*

⑦ 浙江省文物管理委员会：《吴兴钱三漾遗址第一、第二次发掘报告》，《考古学报》1960年第2期，第83页。

⑧ 浙江省文物管理委员会：《杭州水田畈遗址发掘报告》，《考古学报》1960年第2期，第403页。

⑨ 河姆渡遗址考古队：《浙江河姆渡遗址第2期发掘的主要收获》，《文物》1980年第5期，第1~15页。

⑩ 席龙飞：《中国造船史》，湖北教育出版社，2000年，第14~15页。

⑪〔日〕上野喜一郎：《船の世界史》（上卷），东京：舵社，1980年，第5页。

⑫ 席龙飞、何国卫：《对泉州湾宋代海船及其复原尺度的探讨》，《中国造船》1979年第2期，第111页。

跨湖桥独木舟的制造工具

席龙飞
（武汉理工大学造船史研究中心 武汉 430063）

在2010年杭州萧山跨湖桥文化国际学术研讨会上，笔者以“跨湖桥独木舟的学术价值”为文，主要讲述的是学术价值问题，对制造工具则略有谈及。因为制造工具与学术价值也有着密切的联系。现在觉得有必要探讨一下独木舟的制造工具问题。特别是我国跨湖桥独木舟的制造工具问题。

一 “火和石斧已使人能够制造独木舟”

在2002年跨湖桥独木舟出土之前， 在我国已经发现的独木舟遗存有20多起[①]，其年代有早也有晚。在跨湖桥之前，年代最早的是1982年在胶东半岛荣成县发现的商、周时代的独木舟[②]。该独木舟由于年代久远，表面腐蚀，没有发现有火灼和工具的痕迹，但就其工艺水平判断，当是金属时代的产物。

在已发现的独木舟当中，也有年代更晚的。例如1999年在淮北柳孜隋唐大运河遗址出土的一批唐船中就有独木舟[③]。该独木舟“完整、壮观、大气”，其长10.6米，中部最大宽度为1.25米，舷部的厚度仅有6～7厘米。当时，考古人员对该独木舟注入了十分的关爱：发掘、搬运、测绘和文物保护等等。笔者虽然参与了其中的测绘工作，但始终认为这“柳孜独木舟”并没有多少学术价值。因为在唐代，金属的木工工具已经十分完善，中国制造的远洋船已经远航到西亚的两河流域。就舟船的诸多方面来说，柳孜唐代独木舟并不具有代表性。

我们说的独木舟，是指在石器时代用石器制造的。摩尔根（Lewis Henry Morgan，1818～1881）在他的代表著作《古代社会》中写道：“燧石器和石器的出现早于陶器，发现这些石器的用途需要很长时间，它们给人类带来了独木舟和木制器皿，最后在建筑房屋方面带来了木材和木板。”[④]恩格斯（Friedrich Engels 1820～1895）更进一步指出，在新石器时代，“火和石斧已使人能够制造独木舟，有的地方已经使人能够用木材和木板来建筑房屋了”[⑤]。

按照摩尔根和恩格斯的说法，一般说来，独木舟是在新石器时代用火和石斧制造出来的。问题是我国的跨湖桥独木舟是用石斧制造出来的吗?

二 跨湖桥独木舟是用石锛制造的

笔者以为在跨湖桥，在中国，独木舟是用石锛制造的。理由有三：1. 在跨湖桥遗址出土的石器中以石锛为最多；2. 在刳制独木舟时与石斧相比石锛更为有效；3. 晚于跨湖桥 1000 年的河姆渡出现有段石锛，更适用于制造独木舟，影响所及不仅在我国东南沿海，对太平洋广大区域都产生了重大影响。

在跨湖桥遗址出土的石器共 143 件，除残器 37 件外，最多的石器是石锛共 28 件，占 19.6%。出土石斧只有 5 件，占 3.5% [⑥]。

图 1 为石斧。标本 T0411 ⑥ A ： 32，深褐色石料，刃部精磨，磨面呈黑色。长 12、宽 7.4、厚 4.3 厘米（《跨湖桥》图一一九之 5，彩版三四之 4）。

图 2 也是石斧。标本 T0513 湖 III ： 5，青灰色石料，长 8.8、宽 5.5、厚 3 厘米（图一一九之 6，图版一九之 2）。

图 3 ～图 7 为 Aa 型石锛。器形大而厚。从石斧图与石锛图的对比中，人们自然会理解到在刳制独木舟时，石锛当有较高的工作效率。

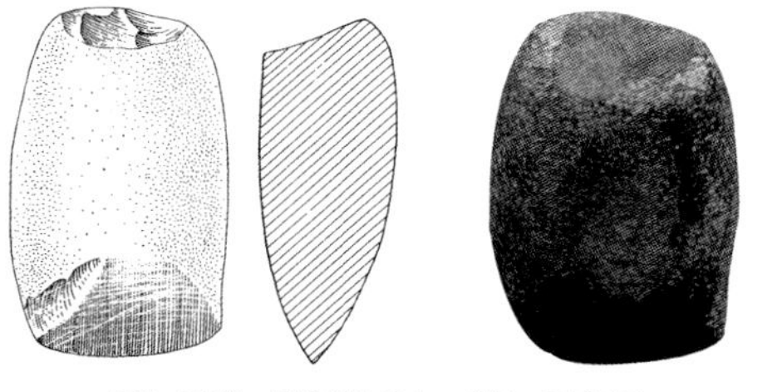

图1 石斧（T0411⑥A：32）示意图

图3 Aa型石锛（T0410⑧A：6）示意图

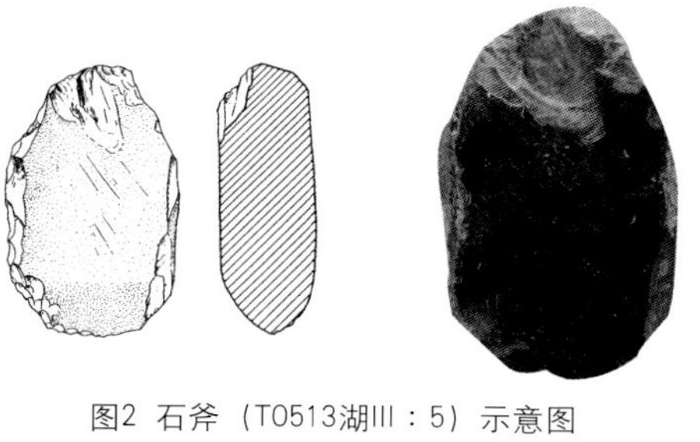

图2 石斧（T0513湖III：5）示意图

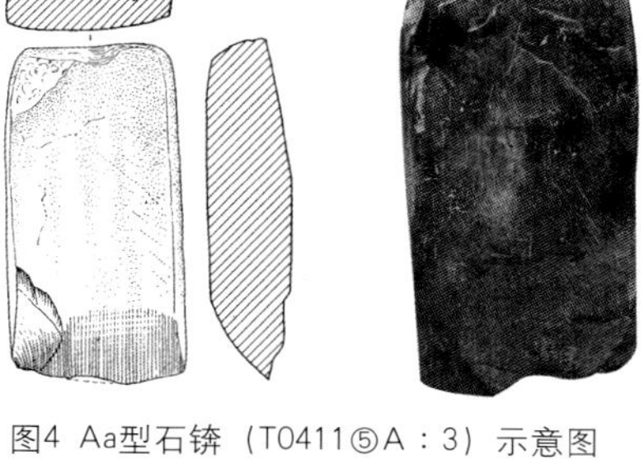

图4 Aa型石锛（T0411⑤A：3）示意图

图5 Aa型石锛（T0512④：4）示意图

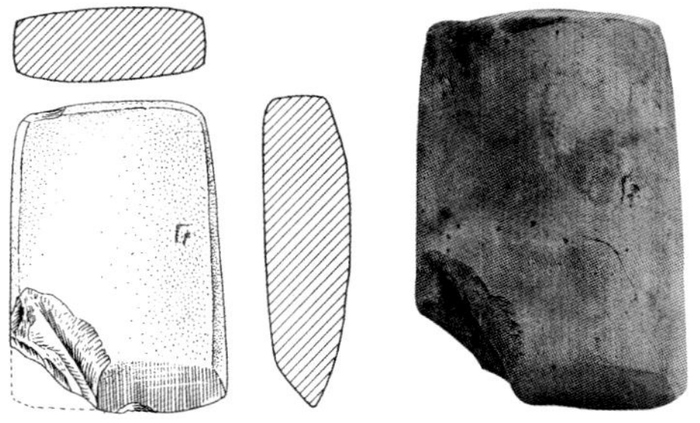

图6 Aa型石锛（T0410⑤A：20）示意图

图7 Aa型石锛（T5012⑥A：33）示意图

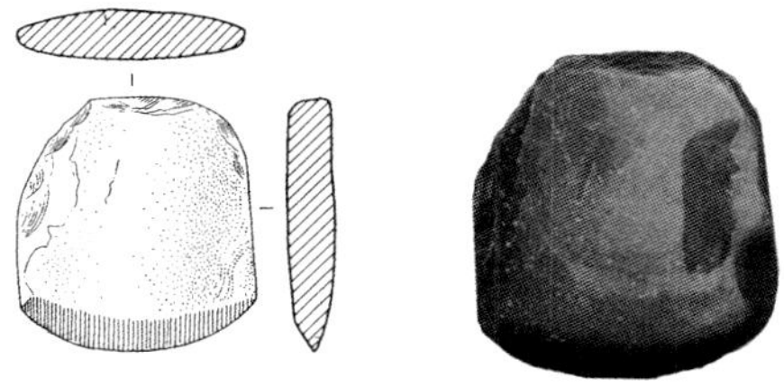

图8 Ab型石锛（T0411⑧C：134）示意图

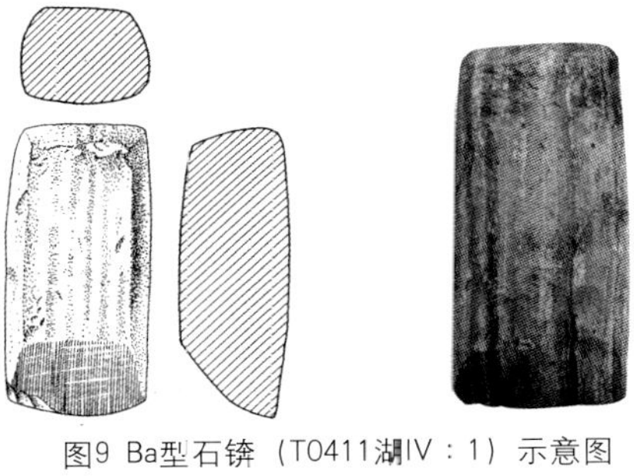

图9 Ba型石锛（T0411湖IV：1）示意图

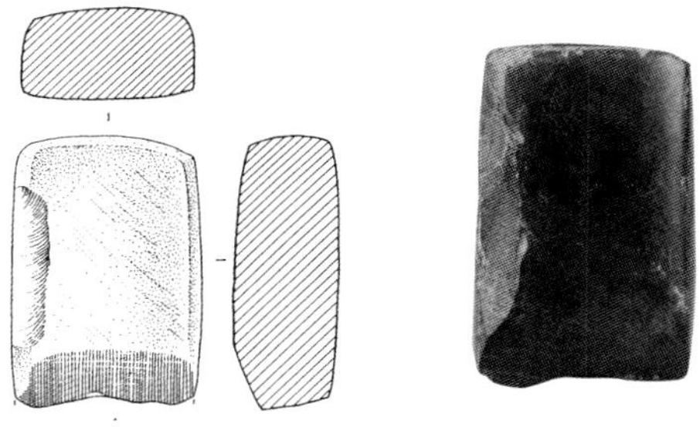

图10 Ba型石锛（T0410湖IV：1）示意图

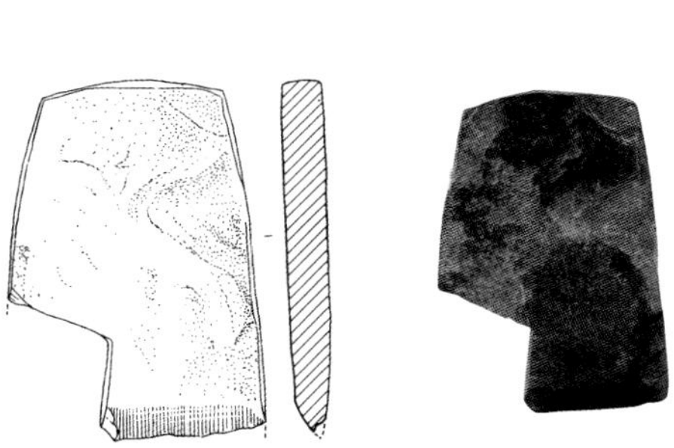

图11 Bb型石锛（采集：20）示意图

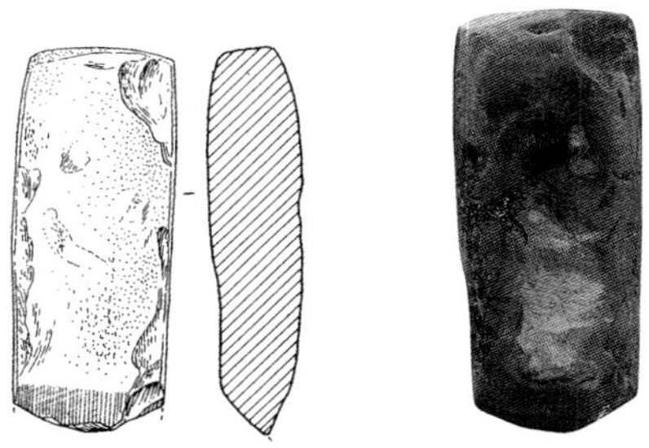

图12 C型石锛（T0411④：2）示意图

图13 跨湖桥遗址B型石锛柄（T0410湖III：5）示意图

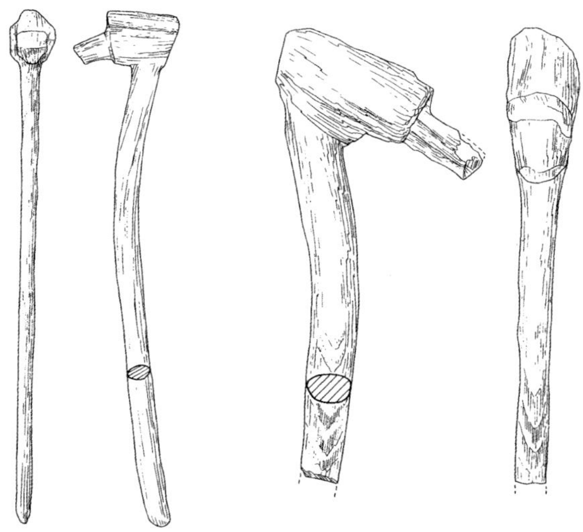

图14 跨湖桥遗址B型石锛柄示意图
（T0411⑥A：38 T0513湖1：2）

图 3 为 Aa 型石锛。标本 T0410 ⑧ A ：6，灰紫色石料。平面呈梯形，长 12、宽 6、厚 2.6 厘米（图一一五之 6，图版一六之 4）。

图 4 为 Aa 型石锛。标本 T0411 ⑤ A ：3，灰褐色石料，长方形，弧腹，斜溜刃。长 12、宽 6、厚 3 厘米（图一一五之 8，图版一六之 5）。

图 5 为 Aa 型石锛。标本 T0512 ④：4，青灰色石料。形体较大，长 12.7、宽 6.2、厚 2.1 厘米（图一一八之 4，图版一七之 9）。

图 6 为 Aa 型石锛。标本 T0410 ⑤ A ：20，灰白色石料，残一角。长 10.9、宽 6.4、厚 2.9 厘米（图一一六之 2，图版一七之 1）。

图 7 为 Aa 型石锛。标本 T0512 ⑥ A ：33，褐灰色石料，长方形，截面略呈梯形，刃有崩缺。长 11.8、宽 5.4、厚 3 厘米（图一一五之 2，图版一六之 1）。

图 8 为 Ab 型石锛。标本 T0411 ⑧ C ：134，（图一一七之 2，图版一七之 6），器形小而薄，弧刃。长宽相近约 6.1、厚 1.2 厘米。

图 9 为 Ba 型石锛。标本 T0411 湖 IV ：1（图一一六之 6，图版一七之 4）。

图 10 也是 Ba 型石锛。标本 T0410 湖 IV ：1（图一一六之 4，图版一七之 3）。该两个 Ba 型石锛的特点是器形特别厚重，偏刃。

B 型石锛共 6 件：Ba 型 3 件；Bb 型 3 件。Ba 型厚重，Bb 型石锛则特薄。

图 11 为 Bb 型石锛。是采集标本：20，平面略呈梯形，刃部缺一角。长 11、宽约 8、厚仅为 1.2 厘米（图一一八之 5，图版一八之 1）。

图 12 为 C 型石锛。标本 T0411 ④：2，长条形，弧刃崩残，长 10.4、宽 4.2、厚 2.4 厘米（图一一六之 7，图版一七之 5）。

从上述型号众多的石锛可以看出，在刳制独木舟时，可以随心所欲地选择适宜的石锛作为制造工具。特别是石锛是与木质器柄共同组成的复合工具。

在跨湖桥遗址共出土器柄 11 件，占出土木器的 10.8%[⑦]，其中 B 型石锛柄 8 件。取用大小不一的树木枝杈部位为材料，将其中的细杈截为长柄，粗杈加工为较短的槌头。其中外侧切面尤深且平，是为捆扎、固定石锛的位置。

图 13 为典型的与石锛相匹配 B 型木器柄。标本 T0410 湖 III ：5，制作规整。器柄残，残长 12.3 厘米。槌头完整，长 9.5 厘米（图一六〇之 2，图版三二之 3）。

图 14 为两型石锛柄图：其中左为标本 T0411 ⑥ A ：38，保存完整。器形较小，柄略弯。通长 38、槌头长 8 厘米（图一五六之 1）。其中右为标本 T0513 湖 1 ：2，柄残略弯。器柄残长 34、槌头长 16.5 厘米（图一五六之 2）。

2002 年 12 月，笔者在跨湖桥现场观察到，各种式样的石锛柄都加工精细，由于经过长期使用已经被磨得精光，有如精美的工艺品。

三 跨湖桥石锛发展到河姆渡有段石锛

1973 年，在浙江省余姚县罗江乡姚江之阳的河姆渡村，发现有我国长江中下游和东南沿海广大地区最具代表性的新石器时代的文化遗址——河姆渡遗址[⑧]。其出土文物之丰富，木构建筑遗迹规模之大，耜耕农业之发达，在所有新石器时代遗址中也是不多见的。经碳十四测定，第 4 文化层距今近七千年[⑨]，第 3 文化层有六千多年，第 2 文化层五千多年，第 1 文化层也约 5 千年。河姆渡地势低洼，海拔高度只有三四米，北距杭州湾仅约 30 千米，目前的滨海平原史前期尚未成陆，河姆渡离海岸更近，原始人可较方便地顺水东进或北上，向海洋进军[⑩]。河姆渡遗址除出土大量淡水鱼遗骨外，还发现鲨鱼、鲸鱼及鲻鱼、裸顶鲷等海洋鱼类和海洋生物的遗骨，可以断言当时人们的捕捞范

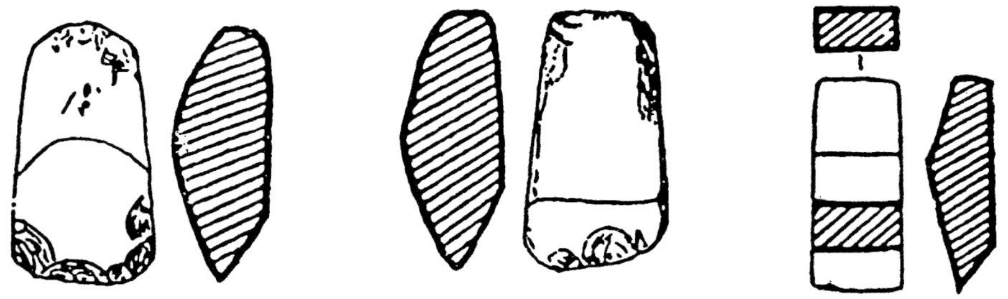

图15 河姆渡遗址出土的隆脊型有段石锛示意图

围已扩展到滨海的河口进而到了海上。

继河姆渡遗址被发掘之后，在滨海的慈溪、鄞县以及东海的舟山群岛上的舟山、岱山和嵊泗等县、市也先后发现了30多处新石器时代的遗址。这群遗址都属于河姆渡文化，是河姆渡文化向附近地区扩散影响的结果。这些考古发现说明，这些海岛上的文化直接承袭河姆渡的影响是河姆渡文化的重要组成部分。

河姆渡文化不仅传播到许多沿海岛屿，而且越海传播到了台湾、菲律宾及南太平洋诸岛，最有力的证据就是史前石器有段石锛。有段石锛形制复杂，不像打制的旧石器那样易于制造。在长形的锛背面上半部做成低于下半部并形成一个台阶，即所谓“段”，以便绑扎上木柄便于应用。有段石锛还分为隆脊型和台阶型。

据林惠祥[11]研究，有段石锛最初由德国考古学家、民族学家海尼·格尔顿（Robet Heine Geldern）命名。有段石锛在南洋和太平洋广大区域的分布，考古学界已有比较详细的报道。其分布是：菲律宾、北婆罗洲（沙巴）、苏拉威西岛以及太平洋的波利尼西亚的很多岛屿上，如夏威夷、马克萨斯、社会岛、库克群岛、奥斯突拉尔岛、塔希提岛、查姆森岛等地。甚至在太平洋东部的复活节岛和南美洲的厄瓜多尔也有发现。在中国台湾、南洋及波利尼西亚诸岛上的有段石锛在形态上同中国大陆东南地区的极为相似，但年代都比较晚，考古学界据此断定有段石锛起源于中国的东南沿海，逐次传播到南洋和太平洋。

林士民[12]的研究认为：“河姆渡先民制作的石锛，是目前亚洲地区出土文物中最早的石锛，它的发展演变，向太平洋西岸及岛国传播脉络清楚，影响深远，成为国际文化交融中的典型器物之一。”

林士民写道：“在我们发掘的第四文化层（笔者按：七千年以前）出土遗物中，不但有早期的有段石锛（图15），而且还同时伴出有曲尺形捆绑石锛的木柄，这表明它是一种复合工具。”[13]

对于有段石锛的用途，林士民写道："这类石锛与共存的大批木制品上留存的各种痕迹证明，这类石锛是刳制刨削木构件、木器、制作独木舟等木制物的复合工具。"⑭"海洋文化典型器物的石锛，它的传播标志着古老的中国文明，在这一文化圈中影响之深，年代之久，它在中外文化交流史书上写下了光辉的一页"⑮。

从跨湖桥石锛到1000年以后的河姆渡有段石锛，是一种发展过程。对于制造独木舟来说，有段石锛当更为有效。不过，跨湖桥石锛与河姆渡有段石锛之间是否有传承关系，有怎样的传承关系，尚须进一步研究。

注释：

① 戴开元：《中国古代的独木舟和木船的起源》，《船史研究》1985年（创刊号），第13页。

② 王永波：《胶东半岛上发现的古代独木舟》，《考古与文物》1987年第3期，第29~31页。

③ 阚绪杭、龚昌奇、席龙飞：《柳孜运河一批唐代沉船的发掘与研究》，《淮北柳孜——运河遗址发掘报告》，安徽省文物考古研究所、安徽省淮北市博物馆编，科学出版社，2002年，第144~161页。

④〔美〕摩尔根：《古代社会》（上册），商务印书馆，1977年，第13页。

⑤〔德〕恩格斯：《家庭、私有制和国家的起源》，《马克思恩格斯选集》第4卷，人民出版社，1972年，第19页。

⑥ 浙江省文物考古研究所、萧山博物馆：《跨湖桥》，文物出版社，2004年，第154页表8。

⑦ 浙江省文物考古研究所、萧山博物馆：《跨湖桥》，文物出版社，2004年，第193页表10。

⑧ 河姆渡遗址考古队：《浙江河姆渡遗址第二期发掘的主要收获》，《文物》1980年第5期，第1～5页。

⑨ 夏鼐：《碳—14测定年代和中国史前考古学》，《考古》1977年第4期，第200页。

⑩ 吴玉贤、王振镛：《史前中国东南沿海海上交通的考古学观察》，《中国与海上丝绸之路》，福建人民出版社，1991年，第275～288页。

⑪ 林惠祥：《中国东南区新石器文化特征之一——有段石锛》，《考古学报》1958年第3期，第1～15页。

⑫ 林士民：《论河姆渡文化中的石锛》，收入《再现昔日的文明——东方大港宁波考古研究》，三联书店，2005年，第24~31页。

⑬《河姆渡遗址第一次发掘报告》，《考古学报》1978年第1期；《河姆渡遗址第二次发掘主要收获》，《文物》1980年第5期；刘军、姚仲源：《中国河姆渡文化》，浙江人民出版社，1993年。

⑭ 林士民：《论河姆渡文化中的石锛》，收入《再现昔日的文明——东方大港宁波考古研究》，三联书店，2005年，第25页。

⑮ 同⑭，第31页。

跨湖桥独木舟与舟船起源

何国卫
(中国船级社武汉规范研究所 武汉 430023)

2002年在浙江省杭州萧山跨湖桥考古发掘到新石器时期的独木舟，距今约7000～8000年。它是中国发现最早的独木舟。笔者有幸到过实地进行了考察，并在2010年参加首届中国国际（萧山）跨湖桥文化节时再次走近它的身旁，为8000年前独木舟凸显出中国舟船文明的辉煌感叹不已。

说到舟船起源，也就是船的产生，必定要论及独木舟，它们是密不可分的。舟船起源的全过程就是从自然浮物直到木板船的演进历程。独木舟的产生和演化成木板船的过程就其获得浮力的技术层面上来说，经历了两次重大技术飞跃。使用石锛制造独木舟意义重大，独木舟在舟船起源进程中处于独特地位。跨湖桥独木舟是中国舟船历史久远的最早实物见证。

一 舟船的起源是对自然浮水物体的加工和利用

生活在原始大自然中的远古先民们从观察枯木、野兽尸体等漂浮在水面上，认识到它们具有浮性。自然浮水物体有植物的和动物的两大类，植物的有树木、竹子、葫芦、树皮、芦苇和纸莎草等；动物的有皮囊、兽皮等。

单体自然浮物虽然本身重量很轻能漂浮在水面上，但因排水体积（除皮囊稍大一点外）实在太小，无法载人载物。圆柱形的大树木有较大的浮力，驮上一两个人是不成问题的，但它在水面上极易滚动难以满足正常的载渡。

远古先人在充分享用大自然的恩赐中逐步懂得了用最原始的加工工具将这些不同的自然浮物进行最原始的加工，进而创造出各种原始渡水工具，自然浮物就是制作原始渡水工具的原始材料。

原始渡水工具是多件自然浮物的有效集合。所谓有效集合是指，多件自然浮物的集合使浮力比单体自然浮物成倍地增加，达到可以载人载物的目的。用藤条等绳索把几根树干并排捆扎起来就成了木筏（排），它能平稳浮于水面而不翻滚；用竹子同样可以制作竹筏（排）；将多个皮囊充气或填充兽毛、干草等轻物后编扎在一起就成了皮筏；将几个葫芦连在一起，可以拴在腰间渡河，这就是腰舟。这种由树木、竹子和皮囊分别集合成木筏、竹筏和皮筏等筏形渡水工具，在它们各自的实践中都有改进和发展，至今在特定地区还有在使用的，显示出其强大的生命力。

还有用树枝做骨架、把树皮作外壳的树皮舟和把兽皮作外壳的兽皮舟；美索不达米亚人将芦苇而秘鲁人将纸莎草成捆地编扎成船形浮具，这些就是舟船形浮具。这些筏形的或舟船形的浮具因受到材质性能和成型制作的局限，不可能朝着更大、更实用和更科学的方向继续发展，也就是说，它们不可能发展成为真正意义上的船舶，它们脱离不了自身的原始性，只能归属于原始渡水工具范畴。

在舟船起源所利用的自然浮物中，只有树木才能最终演进成船舶，这是其他浮物不可替代的，可谓一枝独秀。本文论述舟船起源的重点当然是由树木向木船演进的历程。

二 木筏和独木舟是对树木不同的加工利用

舟船起源中作为自然浮物加以利用的树木，较细一点的树木可以用来捆扎成木筏，而粗大的树木用来挖空制成独木舟。尽管木筏和独木舟用的都是树木，但两者之间并不存在互为进化的关系。独木舟不是由木筏演进过来的，木筏船也不会演变成独木舟。

1. 木筏是多根树木的有效集合

木筏的多根树木集合是用藤条或其他绳索并排捆扎来实现的。木筏可以并排成很大的浮水面积，载货面积也随之扩大，并且稳性很好。有的为了增加浮力，采用两层甚至三层叠加在一起的办法来增加载重量，所以说，木筏是多根树木的有效集合。木筏的缺陷在于它在波动的水面上，水会从排木之间的空隙和筏的四周涌上来，打湿乘员和货物。

靠集合多根树木的自身浮力获的载重量是筏的技术本质，从浮力的获得方式看，其原始性就在于仅靠树木的自身浮力，还未达到通过加工浮物制造浮力的技术阶段，所以木筏只是原始渡水工具。

2. 刳木成舟是舟船起源的一次重大技术飞跃

独木舟是单段粗大树木经刳挖中间部分木质后成为槽形空壳结构的渡水工具。由粗木段刳挖成的独木舟与用多根树木并排捆扎而成的木筏有质的不同，木筏是靠集合多根树木的自身浮力获载重量，而独木舟通过挖空加工减轻自身重量，使得干舷增加即提高了载重量。独木舟载重量的获取主要是通过对独木本身的刳挖出水密空间所增加的浮力，也就是说，独木舟的浮力主要是人工制造出来的，它在本质上先进于木筏，它已脱离了原始渡水工具的范畴。独木舟的产生是舟船起源的一次重大技术飞跃。

独木舟也是在不断地演变发展，例如，舟底两端起翘、首尾部削尖、舟体多段接长，还有可称作为组合独木舟的，例如，多体独木舟、设置舷外支架艇或浮体的独木舟等，但其挖空树木的实质并没有改变，所以也称不上真正意义上的木船，因为它们还未进化到木板船。独木舟是树木向木板船进化过程中的一个重要环节。

3. 使用石锛制造独木舟意义重大

新石器时代已具备了制造独木舟的两个基本条件：火和石斧。制作独木舟时，先用燧石器打击出火，将火烧烤要削去的那部分木质使其成炭木，再用石斧砍削。当使用石锛刳挖时情况大为改观，因为石锛的刃边与石锛柄相垂直，而石斧刃边与斧柄成平行，这种方向的不同，使得石锛比石斧更适用于深挖作业。挖木是制作独木舟的主要作业，当用石斧发展到采用以石锛为主配合石斧进行刳挖加工后，工效得到了大幅度的提高。

据此，独木舟制作可分为用石斧的初始时期和用石锛的成熟时期，初始时期仅做到能够制造，而成熟时期达到了能有效制造。石锛的使用意义重大，它是独木舟制造技术的重大进步，它标志着新石器时代独木舟制造水平达已到了成熟时期。当然成熟时期的独木舟必定向木板船的产生靠近了一大步。

三 木板船的产生是独木舟发展的必然

1. 向木板船进化是独木舟发展的必然趋势

在独木舟两旁加装水密拼连的木板就是向木板船演变进化，这是独木舟发展的必然趋势。木板剖制、构件连接和水密捻缝是产生木板船的三个技术条件。

1979年在上海川沙北蔡镇出土的川扬河隋代古船[①]，它的船底是一根挖有浅槽的独木舟，舷侧是5厘米厚的呈弧形的独幅木板，与船底钉接，接口填有油灰。1975年在江苏武进县万绥乡出土的一艘汉代古船[②]，其底是由三段木材组成的一长条扁平厚实的木板，船侧是用独木剖开并挖空的半圆形构成。这两艘出土古船横剖结构图形象地展示了独木舟向木板船的进化。

2. 木板船的出现是舟船起源中又一次重大技术飞跃

独木舟靠刳挖加工减轻自身重量，可是其量受粗木段自身尺度的限制，舟体挖得再薄终有极止，增加的干舷必然是有限，远远不能满足装载的要求，另外，独木舟极易倾翻不便使用。若在舟体两侧加接舷侧板就能增大容积和载重量，如果继续向高度和宽度增装舷侧列板，容积和载重量随之急剧扩展。木板船与独木舟虽然都是通过人工制造水密空间获得干舷，但不同的是木板船在独木舟基础上通过加装两旁木板产生新的更大的水密空间，而独木舟只是对其本身挖空制造水密空间。

独木舟的挖空空间量对木板船而言是微不足道的，独木舟的干舷无法与木板船相比。可见，木板船浮力产生与独木舟有着质的区别，木板船的出现是舟船起源中又一次重大技术飞跃。

3. 木板船才是真正意义上的木船

木板船的技术发展最具科学性，只有木板船才能使得木船的大型化和线型的多样化成为可能，促使木船向实用、经济、科学方向发展，所以，木板船才是真正意义上的木船。

木板船的产生是独木舟发展的必然。独木舟在向木板船演进的过程中逐步退化，原来的挖槽变得越来越浅，最终成为一根无槽矩形截面的龙骨。龙骨两旁的木板朝两侧斜高方向加装，就成了尖底船；在龙骨两旁先水平的加装若干列木板后再向斜高或直高方向继续加装就成了平底船。原来的龙骨就是中心龙骨板，在其旁就是龙骨翼板，通常龙骨板略大于龙骨翼板。当然也有船底板是等厚的，如《南船记》[③]所记平底船“正底”的各路（即各列底板）尺度是相同的。因为平底船远离中和轴的船底横截面积相对于尖底船要大，对它的龙骨尺度要求自然可以有所减小，即使如此，也不能得出平底船是没有龙骨的结论，只是此时的中心龙骨板和龙骨翼板尺度相同而已。特别引起笔者注意的是，《南船记》所记“正底”的路数竟然全是单数，“正底”的中间一路不就是处于左右对称船底列板中心位置的中心龙骨板吗！这正好给独木舟向平底船发展作了很真实的注释。平底船由木筏演变而成的说法是缺乏技术依据的。

就木筏、独木舟和木板船获得浮力的技术可归纳如下：木筏依靠树木的自身浮力；独木舟靠挖空自身减轻自重；木板船靠向宽度和高度方向加装木板制作出排水空间而获得更大的浮力。就浮力产生的技术而言，刳木成舟和木板船的出现是舟船起源中的两次重大技术飞跃。

三 跨湖桥独木舟凸显中国舟船文化的久远历史

跨湖桥独木舟“距今8000～7500年”[④]，是我国到目前为止年代最久远的，堪称“中华第一舟”。它是中国舟船起源的重要实物见证，它与在荷兰罗宁根（Graningen）的庇斯（Pesse）地区发现的经碳十四测定年代为公元前6315±275年[⑤]的独木舟相比，虽不是最早但基本相当，起码也是世界上出土最早的独木舟之一。

同跨湖桥独木舟同时出土的有“数件石锛柄、石锛、石器崩片、砺石”[⑥]，既然当时已有了石锛柄、石锛，这就表明杭州萧山跨湖桥出土的7500～8000年前独木舟应是新石器时代制造独木舟的成熟时期产品，据此可以断定跨湖桥独木舟绝不是中国最早制造的独木舟，只是用火和石斧制造的初期独木舟尚未见出土而已，这正是期盼所在。

跨湖桥“独木舟的东南侧堆放着许多基本与船体平行的木料与木板”[⑦]，说明当时已能制板，7000年前河姆渡干栏式建筑表明当时已具备了制板和木构件连接技术，尽管目前尚不清楚中国最原始的捻缝材料是什么和捻缝技术产生何时，但跨湖桥独木舟的出土毫无疑问地动摇了木板船最晚也应是殷商时代产物的推论[⑧]，表明木板船产生年代应该更久远。

跨湖桥独木舟凸显了中国舟船文化的久远历史，它精彩地展示中国舟船演进中独木舟的特殊地位，它的发现出土显得格外珍贵。

注释：

① 王正书：《川扬河古船发掘简报》，《文物》1983年第7期，第50页。

② 武进县文化馆、常州市博物馆：《江苏武进县出土汉代木船》，《考古》1982年第2期，第373~376页。

③（宋）沈啓：《南船记》。

④ 跨湖桥遗址考古发掘队：《跨湖桥遗址2002年发掘简介》，2003年1月。

⑤ Richard Woodman:<The History of The ship>, Conway Maritime Press, 1997, p11.

⑥ 同①。

⑦ 同①。

⑧ 杨槱：《中国造船发展史》，《中国造船工程学会1962年年会论文集》（第二分册），国防工业出版社，1964年，第2页。

对跨湖桥独木舟的研讨

何国卫
（中国船级社武汉规范研究所 武汉 430023）

2002 年 11 月 28 日《人民日报》海外版报道了一条考古新发现消息：在浙江省杭州萧山跨湖桥考古发掘到新石器时期的独木舟距今约 7000 ~ 8000 年。《中国文物报》于 2003 年 3 月 21 日以“跨湖桥遗址发现中国最早独木舟”①为题发表了浙江省文物考古研究所蒋乐平等 4 位考古学者的专题文章。我国著名船史专家席龙飞教授为此撰写题为“八千年前独木舟凸显中国舟船文明辉煌”②特稿刊登在 2004 年 2 月 27 日的《中国水运报》上。笔者有幸读到跨湖桥遗址考古发掘队 2003 年 1 月的“跨湖桥遗址 2002 年发掘简介”③并到实地考察了出土独木舟，事后也曾撰文但未投刊，今因好友提及而重新整理拟就小文粗述拙见以求学者赐教。

一 中华第一舟

跨湖桥遗址出土的独木舟“保存基本完整，船头上翘，比船身窄”④，且“弧收面及底部的上翘面十分光洁”⑤，在“离船头一米处有一片面积较大的黑炭面，东南侧舷内发现大片的黑焦面，西北侧舷也有面积较小的黑焦面”，“船头留有宽度约 10 厘米‘挡水墙’，已破缺”，“船体较薄”⑥。这里的“上翘”且“窄”、“挡水墙”都是独木舟舟体形状特征，“这些黑焦面当是借助火焦法挖凿船体的证据”⑦，是独木舟挖凿工艺的明显反映，跨湖桥遗址出土了一条独木舟是确定无疑的。

据“碳十四年代测定，跨湖桥遗址的校正年代在距今 8000 ~ 7000 年间”，“树轮校正后的年代约距今 7500 ~ 8000 年”⑧，这是中国出土距今年代最早的独木舟。自 1956 年至 1979 年在我国境内先后出土的独木舟计有 35 条布及 25 处之多⑨。跨湖桥独木舟连同这些出土的独木舟对某些外国学者认为“中国木船是直接从筏发展而来”⑩的偏见作出强有力的批驳，雄辩地证实了中国舟船龙骨的存在。

这 35 条独木舟中距今年代最早的要算“1979 年山东长岛县大黑山岛”出土的一条“4000 年前”的独木舟了，但它“只保存舟尾残部”，而 1977 年山东荣成出土一艘“舟体保存基本完好”的独木舟也只是商周时代的[11]。跨湖桥独木舟是新石器时代用火烤和石锛挖掘制作出来的距今年代最久远的独木舟，目前将距今约7500～8000年新石器时代的跨湖桥独木舟称为“中华第一舟”当之无愧。

在独木舟舷侧加木板则演变成木板船，木板船比独木舟在稳定性和装载容积上有着质的提高。木板船的产生至少应具备三个技术条件才能实现：其一，制板技术；其二，木构件连接技术；其三，确保连接部位不渗漏水的捻缝技术。独木舟是木板船的基础，独木舟的制作技术直接关系到木板船的产生和发展。跨湖桥“独木舟的东南侧堆放着许多基本与船体平行的木料与木板”[12]，说明当时已能制板，河姆渡遗址已有干栏式建筑，可见当时已具备了制板和木构件连接技术，虽然目前尚不清楚最原始的捻缝材料是什么，捻缝技术产生何时，但跨湖桥独木舟的出土动摇了木板船最晚是殷商时代的产物的推论[13]，木板船产生年代有可能比殷商时代更久远。

二 石锛是刳木为舟的有效工具

人类在生活实践中学会用燧石器打击出火，用火烧烤要削去的那部分木质使其成炭木，以便石斧容易砍削，火和石斧并举得以制作独木舟，正如恩格斯所说“火和石斧通常已使人能够造独木舟”[14]，若恩格斯所说的“石斧”不是指广义概念上的石器工具的话，那么以砍削为主的石斧作业对制作独木舟来说确实只是“能够造”而不能说成很有效制造。

跨湖桥独木舟遗址出土“数件石锛柄、石锛、石器崩片、砺石”[15]且石锛的数量远比石斧多，这表明新石器时代先人已经使用石锛制作独木舟了。用火和石锛来刳木为舟是独木舟制造技术的重大进步。制作独木舟用石锛要比石斧有效的多，因为石锛适用于挖凿作业，而挖木正是制作独木舟的主要作业工艺。

为什么石斧利于砍削而石锛便于挖凿呢？仔细观察可以发现石斧和石锛在结构上和作业机理上有着根本的区别。石斧的刃面与石斧柄是在同一平面上，石斧刃边与石斧柄平行，手握斧柄挥动石斧，当石斧刃接触到被烤焦的炭木时，炭木就被砍削下来，往往会采用左右斜砍的办法来达到提高砍削效果的目的；石锛的刃面与石锛柄是成垂直或存在略小于90°的夹角，石锛刃边与石锛柄相垂直，当握柄挥锛使石锛刃边入木后只要抬动手柄后端就很容易挖去炭木并将其扒开。石斧在斜砍剥落炭木时，在它的手柄上不可避免地产生手柄轴向转动力，而石锛作业时这种转动力不会存在，这是石斧作业比较费力的原因之一。尤其在沿独木舟纵向面作业时，石锛更胜一筹。生活经验告诉我们，当独木舟被砍挖得越深舟体就越窄。这时作业面宽度受到了限制，石斧就不便于左右斜砍了，而以挖木为主要作业的石锛却不会受此影响，砍挖得越深石锛的优越性越明显，石锛比石斧利于深挖。石锛容易扒剥深处炭木，对独木舟加工面的光洁加工也优于石斧。总而言之，制作独木舟石锛比石斧更有效、更先进，石锛是石斧的进步。当然，独木舟的制作过程中石锛和石斧往往会配合同时使用。

新石器时代独木舟制造技术发展可分前后两个时期，即用石斧的初始时期和用石锛的成熟时期，初始时期仅做到能够制造，而成熟时期达到了能有效制造。石锛的使用是新石器时代独木舟制造水平达到成熟时期的标志。杭州萧山跨湖桥出土的“中华第一舟”就是新石器时代制造独木舟的成熟时期产品，可以预见，比跨湖桥独木舟更古老的独木舟日后会有发现的可能。

三 对独木舟出土情况的分析

1. 独木舟出土情况

这艘“独木舟……的东南舷侧，并列打入多根木桩，分柱桩与板桩两种，基本呈等距分布，经解剖的两根木桩均深入生土，船体的西北舷侧也发现木桩及柱洞。在离船头20厘米的底部，压有一根横木，中部的一根木桩旁，另有一根横木似被船体压断。从这些现象表明，独木舟当时是支放在由这些木桩、横木构成的架子上的。另外，独木舟的东南侧堆放着许多基本与船体平行的木料与木板……船体两侧还发现两件未见使用痕迹的木桨和数件石锛柄、石锛、石器崩片、砺石。从综合的现象分析，这应该是一个与独木舟有关的木作加工现场”[16]。“独木舟通体光滑，原始的斧凿痕迹不明显，可见是一条旧船，并非处于制作状态”[17]。以上出土信息简而言之：出土的独木舟是“一条旧船”，“当时是支放在由这些木桩、横木构成的架子上的”，“并非处于制作状态”，出土现场“是一个与独木舟有关的木作加工现场”。

针对出土独木舟的现场情况，很自然地产生两个必须要给以解释的问题，这就是：第一，独木舟为何支放在木架子上？第二，一艘“并非处于制作状态”的旧独木舟与加工现场有何关系？对此试做如下分析。

2. 一艘改作木槽使用的独木舟

假如一条“并非处于制作状态”的独木舟被支放在架子上正在进行，完全没有必要这样做的。因为修理或改装作业是很容易在地面上进行，若对舟底加工，也只需将舟身翻转就可以，解决这并不困难，根本没有将它支放在架子上的必要。因此，独木舟支放在架子上不是加工独木舟的需要而是另有所用。笔者以为一个符合情理的推测是，这艘旧独木舟是被改作木槽使用而被支放在木架上的。先民们把它当做一件长条形盛器用来盛放物品，它离地面有一定的高度不仅方便取用，对盛放易腐物品还有利防止受潮。若当时已有饲养牲畜活动，那么这木槽被用作喂养牲畜的食料槽再好不过了，这种可能性似乎更大。旧独木舟确实是木槽的理想代用品。遗址出土的“以纵横木条作撑骨的苇草类编织物”[18]，也有可能是用来遮盖木槽口的。

论至此时必定会问，一条航行在水面上的独木舟为何改作木槽使用呢？难道木槽比独木舟更需要吗？当然不是这样，而是因为这艘独木舟存在着两个主要技术缺陷使它难以继续在水上正常使用。第一，在通体光滑的独木舟“船底樟节处有一个破洞”[19]当然会使舟体漏水；第二，从该独木舟残宽和舟体形状推测舟宽并不太大，稳定性很差，狭窄的独木舟极易倾翻。先民因该独木舟的漏水和不稳就不得不将其改作他用，最合适的莫过于将它当做木槽使用了。

3. 一艘旧独木舟与加工现场

既然独木舟“并非处于制作状态”，那么，独木舟两侧“发现两件未见使用痕迹的木桨和数件石锛柄、石锛、石器崩片、砺石”[20]的石器工具该作如何解释呢？拙见以为，支放独木舟的“由这些木桩、横木构成的架子”[21]也是需要进行必要加工的，哪怕是简易的和粗糙的加工；再说在遗址处有过制作木桨等木质物品的活动也在情理之中，不足为奇；也不排除在此址制作过包括该出土的独木舟在内的独木舟的可能，因为制作独木舟并没有多大的条件限制，造好了几个人将其抬或拖到河边就可以下水使用了。

由上所述，将独木舟出土现场视作“独木舟制作场”似乎不妥，更不宜说成“天下第一造舟工场”了，因为，出土现场并不具备专门用作制造和／或修理独木舟且配有专门制造工具的性质，它还不具这种专门性。

四 结论

由上研讨可得出结论如下：

1. 2002 年杭州萧山跨湖桥出土的独木舟是我国出土的距今年代最早的新石器时代独木舟，堪称“中华第一舟”。

2. 由制造木板船的技术条件分析，推断木板船出现年代有可能提前。

3. 制作独木舟石锛比石斧更有效、更先进。杭州萧山跨湖桥出土的是新石器时代制造独木舟的成熟时期产品。有望日后发现年代更久远的独木舟。

4. 出土情景表明它是一艘支放在木架子上的旧独木舟，推测它有被改作木槽使用的可能。

5. 出土现场还不能视作独木舟制作场。

“中华第一舟”是辉煌的中国舟船文明最有力的见证，它在中国灿烂的舟船文化中占有重要的一页，它对船舶技术发展史的研究价值和文物价值不言而喻。

注释：

① 蒋乐平、朱倩、郑建明、施加农：《跨湖桥遗址发现中国最早独木舟》，《中国文物报》2003年3月21日。
② 席龙飞：《八千年前独木舟凸显中国舟船文明辉煌》，《中国水运报》，2004年2月27日。
③ 跨湖桥遗址考古发掘队：《跨湖桥遗址2002年发掘简介》，2003年1月。
④ 蒋乐平、朱倩、郑建明　施加农：《跨湖桥遗址发现中国最早独木舟》，《中国文物报》2003年3月21日；跨湖桥遗址考古发掘队：《跨湖桥遗址2002年发掘简介》，2003年1月。
⑤ 同④。
⑥ 同④。
⑦ 同④。
⑧ 同④。
⑨ 王冠倬：《中国古船图谱》，三联书店，2004年，第19~20页。
⑩ 戴开元：《中国古代的独木舟和木船的起源》，《船史研究》第1期，第14页。
⑪ 同⑨。
⑫ 同④。
⑬ 杨櫆：《中国造船发展简史》，《中国造船工程学会1962年年会论文集》（第二分册），国防工业出版社，1964年，第2页。
⑭ 恩格斯：《家庭、私有制和国家的起源》，《马克思恩格斯选集》第四卷，人民出版社，1972年，第9页。
⑮ 同④。
⑯ 同④。
⑰ 同③。
⑱ 同④。
⑲ 同③。
⑳ 同④。
㉑ 同④。

图说独木舟

龚昌奇
（武汉理工大学 武汉 430063）

独木舟（Canoe）是一种利用单根树干凿成的小舟，需要借助桨驱动。独木舟具有制作简单、不易漏水的特点。独木舟是人类最古老的水上交通工具之一（另一种是筏子）。独木舟逐渐演变成木板船，木结构船，直至今天的各类船舶。可以说，没有独木舟，就没有现代舰船。

从目前考古发掘研究可知，独木舟发明到现在至少已经有 8000 年的历史了。各个不同地域的人们各自对独木舟不断加以改进，还出现了将两只独木舟连在一起的双舟船，还发明了安装在舟体上的减摇装置和边架体舟。

一 中国出土的古代独木舟

中国东部沿海的东夷人，自古就在大海上活动，创造了龙山文化和百越文化。这两种文化与中原的仰韶文化，成为哺育中华民族文化的三个摇篮。百越先民也是使用独木舟最早的族群。传说中国早在黄帝时期就制造、利用独木舟了："伏羲氏刳木为舟，剡木为楫，舟楫之利，以济不通。"（《易 · 系辞下》）

至今，我国已出土多条古代独木舟：

1. 余姚县河姆渡木桨

1973 年在浙江余姚县河姆渡村发现了一处距今 7000 年的新石器时期远古居民的遗址。遗址中发现了六支木桨，都是用整块木板制成的。一支残长 0.6 米，宽 0.12 米，叶长 0.5 米，柄上刻有横线与斜线组成的几何形花纹。另一支木桨残长 0.92 米，整体细长扁平，像柳叶一样（图 1）。说明先民们已会剖制木板，已具备了向制造木板船发展的条件。

图1 河姆渡木桨

在木桨附近还搜集到一具夹炭黑陶质的独木舟模型，经测定都是7000年前的遗物，与《周易》所说“刳木为舟，剡木为楫，致远以利天下”互相印证，可以断定独木舟出现的下限时间约在七八千年以前。

2. 浙江跨湖桥独木舟

浙江萧山跨湖桥独木舟年代距今8200～7800年。伴随着独木舟的出土，还发现有石锛和与之相配套的木柄。在独木舟的近旁，不仅有相当数量的木材，更有两把正在加工中的木桨。跨湖桥独木舟的发现证明：中国的舟船文化发端于距今约8000年以前。

3. 浙江临平茅山独木舟

茅山遗址位于余杭区临平西北的上环桥村村北。2009年7月起，浙江省文物考古研究所和余杭博物馆联合对茅山遗址进行考古发掘。在临平茅山遗址南部一条通往北侧村落的南北向古河道中，发现一艘独木舟。独木舟局部稍有残缺，但基本保存完整。头尖尾方，全长7.35米，最宽0.45米，深约0.23米，由整段巨木凿成。这是首次发现良渚文化独木舟，也是国内考古发掘出土中最完整的史前独木舟，距今约5000年。

4. 信阳市息县商代独木舟

2009年7月，信阳市息县第三次全国文物普查队在城郊徐庄村庄的淮河西岸河床下发现一条独木舟。信阳市文物局于2010年2月22日至26日进行了发掘。

独木舟长9.28米，最宽处0.78米，高0.60米。舟体两头略窄，呈方状，其中一头有一方孔，长0.13米，宽0.10米，由一段圆木加工而成，保存较为完整。经北京大学有关单位碳十四测定，其年代为3185±40～3170±35年，树轮校正后年代为3500年，是我国迄今考古发现商代以前最大的独木舟。

图2 武进县奄城乡独木舟出土现场

5. 江苏省武进县奄城独木舟

1958年在江苏省武进县奄城乡曾发掘出一支长11米，宽0.9米，内底宽0.56米，深0.42米的独木舟（图2），是用一整段大圆木凿空而成的。据考证，这是春秋时期的独木舟。这也可与“刳木为舟”的记载相印证。1965年前后在奄城又陆续发现两条独木舟。据考证，也是春秋时期的。其中一条尖头敞尾，看上去似乎只有半条，实际却是一只完整的独木舟。

图3 钦州独木舟

敞尾，没有尾封板，建造起来容易。船靠岸时，上下也方便。航行时，人靠前坐，头重尾轻，敞尾翘在水面上，也没有进水之虞。

6. 广西钦州独木舟

2009 年 8 月初，广西钦州市博物馆文物普查人员于钦北区大寺镇下缸瓦窑村征集到一条独木舟。这条独木舟长约 13 米，最宽约 1.08 米，最深约 37 厘米。从实物来看，独木舟仍有明显的火烧痕迹（图 3）。应该是年代比较久远的了。

7. 福建连江独木舟

1973 年在福建连江县山堂村出土了一条独木舟，尾部稍残。长 710 厘米，首宽 120 厘米，尾宽 160 厘米。用整根樟木挖成，经碳十四测定距今 2170±95 年，为西汉时代。

8. 广州化州县石宁村出土六条独木舟

1976 年在广州化州县石宁村出土六条独木舟。据测定断代为距今 1745±86 年的东汉时期。其中三号舟最大，但残破过甚。二号舟最小，但保存较好。二号舟长 500 厘米，中部宽 50 厘米，深 22 厘米。舟内有金属工具砍凿过的痕迹。两弦内侧有七道左右对称微微突起的木棱，将全舟分为八个隔断，但隔断间距大小不等。舟首右侧有裂缝，用 H 形木榫接合。

9. 东汉画像砖石中也绘有许多独木舟的图形

10. 广东茂名出土千年独木舟

广东茂名化州出土的独木舟，经考古专家考证，推断该独木舟大约已有 1500 多年历史，估计为南朝产物。

据测量考证，该独木舟长 7.62 米，宽 0.99 米，深 0.6 米。舟体为铁木，木质坚硬，树龄至少有 1000 年以上，特别是独木舟的制作手工精细，造型美观。

11. 淮北柳孜运河遗址发现的唐代独木舟

1999 年 5 月淮北柳孜运河遗址中 ，在仅 900 余平方米的发掘范围内，共发现 8 艘大小、结构各不相同的沉船。这是中国大运河考古的首次重大新发现，也是中国发现唐代沉船最多的一次。这些古船多顺河道方向，头西尾东沉没，并埋藏在大运河南岸的宋代堤坝下。其中 2 号船是一条独木舟由用一棵硕大的原木整体雕琢而成。2 号沉船出土，船口向北倾斜，船体保存完整，附件均损毁不存，长 10.6 米，船体两头窄，中间宽，近尾部舱宽 122 厘米，头宽 52 厘米，尾宽 80 厘米，舱内腔深 70 厘米。船体呈大半个圆弧形，船舷厚 6 ～ 7 厘米，头和尾的底部上收，面部稍上翘。船尾中间加板帮衬，采用叠接法双排铆钉固定。在船头的左侧壁与尾舱的两侧有修补现象，修补是用木板从外贴上加铆钉固定。

12. 山东平度隋代双体船

1976 年山东平度县新河乡大苗家村里泽河畔出土一条双体船。出土地点北距渤海湾仅 15 公里，在当时为海滩，似为江海两用船。船体残长 20.20 米，通高 0.56 米，最大宽 2.82 米，片体宽 1.05 米，中间板宽 0.76 米。每船用三段木连接而成。两船身外侧均榫接，两船间有横梁及厚大之木板连接。从遗存的伏梁及其竖孔可见其上尚有篷、庐之类。船体各部位除用榫接外，均用圆头方形截面长 0.2 米的铁钉钉合，并用麻皮、油灰堵塞缝。根据同时出土的 2 枚 5 铢铜钱及瓷片推断其为隋代遗物。

另外，湖北江陵、江苏扬州、山东莱州、广东台山和揭西、福建泉州、浙江宁波和温州以及中国台湾地区都相继出土过古代的独木舟。

二 国外出土的古代独木舟

原始的独木舟几乎在全世界都有发现。

在英国约克郡一个沼泽里，发掘出了一支公元前 7500 年的木桨。这支桨一定是用来划一种中间掏空的独木舟的。在英国发现的一只独木舟，长达 16 米，宽 1.5 米。

1. 英国林肯（Lincoln）郡的勃列格（Brigg）发现的独木舟

在英国林肯（Lincoln）郡的勃列格（Brigg）发现的用栎树杆切割而成的独木舟，内部有若干在木料上凿出的横向肋骨与舟体连成一体。这是退化了的树皮舟骨架的痕迹。

2. 荷兰格罗宁根发现的北欧独木舟

在荷兰格罗宁根（Groningen）的庇斯(Pesse)地区发现最古老的北欧独木舟，碳十四测年为公元前 6315±275 年。

3. 德国的轻质独木舟

1937 年在德国北部杜墨西（Dummersee）地区发现一艘公元前 3000 年前后，用针叶树制作的轻质独木舟。呈半圆形剖面，两端呈匙形，长 5.5 米，宽 0.6 米，舷高 0.25 米。距两端 1.2 米处各竖有两道隔壁，厚 0.12 米。

4. 瑞士勃约克运河发现的带舷侧板的独木舟

1947 年在瑞士东部的勃约克某运河河床中发现的带舷侧板的独木舟。其盆形船底板长 5.22 米，最大宽度 0.7 米，板厚 40 毫米，底部两端为长达 1.5 米的船材与之相连，这显然是两端舟体被切去后留下突出的有似龙骨的部分，欧椴木的船侧板用搭接方式连接于舟体之上。该独木舟代表古代北欧帆船的一种母型，实际原始的木板船就是在独木舟体上再加舷侧板过渡而来的。舷侧板宽 0.35 米，厚 22 毫米，各舷侧板之间用铁铆钉固定，在铆钉头下有粗纱（大约起捻缝作用），所有木板均用斧砍而不用锯子，舟体舭部有 67 公斤的石头压载，可增加稳性或用作碇。舟体加上舷侧板后长 7.22 米，宽 1.24 米，深 0.94 米。该舟乘员 4 人再加武装和给养，吃水达 150 毫米。

5. 波利尼西亚双体独木舟

公元前 2000 年前后，波利尼西亚人创制双体独木舟，常出没于太平洋中，这类舟体在大洋中航行比较平稳，挂上风帆亦不会倾覆（图 4）。

6. 韩国全罗道珍岛郡出土的中国宋代纵连式独木舟

1992 年在韩国全罗道珍岛郡出土一条中国宋代纵连式独木舟。舟身残长 1.685 米，残宽 0.34 厘米，残深 70 厘米。用三段樟木凿挖后纵向连接而成。舟内有六道隔壁，将全舟分成七舱。各部位之结合均使用子母榫。第四舱中保存一桅座。

7. 佛罗里达州出土的 1100 年的独木舟

美国佛罗里达州 2011 年出土了一条公元 1100 年的独木舟（图 5）。比哥伦布发现美洲还要早至少 600 年。

独木舟长约 12 米，最初是由一名业余考古学家在威登岛（Weedon Island）发现，据称是佛州迄今为止最老的独木舟了。

另外，在苏格兰境内佩斯地方的湖层里，发现独木舟；在瑞士和其邻近地区，也发现了新石器时代的独木舟；印度恒河流域和古埃及尼罗河流域都曾发现过古代的独木舟；而在古巴比伦（今伊拉克地区）幼发拉底河畔，曾发掘出一位阿拉伯王的墓葬，其中有一艘小巧的银制独木舟和一支桨，估计有六千年历史；在日本、俄国、埃及的考古过程中，都发现过独木舟。

图4 波利尼西亚双体独木舟

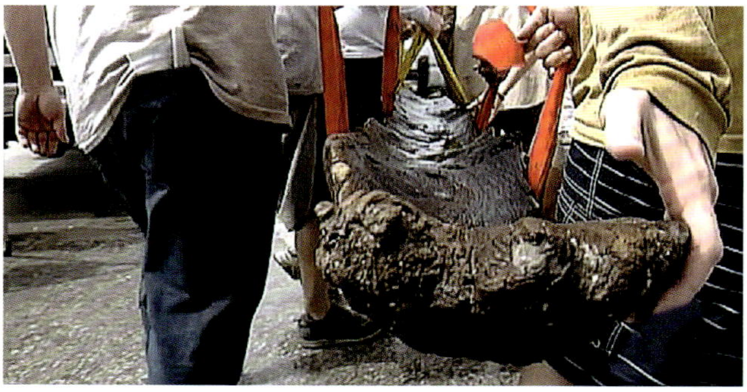

图5 佛罗里达州出土的1100年的独木舟

三 近现代各国原住民使用的独木舟

（一）亚洲各国及地区

1. 中国的独木舟（图 6、7）

2. 东南亚人的独木舟（图 8 ~ 10）

3. 阿拉伯人的独木舟（图 11）

图6 赫哲人使用的独木舟

图7 黄沙中的独木舟

图8 菲律宾爱妮岛的独木舟

图9 印尼巴厘岛科莫多公园内的独木舟

图10 所罗门群岛中伦内尔岛的独木舟

图11 巴士拉的独木舟

图12 尼泊尔的独木舟

图13 阿曼尼日瓦的独木舟

4. 尼泊尔的独木舟（图 12）

5. 印度人所用独木舟

6. 阿曼的独木舟（图 13）

（二）大洋洲各地的独木舟

新西兰的毛利族和太平洋其他波利尼西亚人的祖先可能来自中国。他们从台湾开始，利用独木舟从一个岛屿到另一个岛屿，一路穿越菲律宾和印尼，直达西波利尼西亚，再进入东波利尼西亚群岛和新西兰（图 14 ～ 17）。

（三）北美各国

在北美洲，当时独木舟是很普遍的，当地人用舷外装有支架的独木舟发现了太平洋中的玻利尼西亚群岛。现今当地民众还广泛地使用这种小船（图 18、19）。

古代北美更北边地区和格陵兰岛发现的爱斯基摩桦树皮独木舟、皮筏，用鲸鱼皮、水獭皮等材料包在骨头架子上而成的，由一个人坐着用双叶桨划，作为狩猎及交通工具，这种皮筏叫“KAYAK”，是爱斯基摩语，意思是“人船”。

图14 停放在夏威夷国家历史公园的玻利尼西亚人的独木舟有舷外支架

图15 巴布亚新几内亚的塞比克河上的独木舟

图16 巴布亚新几内亚的独木舟也有平衡架

图17 1935年大洋洲澳洲望加锡人的独木舟

图18 北美切罗基族印第安人独木舟

图19 南美印第安人两个独木舟靠上岸举行婚礼

图20 巴西帕拉戈米纳斯土著运动会上的独木舟

图21 南美印第安人的独木舟

（四）南美各国（图20、21）

（五）非洲各国（图22～32）

四 独木舟制作工具与工艺

（一）制作工具

“火和石斧通常已使人们能够制造独木舟”（恩格斯）。新石器时代，人类能够制造石斧、石锛等生产工具，也掌握人工取火和方法。火和石斧使人能够制造独木舟。

有段石锛是远古的造船工具，一般说来，它是长方扁形物，刃口斜削，似普通铁锛呈刨刀状，它与普通石薪不同处在于背面，即刃口斜上所向的一面不像正面那样平，而是中间隆起成一条横脊，把背面分成前后两部分，后部较薄，看起来像有两个阶段，所以叫有段石锛（图33）。

图22 赞比亚Mukoro的独木舟

图23 马达加斯加岛的独木舟

图24 莫桑比克的独木舟

图25 波札那三角洲的独木舟

图26 非洲马拉维湖独木舟

图27 非洲沙漠三角洲的独木舟

图28 加蓬卢安果独木舟

图29 喀麦隆矮人国独木舟

图30 塞拉利昂的独木舟

图31 南非欧卡旺哥的独木舟

图32 马达加斯加塔马塔夫（Tamatave）的独木舟

（二）原始制作方法

最早的独木舟结构极为简单，一般是捞取一段槽状树木并将其内部稍加整理，或者将一段树干砍挖成槽，然后削去外面的旁枝和树杈。当时制造独木舟的主要工具是石刀、石斧等，以如此简陋的工具制造独木舟，特别是在整段树干上挖槽，当然是困难重重，发现用火比石斧加工木材更为方便，所以制造独木舟时利用了火（图 34）。

图33 有段石锛

图34 欧洲人记载的独木舟制作方法

图35 现代人利用原始方法造舟

图36 削砍大木成材

图37 削砍烧过的大木

图38 砍凿成型

图39 准备下水

图40 脚料利用

中国人记载的“刳木为舟”就是制作独木舟的方法：选一根大树干，一般造独木舟要选直径在一米以上，长度在五米甚至一、二十米以上的大木才行。用石斧或石刀砍、削一个长槽，然后用火烧掉木屑，再砍、再削、再烧，直到长槽达到合适的长度、深度为止（图 35）。

非洲及美洲印第安人的一些部落，如今仍在按照古法制作独木舟。首先，取大木，砍凿树干，人们就用石斧、石锛、铀等工具，除去枝杈，将树干削平（图 36）。

为了让树干变得疏松，便于砍凿，村民用火烧烤需要的地方，直至烧焦，但怎么确保只烧到准备挖掉的部分而保留需要的舟体部分呢？在不需要挖空的部分涂上湿泥，用火烧烤未涂湿泥的部分，待呈焦炭状后，变得松软就可以用石器挖去。

这样的烧焦、挖的过程需要反复多次，才能凿成比较理想的形状（图 37、38）。

做独木舟是就近制作的，做好后就要大伙一起拖到岸边去（图 39）。

物尽其用，剩下的树枝就做成了船桨（图 40）。

独木舟是人类早期渡水的主要工具之一。也是木船最原始的雏形之一。了解它的过去和发展，是船史研究的课题之一，并具有重要的历史意义和现实意义。

中日独木舟及相关文物出现年代之比较

顿　贺
（武汉理工大学　武汉　430063）

中国和日本是当代造船大国，也是世界上造船古国之一，通过大量出土文物可以证明。本文介绍了两国出土的独木舟所处的时间，并进行了比较，说明中国出现独木舟的年代早于日本。

人类经过漫长的旧石器时代进入到新石器时代。新石器时代是以使用磨制石器和能烧制陶器为特征的，"它们给人类带来了独木舟和木制器皿"，"火和石斧通常已使人能够制造独木舟"。中国已发现多处新石器时代遗址，其中，以江西省万年仙人洞遗址和浙江省上山人遗址为最早，两处都是新石器时代遗址，距今都有一万年以上的历史。根据浙江省萧山县跨湖桥出土的独木舟，以此推测，中国出现独木舟年代应在距今8000～10000年之间。

中国出土的独木舟及相关文物的年代：

2001年，浙江省萧山县跨湖桥出土距今8000年的独木舟和两把正加工的木桨。

1977年，浙江省余姚县河姆渡遗址出土石斧、石凿、舟形陶器和6把木桨，其中一把为雕花木桨，距今7000年。

1973年，湖北宜都市红花套出土舟形陶器，距今5775±500年。

1979年，辽宁省丹东市三家店后洼出土的陶舟，距今约6000年。

1949年以前，大连市长海县广鹿岛吴家村出土舟形陶器残片，距今5375±135年。

1973年，大连市郭家村出土陶舟，距今约4000年。

1958年，浙江省吴兴钱山漾出土新石器时代木桨。

1958年，浙江省杭州市半山水田坂出土新石器时代木桨。

1979年，山东省长岛县大黑山出土距今4000年的独木舟。

1977年，山东省荣城县出土商周时代独木舟。

1983年，江苏省宜兴珠潭村出土春秋时代独木舟5条。

1984年，江苏省宜兴吾桥村出土春秋时代独木舟3条，其中之一船左右舷后半部凿有10个椭圆孔，舟内左右舷壁各附有木板与船体用木榫卯接。

1958 年，江苏省武进古奄城遗址出土春秋时期独木舟，舟底有两道横向微突台。

1965 年，江苏省武进古奄城遗址出土春秋时期独木舟 2 条。

1973 年，福建省连江县山堂村出土西汉独木舟。

1956 年，广东省黄花岗出土西汉独木舟。

1976 年，广东省化州石宁村出土东汉独木舟 6 条。

1964 年，广东省揭阳县出土东汉独木舟，舟尾有一孔。

1975 年，广东省揭西县出土汉代独木舟。

1974 年，广东潮安、怀集各出土 1 条独木舟。

1975 年，江苏省武进县万绥镇蒋家巷出土汉代古船，揭示了古代独木舟向平底木板船过渡的信息。

1964 年，云南省通海县杞麓湖出土汉代独木舟。

1970 年，浙江省温岭出土汉代独木舟。

1958 年，浙江温州出土东晋独木舟 4 条。

1976 年，山东省平度县新河乡出土隋代双体独木舟。

1979 年，上海市浦东川沙县川扬河故道出土隋代古船，上有横梁插孔，揭示了古代独木舟向尖底木板船过渡的信息。

1960 年，江苏省扬州施桥出土唐代独木舟，有 13 对放置梁的挖孔。

1978 年，浙江省宁波出土唐代独木舟。

1992 年，韩国全罗南道珍岛郡出土中国南宋～元纵连式独木舟 1 条，有 6 道隔舱壁，全舟分为 7 个舱。

自从人类使用金属工具以后，再也没必要用火烧烤，以石锛、石斧、石凿砍挖加工

图1 跨湖桥遗址出土的8000年前独木舟

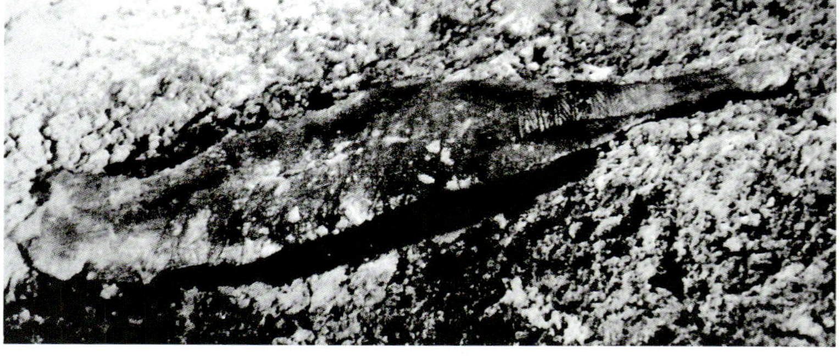

图2 河姆渡出土的7000年前的雕花木桨

独木舟了，施工变得方便，效率大大提高，又由于独木舟不像木板船需定期捻缝，涂装(中国用桐油)，甚至局部损不需换板，独木舟保养极简单，取材也容易，使用寿命长，在载量不大情况下，造独木舟也是一种好的选择，这就是独木舟在不同历史时期都会出现的原因，在云南省少数民族地区，直到近、现代都还造有独木舟，在山西省，前些年还有一些独木舟存世。

图3 加茂遗址出土的5500年前绳文前期独木舟

图4 千叶县畑町出土的绳文后期的独木舟

跨湖桥出土的独木舟表明，中国在距今8000年之前就制造了独木舟。从殷墟甲骨文得知，至少在商代出现了木板船，以木榫和竹钉、木钉连接。到了战国，开始出现用铁箍连接船板，秦汉时期普遍使用铁钉连接。东汉使用了船尾舵，除篙、桨、帆早已应用外，此期间还发明了橹，使用了杆锚。东晋义熙年间发明了水密舱壁和用轮形桨推进。唐宋出现了舭龙骨。在北宋使用了平衡舵，木石锚至少在北宋已经使用，此时期指南针已普遍用于航海。明代发明使用了四爪铁锚。秦汉到隋，船舶技术有一些重大发明，唐宋更加成熟，元明时期造船工艺更加先进，明代所造的郑和下西洋的大号宝船尺度、吨位之大古未有之，是集古代先进造船技术之大成的产物。

日本出土的独木舟及相关文物年代：

福井县鸟浜贝塚出土的绳文前期独木舟，距今约5500年。

千叶县加茂遗址出土的绳文前期独木舟，距今5100±400年。

千叶县加茂遗址出土的绳文前期桨，桨把做工精美，距今5100±400年。

近江八幡市琵琶湖畔出土的绳文后期独木舟7条。

千叶县畑町出土的绳文后期独木舟4条。

千叶县八日市场町出土的绳文后期独木舟。

千叶县下的印旛沼出土的独木舟（应属绳文后期）。

千叶县九十九里町出土的弥生时代的独木舟。

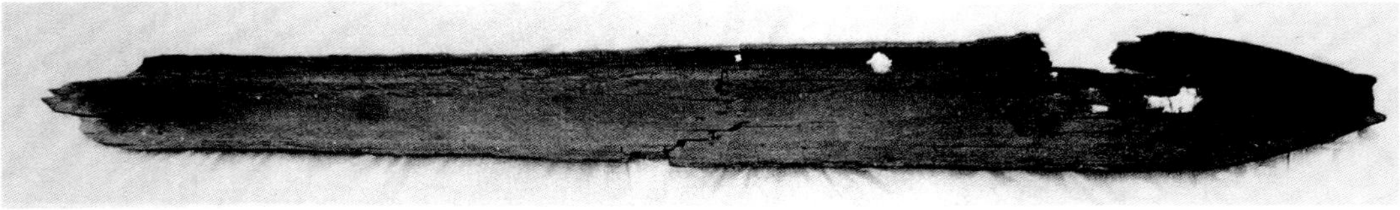

图5 日本福井县三方町鸟浜贝塚出土的绳文前期距今约5500年的独木舟

图6 日本千叶县畑町出土的绳文后期独木舟

图7 日本千叶县畑町出土的绳文后期独木舟

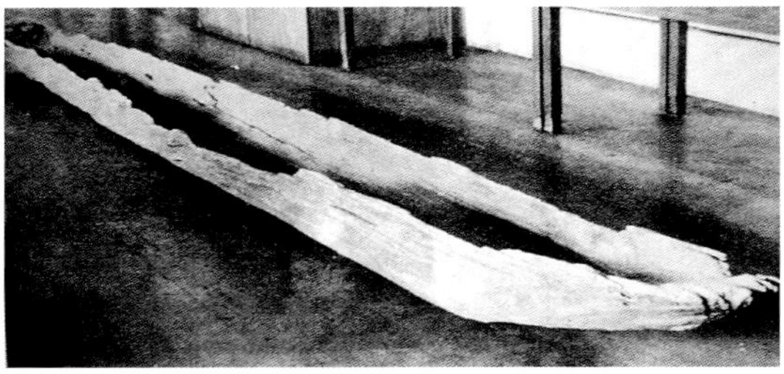

图8 日本千叶县畑町出土的绳文后期的独木舟

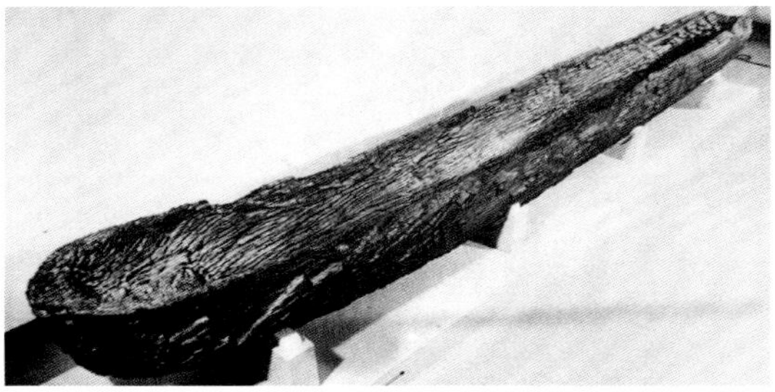

图9 日本千叶县九十九里町出土的弥生时代的独木舟

图10 西都原古墓出土的古坟时代的陶舟

图11 爱知县海部郡佐织町诸桑村出土的复合刳船（局部，属准结构）

茨城县结城出土古坟时代独木舟。

宫崎县西都原古墓出土的船模，属准结构船，上有支撑桨的桨柱（可能为古坟时代）。

奈良法华寺附近出土的陶船模，属准结构船，上有支撑桨的桨柱（可能为古坟时代）。

大阪市出土的复合船，属准结构船，用木闩连接船体独木部分，出现铁钉。

大阪市鲶江川出土的复合船，属准结构船，船体由四段独木加工连接而成，出现铁钉。

1838年，爱知县海部郡佐织町诸桑出土了闩式连接的准结构船。

日本在绳文前期，距今约5500年出现了独木舟，即“单木刳船”。到了弥生时代（中国秦汉时期），中国的青铜和冶铁技术、金属工具和水稻种子及其栽培技术同时传到日本，弥生时代可能出现“准结构船的祖型”，在古坟时代，出现了以二段、三段或四段木挖成叠合榫槽再用木闩连接的“准结构船”，准结构船又叫“复合刳船”，主体刳船式，主体之上用木板。准结构船在日本的很长一段历史时期成为主流。到了室町时代，出现了船主体也用木板，船体用称为下船梁、中船梁、上船梁的构件横向支撑，船底板至舷侧顶板，分别称为航、根棚、中棚和上棚，这种全木板结构的船称为“结构船”。“在日本，船尾舵的采用，最初是7世纪以后的遣唐使船”。在天顺六年（1786年），在大阪建造的“三国丸”使用了水密舱壁技术，称舱壁板为“关板”。

通过出土文物所处的时间对比，表明中国出现独木舟的年代早于日本。

浙江省萧山县跨湖桥出土的独木舟，在“刳木为舟，剡木为楫”的远古社会，单靠原始的工具和方法，能使该舟内表面光滑平整，板厚均匀，应堪称精品，是研究远古时期祖先制作独木舟工艺和技术水平的生动的实物教材。

萧山跨湖桥出土的独木舟，向世人进一步证实了：中国是航海和造船古国，长江、黄河都是中华炎黄子孙的母亲河，共同孕育了中华优秀的传统文化。跨湖桥出土的8000年前的独木舟，不但是中华第一舟，也是亚洲第一舟。其意义重大。

参考文献：

1.《考古学报》1963年第1期；《考古》1974年第5期。
2.席龙飞、周颖：《船文化》，人民交通出版社，2008年。
3.席龙飞：《中国造船史》，湖北教育出版社，2000年。
4.王冠倬：《中国古船图谱》，三联书店，2001年。
5.〔日〕石井谦治：《图说和船史话》，至诚堂，198?年。

6.《船史研究》，上海：中国造船工程学会船史研究学术委员会会刊，1985年第1期。
7.《二十世纪中国大事全书》，北京出版社，1993年。
8.《宁波文物集粹》，华夏出版社，1996年。

华夏第一舟及其文化传播

寿杨宾
（青岛市史志办公室 青岛 266071）

一

20世纪三四十年代西方出版的教科书，记载说“中国人自古不习航海”，实际上在西方地理大发现之前，郑和已七下西洋，航行太平洋、印度洋，一直到好望角；西方学者还考证说，郑和可能已到达了美洲，到达了澳大利亚！不过，郑和航海是和平之旅，没有抢掠一份财物，没有杀害一个无辜生命，没有侵占一寸土地；当西方由于航海开辟他们的殖民地，并以此炫耀时，郑和下西洋的许多事迹，竟要通过考古和文献来发现证实。

西方学者认为中国古代没有独木舟，这当然不是事实。关于制造独木舟，我国古人从利用葫芦到乘桴，再到独木舟的经历，古籍多有记载。诸如“包荒冯河”（《易经》），“包”即“匏”。“荒”，虚空。冯，渡水。意即抱着空心葫芦过河。“刳木为舟，剡木为楫，舟楫之利，以济不通”（《易经》）。“变乘桴以造舟楫，则是未有舟前，但乘桴以济矣”（《事物纪原》）。“见窾木浮而知为舟”（《淮南子》）。“先遂人氏以匏济水，伏羲氏始乘桴”（《物原》）。“水行而处，以舟为车，以楫为马，往若飘扬风，去则难从”（《越绝书》第八卷）。甚至传说，大禹曾主持打造了一条大型独木舟，并驾此舟辗转指挥治水十三年。

20世纪50代起，我国鲁、苏、浙、闽、广、川等沿海和内陆地区，陆续发掘出土了一只只独木舟或木桨。1958年，在江苏武进县奄城乡就出土了一只长11米、宽0.9米的独木舟。60年代，该地又先后发现两只独木舟，其中一只尖头敞尾，即尾部敞开，无封板，便于上下船以及搬运物品，应该是很独特难得一见的舟型。70年代，福建连江县也出土了一只长7.1米，方头敞尾的独木舟。经鉴定，时间上可确定是新石器时代的。在浙江，1958年在杭州半山水畈新石器遗址出土了木桨；在湖州吴兴区钱三漾新石器遗址出土了青岗木质木桨，桨翼呈长条形，呈长96.5厘米，宽19厘米。1973～1977年，在浙江余姚河姆渡发现了一处新石器时代遗址，遗存有6支用整块木板制成的木桨，有一支长0.6米（残），宽0.2米，叶长0.5米。另一支长0.92米（残）。还发现了夹炭黑陶质的独木舟模型，均属于河姆渡第四文化遗存，经测定，是距今7000年前的遗存。与古籍记载黄帝时代差不多属同一时期。80年代，在山东省长岛县海域，出土了一条独木舟，据专家测定，约距今4000多年，相当于龙山文化时期的产物。此外，在广东揭阳市新享大肚村古河道，亦出土了一段独木舟，属新石器时代晚期遗存。

二

那些西方学者的悖论，本于西方中心主义，本来就不值一驳。著名远古史代表人物美国人摩尔根早就指出，人类同一起源，而人类发展的每一阶段，都有相同的发现和发明，如人类蒙昧时代粗制石器的运用和火种的保存。就独木舟而言，摩尔根《野蛮时代的主要贡献》说："用石及骨制造的工具"、"用火的知识"、"包括树皮制的小舟及独木舟。"（摩尔根：《古代社会》，商务印书馆，1971年，第55页。）摩尔根还说："燧石及其他石材所制造的工具——其出现较陶器为早，并且在发展它的各种使用上也需要很长的时间——给人类以独木舟、木制容器及器具、终于在建筑上给人类以木材及木板房屋。"（摩尔根：《古代社会》，第20页。）恩格斯在1884年《家庭、私有制国家的起源》中，据此提出了"火和石斧经常已经使人能够制造独木舟。"（《马克思恩格斯选集》第四卷，人民出版社，1972年，第19页。）

而神州大地总是出人意料，让人耳目一新。

21世纪初年，在浙江萧山区跨湖桥考古又有了空前的发现。2002年11月出土的独木舟，残长560厘米，最宽处52厘米，深20厘米。在舟前部1米处舷舱内发现多处黑焦面。尤其是，据实物勘察证明，跨湖桥独木舟，是处在相当高级阶段，它的舱室板面平整，足可乘载四五人。众所周知，制造独木舟，首要条件是已能人工取火、用火，其次是石斧、石锛、锸等工具的出现；其制造工艺是，在无需加工部分涂以泥巴，仅在需要挖深部分过火，使之碳化，再用专用石器挖取。在新石器时代，每前进一步都要付出巨大的努力，要经过相对长的过程，而火的技术使用以及工具的组合使用，都说明时跨湖桥文化的先进性，这是令人扼腕惊叹的事情。经权威部门碳十四测定，其制造年代，距今8000年左右。可谓是神州第一舟！

跨湖桥独木舟与北欧荷兰发现的距今8300多年的独木舟，应为已发现的世界上最早制造的独木舟！但荷兰的独木舟未保存下来，那么世界上存世的独木舟，制作年代最早的，应数跨湖桥独木舟！

尤为珍奇的是，据报告，该遗存周围，出土了木质石锛柄、石锛、砺石、残木器等。

发现了许多木桩和柱洞，在东南侧堆放着木料和木板。在舟两边还有两支小木桨。木桩，辅以绳索，可固定独木舟，可以根据需要掌控独木舟的方向。木柱洞则留作备用。跨湖桥文化遗存标明，这里可能是一处独木舟制作的加工场。而其周边据说可能有若干村落。果如是，则说明独木舟制作已很平常，古人们使用独木舟亦很平常，独木舟驾驶技术和制作工艺已经较为成熟。而且，由于物物交换或生产生活的需要，对于独木舟的需求，可能已出现规模制作的萌芽。周边的村落可为造舟人们提供水、食品和歇宿，满足造舟人的需要。独木舟的制造，已因材质和需要而异。跨湖桥独木舟应是已发现之大舟，而造舟工场遗存的两支小木桨，当不属于该独木舟的配件，应是另外的较小独木舟的配件。——可惜，那条独木舟不在那里！那么，说跨湖桥人已可批量制作独木舟，当不为过。

如果真是这样，堪为天下第一造舟工场！

那么，这一遗存，甚至比天下第一舟、第二舟，更有价值！

三

跨湖桥独木舟，尤其是跨湖桥造舟工场的发现，不应该认为是孤立的，也就是说，跨湖桥文化不仅局限于独木舟、造舟工场，是与当时的社会形态、生产力水平紧密联系的。而且，这使我们对新石器时代早期，先人们的生活、生产、思维能力，他们的物质文化、精神文化的认识，与传统认识发生了质的突变。跨湖桥文化使我们震撼。

跨湖桥文化，向世界揭示了我们想象不到的，不敢猜想的事实。距今8000年前后，先人们处在农耕、渔猎、工商并生的社会。农业，遗存的1000多粒稻谷证明，8000年左右，已经播植稻谷，作为先人的口粮，同时菱实、酸枣也用以果腹。渔猎，已可近海捕获，而追袭猎物，已有弓箭。箭镞之材，有木质的、石质的、骨质的。手工业，已可慢轮制陶器，有罐、圈足盘、豆陶器等。其研制的彩陶，堪称是世界最早的。用蒲草编织的蒲席，经纬分明，做工精湛，与现代产品本质上没有差别，是用以苫盖防尘、防雨，还是用作帆，尚有很大的研究空间；此外，还有簸箕，疑是为竹篾制品。当然，还有木器、石器、骨器等的制作，甚至以动物或植物的胶汁粘补陶器。畜牧业，已经驯化野猪，饲养生猪；同时还养狗。医疗业，已发现药罐，用以熬制中草药剂。而针灸针具的出现，证明已用针灸疗病治病。艺术，已有朦胧的美学和音乐。跨湖桥人有审美观念，已懂艺术享受。在弓上涂以有彩色的图案，在陶器上涂以生漆，均可视为视觉艺术享受。骨笛的出现，表明原始音符飘扬天空，是为听觉艺术享受。特别是，乐之现，音之合，为和之源，其意义未可估量。

毫无疑问，这一切等等，展示了跨湖桥地区壮美的、先进的、和谐的原始文化。在这里，我们不能不承认对史前人类智慧和创造力认识不足，事实颠覆了我们的所谓定见和共识。而从此出发，我们可以猜想，当时的社会分工，以及商品交换——物质交换——物质劳动力交换，乃至商品价值的确定，都已经达到了一个相当高的水平。而且可以肯定，无论哪一阶段的原始社会形态，未达到过像跨湖桥文化提供的那样真实、充实、完美。应该认为，在原始社会形态下，制造独木舟是一项巨大的工程，是科技含量较高的工程，是设计理念和施工实践高度结合的工程；是劳动力组合和工具组合科学的工程；而跨湖桥文化揭示的农耕、手工业、畜牧业、医疗业以及反映人类思维能力和追求的美学和音乐，使独木舟的制造变得平常，也使独木舟制造工场成为现实。

这确实超乎人们的想象！

四

无论是约4700年前的钱三漾文化，约7000年前的河姆渡文化，约8000年前的跨湖桥文化，它们都不是独立的，不是偶然的。它们之间的连接，它们之间的相互关系，已经有所研究，但还有很大的研究空间，这应不成问题。钱三漾、河姆渡、跨湖桥文化，向南方地区的辐射，具体说即向闽、广辐射，这方面已有的研究和资料已相当丰富，也还有很大的研究空间。重要的是，以钱三漾、河姆渡、跨湖桥文化为代表的百越文化的拓展和延伸，不仅在我国沿海，亦向世界流动和传播。

在遥远的大洋洲的一些岛屿上，都发现了百越文化最典型的代表性的器具——有段石锛。这标明在新石器时代，五六千年前，百越文化已经远涉大洋了。有段石锛，是一种体型比较复杂的石器，它的特殊性和典型性，很容易和其他石器区分开来。由于它的特殊性和典型性，它制造的难度和先进性，使之不可能在同一时期在世界各地复制发生。美国学者约翰·亨德森著《太平洋地区手册》指出：大洋洲与菲律宾、台湾等到地语系关系密切，都是继承了5000年前中国东南路沿海地区的语言内容。在时间上，又是与钱三漾、河姆渡、跨湖桥为代表的百越文化，当然还有山东沿海的大汶口存在时代相吻合的。

进一步来看有段石锛的传播，由于近代发现的太平洋诸岛有段石锛的遗存，可以得出这些岛屿和百越文化的联系，是百越人漂洋过海把有段石锛带过去的。同时，由于有段石锛在拉丁美洲西岸的发现，亦可说明百越人通过难以置信的漂航手段和过程，将其活动范围，推进到了拉丁美洲西海岸。

根据前辈学者的艰苦努力和考证，今天，我们大致可以从海外百越文化遗存的分布状况中，看到百越文化向海外开拓的路径和图景。百越文化，是随着两条海流向东漂移渡过太平洋的。

第一条是北太平洋海流，这条海流位于北纬30°以北的西风带，长年向东流。以北纬30°为基地的话，正是以钱三漾、河姆渡、跨湖桥为典型的百越文化的发生地，从此出发，通过夏威夷群岛之北，直对拉美墨西哥的瓜达卢佩岛附近。在夏威夷发现了大汶口人的遗存——典型的是偏刃石锛，亦为制造加工独木舟的专用工具——以及百越文化的“专利”有段石锛，证明了山东沿海的大汶口文化和百越文化乘此海流向东传播的事实。

第二条是赤道逆流。这种海流长年向东流，与南赤道洋流相遇后一分为二，一股继续向东；一股转而往南，形成东澳大利亚洋流，又转向东流，成为新西兰洋流，再交会于太平洋的西风漂流，一直向东，到达南美洲的秘鲁。近代在菲律宾、北婆罗洲、苏拉威西岛、波利尼西亚各岛均出土了大量有段石锛。以上各地恰好处在赤道逆流向东流的必经之路上。

有段石锛传播的时间是漫长的，它或许经历了近千年或几千年的漫漫长途，逐岛、逐地区、逐地理段，向前推进，直至到达波利西尼西亚各岛，甚至到达了拉丁美洲西海岸。当然，也许海外古人在接受先进的有段石锛后，参与了传递。

无论怎么说，这种发生在原始社会（新石器时代，无论是摩尔根所说的人类野蛮时期的哪个阶段，或者恩格斯所说的蒙昧时期或野蛮时期）的文化传承的交融，都应该引起我们深深的思考和敬意。特别是我们处在当今的高度文明时期，我们应该从中获得智慧和灵感，我们应该从中获得启迪和借鉴，那就是为了人类的前途，为了人类的进步与发展，我们应该做什么，怎样做。

五

如前所述，我国独木舟多有发现，而一些原始舟具如筏仍在使用。说明航运舟具历史久远，延续发展了数千年，是一脉相承的。但是，除了文字记载之外，相应的博物馆少之又少，中国航海博物馆近年才开放，地方上有登州元船馆、泉州宋船馆等。

这与我国向海洋进军的战略是不相应的，与我国作为一个悠久运史，堪称航运大国的地位是不相应的。所以，我认为应该以此为契机，把事情做大，有必要在萧山建立中国航运基地，设立航运研究院，筹建航运博物馆，策划航运丛书等等。这样，不仅有利于发掘研究跨湖桥航运文化，提升萧山乃至浙江的航运史地位，提升萧山乃至浙江的经济文化层次，对我国走向海洋、建设海洋强国更有重大的历史意义和现实意义。

跨湖桥独木舟的航海史学价值

孙光圻
（大连海事大学航海历史与文化研究中心　大连 116026）

2002年9月底，浙江省文物考古研究所在对萧山市跨湖桥独木舟遗址的第三次发掘中所发现的独木舟遗存，无疑是中外航海考古界的惊世奇迹。此举不仅刷新了中国考古界发掘出的原始航海工具的最早纪录，而且证实了独木舟是中国古船的两大源流之一，更兼形象地展示了中华民族滨海先民远古时期先进的造船工艺。从航海史学角度审视，跨湖桥独木舟遗存的学术价值，是怎么估计也不会过高的。作为一个航海史学工作者，我对浙江省考古界的这一光辉业绩，表示由衷的祝贺和钦佩。

下面，本文拟从中华航海文明起源、中国古船源流和中国远古造船工艺三个层面，对跨湖桥独木舟的航海史学价值略作论述，并提出一些本人的陋见，以求教正。

一　中华航海文明起源的最早实物见证

中国是世界上四大文明古国之一，拥有18000公里的大陆海岸线、6000多个岛屿和据《联合国海洋法公约》所规范的300万平方公里的海洋国土，自古以来就是一个航海自然条件相当优越的大陆性兼海洋性国家。

中华民族的航海文明起步极早，至少可追溯至遥远的新石器时代。然而，对于中国最早先民涉足原始航海活动的具体上限，迄今为止仍难作出一个准确的判断。人们在距今18000年北京山顶洞遗址中发现了鱼骨和贝壳之类的遗存，但这只能说明其时的中国先祖已开始与海洋发生接触，而这些水生动物的残存很可能是在滩涂或浅水中采拾而来的。

航海，作为人类一种特殊的生产与生活方式，必须依赖于一定的水上运载工具——船舶。虽然某些古文献有"燧人氏以瓠济水，伏羲氏始乘桴"①以及"包荒冯河"②之类的记载，但这种浸润式的"腰舟"或半浸润式的浮筏，缺乏作为船舶而存在的最基本要素——干舷，因而无法确保运载工具上的货物免遭浪涌波击，也就无法确保运载货物的干燥和安全。

那么，真正具有航海意义的原始水上运载工具究竟出现于什么时期呢？这是中外航海史学界的一个首要的研究课题。由于年代久远，那时以植物或动物为主要材质的水上运载工具能保存到今天实为不易，人们一般只能从凤毛麟角的珍贵遗存和相关的岩雕、石刻、陶器及它们的形态和纹饰中一窥端倪，并加以推测和研究。

从世界范围考察，这些史前期水上运载工具的遗存，较多地反映在埃及最古老法老王朝的岩雕和陶饰上，但这些捆绑编织而成的艏艉尖而细长的埃及纸草船并非是最早的水上运载工具，其制作年代大致在公元前4000年前后。考古证据表明，丹麦的斯加伦特和英格兰的约克郡出土的远古小船残骸，其制作的时间可能还可上溯3000年左右，也就是说距今约9000年之遥[③]；而据一份外国文献透露，荷兰也发现过公元前6300年的独木舟[④]。因此，距今8000年左右的中国浙江萧山跨湖桥独木舟残存，虽然不能说是世界上最早的独木舟遗存，但完全可以说是世界上发现的最早独木舟遗存之一，其学术研究价值已经弥足珍贵。

当我们把研究视野放到国内考古发现时，跨湖桥独木舟作为迄今为止最早独木舟的学术地位就不可撼动了。据历年来我国考古界对中国远古独木舟发掘的报告以及相关的器物遗存（见附表一）可知，在跨湖桥独木舟发现前的较著名者，有20世纪50年代发现的浙江吴兴钱山漾独木舟桨（距今约4700年），有60年代发现的江苏武进独木舟（距今约3000年）、浙江省杭州水田畈独木舟桨（距今约4700年），70年代有浙江河姆渡桨和舟型陶器（距今均约7000年）、辽宁丹东、旅顺、长海等地的舟型陶器（距今约4000年至6000年）等。

从上述较为著名的远古独木舟遗存发现中可以看出，其多见于我国东南沿海地区，而尤以浙江沿海地区的发现最为集中和显赫。其实这正反映了浙江沿海地区是我国航海文明主要发祥地之一的历史本来面貌。按，浙江沿海地区濒临东海，河湖港汊连绵不绝，适为其地先民奠定了基本的原生态生活方式。浙江省河姆渡文化、良渚文化中所展示的与远古航海活动相关的众多器物与遗存，说明了生活在浙江沿海地区的先民——越人，正是中华民族中最具航海与海洋文化特质的航海民族之一。越人沿海临水而居，日常生活多离不开海洋。因其时常出没于水中，故有断发文身之习俗。断其发，可在潜海时轻便活动且不易被沉礁等勾住；文其身，则可形象龙子，混迹于水下食肉动物之间而不受伤害。史载越人“水行而山处，以船为车，以楫为马，往若飘风，去则难从”[⑤]，其对航海工具的依赖程度由此可见，故在浙江沿海地区频有重大航海考古遗存发现也就顺理成章了。

如果说，20世纪70年代河姆渡船桨的发现已将中国航海史可考的文明起源推进到距今7000年的新石器时期，那么21世纪初跨湖桥独木舟的发现，更将这一上限继续向前推进了1000年，这不可不谓是对中国航海史学的重大贡献。笔者在20世纪80年代编著《中国古代航海史》一书时，曾就器形与纹饰加工精美的河姆渡船桨问世推断说："最初独木舟的问世时期必将早得多。"[6]而今跨湖桥独木舟残骸这一实物见证的掘出，雄辩地说明了有据可考的中国航海文明史至少可上溯至距今8000年的新石器时期。这一发现，是对中国航海史学研究的一个令人振奋和难忘的杰出贡献。

二 中国古船源流的重大实物见证

跨湖桥独木舟遗存，不仅是迄今为止中国远古船舶的最早实物见证，而且也是独木舟作为中国古船两大源流之一的重大实物见证。

从世界航海史角度考察，由于人类基因的共同性，即使是生活在远古时代彼此分隔的相对封闭区域土地上的居民，其航海文明的萌生与演进也大体相当。古代航海工具的先祖形态主要有两大类，一类是用树干、竹子、皮革、葫芦等动植物肢体整合编织而成的浮筏，如木筏、竹筏、皮筏等，其特征是体型宽大平坦，筏底透水，摇摆性好，但几无干舷可言；另一类则是以整根大圆树干，经过原始加工而成的独木舟（当然还包括用细长植物茎编织成的埃及纸草船以及用较大型动物皮囊制成的原始皮囊舟等舟形运载工具），其特征是体型狭长，首尾略小，舟底水密，且有干舷，但摇摆性较差。泛而言之，大凡在大陆滨海临江生活的居民，以上两者原始水上运载工具兼而有之；而生活在小型海岛(如太平洋波利尼西亚群岛中岛屿)上的先民,则多以独木舟为其主要交通运输工具。

长期以来，特别是在20世纪50年代之前，由于中国鲜有远古独木舟遗存及其相关器物的发现，以及甲骨文中的"舟"字象形为平头平尾的"方舟"，因此在外国（特别是欧洲国家）的某些学者中存有一种观点，认为古代中国的木船是从浮筏直接发展而来的，船底没有纵通材质的龙骨。现在看来，这种观点显然是不符合中国航海考古发现事实的，而今跨湖桥独木舟残骸的面世，更是中国远古时代就存有独木舟的实物明证，它比河姆渡船桨更能说明问题。

实际上，中国古代的沙、浙、福、广四大主要船型是从独木舟和浮筏这两大原始水上运载工具发展而来的，而且越到后来，这两者的界限就渐趋模糊甚或消匿。远古独木舟所依托的大树干演变成纵向龙骨，再从两舷侧架以肋骨，配上船板与横隔木（或木板），就逐渐变成了一艘纵横强度俱佳，艏部较尖，中间较宽，具有很好稳定性和抗风浪性的主流型海船——浙船、福船和广船了。而远古的浮筏则在其原先渗水的筏体上铺以厚实木板，再上建水密隔舱，逐步扩变为方头平底，舱容宽大，摇摆性好的在江河上运输的主流型江船——沙船了。当然，在江河与沿海浅域，此类平底沙船也可以江船联运，如元代的北洋漕运所用的遮洋船，就是这样一种方头、方梢、平底的沙船型海舶。但就远洋航行而言，因其天气莫测，海况复杂，风浪激荡，要求船舶稳性很高，故应以浙、福、广船型海舶为宜。

据悉，跨湖桥位于今浙江省萧山上湘湖与下湘湖之间的葫芦颈地带，是一座跨连东西两岸的古桥。依历史地理析之，距今15000年全球进入冰后期，天气转暖，海浸回升，萧山一线当比近日更濒近杭州湾之钱塘江口。依相关考古报道观之⑦，跨湖桥独木舟残长560厘米，残宽52厘米，残深20厘米，舟体平均厚度在2至3厘米，船头上翘，宽约29厘米，船尾一端已损坏，整个舟体横向剖面呈底部弧形，纵向剖面主底部L型。我尚未具体实地调研，但据此初步推测，因独木舟的两舷较薄，且严重断损，故残存舱容应该很浅。如从复原角度考虑，该舟之两舷至少应高30厘米左右，整个舟长应约在700厘米左右，舟宽应约为70厘米左右，舟深应约为40厘米左右，长宽应约为10 ∶ 1，这在整个古代独木舟长宽比12左右至2.7左右不等的区间中，是较为狭长的一种。联系到公元前6000年左右萧山跨湖桥一线的航海自然条件与地理位置，可以认为这是一般当时浙江先民浅海沿岸捕捞采集和生活所用之独木舟。

三 中国远古独木舟造船工艺新突破的形象实物见证

跨湖桥独木舟另一重要的航海史学价值，是形象地展示了中国东南沿海先民打造远古独木舟的造船工艺及其新的突破。

在远古时期，人类建造独木舟从心动到行动真必经历了一个漫长的过程。《世本》"古者观落叶因以为舟"，《淮南子》"见窾木浮而知为舟"，这反映了先民在创造独木舟前的长期观察过程。无论是落叶还是窾木，它们在形态结构上都是有一定的排水体积，较之卷团树叶或实心树干更具浮力。然由于中空的窾木不但取材困难，而且质地松脆，在航行中易于损坏，造成海难事故，故而人类的祖先就必会去挖空树干一部分以增加浮力的尝试。而这种尝试在旧石器时代应用自然工具（如天然石块）的状态下是难以奏效的，这只有到了能以人工制造坚硬尖锐加工工具的新石器时代才有机会成为可能。因此，从世界范围看，东西方所掘出的远古独木舟几乎都产生于新石器时代。正如恩格斯所说的，"火与石斧通常已经使人能够制造独木舟"⑧。这种火与石斧相结合的造船工艺，就是中国古籍所说的"刳木为舟，剡木为楫"⑨。

“刳木为舟”是一项极为艰辛且旷日持久的造船工艺。首先，要选择一棵合适的大树，要求其笔直挺拔，树围宽大，材质坚韧且易于加工。然后，将其砍倒，削去枝叶，留取树干待用。接着，再用石斧、石刀之类的新石器工具在树干上凿出一条纵向长槽，继而一点一点地凿挖出中空的舟容部位。但由于树干一般很硬，原始的新石器也难以凿削，因此，先民们就将不要挖去的部位涂上湿泥巴，而把要挖去的部位先用火烤焦，使之成为较为松脆的炭木，然后再用石斧之类的工具将敲击凿掉。这道火与石斧相结合的工艺即所谓“刳”应该说，要经过不知多少次反复的“刳”。一艘原始独木舟才能面世。

从跨湖桥独木舟遗存分析，它基本上也是应该运用这样的加工工艺制成的。

其一，据报道，其材质为马尾松，该树种属亚热带适生树种，要求温暖湿润的气候和肥沃潮湿的土壤，正是远古浙江沿海濒河一带的常见树种之一。且马尾松为常绿乔木，高度可达40米，胸径可达1米，树干挺拔，树冠稀疏，木材纹理笔直，硬度中等而有弹性，适为建造独木舟之良佳材质。按，据前述之跨湖桥独木舟残存体型与复原估测，完全可以从原生态的马尾松树林中选得一棵适宜加工的树木，然后砍取一段树干作为加工独木舟之对象。

其二，据报道，独木舟内有大小的黑焦面各一处，这应是火与石斧混合加工的痕迹。据笔者推析，值得更为注意和重视的是，跨湖桥独木舟的加工工艺，应可在原始火与石斧的“刳”式加工基础上，有了新的进展与突破。当然，在从树干到独木舟的基础加工中，可以认为还是用火烤斧削的，因为这种加工工艺可以较为方便和快捷地凿去较大体积的树木内部木材，加快造舟总体进度。但从跨湖桥独木舟内部底板如此平整光滑的特点分析，很可能在第一道“刳”式粗加工程序之后，又应用了纯粹用石斧砍削的精加工程序。因为在舟体的底板上几乎看不到火烤焦黑的痕迹，如果这也是用火与石斧“刳”成的，则无论舟中载人如何自然磨蹭，亦是难以达到如此光洁效果的。

之所以认为跨湖桥独木舟的二次加工工艺流程是可能和可行的，除上述舟底平整光滑的形态特征外，还可以从以下得到论证：

与跨湖桥独木舟残存同时出土的还有一堆木头，其中有加工为整木和剖木的半成品。而剖木是不可能用火与石斧“刳”成的，它们必须是用刃面更为平直和锐利、凿削效能更为成熟的新石器来加工的，而这种新型石斧就是该时代浙江沿海地区普遍使用的“有段石锛”。这是一种专门用来造船的新石器“利器”。

关于有段石锛，据有关专家在20世纪50年代的研究[10]，其在中国大陆沿海地区多有分布，浙江省良渚、钱山漾、茅湖、温州等地的先民，均广泛使用此类新石器工具制造独木舟。20世纪70年代，在浙江河姆渡系文化遗址中就发现了众多的有段石锛。所谓有段石锛，与普通的石锛既类似又不同。类似者，其器形均长方形的扁形物，刀口斜削似锛，一如刨刀状；不同者，其背面不如正面平坦，而是中部隆起，成一横脊将背面分为前后两部分，前部较厚，后部较薄，看起来有两个阶段，故名有段石锛。这种石器可以装柄使用，力臂较长，着力较普通石锛大，易于凿削树木，故“沿海地方或岛屿地方，有需要造独木舟之处，尤其需要”[11]。鉴于考古文化类型探析，跨湖桥文化是河姆渡文化的一个地方类型，且年代与河姆渡文化晚期相当，则完全有理由推测，跨湖桥独木舟是浙江沿海地区先民，以“弓钻”为取火烧烤工具，以有段石锛为凿削工具，并经过“刳”与削两道加工工艺制作而成的。这形象地证实了其时其地，中华民族的远古造船工艺已有了新的发展与突破。这在中国航海史与中国造船史上均有重要的考古与学术价值。

最后，基于上述分析，我认为，跨湖桥独木舟是迄今为止发现的中国航海史上最早的独木舟，但绝不是中华民族建造的最早独木舟。可以深信，中国考古界在掘出跨湖桥独木舟遗存的基础上，必将会有更加精彩和更加珍贵的发现。

注释：

①《物源》。

②《易经》。

③ 参见〔英〕彼得·肯姆编，黄民生、孙光圻译：《船舶与航海百科全书》，大连海运学院出版社，1989年。

④ 参见席龙飞、宋颖撰著 《船文化》，人民交通出版社，2008年。

⑤《越绝书·记地传》。

⑥ 孙光圻著：《中国古代航海史》，海洋出版社，1989年。

⑦ 综参楼卫《“世界第一舟”——萧山跨湖桥遗独木舟及其遗迹》，《浙江文物》2009年第5期等。

⑧ 恩格斯：《家庭、私有制和国家的起源》。

⑨《周易·系辞》。

⑩ 林惠祥：《中国东南亚新石器文化特征之一：有段石锛》，《考古学报》1958年第3期。

⑪ 同⑩。

附表一 独木舟遗存与有关文物表

出土时间	出土地方	出土文物的名称、型制与内涵	文物断代
1954年	四川昭化和巴县	20余座船棺木。船棺长5米余，宽1米余，平底，方头方尾，整木挖成	战国末期至西汉
1956～1958年	浙江吴兴钱山漾	独木舟桨一支。桨翼呈长条形，长96.5厘米，宽19厘米，稍有曲度，柄长87厘米，青冈木制成	距今约4700年
1958年	江苏武进	独木舟，长11米，口宽0.9米，内底宽0.56米，深0.42米，舟形如梭	春秋战国
1958年	陕西宝鸡	彩陶舟形壶。两头尖，底呈弧形，腹宽而外突，侧绘渔网形花纹	新石器时代
1958年	浙江温州	四艘独木舟。其中一艘长7.8米，中宽0.64米，深0.20米	晋代
1960年	江苏扬州	独木舟。长13.65米，宽0.75米，深0.56米，楠木制成。舷侧有十三对横梁孔	唐代
1964年	广东揭阳	一艘独木舟。长约12米，宽1.5米，舱内四道隔板，尾部一孔，楠木制成	未详
1965年	江苏武进	两艘独木舟。一般长4.34米，宽0.75米，深0.56米，底厚0.06米，一段尖翘，另一端呈U型开口，似一残段。另一艘长7.35米，宽0.8米	距今约3000年
1970年	浙江温岭	独木舟。残长7.2米，中宽1.1米，舱深0.5米，舟体有火烧加工痕迹	未详
1973年	福建连江	一艘独木舟。长7.1米，首宽1.2米，尾宽1.6米，樟木刳成	距今约2170±95年
1973年	湖北红花套	舟形陶器。方头方尾，两端略翘，矩形槽体，底呈弧形	距今约5775±120年
1974～1978年	浙江宁波	独木舟。长11.3米，宽0.92米，舷侧有对称的横梁孔	唐代
1973～1978年	浙江余姚河姆渡	六支独木舟桨。有一支残长0.6米，宽0.12米，厚0.02米，叶长0.5米，柄上刻横线与斜线组成的几何形花纹。另一支残长0.92米。全器细长扁平，如柳叶状	距今约7000年
1973～1978年	浙江余姚河姆渡	舟形陶器。长7.7厘米，高3厘米，宽2.8厘米，两部尖，首部有系缆孔，尾部微翘，底部弧形，夹炭陶质地	距今约7000年
1974年	广东潮安	一艘独木舟	未详

1974年	广东怀集	一艘独木舟	未详
1975年	广东揭西	一艘独木舟。长约12米，宽约1.5米，舱内设四道隔板，尾有一孔	未详
1975年	江苏武进	一艘独木舟，船底板用三段木板插榫构成，舷侧板以独木剖半，舷底之间用榫接卯合连成一体	汉代
1976年	山东平度	双体复合独木舟。总长约23米，总宽2.8米，上铺甲板，设上层建筑	隋代
1976年	广东化州	六艘独木舟。其中2号舟基本完整，长5米，中宽0.5米，深0.22米，首尖尾平，底呈鸡胸型，形制如梭，首尾略翘	距今约1745±100年，东汉
1979年	上海川沙	一艘独木舟。船底由三段巨木插榫搭接，两侧复钉舷侧板	唐代
	辽宁丹东	舟形陶器。长13厘米，宽约5~5.6厘米，高2.2厘米，长条，圆形，横剖面呈半圆形。夹砂红陶	距今6000年以上
	辽宁大连长海县	舟形陶器残半件。长条形，首尖上翘，平底，长7厘米，宽1.5~2厘米	距今约5000余年
	辽宁大连旅顺	舟形陶器。夹砂灰褐陶，呈长条椭圆形，平底	距今约4000年
	山东庙岛群岛大黑山岛	木舟船尾残迹。木板厚约2厘米，板面平整，榫卯可辨	距今约4000年
	山东荣成湾北部郭家村	独木舟一艘。长约3.90米，中宽70厘米，首尾宽60厘米，舱深30~40厘米，有五道隔梁	未详，约属新石器时代
2002年	浙江萧山跨湖桥	独木舟一艘	距今约8000年

资料来源：据《考古》、《文物》以及相关媒体的报道整理

跨湖桥独木舟对探索中国舟船文化发端的重要意义

何志标
（武汉船舶职业技术学院 武汉 430050）

一 名副其实的“中华第一舟”

独木舟在中国历史上存在的时间跨度很长，从远古时代产生时起到木板船出现乃至发展到高级阶段的各个时期都或多或少地发挥着作用，直到现在有些少数民族地区还偶有独木舟在使用的情况。但是古代独木舟的遗存物却很少见，而且越是年代久远的独木舟越难得。到目前为止，我国已经发现的独木舟遗存不到30处①，而且年代大多是新石器时代中晚期之后的。

在跨湖桥之前，年代最早的是1982年在胶东半岛荣成县发现的商、周时代的独木舟。该独木舟由于年代久远，表面腐蚀，没有发现有火灼和工具的痕迹，但就其工艺水平判断，当是金属时代的产物②。

在跨湖桥之后，据有关媒体报道资料，我国发现的比较重要的独木舟遗存也有几处，列举如下：

浙江省文物局官方网站2010年12月12日宣布一艘全长7.35米、最宽0.45米、深约0.23米的独木舟在余杭临平茅山遗址被发现，独木舟局部稍有残缺，但基本保存完整，头尖尾方，船沿厚约0.02米，由整段巨木凿成。这艘独木舟距今约5000年，是良渚文化首次发现的独木舟。

大河网2010年8月7日讯，河南信阳息县发掘出3500年前的商代独木舟。2009年7月，全国文物普查队在息县城郊乡徐庄村张庄组的淮河河滩下发现一艘独木舟。“当时独木舟露出来的只有带孔的一头”。据专家介绍，为更好地保护和鉴定其价值，2009年2月22日至26日，信阳市文物局对其进行了发掘。经测量，该舟长9.3米，最宽处0.8米，高0.6米。舟体两头呈尖状，由一根完整的圆木凿成，保存较为完整。

新华网2003年11月8日报道，福建省闽侯县荆溪镇村民从闽江打捞出一艘古代独木舟。独木舟由整根木头制成，被村民锯去一段后尚剩下9米长左右，估计全长约11米。舟头宽95厘米，尾宽70厘米。独木舟的一舷每隔30～50厘米就有一个规则的四方榫眼，估计是用于连接固定并排着的另一独木舟的。据专家初步考证，这条独木舟可能是铁器时代的产物，最早也不超过青铜器时代。这是福建发现的第二艘古代独木舟，第一艘是1973年在连江发现的西汉独木舟。

在我国已发现的独木舟遗存当中，史前舟极少，相比之下，跨湖桥独木舟比同为史前舟的茅山遗址发现的良渚文化的独木舟还要早约3000年，因而显得极其弥足珍贵。

跨湖桥独木舟是2002年10月～12月浙江省文物考古研究所、萧山博物馆对跨湖桥遗址进行第三次考古发掘时发现的，经碳十四测定和和树轮矫正后的年代约距今8000～7500年，专家据此认为这是我国迄今发现的最早的独木舟。我国著名船史研究专家席龙飞教授为此撰写题为“8000年前独木舟凸显中国舟船文明辉煌”[③]的特稿刊登在2004年2月27日的《中国水运报》上。

也有学者对跨湖桥独木舟的年代持不同的意见，认为“跨湖桥文化独木舟的年代不像发现者和有关研究者所认为的那么早，在公元前5800年以前（即距今约7800年，笔者按），而是在公元前5350年（即距今约7360年，笔者按）前至公元前5000年（即距今约7010年，笔者按）之间。”[④]即便如此，跨湖桥独木舟仍然是“目前发现的年代最早的独木舟”[⑤]。不过，这只是一家之言，更为大家所公认的结论是，考古专家依据古船所在地层即第九文化层的年代，相应推断出独木舟的“年龄”约为7600～7700岁[⑥]。

我国著名船史研究专家何国卫教授根据“跨湖桥遗址2002年发掘简介”并到实地考察后撰文指出：跨湖桥遗址出土的独木舟“保存基本完整，船头上翘，比船身窄”，且“弧收面及底部的上翘面十分光洁”，在“离船头一米处有一片面积较大的黑炭面，东南侧舷内发现大片的黑焦面，西北侧舷也有面积较小的黑焦面”，“船头留有宽度约10厘米‘挡水墙’，已破缺”，“船体较薄”。这里的“上翘”且“窄”、“挡水墙”都是独木舟舟体形状特征，“这些黑焦面当是借助火焦法挖凿船体的证据”，是独木舟挖凿工艺的明显反映，跨湖桥遗址出土了一条独木舟是确定无疑的[⑦]。

二 对研究中国舟船起源所具有的学术价值

1. 为研究独木舟在中国出现的年代提供了强有力的实物证据

独木舟在中国最早什么时候出现？为什么样的人所发明？从古至今，很多人都想探本溯源。我国有多种古籍如《易经·系辞》、《山海经·海内经》、《墨子》、《吕氏春秋》、《舟赋》、《世本》、《发蒙记》和《拾遗记》等有过相关的记载，但或取自于传说，或取自于前人的典籍，上限在于黄帝轩辕，与实际情况相差甚远[⑧]。

在现代，考古和史学界根据考古学和古人类学的研究成果做出合理的推断，而且这种推断随着考古新发现不断进行修正。

首先，根据“火和石斧通常已使人能够制造独木舟”可以判定，独木舟应该是新石器时代早期的产物。但这只是一个模糊的时间概念，具体应在何时？尚需经考古学材料进一步证实。

在2002年跨湖桥独木舟发现之前，我国还没有发现过新石器时代的独木舟，但有多起5000多年前的舟形陶器出土，如1973年湖北宜都市红花套新石器时代文化遗址出土的距今约5800年的矩形陶舟，1973年河姆渡遗址出土距今约7000年的六把雕花木桨和一件舟形陶器等等[9]。船史专家据此判断 “独木舟在长江中下游和滨海地区形成于8000年前或更早”[10]。以出土舟形陶器为依据即便是以木桨为依据推断独木舟出现的年代虽然具有一定程度的合理性，但都具有间接性。

跨湖桥出土独木舟的首要意义就在于它把中国独木舟出现的年代直接定位到了约8000年前，为船史学界曾经做出的“中国独木舟出现的时间可能在大约10000年以前，最迟不晚于8000年以前”[11]的论断提供了强有力的实物证据。

跨湖桥独木舟是人类制作独木舟的技术发展到成熟时期的产物。原因有二：其一，从遗存的舟体来看，船头上翘，弧收面及底部上翘面十分光洁，船体较薄，底部与舷侧厚度均为2.5厘米左右，这是一条制作比较精良的独木舟；其二，跨湖桥独木舟是用比较高级的石器工具有段石锛制造的，在跨湖桥遗址出土的石器中石锛最多，在刳制独木舟时，可以随心所欲地选择适宜的石锛，特别是石锛是与木柄共同组成的复合工具，各种式样的木柄都加工精细，经过长期使用已经被磨得精光，有如精美的工艺品。

最原始的独木舟应该是天然腐朽成凹槽的树段经简陋的石器加工而成的[12]，有了跨湖桥独木舟作为佐证，人们更相信，中国最早的独木舟应该在大约10000年以前新石器时代早期甚至更早的旧石器时代晚期出现。

2. 复合独木舟使远古先民很早就具有较强的海上航行的能力

单体独木舟具有稳性不好的缺点，新石器时代早期的先民完全有可能受树干连拼成筏的启发，将独木舟连拼起来使用。

复合独木舟的形成可能有以下几种形式：（1）独木舟与树干或皮囊等连接，即独木舟与筏复合使用；(2) 在独木舟的一侧或两侧，通过连接横杆，加装浮材形成“边架艇”；(3) 两只或更多独木舟横向并排连接或纵横连接形成“子母船”[13]。

独木舟与筏复合未见实例，但具有“简单易行”的想象存在的可能性。

图1 贵州施洞平地营村子母龙舟

“边架艇”在东南亚尤其是太平洋群岛的“南岛语族”有广泛应用，中国的考古研究中基本未见发现，但不等于不存在或者没有过广泛应用。

“子母船”在中国古代直到现代时有发现，如山东平度的双体独木舟、广东“兼二独木为之形若浮槎”的双体船。

特别值得一提的是，在现代，贵州东南台江县施洞每年农历五月二十五龙船节期间使用的龙舟，其结构形式和连接方式完全具有原始子母船的遗风。两小独木舟是作为“边艇”捆缚在一个大独木舟两侧而成为一艘完整的龙船。两侧子船与中部母船之间通过母船舱面上方的五列横杆连接，连接处采用全榫卯栓扣结构和竹青篾条捆扎，不见螺栓、铁钉以及船体穿孔等连接方式，母船船艏以栓扣和篾条捆扎方式安装木雕龙首。如图1，施洞龙舟被专家称为消失了的史前远洋舟船的“活化石”[14]，对于我们认识跨湖桥独木舟具有重要参考意义。

跨湖桥独木舟是作为“子母船”或“边架艇”形式在海洋中航行的海船的可能性极大。理由如下：

（1）独木舟发掘时处在一个木作加工现场，具有正在进行修理加工的迹象。

独木舟支放在基本呈等距离分布的柱桩、板桩和横木构成的架子上，东南侧堆放着许多基本与船体平行的木料与木板，两侧还发现两件未见使用痕迹的木桨和数件石锛柄、石锛、石器崩片等，“尤其是锛柄的较集中发现，应该与木作加工现场有关”。

独木舟已经用旧并且残损，它与木作工场的关系有两种解释：其一，是正在对残舟进行修补，独木舟大部分侧舷以一种整齐的形式残去，残面经人工修割，目的是拼镶木材使侧舷增高，独木舟附近堆放的长条坯材为松木，与舟的木质一致，是合理的拼补材料；其二，是正在绑制“边架艇”，如图2，独木舟旁边的剖木料长者近3米，大小、体量与独木舟舟体的体积相匹配[15]。著名考古专家蒋乐平先生是最早提出这

图2 跨湖桥独木舟出土时的照片

是在进行“边架艇”修复的人。

（2）独木舟里盐分很大，这有两种可能：其一它本身就是一条海船，曾长期在海水中使用；其二它是内河船但因为海侵被海水渗透造成了高盐分。独木舟里的盐分究竟怎么来的虽然没有明确答案，但是不能排除它就是一条海船的可能性，而且这种可能性更大一些。

（3）独木舟体型轻薄，不仅不能因此否定它是海船的可能，而且增加了它是“子母船”或“边架艇”的可能性，因为其单体看似不适合在海中航行，但复合之后则可能具有良好的适航性而不至于笨拙。

（4）跨湖桥遗址的干栏式建筑尤其是出土的榫卯构件证明，当时的人们已经掌握较高的木构技术，完全具有将单体独木舟连接成“子母船”或“边架艇”的能力。

跨湖桥独木舟证明当时的人类不仅能制作成熟的独木舟，而且还能制作“子母船”或“边架艇”之类适合在海上航行的复合独木舟，远古先民很早就具有较强的海上航行的能力。对此，席龙飞教授很早就持肯定的态度，他说：跨湖桥的独木舟与大、中、小各型石锛等石器以及河姆渡的雕花木桨，都是我国海洋文化的代表性器物[16]。

3. 为推测中国木板船出现的年代提供了新的线索

独木舟的进化发展还有一种形式，设置横向支撑以扩展舟体宽度并加强其横向强度，进一步在舷上加板以加大舟体，再进一步就是数段独木舟纵向连接以增加长度而且便于形成首尾起翘。这便是独木舟向木板船发展的雏形。

1975 年在江苏武进县万绥乡出土的一艘汉代古船和 1979 年在上海川沙北蔡镇出土的川扬河隋代古船是我国考古发现的为数不多的独木舟向木板船过渡的典型实例[17]。

当然不能依据这两个实例就断定木板船出现在汉代或隋代。中国木板船在什么年代出现？船史学界根据甲骨文中所见到的“舟”字推论木板船最晚也应是殷商时代的产物，其时限相当于距今约 3500 到 3000 年前。这种“最晚殷商出现木板船”的说法显得太过于保守，因为甲骨文中的“舟”字只能说明殷商时期木板船的使用很普遍，发展到了较高水平，达到了比较昌盛的状态以至于进入了文字。木板船出现的年代应该比这一时期早得多。

木板船的产生应具备三个技术条件：其一，制板技术；其二，木构件连接技术；其三，确保连接部位不渗漏水的捻缝技术[18]。跨湖桥出土的“木梯”是干栏式建筑的证明，发现的榫卯构件表明当时的人们已经具有一定的木构连接技术，“独木舟的东南侧堆放着许多基本与船体平行的木料与木板”，说明当时已能制板。7000 年前河姆渡干栏式建筑梁柱间用榫卯结合，底板用企口板密拼，表明当时的木构和制板技术更高明[19]。虽然目前尚不知道最原始捻缝材料是什么，但可以大胆的推测，中国在7000年以前乃至8000年前新石器时代中、早期就具备了制造木板船的条件。当时的人类完全有能力制造类似于上海川沙川扬河隋代古船和江苏武进县万绥乡汉代古船那样的木船，因而很大程度上具有出现木板船的可能性。

图3 跨湖桥出土的木桨

4. 跨湖桥出土的木桨比河姆渡木桨更具价值

跨湖桥独木舟的两侧不仅有相当数量的木材，更有两把未见使用痕迹的木桨。其中保存较完整的一把"桨长140厘米，桨板宽16厘米，厚2厘米，桨柄宽约6～8厘米，厚约4厘米。柄部有一方孔，长3.3厘米，宽1.8厘米，凿穿，孔沿及孔壁光整，无磨损痕迹。"[20]如图3。

木桨的出土证明当时的舟船活动已很广泛。跨湖桥木桨比河姆渡木桨早约1000年，因此比河姆渡木桨更具价值，只是其光环被独木舟所掩盖而似乎不那么引人注目。

船史专家根据河姆渡木桨因其做工精细明显不是最原始的推断"原始木桨的出现当然会更早，如果推到8000年前或者更早一些，应当说也在情理之中。"[21]跨湖桥木桨的出土证实当时这一论断的相对正确性。同理，跨湖桥木桨也不是最原始的，由此我们能够将原始木桨出现的年代进一步向更早的时间段推移。

5. 中国风帆可能在远古时就已出现，先于独木舟出现的可能性也是存在的

中国风帆在什么年代出现迄今尚无定论。根据学界从文献和文物两个方面考证的结果，可以肯定最晚在战国时期中国出现风帆。有学者以甲骨文中的"凡"字很像船的帆为依据，提出在殷商时代就曾出现了风帆的学术见解[22]。但有学者经过考证，甲骨文中的"凡"字共28种体形都不具有帆的形象，且不具有帆的释义。还有学者认为："倘殷商已有风帆，那么经西周至春秋当有发展，为何典籍和文物均未见踪影，盖不足信矣。"[23]

在跨湖桥独木舟木作加工现场，在离独木舟几米远的地方发现一块席状编织物，"编

图4 跨湖桥出土的席状编织物

织物形状呈梯形，三面残，但残面比较整齐，完整一面斜向收边，较宽一侧有T字相交的木质条骨编织其中”[24]。如图4，其纹理的精细、编织的工整，实不亚于现代人的工艺水平。

作为距今约8000年前的“苇草类”编织物，能保存到现在十分罕见，因而成为“江南之最”。这块编织物到底是用来做什么的？现在尚无确切答案，于是勾起了我们对原始中国帆的联想，它有没有可能是在独木舟上使用的小风帆？如果是，其价值会成倍增加，它不仅能反映跨湖桥时期人类的编织水平，更是中国在远古史前时期出现风帆的见证，这不仅能把中国风帆出现的年代大大地向前推进，而且同时成为人类出现风帆的“世界之最”；如果不是，它能否间接地证明，当时的人们已经具有制作和使用风帆的能力和可能性？

实际上，从共存关系与遗迹形态分析，跨湖桥出土的席状编织物很可能就是一面原始船帆的遗存，还有船体东北部一组斜向倒置的木料很有可能与悬挂席帆的支架有关[25]。

目前世界上最早出现风帆的证据是古埃及新石器时代晚期陶质花瓶所描绘的方帆船，其年代在距今约5100年前。这个“方帆船”图绘表明当时的埃及人已能在独木舟上张帆航行[26]。

我们应该重拾并高度重视“只有帆的出现和使用才能使船舶作长途航行尤其是远距离海上航行”的学术观点。人们驾驭筏或舟跨海航行到达远方的岛屿，需要行驶很长的时间和距离，以什么作为动力？仅靠人力划桨和利用海流是不够的，要想利用风力则离不开帆。

那么中国人最早是在什么时候开始进行海上长途跋涉的？考古学和古人类学的研究表明，东南沿海的百越先民的航海活动非常活跃，从近海陆岛间航渡，到跨越数百甚至上千公里的远洋航行都留下了大量文物证据。在近海交通上，东南沿海陆、岛间的航渡至少有7000年的历史。民族考古研究已经证实，至迟在距今约6000～5000年前，遍布太平洋和印度洋各岛屿的南岛语族是史前时期以我国东南沿海为中心的原始人群分批迁徙移民而形成的[27]。

史前时期东南沿海的百越人跨海远航的所需要的稳定、牢固的浮具很可能是筏或边架艇之类的复合独木舟，而能够持续维持的动力是什么？除了桨，还少不了帆。帆筏或者装有帆的复合独木舟应该是史前时期人们远洋航行的必备条件，由此可以推测，中国风帆可能在远古时就已出现，先于独木舟出现的可能性也是存在的。

三 远古百越文化大背景下舟船文化发端的走向与猜想

1. 史前远古“百越民族”创造的辉煌文化及其传播之路

古代百越民族是亚洲南部一个非常古老，分布非常广泛的一个民族集体，尽管从夏商周时期才开始有“越族”这样的名称，而他们的史前史、文明史要更早更久远。在新石器时代的百越文明当中，从目前考古上取得的成果看，处于长江下游的杭州湾南岸的上山、小黄山和跨湖桥、河姆渡文化，以及杭州湾北岸太湖系的良渚文化，具有非常重要突出的地位。尤其是跨湖桥文化和上山文化的发现连续突破了“浙江七千年”这么一个历史命题，变成了“浙江八千年”、“浙江一万年”[28]。

上山、小黄山文化把中国种植水稻历史推到了近10000年以前，发现不少类似丝麻织物方格纹、编织纹印纹的陶器以及酷似纺轮的陶质圆轮以及石磨盘、石针、石凌等工具已明显具有丝绸利用迹象，发现大规模的建筑基槽、人工开挖的壕沟、食物加工场所等大量遗迹表明那是中国村落聚居的始祖。跨湖桥遗址出土的独木舟和榫木构件入选“中华文明之最”，另外还有世界上最早的漆弓、中国最早的“草药罐”、中国最早的慢轮制陶技术、中国最早的水平踞织机、中国最早的甑、长江下游地区最早的栽培稻、江南地区最早的席状编织物、南中国地区最早的彩陶、南中国地区最早的家猪等。河姆渡文化的稻作农业、干栏式建筑、纺织和水上交通都达到了较高水准。良渚文化具有比较发达的犁耕农业、纺织业、制玉业和饮食业等，发现有古城、水城门和护城河，一些陶器、玉器上已出现了为数不少的单个或成组具有表意功能的刻划符号，即所谓的“原始文字”，社会已经分化成不同的等级阶层。

百越先民远古新石器时代在石器、制陶、水稻、纺织、丝绸、玉器、服饰、医药、水果佳肴、家畜饲养、干栏建筑与村落聚居等方面都有突出的发明和发展，创造了辉煌的文化，并对长江黄河流域的中原文化以及东南亚、南洋和西太平洋文明圈产生重大的影响。有人把在史前远古时期就存在的古百越文化对内对外的传播之路称为“有段石锛之路、稻米之路、陶器之路、家畜饲养之路、采摘种植之路、建筑之路”等等，统称“史前江南丝绸之路”。

文明传播的路线主要有两条：其一是从古越沿海到太湖圈、皖北、苏北再到中原以及山东、辽东等，到中原后即与长江和黄河族系起反应，融入到华夏文明当中形成中华文明；其二是北从海路到朝鲜、日本，南到闽台再到东南亚、西太平洋乃至南美洲岛屿。

从文化传播的内涵看，从北路影响中原、山东、朝鲜、日本方向的，可能更多的是稻作、丝绸、家畜饲养等，而影响东南亚、西南、南洋、大洋洲等广大区域，更具代表性的是石锛、舟船、印纹陶器、干栏式建筑。国内外都有很多专家经研究认为有段石锛、印纹陶器是远古百越文化影响西太平洋，大洋洲、南美洲诸岛的主要标志。

古代百越文明的持久的迁徙和传播离不开舟船这个极其重要的载体，因此“史前江南丝绸之路”同时也是“史前舟船风帆之路”。我们应该沿着良渚文化、河姆渡文化、跨湖桥文化以及小黄山和上山文化的遗迹，在远古百越文化的大背景和大格局中去审视、研究舟船文明的发展状况。

2. 现有考古成果反映的史前舟船文明的走向

舟船是人类在生活和生产中根据水上航行的需要并具有一定的生产力之后产生的，并随着生产力的进步而不断发展，舟船本身作为一种新的生产力又会反过来促进社会生活的需要和生产力的发展。舟船发展的状况应该与当时的社会文化和生产力的发展状况协调一致，因航海需要而对舟船依赖程度比较高的地区，造船技术水平还应该获得先行发展。

分析浙江新石器时代典型的文化遗存，从良渚文化、河姆渡文化到跨湖桥文化、直到小黄山、上山文化，在时间上刚好跨越整个新石器时代。虽然它们之间在文化内涵上不具有简单的继承关系，但在时间上的先后递进和衔接的关系还是比较分明的。随着年代的推移，社会生产力总体发展水平具有明显的由低到高的迹象。那么文物所反映出的舟船发展状况是怎样的呢？

如表 1，我们将浙江新石器时代文化遗址中的石器、木构建筑与舟船发展情况进行对比分析。对于石器和木构建筑，遗存物能明显反映出其技术水平由低到高进化的轨迹，但对于舟船，这种反映却显得很模糊。

属于良渚文化的余杭临平茅山遗址的独木舟是 2010 年才被发现的，跨湖桥独木舟发现之前，与舟船直接相关的遗存物只有河姆渡的雕花木桨和舟形陶器。遗存物的极度稀缺，使得舟船史前史研究难以进一步具体深入地进行。跨湖桥独木舟以及茅山独木舟的发现填补了中国乃至世界船史研究的重大空白，尤其是跨湖桥独木舟大大超过了河姆渡木桨所具有的价值。

茅山独木舟出现的年代虽然比跨湖桥独木舟晚了约 3000 年，但将茅山独木舟与跨

表1 浙江新石器时代文化遗址石器、木构建筑与舟船发展情况对照表

序号	遗址	所处年代（距今，年）	石器	木构建筑	舟船文化代表性器物
1	上山小黄山	11000～8000	以打制石器为主，发现少量通体磨光的石锛和石斧等。	结构比较完整的木构建筑基址，类似与河姆渡干栏建筑。	尚未发现
2	跨湖桥	8000～7000	有相当数量的石锛及与之配套的锛柄。	木梯、干栏式建筑遗迹、榫卯构件、木板	独木舟、木桨、疑似帆的席状编织物
3	河姆渡	7000～5800	有大量的石锛、石斧、石凿等。	干栏式建筑、榫卯构件和企口板。	木桨、舟形陶器
4	良渚茅山	6000～4000	有斧、凿、锛、镰、镞、矛、穿孔斧、穿孔刀、阶形有段锛等，石器磨制精致。	有木奖、木盒、木杵、木井圈、大方木、木榔头等，制木业发达；发现古城等。	木桨、独木舟

湖桥独木舟进行比较，除了大一些和保存完整一些，似乎并无特别之处[29]。

循着跨湖桥独木舟、河姆渡木桨和茅山独木舟的遗迹，我们不仅不能直接看到舟船技术明显进化的迹象，而且会心生疑窦，在新石器时代那么长的一个时间跨度内，中国造船技术怎么好像并无多大进步？

事实并非如此，茅山独木舟和跨湖桥独木舟技术水平的比较只能说明，在新石器时代，人们制作独木舟的技术随着石锛的出现和大量使用早就达到了相当成熟的境界，以致往后已没有了明显的进步空间了。新石器时代中国造船技术的进步应该表现在其他方面，如复合独木舟的制造、木板船的发明和进步、风帆的利用等。

3. 对中国舟船文化发端状况的构想

跨湖桥独木舟的出现使我们得以站在距今约8000年的那个时间段上，承上启下，重新思索中国舟船文化发端可能出现的状况。我们不能只关注独木舟，还要关注那两把木桨和那个木作加工场，更要关注那块疑似帆的席状编织物——迄今为止中国最早的独木舟、中国最早的木桨、中国最早的木船工场、中国最早的帆。这样的解读是非常耐人寻味的。

以此为基础，在远古百越文化的大背景和大格局中，结合当时社会生产力发展的水平和文化持续跨海远航传播的事实，对中国史前时期中国舟船发展的脉络作如下猜想：

（1）中国原始的独木舟可能在10000年以前的旧石器时代晚期出现，那个时候人们已具有较高的造筏和乘筏渡海的水平。

（2）在7000～10000年之间，不仅单体独木舟制作技术已趋向成熟，人们还能制作适合在海上远距离航行的复合独木舟，风帆可能已经出现并用于航海，而且出现了以独木舟为主体改造而成的木板船的雏形。

（3）在5000～7000年之间，人们能够制造以木板为主通过拼接捻缝水密的木板船，并得到一定程度的发展。

（4）在4000～5000年之间，木板船进一步发展并开始广泛应用。

四 结语

跨湖桥独木舟遗存的发现，填补了中国船史研究的重大空白，不仅为“独木舟在长江中下游和滨海地区形成于8000年前或更早”的论断提供了强有力的实物证据，而且还为进一步研究木板船的最早出现的年代提供了新的线索。跨湖桥独木舟很可能是作为边架艇或子母船之类的复合独木舟在修理改造，随同发现的带T字支撑的席状编织物疑似在独木舟上使用的帆，很可能是中国最早的风帆遗存。独木舟附近的两把木桨是中国目前为止发现的最早的木桨。木作加工场是中国目前发现的最早的木船工场。

以此为基础，将上山、小黄山、跨湖桥、河姆渡和良渚等已发现的遗存结合起来，在远古百越文化的大背景和大格局中，结合当时社会生产力发展的状况以及史前远古新石器时代持续存在的由东南沿海地区向中原地区乃至南洋和太平洋广大区域传播的“陶器之路、有段石锛之路、稻米之路、丝绸之路、建筑之路”等文明之路的事实，从而重新合理推测史前远古新石器时代中国舟船文化发端时期可能的状况，对推动中国舟船史前史的研究进一步具体深入的进行下去具有非常重要的意义。

注释：

① 席龙飞：《跨湖桥独木舟的制造工具》，2011年杭州萧山跨湖桥文化国际学术研讨会论文，2011年9月。

② 同①。

③ 席龙飞：《八千年前独木舟凸显中国舟船文明辉煌》，《中国水运报》2004年2月27日。

④ 朱乃诚：《论跨湖桥文化独木舟的年代》，《浙江省文物考古研究所学刊》第八辑，第76～83页。

⑤ 同④。

⑥ 蒋乐平、朱倩、郑建明、施加农：《跨湖桥遗址发现中国最早独木舟》，《中国文物报》2003年3月21日。

⑦ 何国卫：《对跨湖桥独木舟的研讨》，2009年。

⑧ 席龙飞：《中国造船史》，湖北教育出版社，2000年。

⑨ 戴开元：《中国古代的独木舟和木船的起源》，《船史研究》1985年第1期，第4～17页。

⑩ 同⑧。

⑪ 同⑧。

⑫ 王冠倬：《中国古船图谱》，三联书店，2000年。

⑬ 同⑫。

⑭ 吴春明：《黔东南台江施洞“子母船”在太平洋文化史上的意义》，《贵州民族研究》2008年第3期，第157～167页。

⑮ 蒋乐平：《跨湖桥独木舟三题》（摘要），跨湖桥遗址博物馆网站2010年12月29日。

⑯ 蔡薇、席龙飞：《八千年前独木舟——中国光辉舟船文化的开端》，《蓬莱古船国际学术研讨会文集》，2006年8月。

⑰ 同⑧。

⑱ 何国卫：《跨湖桥独木舟与舟船起源》，《2011年杭州萧山跨湖桥文化国际学术研讨会论文》2011年9月。

⑲ 同⑱。

⑳ 跨湖桥遗址考古发掘队：《跨湖桥遗址2002年发掘简介》，2003年1月。

㉑ 同⑧。

㉒ 杨檍：《中国造船发展简史》，《中国造船工程学会1962年年会论文集》（第二分册），国防工业出版社，1964年，第8页。

㉓ 席龙飞、宋颖《船文化》，人民交通出版社，2008年。

㉔ 浙江省文物考古研究所、萧山博物馆：《跨湖桥》，文物出版社，2004年，第49页。

㉕ 同⑭。

㉖ 同⑧。

㉗ 吴春明：《中国东南与太平洋的史前交通工具》，《南方文物》2008年第2期，第99～107页。

㉘ 蒋乐平：《从跨湖桥到上山——21世纪浙江史前文化新发现》文澜讲坛，2007年6月。

㉙《浙江发现5000年前独木舟》，新华网2010年12月12日。

跨湖桥遗址独木舟与中华海洋文明起源探讨

郑明、周祖昌、杨家怡
（北京郑和与海洋文化研究会 北京 100871）

一 独木舟是世界古代文明的重要标志

独木舟是世界古代文明的重要标志，它意味着人类发展已有利用水道去交流的社会需求，盛产林木的广大地区，则能提供丰富的木料资源，“古人见窍木浮而知为舟”，人类又懂得在树木躯干上挖去一部分求得水浮力与承载重力的平衡结构，而且会用石、火结合的工具、工艺技术完成刳木为舟的制造，还知道在独木舟上用楫桨划水的推进原理。而这种结构、原理、工艺、技术等正是现代船舶航海科学的基础，因此杨槱院士认为“独木舟又是一项古人的伟大发明”①。当时制造独木舟的工艺方法是在整条木杆的外边涂上湿泥，把木杆中间的干燥部分用火烧成炭，然后用石锛等石器由外向内一层层挖凿，刳制成独木舟（图1）。

图1 古代人划独木舟

二 中华独木舟遗存是丰富而悠久的

席龙飞、唐志拔教授都对中华独木舟的来历做过研究。席龙飞认为：“在我国古籍中，有多处做过记载或推测。”如《山海经·海内经》说是“番禺，是始为舟”，而《易经·系辞》说：黄帝尧舜“刳木为舟，剡木为楫，舟楫之利，以济不通，致远以利天下。”《世本》中说是黄帝的臣子“共鼓货狄作舟”，《拾遗记》中说“轩辕变乘桴以造舟楫”。这些记载反映出独木舟和桨的制造过程和人类文化的进化观，却难以确定发明中华独木舟的具体人士。他判断“独木舟是新石器时代早期的产物，要比传说中的黄帝时代还要早”②。唐志拔教授判断“独木舟是新石器时代原始社会的祖先们，经过多少代的不懈努力共同创造出来的，是祖先们集体智慧的结晶。新石器时代初期（距今约1万年左右）随着原始的农业、畜牧业和手工业生产的缓慢发展，产品不断增多，开始发生交换，产生了对运输工具的需要，导致了陆路和水路交通工具的出现和发展。由于农业和其他生产发展的需要，新石器时代的石器制造技术有很大发展，能根据各种不同用途，制造出更精致实用的石斧、石锛、石铺、石锄等等，并已能人工取火。恩格斯早就说过，火和石斧通常已经使人能够制造独木舟。独木舟的制造成功，是人类历史上的一件大事。有了独木舟，人们的活动范围扩大了，以此可以跨越水域，开拓新的天地，促进了生产进一步发展。独木舟为人类进一步认识自然、改造自然提供了有效的工具”③。

在新中国成立以后，我国考古工作有很多进展。根据席龙飞、唐志拔、顿贺等教授统计和记载，在20世纪的50年代以后，在我国山东、江苏、上海、浙江、福建、广东、四川、云南等省市曾先后发现过30余艘古代独木舟遗存物，现列表如下④：

中国出土独木舟一览表（以出土年代为序）

序号	文物类别	出土年代（年）	出土地点	原物朝代	原船尺度（船长×宽×深，米）及材质	备注
1	船棺	1954	四川昭化巴县	战国末期 西汉初期	5×1	共2[illegible]余具
2	独木舟	1956	广东黄花岗	西汉		
3	木桨	1958	江苏吴兴钱三漾	公元前4700年	桨长96.5厘米（青冈木）	共5～6支
4	木桨	1958	浙江杭州水田畈	公元前4700年	桨宽26厘米，厚105厘米	
5	独木舟	1958	江苏武进奄城	春秋晚期战国初期	11×0.9－0.56×0.42	
6	独木舟	1958	浙江温州	东晋	7.8×0.64×0.2 9.55×0.76	共4艘
7	独木舟	1960	江苏扬州施桥	唐代	13.6×0.75×0.56 （楠木）	
8	独木舟	1964	广东揭阳	东汉	12×1.5	
9	独木舟	1964	云南通海杞麓湖	汉代	5×0.6	
10	独木舟	1965	江苏武进奄城	西周早期距今2890±90年	4.34×0.7－0.8×0.56 7.35×0.8	二艘
11	独木舟	1970	浙江温岭石横		7.2×1.1×0.5	
12	独木舟	1970	广东揭西	？	10.7×1.3×0.8	
13	独木舟	1973	福建连江	西汉早期距今2170±95年	7.1×1.2～1.6（樟木）	

14	独木舟	1974	广东潮安	?		1艘
15	独木舟	1974	广东怀集	?		1艘
16	独木舟	1975	广东揭西	汉代	10.7×1.3×0.8（樟木）	
17	独木舟	1975	江苏武进万绥镇	汉代		独木舟向平底木板船过渡
18	木桨	1973～1978	浙江余姚河姆渡	距今7000年以上	桨63×12.2×2.1厘米	
19	双体复合独木舟	1974～1978	浙江宁波	唐代	11.3×0.92	
20	独木舟	1976	广东化州石宁村	东汉距今1745 100年或1750 85年	5×0.5×0.22 6.2×0.72	共6艘
21	双体复合独木舟	1976	山东平度新河乡	隋代	23×2.8	首例发现
22	独木舟	1979	上海川沙川扬河故道	隋代		独木舟向尖底木板船过渡
23	独木舟	1979	山东长岛大黑山	距今4000年		
24	独木舟	1982	山东荣城毛子沟	商周，距今3800～3000年	3.9×0.6－0.74×0.8－0.3	
25	独木舟	1983	江苏宜兴珠潭村	春秋时代		5艘
26	独木舟	1984	江苏宜兴吾桥村	春秋时代		3艘
27	独木舟	1990／2001／2002	浙江萧山跨湖桥	距今8000年	5.6×0.29－0.52×0.15（松木）	

以上一览表确实反映出我国出土有20多种、30多艘古代独木舟及木桨等的遗存情况，包括春秋战国前约10种，汉唐隋晋代约14种，年代不详约3种。但统计及考古数据可能不完整、不准确，敬请知情专家给予补充、修正。

三 中华独木舟在世界独木舟发展中有独特的历史地位

（英）李约瑟博士《中国科学文明史》是其巨著《中国科学技术史》的简本，第三卷专述航海与舟船技术，他强调指出“中国航海技术的历史，如果不用对比方式来陈述则很难看清，只有这样，才可以知晓中国人的特殊贡献，因为它确实有自己鲜明的特色”。他深感“系统的航海论著在中国的古籍中未有出现，至少是未予印刷出版”⑤。确实在中国，对独木舟的记载和研究是极为缺乏的。

唐志拔教授分析，“全世界已出土的独木舟超过100艘，其中最早的独木舟距今有

1万年，即新石器时代的初期。实际上独木舟出现的年代可能比1万年还要早很多”。他举例“在英国曾出土过距今9500年的桨，但未能发现整艘独木舟”。而国内独木舟遗存文物当推浙江萧山跨湖桥独木舟为最早[⑥]。杨槱教授也认为最早的独木舟出现在距今万余年前的新石器时代。他举例称，“1878年俄罗斯的新维尔斯基运河工地上曾挖出一艘9000年前的长3.62米、重220千克的独木舟”[⑦]。辛元欧教授收集海外历史称：“英国约克郡所属之西默（Seamer）的斯达·卡（Star carr）地区曾出土一些木桨，碳十四测定其年代为公元前7535±350年”。另百度文库上传说英国还发现过一艘独木舟，年代不详，长达19米，宽1.5米。“荷兰格罗宁根（Graningen）的庇斯（Pesse）地区发现最古老的北欧独木舟，碳十四测定其年代为公元前6315±275年”（图2）：

“苏格兰珀斯（Perth）的福斯湾（Forth）考古发现一艘用松树干制作的独木舟，约为公元前6000年前后的产物”。他认为“2002年底浙江萧山跨湖桥地区考古发现一艘原始独木舟，利用碳十四测定其年代为公元前6000年前后，中国已成为拥有世界上最古老独木舟的古船文明国家之一”[⑧]。萧山博物馆施加农馆长在2003年曾对记者表示：这艘新石器时代早期的独木舟的发现，对研究中国和世界新石器时代人类水上交通工具史具有重要价值，这可能是人类舟楫文化的起点。

图2 荷兰出土的公元前6315年前后的独木舟

四 跨湖桥遗址存留有最古老的中华独木舟

浙江杭州萧山跨湖桥遗址经过1990年、2001年和2002年三次考古挖掘以及2003年下孙遗址考古挖掘，出土了大量木器、石器、骨器、陶器及动植物遗存，经碳十四测定距今8000～7000年，被评为“2001年度全国十大考古新发现”，特别是2002年又出土了全国、也可能是全世界迄今年代最早而且保护最完整的独木舟及相关遗迹（图3、图4）。

跨湖桥遗址是新石器时代遗址，这一遗址所发现出土的独木舟，经过碳十四的测定，距今约8000年。这一测定与跨湖桥遗址地层年代相符，乃是中国发现的年代最早的独木舟。而且“独木舟并非孤零的遗物，与它共生的还有相关的遗迹现象”。“船体残长5.6米，在船舷完好位置所能测量的船体最大内深不足15厘米”。“船头上翘，比船身窄，宽约29厘米，离船头25厘米处，宽度增至52厘米”。船体内部有多片黑炭面，是“借助火焦法挖凿船体的证据”。“船体较薄，底部与舷侧厚度均为2.5厘米左右”。“沿

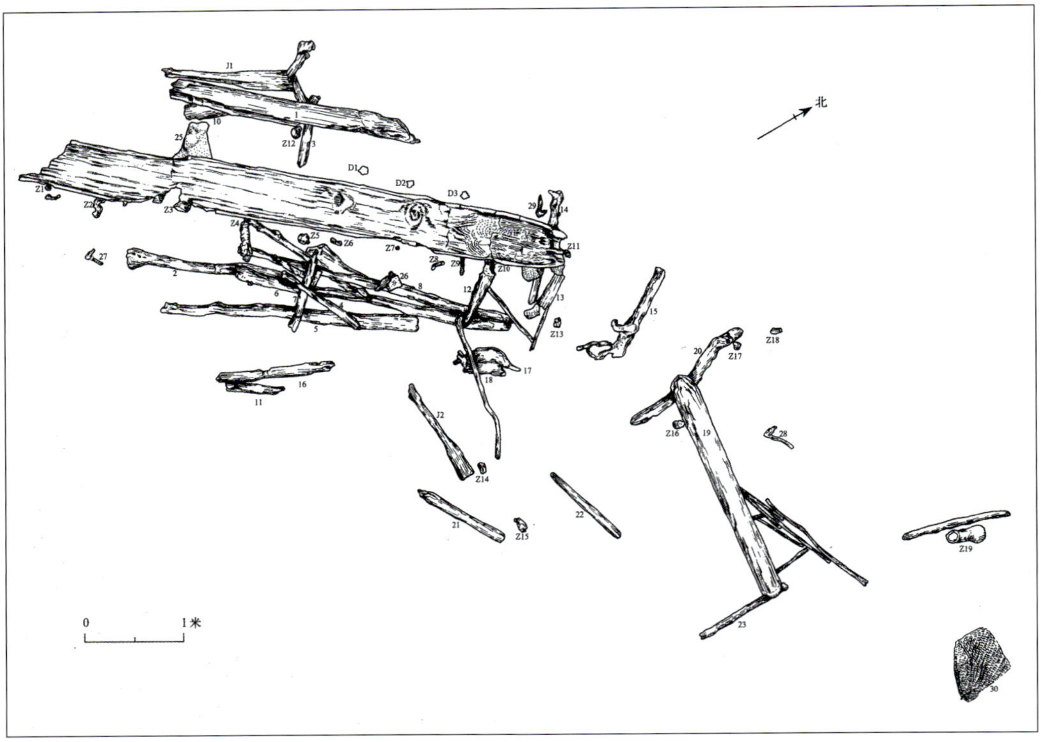

图3 跨湖桥遗址独木舟遗迹平面分布图

图4 跨湖桥遗址独木舟遗迹

独木舟的周围，有规律地分布着木桩和桩洞，“还有木桨与木料，砺石、石锛与锛柄，席状编织物等”。“上述遗迹应该是一个与独木舟有关的木作加工现场”[⑨]。跨湖桥遗址中兼有已经使用过的、较完整的独木舟和具有造修独木舟作坊特征的遗迹，在中国是唯一的、而在世界上可能也是仅有的，年代又最为久远，令人信服地证明，中华独木舟不仅发明的早，而且应用的早，在人类江海交往的历史中，在公元前6000年吴越先人已为世界做出中华民族的特殊贡献。

跨湖桥遗址考古报告在2004年7月完成，是浙江省文物考古重点成果，由之于2004年12月被国家正式命名为“跨湖桥文化”。2006年5月跨湖桥遗址被国务院公布为第六批全国重点文物保护单位，同时筹建跨湖桥遗址博物馆，在2006年4月～2007年5月间先以临时陈列馆名义开放展览，2009年9月正式完成建馆。建筑总体以舟为造型，与湘湖相通，古雅质朴、在文物保护、陈列展示、深化研究上都强化现代科技应用，形成重大创新。

这项考古研究、文物保护遗址和博物馆在全国是少有的一流工程，而就古代舟船历史而言，则可能是世界仅有的。中华民族的祖先和子孙们都引以为豪。2009年10月跨湖桥遗址出土的独木舟和榫木构件被入选“中华文明之最”是当之无愧的。

五 独木舟等古代舟船航海技术应当被纳入“中华文明探源工程”

近由中国文物报（2011年5月11日版）悉“中华文明探源工程”研究进入第三阶段且“中华文明探源及其相关文物保护技术研究”已被国家科技部及国家文物局纳入国家科技支撑计划项目，于2011年5月6日启动。这是我国文化界、科技界联手的一项重大文化工程，旨在回答公元前3500年～前1500年，中国是一个什么样子，是怎样发展起来的？项目设置了中华文明起源与早期发展综合研究、文物保护与保存关键技术研究等3个研究方向及17个课题方向[⑩]。

据笔者个人了解，“中华文明探源工程”已经历预研究，一期、二期研究十余年，但造船科技界基本上不了解也未参与，我国古代独木舟的舟船航海有关考古成果也未申请或被选人“中华文明探源工程”之内。

在2009年举办的《早期中国——中华文明起源展》和2009年9月出版的《早期中国——中华文明起源》一书[⑪]中，强调“中华文明是世界上最古老的文明之一，更是唯一始终保持着文化延续性的文明”。“研究中华文明的起源、形成及早期发展状况，研究中华文明产生的背景和历史脉络，认识中华文明的特质及其对人类文明史的重大影

图5《早期中国——中华文明起源》

响”，又指出“早期中国——中华文明起源展”是“阶段性成果的总结”，“并不意味着中华文明的起源研究已经有了肯定的答案，而是要告诉大家，还有许多悬而未决的问题需要我们去探索”。在这个精美的展览和图书中向公众提供了生动的说明、科学的论文和丰富的图片，但却未见标志中国在公元前3500年至前1500年间或更早期已有海洋文明的有关舟船遗存的文献或文物，似也说明考古文物与历史界学者在这方面尚有空白（图5）。书中早期中国示意图中明显注出海岱地区、江浙地区等体现多元文化与海洋文明的起源，却在随后分区介绍中看不到古代舟船与航海遗迹。浙江余姚河姆渡遗址的骨器因与纺织业有关而在书中被强调，而公元前5000年的木桨却被忽视。公元前6000年的独木舟不是在2002年浙江萧山跨湖桥又被发现了！中华古代海洋文明是没有吗？还是未被关注？！难道这一重大发现对中华文明起源没有影响？

有的学者认为“中国地理环境的特点是具有内聚性，周边均为海洋或高山所阻断，为中华文明起源提供了一个地域广袤而又相对隔绝——的大环境”[12]。这种认识观是否会束缚国人的视野呢？因为海洋既有阻断、隔绝的屏障作用，又有开放、交往的通途作用。似不能只用封闭在黄土上的观念，看待中华文明的起源。而在当代考古界更应贯彻中央在2010年十七届五中全会上针对十二五规划，又有更广深意义所提出的陆海统筹的方针，把跨湖桥遗址独木舟等古代舟船、航海技术纳入中华文明起源工程，充分显示出中华海洋文明在新石器时代起对人类文明史已有重大影响的史实。

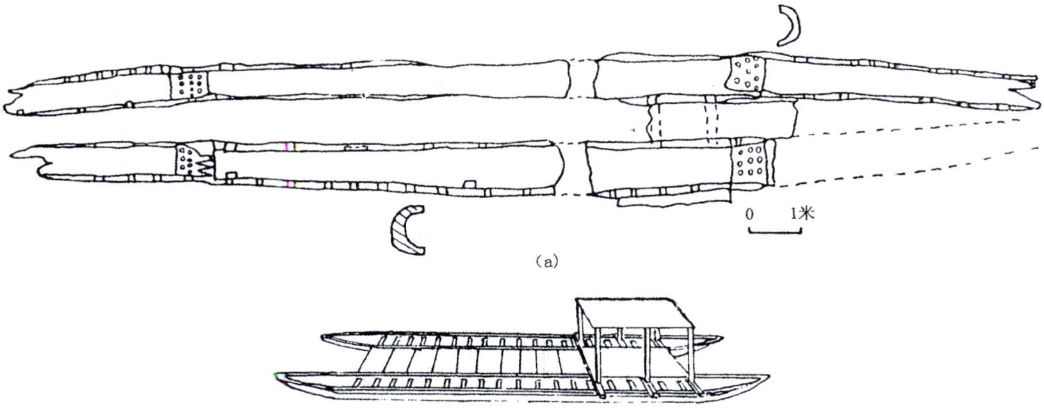

图6 山东平度隋代双体复合独木舟

六 借“探源工程（三）”和“寻根之旅”把跨湖桥独木舟推向世界之最

中国古代先民航海可能始于古百越人漂渡太平洋（约在公元前50～前30世纪）及沿海古先民开辟中国北、南航路（约在公元前25～前5世纪）。随后秦代始皇巡海与徐福二次东渡扶桑发生于公元前3～前2世纪，汉代武帝七度巡海发生于公元前140～前87年间。这么悠久辉煌的航海历史，当时采用了什么样的航海工具？舟船发展成为何种结构状态，古籍文献中鲜有记载，考古文物中可以看到汉、唐乃至隋、晋长期以来都有独木舟出土。似也有向边舟浮架和双体等方向发展的迹象（图6）。

但对独木舟历史与古代航海历史缺乏系统地有机地研究，一时还得不出肯定的结论[13]。蒋乐平教授在研究跨湖桥遗址的独木舟遗迹中，提出该遗迹为修造独木舟的木作现场，并有可能延伸为制作边架艇的现场[14]。这个设想把独木舟和边架艇联系起来，对中华文明探源工程中的海洋文明深入研究很有启示。

南太平洋诸岛国中的法属波利尼西亚有关人士于2009年9月起组成独木舟协会，筹划以独木舟从南太平洋大溪地漂航来中国。策划人易利亚等选定1820年留存的独木舟图币，用手工仿成“自由”号舷边浮架风帆木舟（图7），经历筹款（约200万元）、造船、募集航海志愿人士及培训备航，从2010年7月27日出发。航海活动定名为“寻根之旅”，用意是开展南太平洋地区诸岛国（南岛语族）迁徙路线的探源研究。

图7 在南太平洋漂航的舷边浮架风帆木舟“自由”号

图8 锚泊在厦门五缘湾中的“自由”号

“自由”号木舟总长18米（另说为15.25米），浮架长13米（另说为14.5米），船体宽1.2米，深1.6米，桅高11.93米。单桅双帆，帆面积32平方米，空船总重5吨，可容载6～10名船员。航线自东向西，始于大溪地，经库克群岛、汤加、斐济、瓦努阿图、所罗门群岛、巴布亚新几内亚、帕劳、菲律宾，历时4个月航海15000公里，于2010年11月11日到达中国福州（图8），完成了仿古帆舟跨太平洋之旅[15]。

南太人士认为以石锛火烧挖制独木舟，又改进开发出边架式独木舟的发展历程，有中国大陆东南沿海地区的文化渊源，因此开展这次跨洋寻根之旅。

跨湖桥遗址研究人士认为，遗址内的独木舟与近旁的木料、桩架等正好构成将旧舟修复并加装边架的作坊形态[16]。几千年的历史缘分可能进一步拉近我国与南太诸岛国的距离。胡总书记在建党90周年讲话中指出“要着眼于推动中华文化走向世界，形成与我国国际地位相对称的文化软实力，提高中华文化国际影响力”[17]。跨湖桥遗址中华独木舟是世界最古老的独木舟之一。看来，中国古代独木舟、筏桨与石锛工具等，早已从中国沿海走向大洋。对世界文明的交流作用与影响很大。而且颇有可能属世界最领先的古代航海文明的标志，至少也是领先的古代海洋文明之一。古中国航海文明这种地位在21世纪作为海洋新时代之际，对我国正向海洋强国发展，就具有特别的现实意义。国家文物局单霁翔局长在2009年以来，在多种场合下强调造船和丝织、制瓷、冶金等领域都曾达到当时世界先进水平。今年是“十二五”规划开局之年，中央在“十二五”规划中强调陆海统筹的方略，在中华文明探源工程中同样也要实事求是地研究贯彻。过去造船界与考古文物界沟通不够，致使这项重大舟船航海文明成果未能及时反映到全国及全世界层面，现在似应采取紧急措施，大力加强研究给予补救。笔者希望本次国际论坛能抓住“跨洋试航寻根之旅”的机遇，促成组织国内外人士与学者共同对跨湖桥遗址独木舟加以深化及对比研究，使之具有更广泛的国际意义。

七 两点建议

（一）建议把“中国古代独木舟起源与航海研究”作为专门课题，追加列入“中华文明探源工程第三期计划”。

课题内容似可包含三个部分：

1. 整合浙江及中国现已出土、有初步考古成果的独木舟、相关木桨等，深入研究其起源历史与发展水平、结构特征、技术价值、对当时人类文明影响等，给出其对中华文明探源的评价，提出视情开展必要的补充考古挖掘与研究的建议。

2. 调查中国沿海沿江各地，特别是古吴越地区的尚未出土或更早期或更先进的独木舟或其他渡海工具，提出对之实施探摸打捞考古的系统建议。如徐福东渡的航海工具与独木舟的关联是十分空白而值得深入发掘研究的领域。

3. 调查世界古代早期出土独木舟的起源历史，进行与中国古代独木舟的异同、特征、价值，及对世界航海交往作用与影响对比研究评析；收集外国对古代独木舟的保存保护与发展技术，提出改进我国相关技术及跨湖桥遗址博物馆改造成世界级古独木舟研究中心的建议；提出召开国际古代独木舟考古与历史专题研究会议，进行国际范围交流的可行性建议。

该课题可由浙江省文物考古研究所做组长单位（蒋乐平研究员是跨湖桥独木舟出土与考古主要研究人员，吴健是跨湖桥遗址博物馆副馆长），武汉理工大学船舶与海洋工程学院造船史研究中心作为副组长单位（席龙飞教授、顿贺教授都是该校老教授，均为我国知名造船史专家，对中国独木舟出现年代等有深入研究），另外萧山跨湖桥遗址博物馆、宁波河姆渡遗址博物馆、北京大学考古文博学院、北京郑和与海洋文化研究会可船研制工作委员会等及其他多学科有关专家、学者可请两单位提出邀聘。此课题还可由国家水下文化遗产保护中心和中国造船工程学会加强管理、指导，并对担任此课题执行组双组长的专家提出合适人选。

（二）建议组织开展“南太平洋与中国独木舟探源研究”课题研究。由福建省福龙中国帆船研究中心与波利尼西亚独木舟协会为主合作实施，萧山跨湖桥遗址博物馆、北京郑和与海洋文化研究会参加协助。

注释：

① 杨槱、陈伯真：《人、船与海洋的故事》，上海交通大学出版社，2010年。

② 席龙飞：《中国造船史》，湖北教育出版社，2000年。

③ 唐志拔：《中国舰船史》，海潮出版社，2008年。

④ 席龙飞：《中国造船史》，湖北教育出版社，2000年；唐志拔：《中国舰船史》，海潮出版社，2008年；顿贺：《中日独木舟及相关文物出现年代之比较》，“舟船文化国际学术研讨会”论文，2011年。

⑤〔英〕李约瑟原著，江晓原策划译编：《中国科学文明史》（第三卷），上海人民出版社，2002年。

⑥ 郭桂香：《中华文明探源工程研究进入第三阶段》，《中国文物报》2011年5月11日。

⑦ 同①。

⑧ 辛元欧：《中外船史图说》，上海书店出版社，2009年。

⑨ 蒋乐平等：《跨湖桥》，文物出版社，2004年。

⑩ 同⑥。

⑪ 万钢、单霁翔等：《早期中国——中华文明起源》，文物出版社，2009年。

⑫ 同⑪。

⑬ 同①。

⑭ 蒋乐平：《跨湖桥独木舟三题》，“船与人，亚洲考古历史学与考古学比较研究的新视角国际研讨会”论文，2009年。

⑮ 易立亚，王辛：《跨越5000年的远航——大溪地自由号仿古独木帆船寻根之旅》刊载于2011年02号（总第109期）《户外探险》杂志。

⑯ 同⑨。

⑰ 蔡武：《继续大力推动社会主义文化大发展大繁荣》，刊载于2011年17期《求是》杂志。

南岛语族航海术的起源与发展

焦天龙
（美国夏威夷毕士普博物馆）

南岛语族的祖先向太平洋地区的扩散是哥伦布发现新大陆之前人类历史上最伟大的海上殖民（Kirch,2000）。该民族最显著的特征之一是他们具有高超的航海技术。他们凭借其惊人的航海技术，成功地发现并占领了南太平洋中的一个又一个的岛屿。单边驾艇独木舟和双连独木舟是其后裔玻利尼西亚人的主要远航工具。他们通过对星星和航流的认识，发展出了极其惊人的导航系统，并因此得以有目的地在数万里的海域内来回航行。

南岛语族的分布地区东到太平洋东部的复活节岛，西到印度洋的马达加斯加，北到夏威夷，南到新西兰，其主要的居住地区包括台湾、菲律宾、马来西亚、印度尼西亚、美拉尼西亚、密克罗尼西亚和玻利尼西亚。最近的研究成果表明(Tyron,1995)，说属于南岛语系语言的人口约有2亿7千万。关于南岛语族航海术发源的研究，是和南岛语族的起源地的探索密切相关的。关于南岛语族的最早发源地目前国际学术界尚有争论。少数学者主张东南亚岛屿是南岛语族的故乡(Solheim,1988；2000)；但是绝大多数学者认为，中国东南沿海地区，包括浙江、福建、台湾和广东，才是南岛语族的最早的发源地。国际太平洋地区考古学的权威学者澳大利亚国立大学教授Peter Bellwood关于南岛语族的起源和扩散的理论代表了西方学者的一般观点(Bellwood,1997)。他将南岛语族的起源分为两个阶段。第一阶段开始于距今约6000年前，原南岛语族从大陆东南沿海向台湾移民；第二阶段大约开始于距今5000年左右，南岛语族从台湾向菲律宾和印度尼西亚扩散，并最终殖民太平洋岛屿。在东南亚岛屿和西太平洋地区，南岛语族与这些地区早期的居民发生了融合，在有些地方可能完全取代了原居民。在东太平洋地区，南岛语族的后裔玻利尼西亚人首次发现并占领了所有能够居住的岛屿。Bellwood 的这一理论已被国际学术界的绝大多数学者所接受。Bellwood由此提出了“南岛语族考古学(Austronesian Archaeology)”的概念，并将中国东南沿海地区纳入这一学科的研究区域（Bellwood,2000）。

（一）东南沿海与南岛语族的起源

国际学术界对中国东南沿海地区的新石器时代文化与东南亚和太平洋地区史前文化的关系的研究由来已久。早期的学者如 Robert Heine-Geldern，Roger Duff 等曾根据石锛的类型，推测中国是太平洋地区有段石锛的发源地。Heine-Geldern 于 1932 年首次提出，东南亚和中国东南沿海的矩形石锛是太平洋地区石锛的祖形（Heine-Geldern,1946）。这一论点启发了新西兰的考古学家 Roger Duff 在 20 世纪 50 年代对中国和东南亚的石锛进行了全面的考察，并出版了专著《东南亚石锛》(Duff,1970)，认为太平洋地区的有段石锛是由中国东南沿海传播过去的，并绘制了详细的传播路线。

自 20 世纪 70 年代起，由于历史语言学对南岛语系起源的研究的进展和台湾新石器时代文化序列的建立，中国大陆东南沿海的史前文化与南岛语族的关系再度引起国际学术界的关注。语言学家对南岛语系起源的研究在最近 30 年来取得了重要进展。关于南岛语系的分群研究，目前语言学界所广泛接受的是夏威夷大学教授 Robert Blust 所提出的模式。这一模式将台湾原住民的语言作为原南岛语系的第一层次的分支。根据语言学的规则，这种分支模式意味着台湾是南岛语系的发源地，或至少是发源地的一部分(Blust,1995,1999)。由于历史的原因，尤其是语言的同化和替代，大陆东南沿海、澎湖和台湾的大部分沿海地带现已不见说南岛语的族群，但是语言学的研究表明，原南岛语系的一枝最初也应该分布在大陆东南沿海一带（Pawley,2002）。

语言学的上述结论推动了考古学界对南岛语族起源的研究，大陆东南沿海和台湾的史前考古材料成为学术界关注的焦点。大坌坑文化在台湾的发现首先为寻找南岛语族的早期的祖先文化提供了直接证据。1964 ～ 1965 年，在当时执教于美国耶鲁大学的张光直先生的主持下，台湾大学考古人类学系与耶鲁大学人类学系联合对台北的大坌坑、圆山和高雄的凤鼻头等遗址进行了考古发掘(Chang,1969)。这一研究首次确立了台湾岛新石器时代文化的发展序列。距今 6000 ～ 5000 年大坌坑文化的突然出现，标志着台湾的史前文化发生了重大的变化，表现在陶器的出现、磨制石锛、石镞和网坠的制作。考古学界一致认为，大坌坑文化与其以前的长滨文化差异巨大，二者之间没有传承关系。由于在大坌坑文化之后发展出的区域文化是后来台湾原住民文化的基础，所以目前学术界一般认为，大坌坑文化是台湾目前已知的南岛语族最早的祖先文化（Chang,1995；Tsang,2002）。

大坌坑文化的起源是与大陆东南沿海的史前文化分不开的。目前，大多数学者认为，大坌坑文化的特征与同时期的福建和广东沿海的新石器时代文化非常相似，表明台湾的这一史前文化变革应是在大陆东南沿海的不断影响下产生的，而大陆向台湾的移民可能是最主要的因素。张光直是这一理论的主要代表之一，他认为大坌坑文化的发源地应该大陆东南沿海一带，并进一步推论南岛语族最终的起源地是在大陆东南沿海（张光直，1989）。但是，大坌坑文化是发源于东南沿海的哪个地区，目前学术界仍无一致意见。臧振华先生认为珠江三角洲至福建南部应该是大坌坑文化的发源地（臧振华，2006）。但更多的学者认为，从浙江的宁绍平原到福建沿海地区，才是大坌坑文化的起源地。其中河姆渡文化被认为是探讨原南岛语族在大陆沿海地区起源的焦点。Bellwood 从 1995 年开始，撰写了一系列论文，强调河姆渡文化发达的稻作农业、杆栏式建筑和制陶技术，对后来的原南岛语族文化的发源影响重大(Bellwood,1995,2000,2002,2006)。Bellwood 认为，河姆渡文化是原南岛语族文化稻作经济的来源，稻作农业的发展以及由此引起的人口的增长是原南岛语族的祖先从大陆向海岸扩散的根本原因。张光直和 Ward Goodenough 也认为，河姆渡文化对后来福建和台湾的新石器时代文化影响重大。受考古材料的限制，张光直等谨慎地指出，福建和台湾新石器时代文化是否是杭州湾地区的新石器时代居民南迁的结果或只是接受了该地区的影响尚不清楚，不过他们同时也指出，相当数量的人群从杭州湾南迁的可能性是很大的(Chang,1995；Chang and Goodenough,1996)。台湾学者刘益昌和郭素秋等撰文指出，河姆渡文化的一支可能直接渡海到达台湾，成为大坌坑文化的重要源头（刘益昌，郭素秋 2005）。本人根据在福建省壳丘头遗址的发掘材料，提出福建沿海地区的早期新石器文化的源头是河姆渡文化，河姆渡文化的南迁直接导致了福建沿海地区新石器时代文化的开始(焦天龙，2009)。因此，探讨河姆渡文化的扩散对于探索闽台地区的新石器时代文化和原南岛语族的起源具有重大的意义。

（二）东南沿海的海洋文化与南岛语族航海术的起源

研究大陆东南海洋文化的起源和台湾海峡两岸的新石器时代的区域交流状况，对于追溯南岛语族航海术的起源具有重要意义。河姆渡文化沿海岸地带的扩散和台湾海峡两岸的互动，都要以航海术为基础。可以说，浙江和福建沿海复杂的海岸地带和星罗棋布的岛屿，是孕育南岛语族早期航海术最理想的地带。因此，东南沿海的新石器时代文化的区域交流及其与台湾同时代文化的联系是研究南岛语族航海术起源的关键。

探讨航海术在中国东南地区的发源和发展过程，离不开考古材料。数千年的时光变迁，使得早期航海术的细节永远消失在茫茫大海中了。但是，考古学可以从其他方面来反映早期的航海文化和航海的能力。其中一个方面就是海洋经济的发生和发展过程。人类开发和利用海洋资源的过程，应该是与航海术的发展过程同步的。航海术越发达，人类开发的海洋资源就应该更丰富，向海洋扩散的距离就应该越长。另一个方面就是考古材料所反映的人类跨越海洋交流和互动的程度，交流越频繁、距离越长，表明航海术越发达。

现有的考古材料表明，在东南沿海地区已经发现的新石器时代中，跨湖桥遗址是最早的具有海洋经济成分的新石器时代遗址。跨湖桥遗址的年代一般认为是距今7000 ~ 8200 年，可分成三期。出土的海洋动物包括海豚、海龟等，数量较少。现有的考古材料表明，当时居民主要依靠陆生动物和植物为主要食物来源，并种植水稻，海洋生物似乎只占很小部分。但是，跨湖桥紧邻古海岸，聚落本身也是应为海平面的上升而废弃，表明当时人已经开始认识并适应海洋。遗址出土了最早的独木舟，也表明当时人已经善于使用舟楫（浙江省文物考古研究所、萧山博物馆，2004)。根据我们最近对跨湖桥遗址石锛产地的研究，跨湖桥古居民的活动范围是相当大的，其石材的来源已经远远超出了目前杭州湾的范围 （Jiao et al,in review）。跨湖桥发掘报告的作者认为“跨湖桥文化是一种存在于距今 8000 ~ 7000 年、以湘湖及其周围地区为重要分布区、面向海洋、最后为海洋所颠覆的考古学文化”，是很有见地的结论（浙江省文物考古研究所、萧山博物馆，2004，第 334 页）。可以说，跨湖桥文化是目前所知东南沿海地区最早的新石器时代海洋文化。

河姆渡文化将东南沿海的海洋经济和航海术推向了一个新的阶段。尽管稻作和采集狩猎陆生动植物仍然是主要的经济形态，但海洋经济和航海术已经发展到了较高的水平。河姆渡文化的居民对海洋是不陌生的。已经发现和发掘的河姆渡文化的遗址基本上都位于古海岸边或海岛上。宁绍平原地区所有已经发掘的河姆渡文化的遗址，都被覆盖在海相沉积层下，表明海平面的上升是导致这些遗址废弃的主要原因。

正是因为临近海洋，河姆渡文化的居民开始积极探索和利用海洋。现有的考古材料表明，至少有 6 种海洋生物已经成为河姆渡文化居民经常捕捞的对象：海龟（*Chelonia mydas*)、鲸鱼（*Cetacea* sp.），鲨鱼（*Carcharhinus* sp.），裸顶鲷鱼（*Gymnocranus grisues*），金枪鱼、海蟹（锯缘青蟹 *Scylla serrata*）。海贝也有可能是河姆渡人的重要食物来源之一。河姆渡遗址陶器有 20% 以上装饰有贝印纹，在最近发掘的田螺山遗址中也发现了部分陶器夹杂贝壳 （浙江省文物考古研究所，2003）。

在已经发掘的河姆渡和田螺山等遗址中，都有相当数量的木桨发现，表明河姆渡人善于舟楫。我们最近对田螺山和河姆渡遗址的石器进行了产地研究，发现当时居民制作石锛的材料来自距遗址至少有 50 公里外的地区，表明当时人的活动范围相当大（Jiao et al,2011)。由于宁绍平原当时是一个古海湾，而已经发现的河姆渡文化的早期遗址基本上沿着海湾的边缘分布，不同聚落之间的交流可能就是利用海上交通来进行的。目前发现在浙江东部沿海和舟山群岛的河姆渡文化遗址，基本上是河姆渡文化三、四期的遗址，表明在河姆渡文化晚期，有相当一部分居民沿着海岸线向东南扩散。据调查，最南的河姆渡文化遗址已经分布到了温州一带（王海明，1999）。而能够以海岛为家，并沿海扩散，表明河姆渡晚期已经发展出了相当水平的航海术。

河姆渡文化向东南沿海的扩散，是东南沿海地区新石器时代的重大事件，是该地区新石器时代的重要转折点。有迹象表明，福建沿海和台湾海峡新石器时代文化的发端，很有可能和河姆渡文化的扩散有关。但是，随着人群的继续向南扩散，其文化和经济形态也在发生变化，稻作农业变得相对不再重要，而海洋日益成为更重要的食物来源，对海洋的进一步适应和开发将海洋经济和海洋文化推向了一个新的阶段。

（三）东南沿海新石器时代人口移动与航海术

纵观东南沿海新石器时代，目前考古材料表明，可能有两次较大规模的人口移动。第一次发生在河姆渡文化的中晚期，即距今 6000 ~ 6500 年左右；第二次可能在距今 4500 ~ 5000 年左右，主要是跨越台湾海峡的移民活动。从整个南岛语族的扩散历史来看，这两次人口移动是南岛语族的祖先首次向太平洋的扩散（焦天龙，2002）。

东南沿海新石器时代的这两次人口移动，是与海洋经济和航海术的发展密切相关的。海洋经济的发展促进了人口的移动，而航海术的发展则为沿海居民的迁徙提供了必要的手段。跨越台湾海峡的文化交流和族群的迁徙更是要以航海为基础。根据最近对华南古环境的研究，在距今约 7500 年，东海的海平面开始上升，至距今 6000 ~ 4500 年期间，海平面大约比现在的高出 2.4 米左右。大约到距今 4000 左右，海平面才降到了现在的高度（Chen & Liu，1996）。大陆东南沿海和台湾的海岸平原地带，在全新世中期的这一海进期间，大都被淹没在海水中。福建和台湾海岸地带已知的新石器时代遗址大都位于地势较高的坡地和山顶上，在海进最盛期期间，这些高地或紧邻海岸，或成为海湾中的小岛。生活在距今 6000 ~ 4000 年期间的海岸居民，无疑与海洋有着紧密的联系。现有的考古材料表明，这些遗址几乎都是贝丘遗址，堆积中含丰富的海生贝壳和鱼类骨骼，充分说明海洋资源是当时人的主要生活来源（焦天龙，2009）。

根据陶器和石器类型的对比研究，学术界一致认为在至少自距今 5000 ~ 6000 年以来，台湾海峡两岸存在密切的交流和人群移动（张光直，1989）。最近我们对福建东山县大帽山遗址的石锛进行了产地研究，发现绝大多数石锛的原材料来自澎湖群岛。这一发现以可验证的科学材料表明，在距今 4300 ~ 5000 年左右，跨越台湾海峡航海的已经相当频繁（Jiao，2007）。可以说，开始于距今6000年左右的跨越台湾海峡的航海，是南岛语族首次从大陆向海洋的大规模扩散，新石器时代台湾海峡两岸的文化交流和人群迁徙使南岛语族的祖先发展出了高超的航海能力，奠定了其后裔进一步向太平洋地区扩散的基础。

参考文献：

1. 张光直：《新石器时代的台湾海峡》，《考古》1989年第6期。

2. 宋文薰：《由考古学看台湾》，《中国的台湾》，（台）文物供应社，1980年。

3. 林惠祥：《中国东南区新石器文化特征之一：有段石锛》，《考古学报》1958年第3期。

4. 焦天龙：《东南沿海的史前文化与南岛语族的扩散》，《中原文物》2002年第2期。

5. 焦天龙：《福建沿海新石器时代经济形态的变迁及意义》，《福建文博》2009年增刊。

6. 焦天龙、范雪春：《福建与南岛语族》，中华书局，2010年。

7. 焦天龙、范雪春、罗莱：《壳丘头遗址与台湾海峡早期新石器时代文化》，《福建文博》2009年第2期。

8. 浙江省文物考古研究所：《河姆渡—新石器时代考古遗址发掘报告》，文物出版社，2003年。

9. 王海明：《浙江南部先秦文化遗存浅析》，浙江省文物考古研究所编《纪念浙江省文物考古研究所建所二十周年论文集》，西泠印社，1999年。

10. 浙江省文物考古研究所、萧山博物馆：《跨湖桥》，文物出版社，2004年。

11. 刘益昌、郭素秋：《金门复国墩遗存在亚洲大陆东南沿海的地位及其意义》，陈仲玉、潘建国主编《中国东南沿海岛屿考古学研讨会论文集》，马祖民俗文物馆，2005年。

12. 臧振华：《从台湾南科大坌坑文化遗址的新发现检讨南岛语族的起源地问题》，《浙江省文物考古研究所学刊》，第八辑，2006年。

Bellwood, P.

13. 1995.Austronesian prehistory in southeast Asia: homeland, expansion and transformation.In *The Austronesians: historical and comparative perspectives*. P.Bellwood, J.Fox and D.Tryon, eds.Canberra: Australian National University.Pp.96-111.

14. 1997. *Prehistory of the Indo-Malaysian Archipelago.* Revised edition.Honolulu: University of Hawai'i Press.

15. 2000 Formosan prehistory and Austronesian dispersal.In David Blundell ed. *Austronesian Taiwan*.Pp 337-365. Regents of University of California.

16. 2002 Farmers, foragers, languages genes: the genesis of agricultural societies.In *Examining the farming/language dispersal hypothesis*. Peter Bellwood and Colin Renfrew(eds.)McDonald Institute for Archaeological Research, University of Cambridge.Pp.17-30.

17. 2006. "Asian farming diasporas? Agriculture, languages, and genes in China and Southeast Asia" .In

Archaeology of Asia, edited by M.Stark, 96-118.Blackwell Publishing. Blust, R.

18. 1995.The prehistory of the Austroensian-speaking people: A view from language. *Journal of World Prehistory* 9: 453-510.

19. 1999.Subgrouping, circularity and extinction: Some issues in Austronesian comparative linguistics.In E.Zeitoun and P.J-k Li(eds.), *Selected Papers from the Eighth International Conference on Austronesian Linguistics*.Pp.31-49. Symposium Series of the Institute of Linguistics, Academia Sinica, No.1.Taipei: Academia Sinica. Chang. K C.

20. 1969.*Fengpitou, Tapenkeng, and the Prehistory of Taiwan*.New Haven: Yale University Publications in Anthropology, No.73

21. 1995 Taiwan Strait archaeology and proto-Austronesian.In *Austronesian Studies Relating to Taiwan*.Pp.161-183.Taipei, Taiwan. Chang, K.C.and Ward H.Goodenough.

22. 1996.Archaeology of southeastern China and its bearing on the Austronesian homeland.In *Prehistoric Settlement of the Pacific*.W.H.Goodenough(ed.). pp.28-35.Philadelphia: American Philosophical Society. Chen, Y.G, & Liu, T.K.

23. *1996 Sea level changes in the last several thousand years*, Penghu Islands, Taiwan Strait. *Quaternary Research*. 45.Pp.254-262. Duff, R.

24. 1970 Stone Adzes of Southeast Asia: an illustrated typology.New Zealand: Canterbury Museum Bulletin No 3. Jiao, T.

25. 2004 The Neolithic cultures in Southeast China and the search for an Austroensian homeland. In *Mr.Southeast Asia Archaeology: A festschrift for Wilhelm G. Solheim II*. Victor Paz, ed.University of the Philippines Press.

26. 2007. *The Neolithic of Southeast China*.New York: Cambria Press. Jiao, T., Guo, Z., Sun.G.Wang, H.Rolett, B.

27. *In review*. Sourcing early Holocene maritime networks in southeast China: evidence from geochemistry of stone adzes.*Antiquity*. Heine-Geldern, R.

28. 1946 Research on Southeast Asia: problems and suggestions.*American Anthropologists*. April.Pp149-175. Kirch, P.

29. 2000 *On the Road of the Wind: an archaeological history of the Pacific Islands before European contact.* University of California Press. Pawley, A.K.

30. 2002.The Austronesian dispersal: language, technologies and people.In *Examining the farming/language dispersal hypothesis.* Peter Bellwood and Colin Renfrew(eds.) McDonald Institute for Archaeological Research, University of Cambridge.Pp. 251-273. Solheim II, W.G.

31. 1988.The Nusanto hypothesis: the origin and spread of Austronesian speakers. *Asian Perspective*.26(1): 77-88.

32. 2000.Taiwan, coastal South China and northern Vietnam and the Nusantao trading network.*Journal of East Asian Archaeology.* Vol.2, no.1-2:273-284. Tryon, Darrell.

33. 1995.Proto-Austronesian and the major Austronesian subgroups.In P.Bellwood, J.J. Fox, and D.Tryon(eds.), *The Austronesians: Historical and Comparative Perspectives*, pp.17-38.Canberra: Australian National University. Tsang, Cheng-hwa.

34. 2002.Maritime adaptation in prehistoric Southeast China: implications for the problem of Austronesian expansion. *Journal of East Asian Archaeology*, Vol.3,

图说复合型独木舟与史前航海

吴春明
（厦门大学海洋考古学研究中心 厦门 361005）

一 复合型独木舟与百越——南岛的海洋扩散

民族学上的今“南岛语族（Austronesian）”即“马来—波利尼西亚语系”（Malayapolynesian），分布于北起台湾、经东南亚、至西南太平洋三大群岛及东非马达加斯加岛，是世界上分布范围最广的、内涵庞杂的海洋文化体系。

自新石器时代开始，华南百越先民的航海活动就非常活跃，林惠祥先生曾依据台湾圆山等遗址的有段石锛、有肩石器、印纹陶等遗存与华南大陆的一致性，将台湾史前文化看成大陆东南土著海洋“漂去”的结果。张光直也将距今6000～5000年间的台湾大坌坑文化看成是大陆东南金门富国墩等新石器文化的传播[①]。史前文化的传播与土著人群移动，最终形成了“南岛语族”这一世界上分布范围最广的海洋族群[②]。

复合型独木舟是东南亚、太平洋“南岛语族”航海交通工具的重要特征。所谓“复合型”，主要指双体独木舟（Double canoe）、单边与双边的边架艇独木舟（outrigger canoe）两类。复合型独木舟具备了独木舟轻便灵活的特点，又具有抗横向摇摆的功能。民族学家调查发现，波利尼西亚土著驾驭复合型独木舟，配备原始风帆，每天在太平洋上可航行235公里，是世界舟船体系中的特殊类型[③]。17世纪以来，欧洲航海家先后“发现”了太平洋，民族学者、风俗画师、传教士、殖民官员等相继记录了许多远海、远洋航行的复合型独木舟资料。

复合型独木舟无疑也是南岛先民——华南史前土著、百越先民征服海洋、开发海洋、在海洋世界扩散传播的交通工具，在华南民族考古资料中也有不少重要的线索。

二 太平洋的双体独木舟

双体独木舟（Double canoe），就是利用横木或者船舱上部的平台设施，将两艘独木舟船并列连接，成为两条独木舟的复合体。18世纪以来，西方航海家进入南太平洋群岛后，在太平洋上发现了形态各异的双体复合独木舟。太平洋的双体独木舟有三种组合形态：一为完全相同的两艘独木舟紧靠相连，多见于波利尼西亚南部的马克萨斯群岛至新西兰一带；二为完全相同的两艘独木舟间隔一定距离相连，整个船体上部比较宽阔，常见于波利尼西亚北部的夏威夷等地；三类为西太平洋类型，形态、大小都不完全一致的两艘独木舟的连接体，常见于密克罗尼西亚。

1. 波利尼西亚南部的“两舟紧接型”

一幅反映 1642 年新西兰默多勒海湾（Murderers Bay）的战争画面中，土著毛利人驾驶双体独木战船围攻荷兰人殖民者的远洋大帆船（图 1）。毛利人的双体独木舟尖首尖尾，艏部高高翘起，两条并列的独木舟船舷连接。以左右 5 对划桨，并配置掌向的尾桨，个别独木舟配备三角帆。

1768 ~ 1779 年，库克（James Cook）船长三次太平洋探险的随同画家韦伯（J.Webber）、霍吉斯（W.Hodges）等人，清晰地记录了波利尼西亚土著双体独木帆舟的民族志画卷。

1777 年，霍吉斯描绘的马克萨斯群岛群岛的塔希提（Tahitian）海滨，至少有 4 条复合型独木舟（图 2）。中间两艘为土著语称为“提排鲁埃”（tipairua，“游船”之意）的双体独木舟，两侧为单边架艇独木舟。双体舟与前述毛利人的独木舟比较相似，并列连接的两条独木舟船舷完全紧靠在一起，而且船艏上翘，其中之一还竖立高耸的雕柱。船体中后部船舷之上搭建有舱室。

见于 1774 年塔希提巴雷（Pare）海域的土著战船图像，形态与“提排鲁埃”类似，但规模更大，船艏的雕柱较为突出，战船的尾部还搭建一矮平台，站立着部落首领或战船指挥官，并有一名武士捍卫（图 3）。

美国 Bishop 博物馆收藏有 1854 年制作的马克萨斯群岛群岛土阿莫土（Tuamotu）群岛 Fatatau 岛的双体独木舟模型（图 4）。从该模型看，这类双体独木舟并列连接的两舟基本靠近，船上设置合二为一的篷屋，并置双桅单帆，配掌向的尾桨。

2. 波利尼西亚北部的“两舟分隔型”

在一幅描绘 1643 年汤加海湾所见的土著复合型独木舟船遭遇法国殖民者船只的情景画中，左侧的复合船为两条瘦长的独木舟并列连接而成，两舟之上铺设宽阔的甲板，船艏设置三角帆，两独木舟尾部各配一只尾桨。右侧为单边架艇独木舟和两艘法国人兵舰（图 5）。

1778 年韦伯笔下的夏威夷部落战士驾驶的双体独木“战船”图像，可见连成一体的双舟战船形态厚实、修长，但双体结构稳定、平衡，两独木舟之间有一定的间隔，划

图1 1642年新西兰毛利人的双体独木舟

图2 1777年塔希提岛土著的“提排鲁埃”双体独木舟

图3 1774年塔希提巴雷（Pare）海域的双体独木战船

图4 1854年马克萨斯群岛Fatatau岛的双体独木舟模型

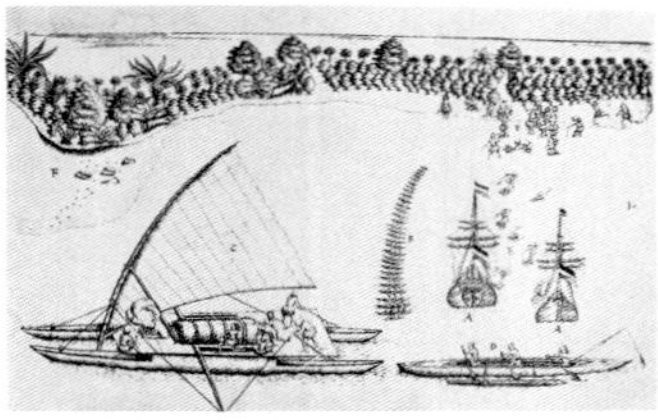

图5 1643年汤加海滨所见的Tongiaki双体独木帆船

图6 韦伯1778年描绘的夏威夷双体战船

图7 1791年的汤加岛双体独木客舟

桨与蟹形三角帆混合动力，分别竖立于双舟上的两桅杆共同支撑一面蟹形帆（图6）。

太平洋上的双体复合型独木舟多是利用连接的舟体的横向板材，铺设、建造宽阔的船体上层建筑。1791年Piron描绘的汤加岛的满载船员和乘客的双体独木客船就是一个典型例子，这一复合船体底部的两条独木舟形体瘦长，实际上只是起到浮体的作用，两舟大幅度间隔，舟舷之上铺设宽阔的甲板，甲板上再设置舱室与桅杆、帆席（图7）。

在现代夏威夷艺术画卷中，常见夏威夷土著传统的双体复合独木帆船在太平洋上航行的复原景象，生动地表现出这类帆船既轻便又稳定、既灵活又具有强大动力的优点（图 8）。

图8 夏威夷土著的双体独木帆船复原图景

3. 密克罗尼西亚群岛的“大小组合型”

无论是“两舟紧接型”，还是“两舟分隔型”，前两类双体独木舟都是两条完全相同的独木舟的组合连接。但随着太平洋群岛复合型独木舟技术的发展与相互影响。实践中单边架艇独木舟的轻便、灵活特点，被双体独木舟所吸收，于是在密克罗尼西亚群岛出现了大、小两条独木舟的组合连接。

斐济诺多阿（ndrua）双体独木舟，就是一大一小两条独木舟的并列连接，小舟某种程度地充当单边架艇的一侧浮材功能。与一般的双体独木舟将风帆设置在两舟之间不同，该船

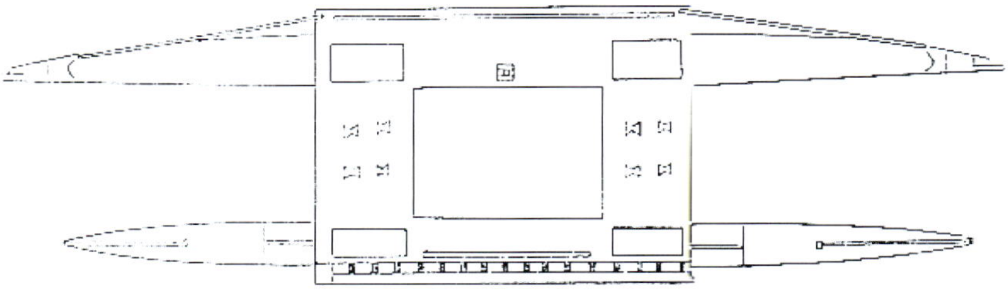

图9 斐济土著的双体独木舟平面图

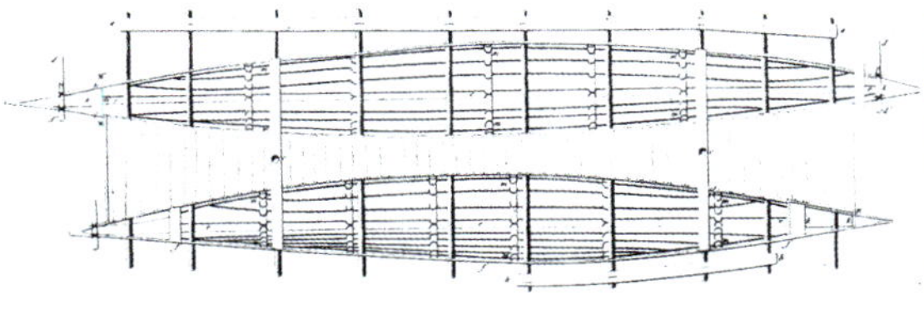

图10 1839年土阿莫图群岛的双体独木舟

的帆桅也竖立在大独木舟上（图9）。

“大小组合型”的双体独木舟在波利尼西亚群岛也有发现，在土阿莫图群岛（Tuamotu）见于1839年的双体独木舟模型就是，不过该船的三角形风帆仍设置于两舟之间（图10）。

总之，双体独木舟是太平洋土著南岛语族重要的航海工具，双体的稳定性和抗横向摇摆、抗侧翻性能，使得原始时代的独木舟具有了很大的航海适应性。太平洋的双体独木舟既可以成为船体瘦长、桨帆合用的战船，也可成为具有宽大平台、蓬屋的客船与渔猎捕捞船，适应土著民族的各种海洋社会经济生活需要。

三 东南亚与太平洋的边架艇独木舟

边架艇独木舟（Outrigger canoe），是在独木舟的一侧或两侧，加装与独木舟同向的舟形浮材（float），成为一条独木舟的复合体。根据一侧、两侧架设浮材的差别，可以分成单边架艇独木舟和双边架艇独木舟两类。在东南亚、太平洋上边架艇的分布不同，其中双边架艇独木舟至少分布范围较小，历史上见于印尼群岛、马达加斯加、科摩罗及美拉尼西亚的路易斯亚德群岛、托雷斯海峡与澳洲北部昆士兰海岸，波利尼西亚和密克罗尼西亚群岛历史上没有双边架艇独木舟的使用。单边架艇独木舟广泛发现于波利尼西亚、密克罗尼西亚、美拉尼西亚、新几内亚、印尼的一些岛屿，印度洋上的安达曼、尼科巴、尼亚斯、马尔代夫，东非的马达加斯加和科摩罗群岛，几乎就是整个南岛语族的分布范围。

图11 美拉尼西亚群岛Taku海滨的双边架艇

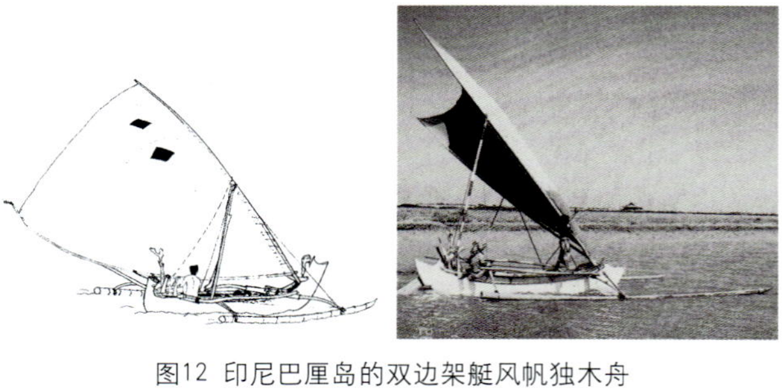

图12 印尼巴厘岛的双边架艇风帆独木舟

1. 东南亚、美拉尼西亚、密克罗尼西亚双边架艇独木舟

20世纪初民族学家在美拉尼西亚群岛Taku海域拍摄到南岛

语族所用的双边架艇独木舟。独木舟形态瘦长，两侧对称展开的小独木舟形的浮材，犹如飞机两侧翼展的翅膀。舟体与浮材间的连接横杆上铺设宽阔的平台，是该边架艇的主要活动舱面，可划桨、可设帆（图 11）。

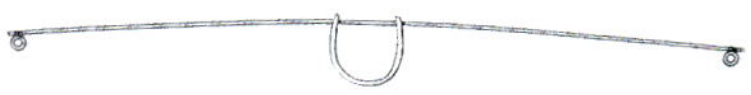

图13 印度南部Nissan群岛的双边艇独木舟横剖面图

印尼巴厘岛所见的近代双边架艇，大体反映了东南亚群岛地带边架艇的形态与结构特点。这类独木舟形态宽短，侧视为鱼形船身，两侧翼展的横杆弯曲成垂直向下的弓形，两侧对称架设简洁的圆筒形浮材。架设有可调节方向的三角形帆（图 12）。

双边架艇的两侧翼展横杆可以根据独木舟的形态、大小、功能和海域状况，调整宽窄。印尼南部 Nissan 群岛的双边艇独木舟的横剖面，表现出非常宽的两侧翼展，显然可以获得很大的平衡性、稳定性（图 13）。

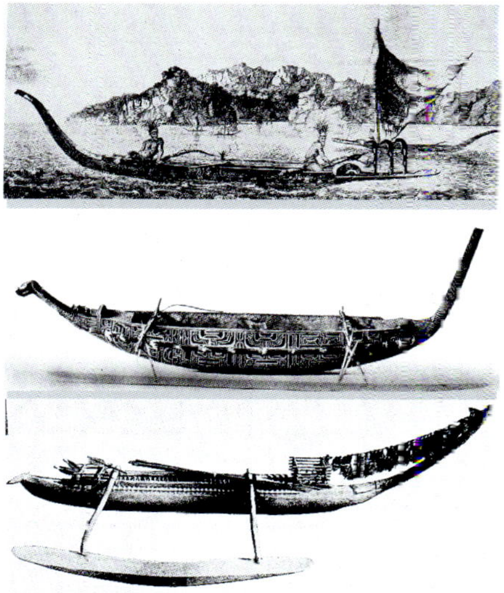

图14 18世纪法属波利尼西亚的单边架艇
上 1774年霍吉斯画卷
中 Neuchatel博物馆藏模型
下 哈佛大学Peabody博物馆1817年收藏模型

2. 东南亚、太平洋的单边架艇独木舟

马克萨斯群岛群岛不仅是双体独木舟发达的地区，更是单边架艇独木舟发达的地方。17 ~ 18 世纪欧洲殖民者画卷中常见土著人的双体独木舟、单边架艇与欧洲人的大帆船同现于一幅的，如前引图 2（1777 年的塔希提岛）、图 5（1643 年汤加海滨）等都是。库克的随船画师霍吉斯 1774 年描绘的马克萨斯群岛群岛塔胡阿塔（Tahuata）的 Vaitahua 岛海滨，就是土著人驾驭的两艘配有三角形蟹形帆的单边架艇，艏部高高翘起，舟身有繁缛的几何形纹雕刻。Neuchatel 博物馆收藏的单边架艇独木舟模型与之相类。哈佛大学 Peabody 博物馆有一件 1817 年收藏的马克萨斯群岛的单边架艇独木舟模型，是迄今此类模型中最古老的，也可与霍吉斯的画像比较（图 14）。

与其他的复合型独木舟一样，很多单边架艇的船员、乘客活动面及货舱并不在狭窄的独木舟体内，而是位于连接独木舟与边架浮材的横杆上搭建的宽阔平台、蓬屋。如斐济海域所见的土著单边架艇，在瘦小的独木舟体与一侧边架浮材之间，搭建宽敞的平台，整艘边架艇配置了巨幅的三角形帆席，为轻便的舟体提供了强大的动力（图 15）。

欧洲殖民者进入波利尼西亚后，很快发现了边架艇独木舟的奇妙、科学之处，设置现代风帆的单边架船只成为欧洲人海上活动的重要工具（图 16）。

图15 斐济的单边架艇独木舟

图16 法属波利尼西亚leeward岛的现代边架艇

作为东南亚、太平洋群岛广泛分布的一种特殊的舟船形态，单边架艇与双边架艇的分布空间有所差别，双边架艇主要分布于东南亚和美拉尼西亚群岛，二单边架艇则分布于从东南亚到太平洋的广阔空间。民族学家认为，这种差别是边架艇独木舟产生、演变与传播过程的反映。美国Bishop博物馆的哈登（A.C.Haddon）、霍内尔（James Hornell）认为，双边架艇的出现早于单边架艇，在远洋航海中，单边架艇的性能优于双边架艇，单、双边边架艇形态的空间分布，反映了印尼群岛、美拉尼西亚群岛一带的双边架艇向东发展、扩散、演变为密克罗尼西亚和波利尼西亚群岛上单边架艇独木舟的过程。

四 东亚复合型独木舟的民族考古探索

在“南岛语族”的故乡中国东南，乃至整个东亚大陆沿海，史前与先秦的远洋航海交通工具形态是什么？考古、船史与航海史的研究，均未给出满意的答案，这与考古学文化比较研究不断发现、证实的数千年来史前文化跨海交流的史实不协调。

笔者近年在开展环中国海海洋舟船民族考古调查研究的同时，对已有考古资料也做了一次重新检讨与分析，取得了一些新的线索④。

1. “舫舟”、“方舟”与古代双体独木舟的发现

“双体独木舟”是太平洋民族志上常见的南岛语族航海舟船，在史前东亚考古资料中尚无明确的证据，但在中国古代的历史、考古资料中却有明确的线索，或与史前航海民族的技术传承有关。

“舫”是古代仿照船型的水上建筑，是中国古代园林艺术的一部分。但是，“舫”的原意却不是船型建筑，而是“并舟”之意，在周汉时期很常见。

《史记·张仪传》：“舫船载卒，一舫载五十人与三月之食，下水而浮，一日行三百余里，里数虽多，然而不费牛马之力，不至十日而距扞关。”《索隐》释“舫”为“并两船也”。

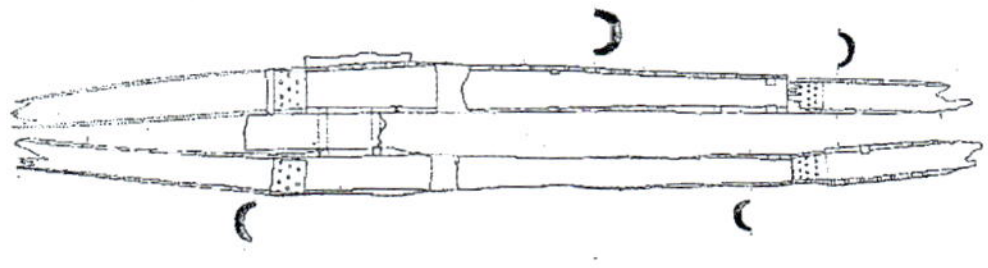

图17 山东平度隋代双体独木舟

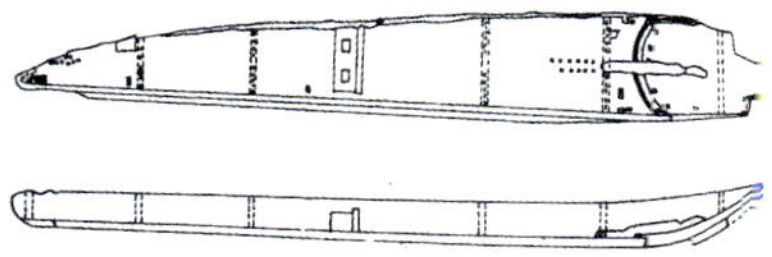

图18 韩国珍岛宋代风帆独木舟

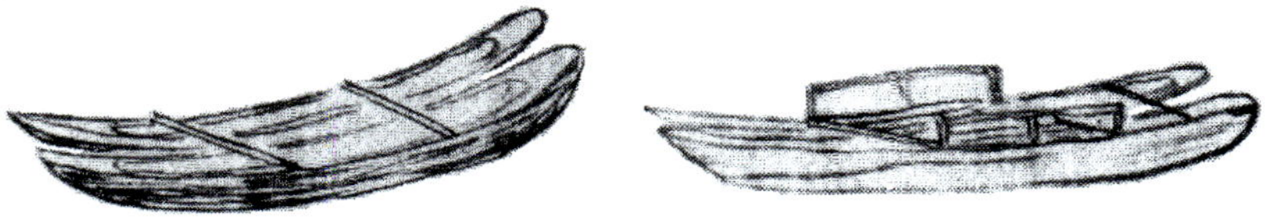

图19 日本北海道"虾夷"之"舫"

《尔雅·释水》描述了周礼等级制度上对使用舟船的规定，"天子造舟，诸侯维舟，大夫方舟，士特舟，庶人乘桴。"这里的"维舟"就是四船并联，"方舟"就是两舟并联，即"舫舟"。

在我国考古发现中还未见史前、上古的双体航海独木舟，但1975年在山东平度泽河东岸的海滩上发现的一艘隋代双体木船，却为这一探索提供了关键的证据。该船实际上是两艘纵向扩展式独木舟并联起来的，左右两侧的船体分别是由三段粗大树干刳成的独木舟纵向连接而成的加长式独木舟，残长20.24米，两列独木舟之间连接横梁，梁上覆以20根横板。参照太平洋双体独木舟的航海实践，这种规模的双体独木舟如果配备风帆设施，在海洋中航行是没有任何问题的。有趣的是，这条发现于古海滩上的双体独木舟，正是南方特产的樟木和枫香制造的，因此它就是一条沿海北上的"特殊"海船（图17）[⑤]。

类似的发现，还有1991年在韩国全罗南道珍岛郡发掘的一艘大型宋代独木舟。该舟残长16.85米，由三段樟木使用榫卯结构连接而成，船底部的"保寿孔"内放置了8枚中国宋代铜钱，中部为两孔桅座，碳十四测定为710±30年，应是来源于中国宋朝的南方地区[⑥]。该独木舟的左右不对称平面形状是耐人寻味的，船体左舷板是一条直线造型，与正常的舟船不一样，右舷为正常弧线造型（图18）。那么，该独木舟是否可能是双体独木舟的右侧残存呢？如果可能，其左舷的直线造型正是为了与未能保存或尚未发现的左侧独木舟相匹配，成为一艘完整的双体独木舟帆船，这种可能性不是没有的。这与前引图9斐济诺多阿（ndrua）双体独木舟的平面形态一致。

此外，在日本的土著海洋社会中，也有双体独木舟的使用。据《虾夷家财图说》记载，1845年北海道船家的"舫"就是这类双体独木舟（图19）[⑦]。

因此，东亚大陆及相邻地带具有使用双体独木舟的稳定的历史传统，这一传统或与史前、上古先民的航海舟船历史积淀有关。

2. 萧山跨湖桥等地的独木舟与“边架艇”

相对于东亚考古发现中双体独木舟的明确线索，南岛语族的另一类航海交通工具“边架艇”却未有明确的考古证据，但华南沿海的若干考古线索值得关注。

浙江萧山跨湖桥新石器时代早期的独木舟，是我国考古发现最古老的舟船。该独木舟艉端残失，残长5.6米，两侧还各发现一只木桨，并散布许多圆木和剖木的“木桩”、“木料”，蒋乐平等依据凌纯声的“戈船”理论，将跨湖桥独木舟看成是太平洋上的“边架艇”⑧。这种可能性是存在的，否则这些与独木舟平行的长木料和垂直的短木料的作用就很难解释了。至于也有学者认为船体上不见捆绑边艇与船体间连接横木的孔洞，对比太平洋民族志中各种边架艇的形态和设置方式，未必都要在船舷穿孔捆扎横木，况且独木舟船舷的大部分已经残失，原来是否有穿孔结构已不得而知。

独木舟的东北侧的多块竹篾编制的席状物，其中编号30的一块残长达60、残宽50厘米，从共存关系与遗迹形态分析，完全有可能是一面原始船帆的遗存。以竹篾编制帆也是太平洋土著民族志的重要内涵之一，福建泉州宋元沉船的船帆也是竹篾编制的⑨。因此，跨湖桥的独木舟，完全有可能是一艘适于海上航行的双边架艇独木帆舟（图20）。

福建博物院陈列一艘连江浦口鳌江河畔发现的西汉独木舟，残长7.1米，为整段樟木刳成的方艏方艉独木舟。在靠近船首的两侧舷残留下一对对称的凹槽，这一结构应是设置横杆的，与夏威夷和印尼土著独木舟船舱内设置的捆扎边架艇横杆的结构特征一致。而在船尾的下面，还挖出十多截直径约6.5厘米的原木残段，当年的发掘者含糊地推测是“舟上附件，或为行船工具”⑩。因此，连江汉代独木舟，很可能也与双边架艇有关（图21）。

此外，福建昙石山博物馆陈列一艘闽侯荆溪镇的闽江河床发现的奇特独木舟，“这艘独木舟结构复杂，它长约11、宽0.95米，是由一根直径约1米的楠木制成；独木舟一侧船舷有四组方孔和凹槽，与另一独木舟或圆木拼接，保持航行时的平衡。”发现者已经把它推定为边架艇，该舟碳十四测定年代为1466±45年，约当南朝时期⑪。

总之，华南史前、早期历史考古资料中，有不少独木舟的考古发现，这些独木舟能否适应航海活动的需要？在土著先民的航海实践中如何使用？边架艇作为亚太海域土著民族一种特殊的航海交通工具，多见于南岛语族的民族志，史前、早期考古没有发现独木舟与边架艇的横杆、浮材之间确定的连接遗存，既有保存的原因，也可能与发掘者的思考与判断有关。但上述若干个案，无疑提供了有价值的线索。

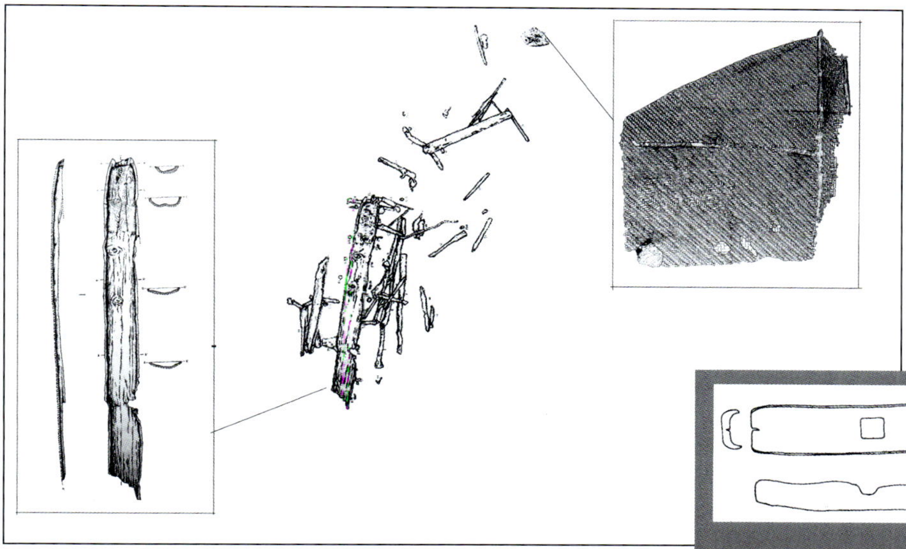

图20 跨湖桥独木舟及共出的“木料”、“篾席”

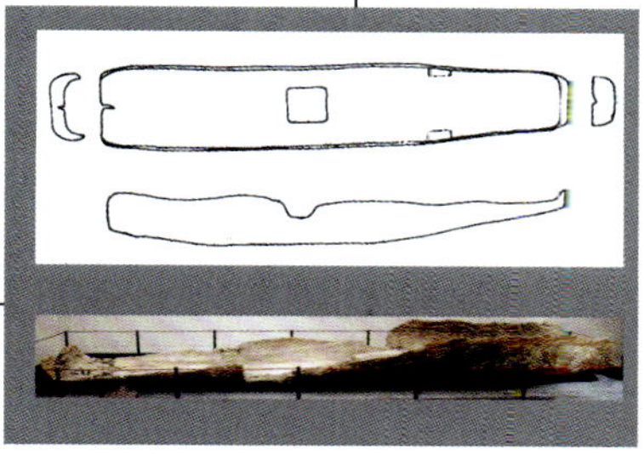

图21 福建连江汉代独木舟

3，华南民族志上的番族“蟒甲”与苗族“子母船”

除了考古资料以外，笔者通过近年来的调查研究，华南土著民族志中使用“边架艇”独木舟的证据越来越明确了，这为判定华南土著的史前航海工具、南岛语族起源期的航海工具，提供了关键的佐证。

图22 施洞龙船棚内的子母船
图23 黔东南台江施洞苗族“子母船”
图24 黔东南台江施洞苗族“子母船”
图25 施洞子、母船的连接方式

半个多世纪以来，凌纯声先生就致力于寻找中国的边架艇，首先引起他注意的就是清代台湾番族民族志上的“蟒甲”。黄叔璥《台海使槎录》卷六“番俗六考——北路诸罗番十附载”：“蟒甲，独木挖空，两边翼以木板，以藤缚之”，清人陈淑均《噶玛兰厅志》卷五“番俗六考”：“番渡水小舟名曰蟒甲，即艋舺也，一作蟒葛。其制以独木挖空，两边翼以木板，用藤系之。”虽阙图像资料，但证之民族考古学，“蟒甲”“两边翼以木板”无疑就是边架艇独木舟[12]。

在语言学上，“蟒甲”音 mangka，而在印尼、菲律宾、密克罗尼西亚、美拉尼西亚、波利尼西亚等群岛南岛语族中，边架艇独木舟也普遍称为 wangka、waka，在新不列颠群岛略有变化为 haka，在布干维尔群岛为 vakas、bakati、hakas，在新赫布里底群岛为 angge、wanga、nawangk 等[13]。这充分说明，清代台湾原住民中还使用“蟒甲”不是一般的舟楫小船，而是与太平洋南岛语族边架艇独木舟一样的舟船文化，在亚太民族史、“百越－南岛”海洋史上具有重要意义。但由于“蟒甲”的孤证，而且缺乏实物与图像证据，未能引起民族、考古学者的重视。

2008 年 6 月 27 ～ 29 日（农历五月二十四至二十六日），在一年一度的施洞苗族龙船节期间，我专程赶赴黔东南台江县施洞镇，调查、勘测了完整的苗族“子母船”的形态、结构与建造工艺。研究表明，这一“子母船”就是华南史前“边驾艇”的活化石，为探寻南岛语族先人、华南史前土著航海交通工具，提供了确凿的证据[14]。

台江县施洞镇是黔东南州重要的苗寨，位于清水江上游，依山傍水，农历五月划龙船是黔东南苗民的重要民俗活动。龙船节中，施洞镇十里八乡苗寨多派出龙船参赛，我考察、测绘了平地营、柏子坪、塘坝、唐龙四个村寨的龙船，发现各村龙船形态与规模都大同小异，以一大两小独木舟组合的“子母船”为特征。施洞现在所用的龙船多是上个世纪 80 年代以后建造的，因

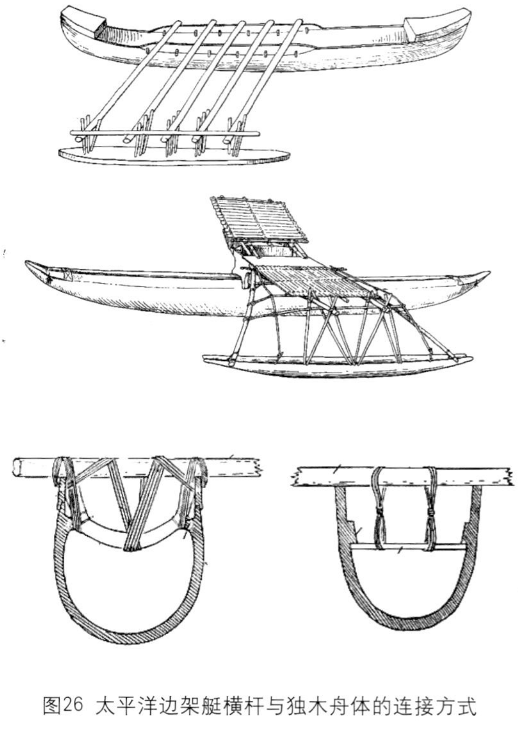

图26 太平洋边架艇横杆与独木舟体的连接方式

大型原木的缺乏，一大“母船”已不用整木建造，而采用多件木材拼合而成，但仍然保持“刳木为舟”的独木舟楫形态特点，与清乾隆徐家干《苗疆闻见录》所载“其舟以大整木刳成五六丈，前安龙头，后置凤尾”的结构一致。清水江岸的十里八乡的子母船，每年仅苗族龙舟节这一天才被移至江边参加划龙舟竞赛，平时都被拆卸后停放在各自的龙船棚内（图 22）。

以平地营村龙舟为例，母船全长 23.6 米，舯部横断面近圆形，舯部最宽处 0.6 米，舱内艏部深度 0.54 米，舯部深度 0.46 米，艉部深度 0.38 米，舱面从艏到艉平铺五列横板，船内不分舱。两侧子船等长 14 米，宽 0.38 米，舯部深度 0.37 米。两侧子船与中部母船之间通过母船舱面五列横板上方的五列横杆连接，连接处采用全榫卯栓扣结构和竹青篾条捆扎，不见螺栓、铁钉以及船体穿孔等（图 23、24）。

施洞苗族“子母船”与太平洋“边驾艇独木舟”的高度共性：

第一，两者都属于复合独木舟结构，都是在一大型独木舟的一侧或两侧附加一小型或两小型的独木舟艇，通过增加船体的横向阻尼力，达到独木舟的抗横向摇摆性能。两者形态构造的设计出发点是完全一样的。所不同的是，“子母船”的双边子船是紧贴着中间的母船的，横向阻尼力比较小，而太平洋的“边驾艇”与中间的主独木舟间有都有一定的间隔，横向阻尼力更大。这点差别应与水上环境的差别有关，施洞“子母船”更适合相对狭窄和相对平稳的江河环境，而太平洋“边驾艇”更适合宽阔而多风浪的海洋环境。

第二，两者都是通过若干连接横杆，将双边或单边舟艇附加于主体独木舟上。所不同的是，子、母船体之间都是固定的五列横杆，横杆与母船、子船船体间以榫卯栓扣、绳索捆扎固定，而太平洋上连接边艇的横杆有 2 ～ 4 根不等，横杆与舟、艇的连接方式多样（图 25、26）。

第三，苗族与“南岛语族”都重视仪式舟船的保存，施洞“子母船”除每年农历五月的“龙船节”外，都停放在专用的“龙船棚”中，类似的情形广见于太平洋的“南岛语族”，台湾原住民中也有类似的独木船屋⑮。华南土著与“南岛语族”对舟船的共同重视。当然，“南岛语族”边驾艇独木舟常见的风帆是施洞龙船所没有的，应与施洞龙船的特殊功能有关。

因此，黔东南台江施洞苗族的“子母船”与东南亚、太平洋群岛“南岛语族”的“边驾艇独木舟”，从本质上说都属于同一类型的复合独木舟，而且这一复合结构都是出于基本相同的抗横摇摆的设计理念，是世界舟船体系中非常特殊的类型。

清水江为沅水的上游水系，是黔东南重要的河流之一，沅水、清水江水系正是苗族先民、周秦汉唐以来长江中游的苗蛮系统濮系族群西迁进入湘黔山地的重要通道。清水江流域及西江上游水系的都柳江流域都还有大批侗族、水族等比较确定的百越族裔，他们主要是汉唐以来随着百越的消亡而部分西迁的瓯骆民族的后裔，在这一共同区域内的濮、越系裔的民族文化交流也是十分密切的，这为理解施洞龙船形态与结构的特殊性提供了重要的文化史背景。

因此，施洞“子母船”应就是太平洋“南岛语族”之“边驾艇独木舟”的逻辑原型，其在太平洋文化史上的意义是不言而喻的，它很可能就是在华南海域消失了二三千年的史前土著远洋舟船的“活化石”。

总之，无论是汉文史籍中的“舫舟”、“方舟”，番族“蟒甲”、苗族“子母船”，还是浙江跨湖桥、福建连江等暂不甚明确的考古资料，说明在事关东南亚、太平洋南岛语族起源研究中最关键的东亚，尤其是华南百越故地，存在与东南亚、太平洋南岛语族同属一个系统、适于史前与上古航海的“复合型”独木舟。它们是汉晋以来中原北方华夏、汉文化南下之前，“百越—南岛”族群海洋文化体系的核心成分。

（国家社科基金重大项目“环中国海海洋文化遗产调查研究”阶段成果，全国哲学社会科学规划办公室项目批准号：10&ZD083）

注释：

① 林惠祥：《台湾石器时代遗物的研究》，《厦门大学学报》1955年第4期；张光直：《新石器时代的台湾海峡》，《考古》1989年第6期。

② 林惠祥：《中国东南地区新石器文化特征之一：有段石锛》，《考古学报》1958年第3期；张光直：《中国东南海岸考古与南岛语族的起源问题》，《南方民族考古》第一辑，四川大学出版社，1987年；吴春明：《南岛语族起源研究“闽台说”商榷》，《民族研究》2003年第4期；Peter Bellwood, Prehistory of the Indo-Malaysian Archipelago,, Honolulu:University of Hawaii Press, 1997.Patrick V.Kirch, On the Road of the Winds: An Archaeologicai History of the Pacific Islands before European Contact, Berkeley: University of California Press,2000.Tianlong Jiao, edited, Lost Maritime Cultures: China and the Pacific, Honolulu: Bishop Museum Press, 2007.

③ A.C.Haddon and James Hornell, Canoes of Oceania, Vol. Ⅰ, The Canoes of Polynesia, Fiji, and Micronesia, Bernice P.Bishop Museum Special Publication 27, Honolulu Hawaii, 1936.Vol. Ⅱ, The Canoes of Melanesia,

Queenland, and New Guinea, Bernice P.Bishop Museum Special Publication 28, Honolulu Hawaii, 1937. Vol.Ⅲ, Definition of Terms, General Surney, and Conclusions, Bernice P.Bishop Museum Special Publication 29, Honolulu Hawaii, 1938.Adrian Horridge, Outrigger Canoes of Bali and Madura Indonesia, Bishop Museum Special Publication 77, Honolulu Hawaii, 1987.

④ 吴春明：《中国东南与太平洋的史前交通工具》，《南方文物》2008年第2期；《黔东南台江施洞苗族“子母船”及其在太平洋文化史上的意义》，《贵州民族研究》2008年第5期。

⑤ 山东省博物馆、平度县文化馆：《山东平度隋船清理简报》，《考古》1979年第2期。

⑥ 袁晓春：《韩国珍岛发现中国宋朝独木舟》，《海交史研究》1994年第1期。

⑦ 松浦武四郎：《虾夷家财图说》，函馆市立图书馆藏弘化二年，1845年。转引自川崎晃稔：《日本丸木舟の研究》，日本法政大学出版局，1991年，第347页。

⑧ 浙江省文物考古研究所等：《跨湖桥》，文物出版社，2004年，第50页。

⑨ 福建省泉州海外交通史博物馆：《泉州湾宋代海船发掘与研究》，海洋出版社，1987年，第60页；中国科学院自然科学史研究所等：《泉州法石古船试掘简报和初步探讨》，《自然科学史研究》1983年第2期。

⑩ 卢茂村：《福建连江发掘西汉独木舟》，《文物》1979年第2期。

⑪ 黄庭满：《闽侯发现独木舟属于南北朝时期》，《福建之窗》2003年12月20日，林瑞明：《闽侯发现南北朝独木舟》，《福建文博》资料。

⑫ 凌纯声：《古代中国与印度太平两洋的戈船》，载《中央研究院民族学研究所集刊》第26期。

⑬ A.C.Haddon and James Hornell, Canoes of Oceania, Vol.Ⅲ, Definition of Terms, General Surney, and Conclusions, P.71, Bernice P.Bishop Museum Special Publication 29, Honolulu Hawaii, 1938.

⑭ 吴春明：《黔东南台江施洞苗族“子母船”及其在太平洋文化史上的意义》，《贵州民族研究》2008年第5期。

⑮ 台湾总督府临时台湾旧惯调查会原著：《蕃族调查报告书（第一册—阿美族、卑南族），“南势阿美里漏社”，“中研院’民族学研究所2007年编译出版，第89页；笠原政治编、杨南郡译：《台湾原住民族映像——浅井惠伦教授摄影集》，（台湾）南天书局，1995年，第193页；笔者所见雅美船屋。

杭州萧山跨湖桥遗址独木舟原址脱水加固定型保护

陈中行
（湖北省博物馆 武汉 430077）

杭州萧山跨湖桥独木舟遗址于2001年被发掘出土。该遗址位于杭州市萧山区城厢镇西南约4公里的湘湖村。遗址西南约7公里为钱塘江与浦阳江交汇处，在此形成曲折“之”字形，往北折向东北流入东海。

经考古发掘，遗址出土了一条近似完整的独木舟，它的船尾已残，船头上翘，比船身窄。船身长5.6米，宽0.50～0.53米，深0.20米，西南一东北向摆放。船体较薄、底部与侧舷厚度约2.5厘米。船体两侧还发现两件未见使用痕迹的木桨、木构件，以及数件石锛柄、石裤、石器崩片、砺石等，从综合的现象分析，这里应该是一个与独木舟有关的木作加工现场遗迹，具有极高的历史价值和文物价值。

经考古年代测定，独木舟距今8000～7500年，船史专家据此认为，这是我国迄今发现的最早独木舟，它对研究人类水上交通工具史具有重要价值。

由于独木舟遗址的文化堆积没有遭到后人干扰破坏，堆积层序清楚，考古发掘工作的质量高，是浙江省内首次发现的崭新的、新文化类型，面貌独特新颖，萧山独木舟遗址被评为2001年全国十大考古新发现之一。

萧山跨湖桥独木舟遗址发掘至今，萧山区政府、浙江省文物局、萧山区博物馆对遗址采取了得力的保护措施，例如盖了钢结构建筑使独木舟有了一个“家”，今年夏天在独木舟及其木构件的核心区域建造了房中“房”，并安置了空调，这些措施，使遗址有了比较好的环境，特别是2003年10月，为独木舟建了一个水槽，使独木舟浸泡在不断更换纯净水的水槽中，独木舟由深黑色逐步变成浅棕色，强度也开始增大，这为今后独木舟的脱水保护创造了良好的条件。

（一）独木舟遗址存在的主要问题

2003年9月，萧山区政府、浙江省文物局决定成立“杭州萧山独木舟遗址原址保护可行性方案研究”课题组，课题组有关专业对独木舟遗址及其木构件的保存状况进行了考察和有关数据的检测，由此查明了遗址保存状况存在的主要问题有：

1. 地下水渗水引起的环境地质问题

独木舟遗址处于湘湖水位以下，加之大气降水，造成地下水及地表水对独木舟及相关木构件的侵蚀。在雨季，遗址中有明显的渗水现象，因此独木舟及其木构件长期处在潮湿状态，与土壤接触部位，产生霉菌，使其受到腐蚀。

2. 独木舟及其木构件腐蚀严重问题

独木舟及其木构件外观颜色基本已成深褐色。独木舟开裂严重，直裂纹（纵向，即顺纤维向）基本布满了整条舟，还有多处的横断裂纹，有的已经裂断。独木舟手感很软，基本呈海绵状。

对独木舟和木构件以及出土的木质文物进行了材质腐蚀深度及微型贯入强度的测定，从测试结果可以看出，它们均腐朽严重。独木舟均已腐朽贯穿，其他构件也如此。从测试结果还可看出，独木舟质地很薄，一般只有 2 厘米，最厚部分只有 3 厘米，有的地方已经腐穿，可见舟底部泥土，几处木节部位更为明显，下部的泥土清晰可见。

3. 临时保护措施造成的影响问题

独木舟出土后，有关专家提出，对独木舟采用两二醇水溶液喷淋保湿的临时措施，按照此法喷淋至 2003 年 10 月。我们认为，丙二醇对木材的有效成分有溶解作用，对木材纤维素有溶胀作用，因此独木舟发生恶化现象是必然的。2003 年夏天持续高温加速了丙二樗对木材有效成分的溶解和对木材纤维素的溶胀，加之在喷淋液中没有加入防霉杀菌剂，这也是造成独木舟及其木构件腐蚀的重要因素。

4. 遗址沉积淤泥强度弱的问题

跨湖桥独木舟遗址的地层特点：宁绍平原全新世以来 7KaBP 以前为高海平面、7–5KaBP 为低海平面、5–3.9KaBP 为洪水频发期；浙江省地质调查院证实，遗址的青灰色淤泥层为海相沉积：与遗址相距 2.5KM 的下孙遗址有沙层，其中混杂有大量的海生贝壳类碎片，遗址中存留的木柱都被一种叫“船蛆”的海洋生物蛀空。上述情况表明，独本舟遗址所在的湘湖地区在 7Ka 以前的某一时期曾经被海侵。事实也是如此，遗址中淤泥强度很弱，其表面干燥后，极易开裂。

5. 独木舟及其木构件中含盐造成影响问题

独木舟及其木构件在海相沉积淤泥中埋藏近 8000 年，其材质中必然渗入大量盐类，如不能彻底将这些盐类清洗出来，将对独木舟及其木构件的脱水处理造成困难，而且后患无穷。

针对上述问题，专家们认为对萧山独木舟遗址必须实施疏干排水、堵水工程，遗址中淤泥加固工程，独木舟及其木构件脱水加固工程及防霉杀菌工程。这些保护工程的设计、实施需建立在可行性研究工作的基础上，研究工作的内容有：遗址区的环境水文地质、工程地质条件的研究，独木舟脱水加固定型的研究，遗址中淤泥加固方法的研究，独木舟、木构件及环境微生物的检测及其对有害菌防治技术的研究；独木舟及其木构件的脱盐技术研究。

2004 年 2 月，受杭州萧山区文体局委托，由湖北省博物馆承担、萧山区博物馆、浙江省博物馆、中国地质大学（武汉）、中科院武汉岩土力学研究所、中科院武汉病毒研究所、武汉现代工业研究院参加的研究组，开始了对杭州萧山跨湖桥独木舟遗址原址保护工程可行性研究。主要研究人员有：陈中行、刘佑荣、卢衡、程昌炳、李敦学、靳海斌、刘景龙、程丽臻、李澜、施加农、马翠兰、王兴海、吴健、楼卫、沈一敏。

（二）独木舟遗址原址保护地质工程

遗址区地下水埋深浅，主要承受大气降水和湘湖湖水的补给，水位动态变化大。遗址区东侧和南侧为湖水域，水位为 5.35 米，高于独木舟遗址地面，对遗址地下水起着侧向补给的作用：遗址区两侧为水塘，由于人工抽水，水塘常年水位保持在 -9.10 米，是遗址地下水和地表水集中排泄地。受该水塘和湘湖控制，遗址地下水呈东南——西北向流动，即地下水在东南方向接受湖水补给流经遗址向西侧水塘排泄，同时大气降水渗入补给一部分。在这种渗流场及区内岩土透水性控制下，遗址区地下水不仅埋深浅，一般为 1 ～ 3 米，而且流动慢。独木舟虽然处于稳定地下水位以上，但由于区内岩土毛细水十分发育，加上大气降水影响等原因，使得独木舟及其木构件处于饱水状态，并在一定范围内波动。

根据遗址区的水文地质条件，和病害特征，治理遗址区地下水的根本原则就是疏干独木舟周围一定范围内的地下水并杜绝其他水源对遗址地下水的补给。为此，建立遗址区水文地质模型和地下水渗流场数值模型，设计了暗沟排水方案。

暗沟排水

此方案是在独木舟四周一定范围内适当部位开挖明沟，在沟外侧做好防渗处理和底部砌置排水沟后回填，形成排水暗沟，并在西侧拐角设集水井，将水集中排出区外。方案的指导思想是以排为主，堵排结合。具体做法是：

(1) 暗沟平面尺寸确定

根据独木舟及其木构件的分布特征，排水暗沟布置成斜向方形，平面尺寸约 14×10 米。宽度为 1.5 ～ 2 米。

(2) 暗沟深度的确定

根据水文地质勘探资料和对遗址中土体特征的数据检测分析，将排水暗沟置于第四系上更新统残破积层黏土、粉质黏土内。该层土体分布稳定．渗透性低，可视为相对隔水层（渗透系数小于 1.0×10^{-7} 厘米／秒）其物理力学性质好，强度高，可做排水暗沟的持力层由钻深资料司知该层黏土、粉质黏土厚约 4 ～ 8 米，埋深一般为 3 ～ 8 米，考虑到暗沟底板保留一定厚度隔水层，以防止底部承压水压力过人而造成暗沟底板突涌或破裂综合以上情况，排水暗沟的砌置深度定为 4 ～ 5 米。

(3) 排水暗沟及土工布布置

整个排水沟呈长方形布置，其中西沟和东沟平行于独木舟中心线，长 14 米；西沟距独木舟边缘约 2.2 米：北沟和南沟垂直于独木舟中心线，长 10 米甲南沟距独木舟边缘约 2.5 米，整个排水暗沟总长约 48 米。

明沟开挖后在外侧壁铺设防渗土工布，然后在沟底用混凝土砌排水沟，排水沟宽 0.50 米，深 0.50 米，并在底部和外侧作防渗处理排水沟砌好后将明沟回填，为了达到排水目的，回填应选择适合的材料，并在与土工布接触部位采用黏土填实，使土工布既发挥防渗作用又不至于因填料而发生破裂，黏土与沟内侧间用粗砾料填实，以使遗址保护范围内土体中的地下水顺利进入排水暗沟。

在暗沟西侧拐角设置集水井，井底低于暗沟底板 0.50 米左右。整个排水暗沟向集水井方向倾斜，坡度可取 2% 左右。此外为了防止地表水流入遗址，可在遗址四周做散水或铺盖。

（三）独木舟及木构件原址脱水加固定型

遵照 2003 年 9 月召开的《萧山跨湖桥独木舟遗址原址保护可行性方案研究》论证会的意见，湖北省文物保护技术研究中心、浙江省博物馆和萧山区博物馆为独木舟做了水槽，用纯净水浸泡独木舟，并对其脱盐和去除此前喷洒的丙二醇药物，这样使独木舟处于相当安全的状态，并为实施脱水工程创造了良好条件。

1. 独木舟及其木构件的材种鉴定和化学成分分析

(1) 材种鉴定

经鉴定，独木舟为松科中的硬松类，木构件为松科中的硬松类和针叶树材。这类树材在脱水干燥处理时最易收缩、变形、开裂。

(2) 化学成分分析

从上述分析结果看到，独木舟及其木构件的化学成分有较大变化，其全纤维素分

材种	KH–MZ	KH–15	KH–17
含水率%	322.12	379.39	330.48
全纤维素%	30.05	24.61	18.85
木质素%	69.12	76.37	75.52
1%NaOH抽提物%	19.48	23.45	18.87
热水抽提物%	4.70	3.37	3.82
苯醇抽提物%	1.96%	0.95	1.54
灰分%	7.91	5.04	5.14

注：KH–MZ独木舟木材，KH–15木构件木材，KH–17木构件木材。

别在 18.85% 和 30.05% 之间，远远低于正常木材的全纤维素含量，而木质素分别在 69.12% 和 75.52% 之间，1% NaOH 抽提物和灰分含量均很高，说明经过漫长的岁月，木材明显遭受腐朽（褐腐），纤维素损失严重，强度极差。

2. 独木舟及其木构件的现状

(1) 色泽与裂纹

独木舟及其他木构件均为暗褐色，呈腐蚀状。开裂严重，裂纹很多，尤其是顺木纤维方向（纵向）的裂纹已多得难以统计，其垂直于木纤维方向（横向）的裂纹也不少，初步统计已有 16 条，有的已经断裂。独木舟及其他木构件手感很软，基本呈海绵状。

(2) 腐蚀深度

独木舟船头略厚，约 3 厘米，其余厚 2 厘米，用微型探针贯入试验，探测计 28 个点，几乎全部贯穿，说明船体之木材材质从表材至心材均被腐蚀。其余的木构件也如此。

(3) 贯入强度

用微型贯入仪对独木舟及其他木构件测定了贯入强度，其平均值仅有 28.9 牛／厘米．而对于同类未腐蚀的木构件的贯入强度约在 300 牛／厘米．由此可见独木舟腐蚀已很严重。对独木舟及木构件的腐蚀深度及贯入强度测定结果可以看出，它们均腐蚀严重，大部分已腐朽贯穿，有许多地方已经腐穿，可见底部泥土，几处木节部位更为明显，下部的泥土清晰可见。

独木舟及木构件出土前产生的腐朽因素是独木舟及木构件埋在地下达八千年之久，由于长期受地下水、盐类及有害物的侵蚀，它们的材质劣化是必然的。

独木舟及木构件出土后的腐朽因素有两种：其一是保护环境的影响，独木舟出土后，前两年处于野外简易塑料棚中，受夏季高温、冬季寒冷的影响，加速了独木舟及木构件的腐蚀速度。其二是临时保护措施造成的不良影响，独木舟及木构件出土后，有关专家提出，对独木舟及木构件采用喷淋丙二醇水溶液保湿的临时保护措施，按此法喷淋至2003年10月。我们认为，丙二醇对木材的有效成分有溶解作用，对木材纤维素有溶胀作用。因此，独木舟发生恶化现象是必然的，而夏天持续高温加速了丙二醇对木材有效成分的溶解和对木材纤维的溶胀，加之在喷淋中没有加防霉杀菌剂，这也是造成木材腐蚀的重要因素。

附记：

2003年11月，独木舟已浸泡在特制的水槽中，每月更换3～4次浸泡纯净水，近一年，独木舟色泽已从黑褐色转为浅棕色（接近木材本色），触摸其手感之强度明显增强，保存状态日趋好转。

含木量M与腐蚀度D_f

木质文物的含木量M就是其饱和含水量的倒数，其值愈大，说明木质文物的材质在腐蚀过程中，固体物质流失少，即腐蚀程度低。经测定，独木舟的含木量为19.6%。其对应的基准木，即未被腐蚀时，其含木量约68.7%，所以独木舟的完好度：

$$D_W=\frac{15.6\%}{68.7\%}\times100\%=28.5\%$$

腐蚀度为：

$$D_f=1-28.5=71.5\%$$

说明独木舟腐蚀已非常严重。

3. 遗址的PH值

对遗址的独木舟，木构件及土壤的PH值进行了测定，其值为6.5，呈微酸性。这表明，独木舟及其木构件和与其相伴的淤泥土质均处于微酸性。经对独木舟及其环境盐量的测定（另有研究报告），发现硫酸盐的含量较高，因此遗址中独木舟、木构件及淤泥土质必处于酸性状态。木质文物在酸性环境中，构成木材的纤维素、半纤维素必然降解、断裂，木构件的腐蚀是无法抗拒的，唯一的办法是对遗址实施疏干排水的地质工程，使独木舟及其木构件处于干燥的环境中。

4. 独木舟残片的自然干燥失水收缩变形特性

萧山独木舟遗址中最重要的是独木舟，是标志性文物，它的失水收缩特性是关系到其保护成败的关键。为此，我们采样，进行了独木舟残片自然干燥脱水实验和烘干干燥（即绝干脱水）实验。结果如下：

自然干燥实验：弦向收缩率40.1%，径向收缩率32.5%，含水率319.4%。

烘干干燥实验：弦向收缩率42.1%，径向收缩率35.1%，含水率319.4%。

由此可见，独木舟不经科学脱水加固定型处理，让其自然风干脱水，则变形收缩非常严重，无疑要造成严重后果。

5. 独木舟脱水加固定型研究（PEG+ 尿素 + 二甲基脲复合液法）

2003年11月，独木舟已被浸泡于在原址上制作的容器中，这为今后的独木舟脱水工程提供了条件，为此我们采集了独木舟残片样品，采用PEG（聚乙二醇）+尿素+二甲基脲复合液浸泡此样品，进行脱水加固定型研究，步骤如下：

将试样在蒸馏水中充分浸泡，以除去可溶性杂质（如盐、此前临时保护采用的保湿剂丙二醇等），然后用尿素7.16%，二甲基脲21.5%，聚乙二醇(PEG)（分子量为4000） 5%的溶液浸泡，并逐步递增PEG的浓度直至60%，经120多天，从复合液中取出样品，让其在室温下自然脱水干燥，90多天后，样品趋于稳定。处理结果如下表：

独木舟试样脱水定型前后性状对比

处 理 前		处 理 后
湿木重（饱水状）	162.63克	118克
水重	123.8克	
含水率	319.4%	
样长（纵向）	19.6厘米	19.6厘米
样长（弦向）	2.4厘米	2.4厘米
样宽（径向）	6.0厘米	6.0厘米

处理结果表明，经PEG复合液脱水加固定型的独木舟样品，其各向收缩率均为零，完全保持了原貌，这为独木舟的脱水保护工程方案的制订了可靠的方案。

采用PEG +尿素+二甲基脲复合液脱水加固定型的独木舟样品具有木质感，色泽正常，无黏稠和腊状感，在高湿天气，不返潮。

20世纪末，俄罗斯学者研究采用尿素十二甲基脲处理现代木材，获得良好效果。

我们采用尿素＋二甲基脲十 PEG 复合液脱水加固定型木质文物获得成功，效果良好。产生这种效果的原因可能是：尿素和二甲基脲分子结构中有碳基，PEG（聚乙二醇）为多元醇，分子中大量的醇羟基，纤维素分子也是多元醇，每个葡萄糖单元有三个醇羟基，这样，尿素和二甲基脲可以与 PEG．纤维素分发生醇醛反应，产生交联作用，阻至了纤维素大分子的收缩，使木构件不产生变形、开裂；同时也防止了 PEG 在木材表面的返潮现象。PEG 复合液法明显表现出优于单一的 PEG 渗透至木质中，仅起填充作用（迄今为止国内外采用的 PEG 脱水方法，都是单一的 PEG 渗透法，只是在渗透工艺上有所不同而已，如温度、浓度等），前者有化学、物理效应，后者仅是物理作用。

（四）独木舟及其环境含盐状况与脱盐研究

含盐状况的研究和脱盐的研究对木质文物的脱水加固定型有重要意义。国内外在对木质文物的脱水定型过程中，发现如果在木质中存在盐类，其结果是：(1) 脱水不彻底，造成木质文物处在无休止的千湿交替状态，使这类文物产生开裂、形变、有的甚至相当严重；(2) 在脱水处理过程中，造成无法预计的文物严重损害，直至木质文物材质的解体。

独木舟及其木构件埋在海相淤泥中 8000 多年，必定吸入盐类，因此必须研究其含盐状况及对其进行脱盐处理。

1. 独木舟及其环境含盐状况

采用全谱等离子激发光谱 (ICP) 和离子色谱法 (IC) 检测独木舟及其木构件、土壤、水体中相关离子浓度。

测试依据：JY/TO15-1996（阳离子分析），JY/TO20-1996（阴离子分析）。

测试仪器：阳离子分析：全谱等离子体发射光谱仪（美国热电公司的 IRIS）；阴离子分析：离子色谱仪（美国 DI-500）。

独木舟及其环境含盐状况的检测结果是：

独木舟本体及其木构件、遗址土壤、遗址水体的离子含量与木材生材、绍兴印山越王墓底木、5% 海水相应离子含量的比较，得出 K^+，Na^+，Ca^{2+}，Mg^{2+}，Fe^{3+} 和 Cl^-，SO_4^{2-} 等离子范围内，除了 Cl^- 以外遗址土壤中的其他离子含量均大于 5% 近海海水中的含量；遗址土壤中的离子含量大于独木舟木材中的含量；独木舟中的 K^+、Ca^{2+}、Mg^{2+}、Fe^{3+} 和 SO_4^{2-} 含量大于 5% 近海海水中的含量，Na^+ 和 Cl^- 则小于后者；独木舟中的所有离子含量大于遗址所在的湘湖湖水地下水中的含量；独木舟中的所有离子含量大于 10 种南方木材生材的相应离子的平均含量；也大于印山越王墓底木中除 Ca^{2+} 以外的其他所有离子含量。

通过相关离子含量比较得出，遗址环境的硫酸盐含量比5%近海海水大是该遗址的一个显著特点，独木舟的含盐量大于印山越王墓木椁底木及10种南方木材生材的平均含量，也大大超过遗址所在的湘湖湖水及地下水含量。

2. 独木舟的脱盐

上述对独木舟含盐量的检测表明，独木舟中含有较高的盐分。由于碱金属或碱土金属的某些氯化物、硫酸盐等在南方自然环境会潮解，极易引发盐腐蚀和生物危害，为了避免遗址中独木舟等木构件由盐类引发的材质劣化，脱水过程中材质的变化，我们认为在独木舟脱水定型前应对其进行脱盐。

(1) 脱盐设备

2003年10月，湖北省文物保护技术研究中心，浙江省博物馆及萧山区博物馆遵照9月论证会意见，在独木舟原址制作了浸泡槽，将独木舟浸泡在纯净水中。脱盐工作自2003年10月开始，纯净水每15天更换一次。

(2) 脱盐结果

纯净水可以浸泡出独木舟中的可盐性盐类，从检测结果看，大部分可溶性盐呈下降趋势，硫酸盐、氯化物下降幅度明显，要彻底清除可溶性盐还需一段时间。难溶盐的清除需考虑浸泡的配方和脱盐工艺。

（五）独木舟遗址软地基的加固处理

1. 电化学成桩加固法

文献报道，20世纪90年代，俄罗斯学者研究采用电化学成桩法加固建筑工程软弱地基。1997年中科院武汉岩土力学研究所程昌炳等研究员在实验室研究成功电化学成桩法加固软弱土壤获得成功，随后，在武汉杨叉湖软弱层土质区采用电化学成桩法进行加固，获得成功。

遗址中的木构件总是赋存于某一地基上，如果地基非常软弱，就造成对木构件的潜在威胁，必须予以加固。在岩土工程中对软基加固的方法较多，有换填、强夯、桩基法等等。但由于文物保护的特定要求，应用这些方法受到限制，甚至是根本不能用。这是因为上述方法施工时，必须用大型机械设备，会严重损害遗址的原貌。我们必须寻找一种方法，它既可以加固遗址中的软基，又不会明显的改变遗址的原貌。经研究电化学成桩法成为首选。

电化学成桩法加固软土，施工简单，仅需向软土中扦入钢筋，并施以直流电，一根钢筋便成一根桩。此法不需要大型设备，对欲加固场地—遗址不会因为大型机械设备的进场而损其原貌。

(1) 电化学成柱法的原理

电化学成柱法加固软土，就是将金属电极（导电体）插入软土中，并通过直流电源施加直流电，使其在软土中发生如下的电化学和化学反应，计有：金属M电解为金属离子M^{2+}，$M-2e=M^{2+}$（阳极反应）；金属离子M^{2+}水化为氢氧化物$M(OH)_2$，$M^{2+}+2H_2O=M(OH)_2+2H^+$；氢氧化物$M(OH)_2$被氧化为高价氢氧化物$M(OH)_3$，$4M(OH)_2+O_2+2H_2O=4M(OH)_3$；高价氢氧化物$M(OM)_3$脱水，变成胶结物$M_2O_3$，$2M(OH)_3=M_2O_3+3H_2O$。

即是说，金属材料在软土中，在直流电的作用下，发生了电解、水解、氧化和脱水等过程，最后得到胶结物。众所周知土体中的胶结物是可以将分散的土颗粒胶结起来的。它可能以包膜的形式，也可能以单粒的形式存在于土中，它与土颗粒的作用如同水泥与土颗粒的作用类似。这样便可以在埋入软土中的金属周围形成一个柱体，该柱体的强度较原有的土体有很大的提高，这个柱体就是用电化学方法在土中形成的桩，叫做电化学桩，此成桩的方法叫做电化学成桩法。

当然，土体在直流电的作用下，还可能有其他的加固作用。例如使土中的羟基硅产生缩合和电渗排水固结等。

由上述的电化学成桩原理可见，电化学成桩法仍属于电化学加固软土的范畴，但它又有其独特之处，不可不认为是一种新型的加固方法。这是因为过去人们用电化学方法加固软土仅局限于电渗排水固结和电渗注浆加固两方面，对于电渗排水固结来说，因为其电极材料被电解很少，得不到足够的胶结物而不可能形成桩。对电渗注浆来说，在其电极周围是可以形成桩，但它是所施加的化学浆材凝聚，胶结所形成的桩，其胶结物不是来自于电极材料，与我们所说的电化学成柱加固软土不同。

(2) 电化学成桩法加固杭州萧山独木舟遗址软弱地基

2004年3月起至今。我们已在萧山独木舟遗址作了此项实验研究，为独木舟的地基加固寻找适宜的工程方法。本实验工作，在萧山区博物馆的协助下，进展顺利，初步探明原软塑—流塑状淤泥已基本固化，具体力学指标如下。

静载试验及微型贯入试验：

独木舟遗址软质淤泥经电化学桩加固，用静载试验检测，地基承载可达126kPa，变形模量可达6.5MPa，与加固前软土地基相比，地基承载力提高1倍，变形模量提高了4倍，地基土已由高压缩性转变为中等压缩性。

独木舟遗址软质淤泥经电化学桩加固，用微型贯入仪测试，可以看出：电极中心区和电极之间软土，已由流塑状态转变为坚硬状态，其强度明显高于加固前土的强度，加固区土的穿透阻力可达 800kPa 这说明电化学桩加固法可以提高土体强度，其加固半径不低于 30 厘米（本次试验电级间距）。

综上所述，本次试验成功开展了电化学桩法加固独木舟遗址软土地基，这是一种软土地基加固的有效方法，电化学桩加固法可以提高土体强度，降低土的压缩性。

2. 遗址表层土化学加固处理

遗址表层土属淤泥质黏土，质地松软，强度低，干燥后开裂、起灰、掉渣、严重影响遗址的外观和安全，应予以加固。2004 年 3 月，在遗址现场采用化学材料对遗址表层土进行了加固处理，8 月，经化学加固后的土样，取回实验室，作物理力学特性的检测。

(1) 现场加固试验选用的化学材料

HB–3 高渗透改性环氧、Na_2SiO_3 溶液，浓度 30%、$CaCl_2$ 溶液，浓度 25%、$CuSO_4$ 饱和溶液、$KAl(SO_4)_2$ 饱和溶液。

加固步骤：

在表层土挖三个浅坑，在坑 1 号，注入改性环氧及固化剂；在坑 2 号，注入硅酸钠溶液至饱和，隔日再注入氯化钙溶液；在坑 3 中，注入硅酸钠溶液至饱和，隔日注入综合固化剂 (3),(4),(5)。

(2) 力学强度

独木舟遗址表层土未加固时强度低，其内聚力仅为 14.0 RPa. 内摩擦角仅有 14.0°；经化学加固后，其内聚力均已提高，平均达 40RPa. 内摩擦角达 30°，抗剪强度达 70kPa 可见遗址软土层加固后力学强度明显增大。

本实验之土体历经半年的现场观察，均未见灰化、扬尘、开裂和掉渣现象。

（六）独木舟遗址防霉技术

1. 遗址微生物自然分布状态

(1) 微生物样品的采集

根据独木舟遗址的具体状态，确定了前、中、后等不同位置及独木舟，周边土壤等不同的样品共 2 个采样点，采集了 6 批样品。

独 木 舟　前　中　后

周边土壤　前　中　后

(2) 微生物的分离培养与纯化鉴定

采集的样品经分离培养与纯化鉴定，从整个遗址看，细菌的综合平均含菌数为

2277.8 个 /g，真菌的综合平均数为 17111.1 个 /g，真菌是细菌的 7.5 倍。说明整个遗址内真菌的数量占明显优势。微生物种类分布特点：独木舟上分布真菌 6 个，分别隶属于 3 个属中的 3 个种。土壤中分布真菌 5 个，隶属于 2 个属中的 5 个种：细菌 3 个，隶属于 2 个族中的 2 个种。从整个遗址看，真菌有 10 个种或属，占 71.4%，细菌有 4 个种或属，占 28.6%。表明遗址内真菌的种类多于细菌，占主导地位。

(3) 有害微生物的测定

经测定，对独木舟及其木构件侵蚀的有害菌主要有：灰绿曲霉、枝孢霉、顶青霉、柑橘青霉、黄曲霉、绿木霉、黑曲霉、团青霉、总状毛霉及微紫青霉等。

2. 防霉剂的筛选

经对防霉剂的筛选试验，筛选出 4 种较理想的防霉剂：

(1) 苯醚甲环唑十丙环唑

(2) 戊唑醇

(3) 甲基硫菌灵

(4) 噻菌灵

以上防霉剂共同特点是广谱、高效、低毒、低刺激、对环境安全。

3. 有害微生物的防治对策

(1) 在遗址疏干工程和独木舟脱水工程完成后，保持遗址的干燥状态，在雨季采用机械除湿降低空气中水分。

(2) 在梅雨季节有害真菌繁殖的旺季使用防霉剂直接杀灭。

具体使用方法：4 种防霉剂可以交替使用；现场使用浓度为 2g/L ~ 3g/L；用喷雾器喷洒；喷雾量为每平方米 200 ~ 300ml；第一次喷雾后，间隔 7 天，再进行第 2 次喷雾。

附记：2006 年 6 月，对独木舟喷淋 PEG 复合液，PEG 的浓度从 5% 逐步增至 20%。2010 年 9 月 14 日，对独木舟停止喷淋药物，进行脱水处理至今，独木舟各向收缩率接近零，色泽恢复到独木舟出土时的颜色。

对独木舟及相关遗迹的几点认识

金志娟
（杭州市萧山跨湖桥遗址博物馆 杭州 311203）

杭州萧山跨湖桥文化遗址出土的独木舟，是目前发现的国内最早的独木舟，其年代达8000年左右，有神州第一舟之美誉。

独木舟出土时位于湖相沉积层的上部；上面与其接触的是文化层的底部（第九文化层），文化层从上到下共分为9层，堆积最厚处为1.24米；文化层之上是厚达4.6米的海相沉积层。在独木舟的周围，有规律地分布着木桩和桩洞，在舟体底部摆有横木和枕石，在舟体四周，还发现4支木桨、一些石锛和锛柄及席状编织物。笔者从这些现象入手，经过分析、判断，试图解读出有关独木舟和跨湖桥文化的储多信息。

1．独木舟及相关遗迹有可能是一个有关独木舟的维修、加工和制作现场。独木舟当时摆放在工场，应该是由于破损而处在修理之中。独木舟虽为整体结构，较为牢固，但在风砍、雨淋、日晒的严酷自然环境作用下，加之在使用过程中与河床和岸边的碰撞摩擦及人为磨损，随着使用时间的延长，出现破损情况是很正常不过的事。现在若仔细观察独木舟，就会发现在其船底位置有一个明显的碗口大小的漏洞修补痕迹。由于修补技术和工艺的高超，一般人都把它误认为是舟体树木原有的疤痕。笔者判断这漏洞最有可能是独木舟与河床中的岩石碰撞而破损穿孔造成的，至于这个破洞是不是就在此次修理中刚刚补好的，则已无从考证。这个事例说明了独木舟的修理工作是确实存在的，同时也反映出人们对独木舟的修理技术已到了一个成熟的地步。至于对这个漏洞的修补先人们到底填充了什么材料、运用了哪些技术，现在仍不清楚，这应作为今后一项重点研究课题，继续深入探究。

2．这条独木舟和工场是人们主动遗弃的，还是迫不得已被动放弃的。笔者倾向于后者的可能性为大。因为在那个年代，人们为了制造这样一条独木舟，必须首先到森林中去找寻到足够高大的树木，接着用石锛砍伐，然后全靠人力搬运回工场，最后运用石锛和火焦法加工制作成独木舟，整个过程需要付出艰苦的劳动、耗费很长的时间，某些情况是我们当代人想象不到的。因此人们会想尽一切办法，尽可能地延长独木舟的使用寿命，只要还未到彻底不能使用时，总是舍不得放弃，继续修修补补、拾掇拾掇，将就继续使用，所以人们主动遗弃独木舟和工场的可能性并不大。观察当时的场景，也看不出人们有放弃独木舟的任何意图。那么是什么迫使人们最终放弃了它呢？最大可能的幕后推手是来自水患，因为跨湖桥文化遗址区位于钱塘江及支流浦阳江边，离杭州湾入海口近在咫尺，属于滨海水网地带，发生水患是很频繁的。当独木舟正在工场修理的某一天，一场突如其来的洪水，暴啸而至，人们猝不及防，情形危急之中，出于本能反应，人们首先要确保自己和家人的身家性命，他们或乘坐独木舟、或从陆路迅速转移到地势高的安全处，这时没有时间、也没有精力顾得上工场和在修理中的独木舟。由于设在湖岸边的工场地势较低，大水迅速淹没了这些低洼地，且大水中夹杂着大量的泥沙，独木舟等物件被泥沙快速掩埋，使之与空气隔绝，长期地处于良好的封闭条件下，将腐蚀变质的破坏程度延缓，使之较为完好地保留下来。这才有了八千年后的重见天日、当代人与独木舟亲密接触的那一刻。

3．对于工场中席状编织物在当时的用途，笔者认为有下述几种可能：为了遮挡风雨和日光暴晒， 独木舟工场应建有一个工棚，工场四周有规律地分布着木桩和桩洞，可以作为工棚立桩的佐证。而席状编织物，则相应地作为工棚中的顶棚材料，起着遮雨挡日晒的作用；当然也不能排除另一种可能，人们为了保护独木舟免于雨淋日晒，将席状编织物直接覆盖在独木舟上面。随着近年来同行间国际合作和交流的增多，在与来访的波利尼西亚的同行探讨中得知，它们国家在史前时期独木舟也曾广为流行繁荣，而独木舟所用的帆，就是这些席状编织物。席状编织物可能是独木舟帆的可能性是存在的，但笔者认为仅凭目前的证据还不足以就可下此定论，仍需要更有说服力证据的出现。

4．独木舟旁边四支木桨的存在使我们可以解读出更多当时工场的信息：工场就在湖边或河边，划着独木舟可直达工场。人们认为独木舟这次修理工作难度不是很大，修理所需用的时间也不会太长，能在短时间内被修复和恢复使用，所以为了图省事和方便，把木桨留在了工场上，并没有拿回家。但人算不如天算，一场汹涌澎湃的大水不期而至，彻底改变了这只独木舟的命运。木桨遗留在独木舟旁边，并没有随着水流漂移至别处、且保存良好，再次证实了我上述的观点，工场是在较短的时间内被水掩没和被泥沙掩埋，若不是迅速被泥沙覆盖，木桨会随着水流漂移至别处，且长期与空气接触，将腐蚀变质损毁，我们也就不可能看到保存良好的木桨了。席状编织物的出现同样证实了这一点。

5. 独木舟和工场处所湖相沉积层，其上面则是文化层，最上面是海相沉积层。地层组合系列清楚地表明独木舟和工场是在跨湖桥文化早期即被水淹没。由于跨湖桥文化在此地延续繁荣了近千年，说明人们居住、生活领地的海拔都高于工场所在地，工场应是一个地势低洼的地方。人们居住在水面以上的水中高地，周围为水体围绕，人们把生活垃圾丢弃在住处附近的水域中，长年累月，就形成了今天所见到的文化层。我们当代人处置生活垃圾的习惯也佐证了这一点，生活在水域附近的我们为图省事，一般把垃圾丢弃在附近的河中或湖中。文化层覆盖在独木舟之上，表明这条独木舟产生于跨湖桥文化的早期，这与取材于舟体上三个标本的碳十四年代测定数据是相吻合的。从这进一步，我们可以推断出人们发明独木舟的实际年代还要早一些。

6．跨湖桥文化最耀眼和带给我们最震撼之处，非独木舟莫属。在跨湖桥文化早期，独木舟也随即出现，这充分揭示了人类社会的发展是受大自然环境制约和影响的。跨湖桥文化主要区域位于滨海水网地带，这里河道纵横、水网密集，给人们的生活带来很大的不便，受此压力的驱动，人们发明了独木舟。最初，独木舟主要是作为交通工具，解决人们的出行问题，保证人们在水域中行动自如。慢慢地人们发现独木舟可用以捕俘水生动物和水生植物。因水生动物资源充足，富含人体所需的各种营养，且不像陆生动物因狩猎而数量会快速减少。而且人们捕杀陆生动物时，受到猛兽攻击而出现人身伤害的危险很高，而在水域捕鱼这些行动相对要安全得多。在任何时代，人类总是把自身的安全放在第一位的。随着岁月的进程，人们把捕杀动物的重点慢慢地从陆地转移到了水上，出土中动物的骨骼证实了这一点。家养猪的退化和数量减少，从另一方面表明当时人们拥有稳定和充裕的肉食来源，先人们过着底食不愁的小康生活。而这一切均应归应于丰富的水生资源和日益发展起来的捕捞业——渔业。人们面对大海，靠水吃水，创造出一系列与海洋有密切关系的灿烂文明，因此把跨湖桥文化作为海洋文明的重要发源之一应是名副其实的。

7．跨湖桥文化，在辉煌了千年后，却神秘地消失了。是什么原因导致了这样的结果，厚达4.6米的海相沉积层揭示了这一答案，桑田变沧海是导致跨湖桥文化消亡的主要原因。在距今7000年的跨湖桥文化末期，由于受全球海平面上升的控制，大规模的海侵发生了，海浪冲击增大、风暴潮加剧、洪水泛滥更频繁，钱塘江口的淡水资源受到海水盐潮影响，生态环境逐步恶化到不再适合人类居住、生活和生产。在近千年的岁月中，人们经历了许许多多的来自大自然的考验，成就了与大水打交道的各种本领，每次都能化险为夷，但这次显然挺不过去了。最终人们不得不决定放弃家园，举家迁徙至别处。他们或许乘坐早已是自己生活中一部分的独木舟，沿浦阳江逆流而上，向上游、向高处迁徙，到新的地域开始新的传奇。

8．跨湖桥文化延续近千年，人类本身繁衍及其生存要求都注定周围地区存在同时期同类型的遗址。因此，不可能仅存目前发现的两处遗址。当然由于湘湖一、二期的开发，跨湖桥文化遗址群很有可能已被隐没在湖底下面。但这并不妨碍我们继续用更宽广的视角，从更大的范围内去努力探索和发现。笔者认为在萧山区范围内，应把浦阳江两岸直线距离不超过两千米的山前地带作为寻址的首选地区。作为跨湖桥先人们的后代，研究、保护、探索和发现跨湖桥文化遗址，是我们一项长期而义不容辞的任务。

望上述观点得到专家、同行的批评指正。

参考文献：

1. 浙江省文物考古研究所、萧山博物馆：《跨湖桥》，文物出版社，2004年。

杭州湾商船浅析

沈毅敏
〔江南造船（集团）有限责任公司 上海 200011〕

杭州湾商船的由来

在长三角地区曾有过许多类型的帆船，如沙船、绿眉毛、七扇子等。而绍兴船，这是一种起源于绍兴，适用于杭州湾异常航行条件的优秀船型。

在《水运技术词典——古代水运与木帆船》这本书上是这样介绍“绍兴船”的：“浙江萧山、绍兴内河水系的一种木帆船。载重 5 ~ 50 吨。以始建于绍兴而得名，相传有千年以上的历史……”绍兴这个城市，现在离海岸线很远，那是因为沧海桑田——来源于长江和钱塘江的泥沙沉积改变了周围的地形地貌——杭州湾的北岸岸线缓慢后退，南岸发生淤积（图 1）。

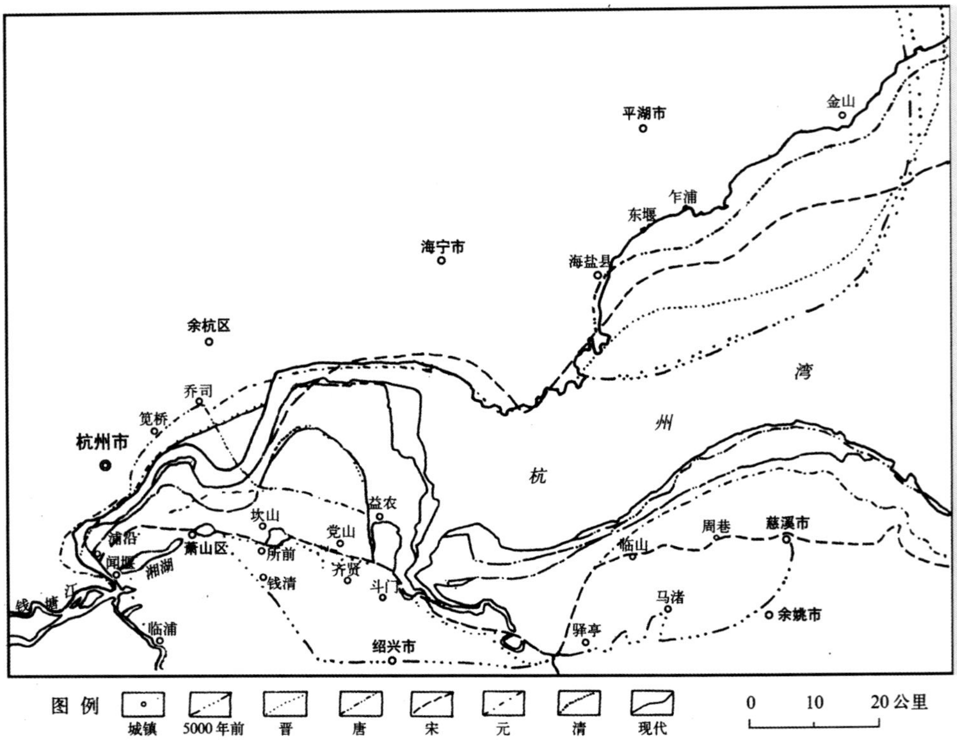

图1 杭州湾和钱塘江的历史演变

而且，京杭大运河的建成使得杭州成了浙江省最重要的贸易中心。这种自然和社会经济的综合变化，使得船型的命名也由“绍兴船”变成了“杭州船”或者叫“杭州湾商船”。

杭州湾商船是独特的，因为它航行的航道是在波涛汹涌的钱塘江上。钱塘潮是天下闻名的自然景观，这是因为钱塘江口形同漏斗，在开口的舟山群岛处宽度大约为160公里，而到了杭州附近大约只有3公里。涨潮时，溯江而上的海潮在下泻江流的顶托以及后面不断涌来浪潮推动的双重夹击下，在收窄的江面上引起了海啸般的涌浪。这在每年秋季阴历八月十八日前后达到顶点，可以形成高达近10米以上的“水墙”。每年这个时候，总是吸引了大批人群远道而来，集合在堤岸上欣赏这种自然奇观。

但是，钱塘潮并不总是那么富有诗意的，自古以来，钱塘潮照例会在春秋两季夺取数以千计的生命，直到人们开始修筑沿岸的长堤来抵御波浪的破坏力量。现在，长堤溯流而上大约200公里到海宁，离开杭州大约40公里。自从1200年前开始修建堤岸以来，拯救了许多岸上居民的生命。而在钱塘江上搏命的船民们只能与船同生死共命运了，绍兴船虽说是内河船，但由于其所处环境，也需要劈波斩浪了。

当钱塘潮到来的时候，船会怎样呢？有多种描述，其中，《The Junks and Sampans of the Yangtze》（长江之帆船和舢板）的作者沃斯特先生在其另一本著作《The Junkman Smils》（“汉船迷”笑了——因为沃斯特先生长期痴迷于中国帆船，他的海关同事们给他起了个雅号Junkman，即“汉船迷”）中的描写是最为生动的：“船在潮平时分来到了钱塘江，靠着堤岸停泊。这时开始退潮了，他们在礁岩上住下了，离开堤岸有一定的距离。后来，潮水来了，在水平线处可以看到一条白线。奔腾而来的浪潮在外侧涌来潮水的推动下，升到了30英尺（注：约9米）高。咆哮的潮水在顶端破碎，在杭州湾连续的峡谷里变得越来越高。当狂喊乱叫的船员们试图将他们的船从停泊处避开时，灾难降临了——木船在瞬间就粉身碎骨，漂浮在通向杭州水路堤岸边的漩涡里。在不到两个小时的时间里，碎片散布了大约20英里（注：约32公里）的上下水域。”

船体结构

杭州湾商船可以根据需要而做成不同的尺寸，其长度可以从18米到30米。一般而言，渔船较小，双桅；运输船较大，三桅，可载货百吨以上。图例的尺寸为25.6米×7.1米，深度为2.44米。

船体采用箱形结构，拥有鼓形的舫板和弧形的轮廓，其外凸的程度取决于船舶建造的地区和厂家。隔舱壁把船体分隔为10～15个分段或货舱，其数量的多寡取决于船舶运输的类型。没有肋骨，这些隔舱壁分担着横梁所承受的横向应力。

艄封板是平的，船底也是平的，从而使得船舶能够成功地对付沿海潮汐中的浅滩，让其能够在浅水区域的海底上坐滩。

从图片上看，纵向强度主要由两根粗大的纵梁承受，它从第一块隔舱壁延续到尾板，形成一道优雅的弧线。这条曲线实际上几乎是和船底平行的。另外，左右舷各有三根粗壮的长木材——槲子。它们不仅增加了舷部的强度，同时，也增强了船员的信心——使得那些性格强悍的水手群体在众船停靠时不怕碰撞，敢于获得先行权。槲子一般选用扒去树皮的圆木，内侧取平，紧贴船舷板，并用长铁钉固定。船首有一个比较陡峭的角度，船首板是横向铺设的。下面是纵向排列而升高的船底板，其末端为突出的圆弧形。甲板明显地似鲸背状拱起。拱起的甲板和隔舱壁牢固地连接，而在首尾处很陡峭地翘了起来。

在敞开的船尾处，艉封板也是平的，其铺板也是横向排列的，上面布满了装饰图案。整个船尾是由一个用红油漆涂装，并且画满了装饰图案的马蹄形的结构件——艉翼板来支撑。艉部横梁安置在舷板的后部，艉横梁上连接着两块上舵承（图 2）。

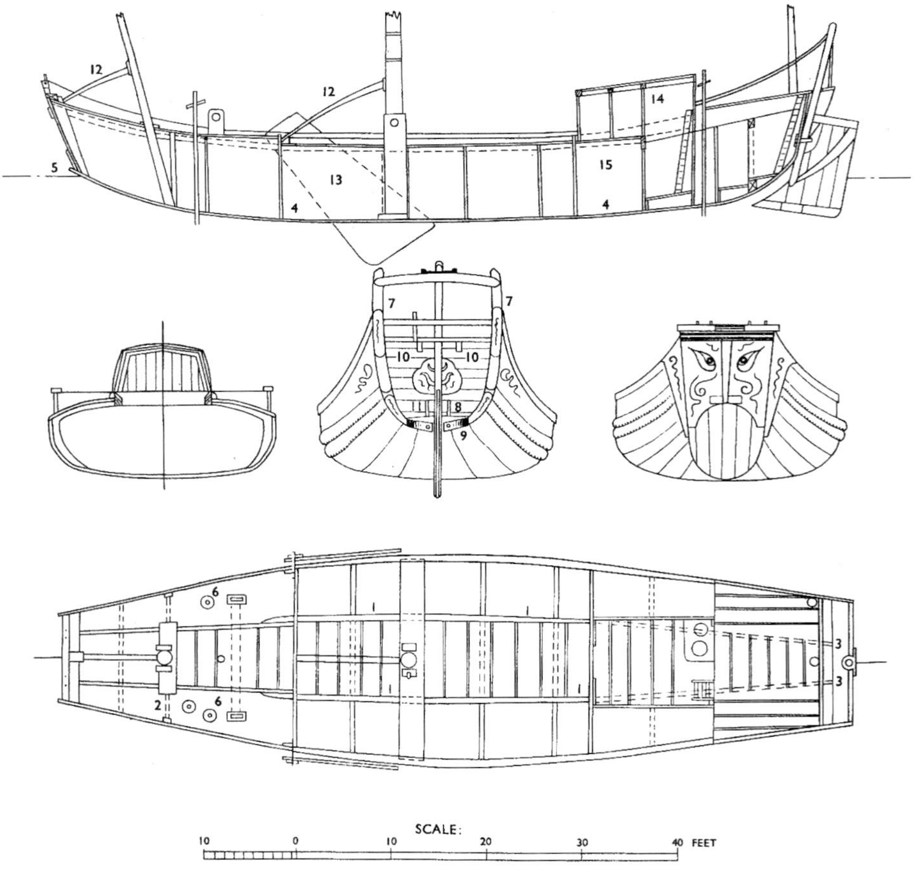

图2 杭州湾商船（选自<The Junks and Sampans of the Yangtze>Vol. I）

桅装与索具

粗壮的主桅直立着，总长约20米，常常带有铁箍，即使在桅杆不是采用复合结构时也是如此。有时候，在桅杆和铁箍之间楔有木楔来增加刚性。吊索常常是双股的，从桅杆顶上的滑轮中穿过。主帆是一个平衡得很好的斜四边形帆，通常有12根帆撑条。

前桅长约17.7米高，向前倾斜，大约以70度的角度装入桅座。桅座颊板向下直达船底的加强厚板。前桅由桅座颊板夹持，紧靠着隔舱壁。前桅带有一个和主帆形状相似但略小的帆。前帆有10根帆撑条。主桅和前桅在甲板部位都有强力的纵向支撑斜杆。小小的后桅没有倾斜，垂直地插在甲板上的桅座里，而桅座则直接固定在右舷墙上。后桅靠两块木楔固定在桅座里，拆装比较方便。

绍兴船主桅和前桅的桅座所受到的力通过与其镶接的航行横梁传递到其下的纵梁直至全船。这种传递风帆航行推进力的方式，对于没有使用侧支索和前后支索的中国帆船来说，是至关重要的。图纸第4页用视图和立体图详细介绍了这种桅座和横梁连接结构。

绍兴船的特点是其桅杆都不触及船底。桅杆自身的重量使得它在内面微斜的桅座里稍许下沉而塞得很紧。在甲板部位，桅杆和桅座之间有一定的间隙，这就需要用木楔塞紧。

帆与索具也和西方的传统完全不同。西方的船史学家一致公认，中国帆船的帆与索具可能是任何操帆方法发展史上最简单，并且是使用最方便的。西洋帆船上带有成吨的帆装置，又是前支索、侧支索、后支索，再加上操纵上下多重横帆的各种绳索。这些错综复杂的绳索系在船边，使得帆不能绕桅杆旋转，降低了帆船对于不同风向的适应能力，而且使得船难以抵御坏天气。而中国帆船则不然，像绍兴船这样大小的帆船，在作顺风抢调时，也只需要一个人便可操作。在马可波罗从他的中国之行回去后，斜桁四角帆传遍了地中海，这并非是意外之事。甚至时至今日，在世界一些地方的船上，还在使用着和中国帆极其相似的斜桁四角帆，唯一不同的是，它们没有撑帆竹竿。在1960年的游艇比赛中，Blondie Hasler驾驶着他的单桅船“小丑”号，以第二名的成绩横渡了大西洋，证明了中国帆的效率。

中国帆将所受到风的力量均匀地分散开来，显得非常合理。首先，帆上面有许多撑帆竹竿，将布面上所受到的力均匀地分散到整根撑帆竹竿上。因此，即使帆上面满是破洞，照样能用。这在西洋帆船上是根本不能想象的；其二，每根撑帆竹竿都有自己的绳索和桅杆相连，从而使力量分散地传递到桅杆上下。而西洋帆船，特别是横帆船，其受力集中在桅杆的某一个地方，这个地方就必须用各种支索来进行加强。中国帆船由于没有各种桅支索的阻碍，因此能够根据风向和航行需要，让帆绕着桅杆自由旋转。其三，和西洋纵帆船比较，中国帆又是平衡的，而且其平衡程度又可以随时调整，在受力上比较合理，操作轻便。

每根撑帆竹竿的后端都引出有子脚索，滑车和穿绳板又逐步地把这些子脚索归并成一股或两股总脚索。绍兴船前桅帆的帆脚索（或称“缭绳”）系在主桅的支撑斜杆上，主桅帆的帆脚索系在尾横梁的羊角上；而后桅帆脚索则通过船尾撑竿上的导向滑轮引向后桅脚部。帆的升降吊索和拢帆索就系在相应桅杆的脚部。

这样的操作系统，在天气好时，只要一个人就能够轻而易举地操纵像绍兴船这样大小的三桅帆船。即使当天气变坏时，中国帆船的帆能够很容易地通过放松帆顶上的吊索把帆放下并收拢。你在中国帆船上根本就看不到西洋帆船的桁材踏脚索上站满了人来捆扎缩帆索那种轰轰烈烈的热闹场景。

舾装

舵 从绍兴船的纵向剖面图上看，尾部横梁位于相当后面的地方。尾部横梁上安装有两块上舵承，下舵承安装在近船底的船尾板上。上下舵承用来引导舵轴。舵轴由两根绳索牵引而停留在舵承中间，而绳索从艉封板上的孔中穿过去，系在船内的绞车上。在船尾的甲板上还有另一台绞车，用来调整舵板浸在水中的深度。这种可以调节的舵，在不同水深的情况下，显现出高度的灵活性，也保证了舵自身的安全。所以，在中国的航运史上，很少听说有舵丢失或毁坏的事故。另外，舵在结构上是粗糙的，但使用起来倒是很灵活，这是因为它属于平衡舵，受力比较合理。

披水板 和沙船相类似，绍兴船都装有披水板来减少横漂，以改善船舶在沿岸水域的航行状况。为了进一步地改善航海性能，在海上时，还使用一种可以调节高低的平衡舵——在把舵放到最低时也起到了某种中心板的作用。

锚 中国帆船上常常携带几种不同式样的锚以适应不同的锚泊条件。在图纸第 6 页上就显示了绍兴船上有 3 种锚。在沙质区域，使用一种木制的锚，但锚爪用铁箍加强。铁锚用于多石的锚区。还有一种多爪锚，常常用来作为流锚。木制锚带有麻制的锚缆，锚缆跨越前甲板绕在前桅后面的锚绞车上。在装卸货物时，就常把锚缆从锚绞车上卸下。这时，锚绞车就临时改为货物装卸绞车了。在泥质浅滩区域，绍兴船要停泊时，就用穿越前后船身的两根尖头木杆插入泥滩，这是一种另类的锚。

橹 在不用帆时，中国船的推进方式也是与西方大相径庭的。虽然，大家都用类似的木桨，但西方是坐姿，背朝船头，这样就非要一个舵手兼指挥；而中国船员是面对船头操作。而“橹”这种特殊的桨，则是中国的特产，被西方船史学者誉为“现代螺旋桨的始祖”。船员在操作橹叶使其左右摇摆时没有多余而浪费力气的动作，比较轻便，推进效率也较高。绍兴船的橹是属于“板橹”，造型平直，不甚好看，而且入水角度较小，因而效率较低。所以，这种“板橹”使用的地方较少，主要就是在杭州和绍兴地区，连临近的宁波地区也不用。笔者曾经看到杭州西湖游船也在使用这种粗糙的“板橹”，这对于秀丽的西湖而言也是颇为“煞风景”的。而其他地方使用的橹叫做“琵琶橹”，因其橹叶形同民族乐器中的琵琶，侧面形状如同汉字笔画中的一“捺”，显现出一种优美的曲线，而且入水角度较大，推进效率也高。

带缆桩 最前面的横梁开了一个孔，来容纳带缆桩。带缆桩由一根粗壮的硬木长杆插进甲板上的孔。原初状态，木杆脚部就落在船的底部。当前甲板上堆满货物，带缆桩就按需要升高，绳索就不会损伤货物。在绳索拉紧后，带缆桩就会在新的位置锁住。

装饰

几个世纪以来，中国帆船的外貌变化不大。而且，在对其不太熟悉的人看来，中国帆船几乎都是同一个模样，很难把它们区别开来。而其中绍兴船和福州船是中国帆船中仅有的采用大量绘画的船型。绍兴船由于其外表特征的鲜明个性，使人看过一眼便终生难忘——船身首部有八卦符号，另外，船体实际上到处涂满了鲜艳的色块和装饰图案。绍兴船的船头板上绘有一个非常传统的虎头图案，用来吓唬并驱赶水中邪恶的妖怪；传说中的凤凰以鲜明的色彩画在船尾的两侧。在中国传统文化中，凤凰一直是一种祥瑞的符号。

船头两侧（其他船的眼睛位置）各有两个阴阳八卦符号，这在道家文化中分别是伏羲所制的“先天八卦”和文王所制的“后天八卦”；船舷上是道教神话中的八仙图像。也许“八仙过海，各显神通”的神话故事能够提高人们抵御海上风浪的信心。道教，在我国的几大流行宗教中是唯一国粹的宗教。在经过唐宋元明历朝历代皇帝的推崇之后，即使清朝皇帝推崇藏传佛教，而在民间，道家和道教文化的传统却是根深蒂固，这在绍兴船的装饰中也顽强地体现出来了。

绍兴船的主色调是红色和蓝色，但绿色、黄色或白色也常常用到。新船第一次油漆时，这些图案总是由专门的民间艺术家来画。随着时间的推移，由于日晒雨淋和水流冲刷导致油漆剥落时，这些图案就由船员自己动手来描画了。

西方学者对于杭州湾商船的研究

自从1840年鸦片战争以后，中国的大门被强行打开，形形色色的西方人怀着不同的目的来到了中国。一批西方人士出于对中国事物的好奇和欣赏，对于中国帆船进行了研究，写出了许多著作。

对于杭州湾商船报道最早的是I.A.DONNELLY，他在1924年出版了 < CHINESE JUNKS AND OTHER NATIVE CRAFT >，里面刊登了他在1923年画的杭州湾商船的写生画（图 3）。

图3 多纳利在1923年画的杭州湾商船

在这些著作中，最著名的当属英国沃斯特先生写的《The Junks & Sampans of the Yangtze》（汉译为：长江之帆船和舢板，以下简称为《长江帆船》），我国船史论著多有提及。但许多人对于沃斯特先生本人的情况并不一定很了解。

G · R · G · 沃斯特在 1890 年生于英格兰，在风帆时代进入了皇家海军，并以一个实习军官的身份绕过了合恩角。他在 1919 年离开了海军参加了中国海关海事部门的工作。在 30 年的时间里，他以技术督察的身份参与长江航道的测量、设立航标和失事船只的救援。在这过程中，他对于中国文化和中国船产生了浓厚的兴趣，他给自己取了一个中文名字叫“夏士德”。他的同事甚至给他起了一个雅号 Junkman（汉船迷）。

沃斯特的顶头上司——海关的总督察官弗兰德瑞克 · 梅兹先生准许他脱离其内河督察官的职责，因此，他可以花费全部时间专心于对中国帆船的研究。这使得他能够到那些通常外国人难以去的许多地方去旅行，把当地的船、人以及风俗习惯都作了文字记录和速写。8 年的研究生涯，正是中国处在重大变故的动荡岁月——连绵不断的战争、匪盗横行、旱涝灾害肆虐、日寇占领。他和妻子甚至被日本人拘留，在上海浦东的西方白人集中营里关了 3 年之久。所以说，《长江帆船》等数本著作，是沃斯特先生克服了重重困难，对于中国海洋内河船舶进行深入调查的研究结果。

沃斯特的《长江帆船》一书是作者合并了在 1940 ~ 1948 年出版 4 卷本的合订重印本，是西方研究中国帆船的权威著作。这本书全面介绍了长江流域沿海和内河的中国帆船，附有大量的测绘图，并对于中国帆船上的桨橹桅帆和操帆方法做了详细的介绍。尤其难能可贵的是，这些帆船式样现在基本上已经绝迹，杭州湾商船就是其中的一种（图 4）。

德国船模研究和制作者阿斯巴赫（中文名字“亚斯伯”）先生出于对中国帆船的浓厚兴趣，查找了对于中国帆船研究多年造诣颇深的英国专家沃斯特先生和法国专家奥德马特先生等人的大量著作，写了一本研究绍兴船的德文专著（图 5）。

在这本书中，除文字介绍和线图外，还收录了 46 张反映模型施工工艺和细部结构的图片，并附有2号图纸8张一套的模型制作图纸（图6）。根据沃斯特先生在《长江之帆船与舢板》一书中提供的数据，原船的长度为84英尺(25.6米)，宽度为23英尺(7.01米)，型深8英尺(2.44米)。模型图纸上标有相应的比例尺，长度单位为英尺，基本比例为1 ： 50。其中第1～2页为线型图和艏艉视图；第3页为甲板布置图和纵向剖视图；第4～5页为各档隔舱壁处的横向剖视图和桅座结构图；第6页为各种配件（锚、橹和披水板等）；第7～8页为桅装和索具图。书中对于图纸内容也作了详细解说。这是笔者本人所看到中国帆船模型图纸中细节最详尽的了。

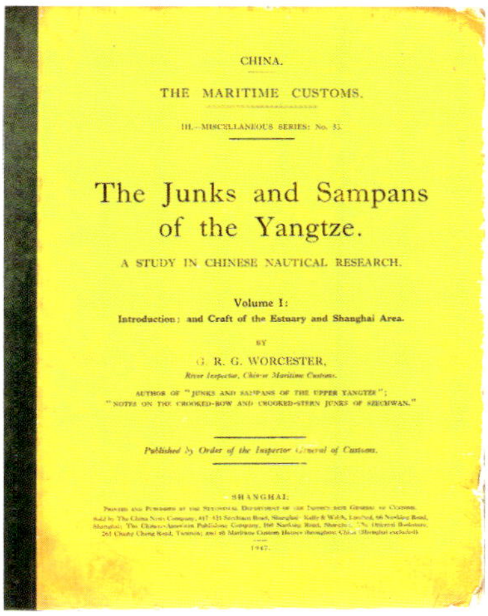

图4 笔者收藏的《长江之帆船与舢板（第一卷）》

图5 德文版《绍兴船》封面

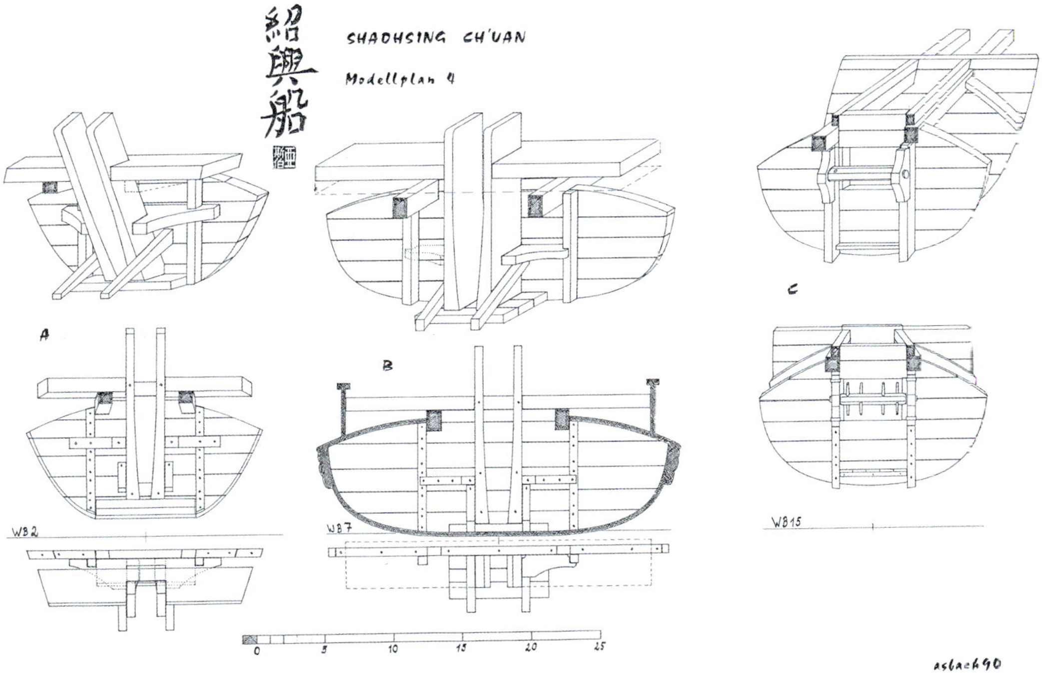

图6 阿斯巴赫绘制的“绍兴船”模型图纸第4页

经过深入研究，除了将沃斯特先生在《长江之帆船与舢板》一书里绍兴船的简图变为了8张一套的制作图纸以外，亚斯巴赫先生还制作了一艘1：30的绍兴船模型（图7）。

可以肯定地说，亚斯巴赫先生的研究成果对于我们有一定的启示和借鉴作用。但是，在一些细节的演绎上，亚斯巴赫先生可能存在某些差错。而且，他对于中国帆船的理解还可能存在这样或那样的误读误解。因此，必须指出，国外学者的研究不能代替我们的学习和研究。中国帆船所处地域辽阔，历史悠久，蕴含着丰富的知识宝藏。咱们作为中国人，决不能数典忘祖，对于自己祖宗留下的宝贝，更有责任继承下来，发扬光大（图8）。遗憾的是，中国的船模爱好者现在还找不到一份关于中国帆船模型的详尽图纸。希望在座的中国船史专家能够帮助船模爱好者了却这个心愿。

图7 亚斯巴赫制作"绍兴船"模型的细部

图8 天津船模爱好者制作的"绍兴船"模型

参考文献：

1. 吴振华编著：《杭州古港史》，人民交通出版社，1989年。

2. 浙江省文物考古研究所、萧山博物馆：《跨湖桥—浦阳江流域考古报告之一》，文物出版社，2004年。

3.《水运技术词典》编辑委员会：《水运技术词典—古代水运与木帆船分册》，人民交通出版社，1980年。

4. 康乔木（本人笔名）：《绍兴船☆杭州船》《现代舰船》杂志，2005年06A-07A期。

5.<The Junks and Sampans of the Yangtze>Vol. Ⅰ, by G.R.G WORCESTER, THE MARITIME CUSTOMS OF CHINA, 1947.

6.<DAS SHAOHSING CHUAN, Ein traditionelles Schiff in China>, Wolfgang Asbach, Selbstverlag 1991.

7.< CHINESE JUNKS AND OTHER NATIVE CRAFT >, by I.A.NONNELLY, First published in 1924, Republished in 1988.

实验考古学方法与建模技术

许 路
（福龙中国帆船发展中心 福州 350001）

一 前言

船舶作为古代社会一种重要的生产工具，是一个包含了造船与航海的技术性内容，为实现其商业、渔业和军事功用的社会性内容，以及船舶本身作为一个特殊的海洋性聚落的生产方式与生活方式三个方面的整体[①]。它在一定程度上代表了生产力发展的水平，船舶的出现、发展、变革和消失与每个历史时代的社会经济环境和自然资源的状况有着密切的关系。资源条件和航行区域的变动，必然引起船舶在船型、大小、功能、称法及作业方式等方面的变化。与此同时，船舶技术的进步和发展又反过来对社会的变革和历史的发展产生重大的影响。

仅就船舶的造船技术而言，其涉及船型外观、船体结构、设计原理三个层次的研究内容，每个层次的内容，又再各因时代、地域与功用的不同，呈现成一种多元多变量复杂体系，既有关联又有差异。但如若从一门具体匠学的视角看，船舶则无非就是船型什么样子、怎样建造起来的、如何操控驾驶三个基本的问题，对于匠师而言全在刀斧绳墨之中，并非玄乎之事。而从技术史研究的角度观察，船舶遗存则是包含沉船实物、历史文献、口述记录、模型、少数得以存留的晚近实船与部件等一切保存或记录古代船舶原型的实物与资料。

通过对历史文献中有关中国帆船建造与航海事件、事例和技术记载的发掘、整理和解读，以及对沿袭造船传统地区的人类学与民族学调查，与沉船遗存考古发掘所得到的实物证据互相补充，互相印证，运用实验考古学方法进行重构研究，有可能较为准确地回溯研究目标的历史原貌。

二 实验考古学方法

（一）概念与起源

实验考古学是一种用来检验、评价及解释考古研究过程中所产生的方法、技术、假设、假说和理论的系统方法[②]。

实验考古学基于考古学的资源，如古老的建筑或人工制品，使用若干不同的方法、技术、解析和进路，在一种可控制的模拟实验条件下复原过去了的历史场景，以创造那些影响考古记录的过程，并检验那些影响考古结论的假说[③]。

简而言之，就是弄清楚古人在做什么？为什么要做？怎么做？它是对人类曾经拥有过的物品溯本求源，通过实验手段验证考古学者依据遗存的状况提出的某个古代行为的假说，比如石器的制作方式等等。虽然实验的过程和生成并非严格意义上的考古学证据或历史再现，其用于实验的工艺或许不是或不完全是原始的工艺，却能借以实现及获得与考古实据在形体和功能方面俱相同的成品，因此能够解破一些无法举证的假说。

实验考古学研究可分为以下四种不同的模式：

第一种也是最具有代表性的是对古代人工制品或活动的复制实验。例如石器的再制，就是利用合理而确实的固有技术，创造与考古实据构造物相同的复制品，因此“实验考古学”有时也可叫做“重构考古学”。其所创造的成果，不仅仅是复制品本身，还有它在研制过程所获得的知识与启发。在某种条件设定下，可能有很多种答案，但经过实验的证明，其中有些是可行的，更重要的是另外一些是不可行的，即便还不能确认哪一种可行是正确的，还是可以得到无解中的答案。

第二种是改变对实用技术及其发展的无知，将其应用到已知的环境中，检验方法论假说的合法性。最著名的实验之一是康替基号（Kon−TiKi）[④]。1947 年，挪威人类学家托尔 · 海尔达尔（Thor Heyerdahl）和五名伙伴，用 9 根凤仙花木按照古代印第安人的原始方法扎制成一只帆筏，凭借风力和洋流从秘鲁海岸航行到土阿莫土群岛（Tuamotu），以证明自己的学术假设，即石器时代人类是可以乘木筏横渡太平洋。

第三种是通过再造同样的遗址，获得其形成与破坏过程的模拟。

第四种也称种族文化考古学，是了解过去的人类行为与现代的人类行为之间的关系。

实验方法应用于考古学研究最早是在 19 世纪后期的英国，其后在对北美原住民文化的考古研究中得以较广泛地应用，实验考古学是伴随着现代考古学在理论、方法和技术等方面的发展而衍生出来的分支学科。1961 年，纽约康奈尔大学人类学教授罗伯特·阿瑟（Robert Ascher）在美国人类学杂志发表论文，系统阐述了实验考古学的学科原理，并对模仿实验方法和复制实验方法做了定义[5]。1963 年，康奈尔大学人类学系的史蒂芬 · 沙瑞德（Stephen C.Saraydar）和亚利桑那大学人类学系的岛田(Izumi Shimada)在美国考古杂志发表了题为《实验考古学：一种新的前景》的论文[6]。1973 年，剑桥大学费兹威廉学院欧洲史前考古学家乔治 · 科尔斯（John Morton Coles）出版了《基于实验的考古学》，并在 1979 年出版了《实验考古学》[7]，认为实验考古学发展的第一个阶段是模拟，第二个阶段是复制，第三个阶段是测试重构物体的功能，在上个世纪六十年代随着现代考古学的发展而形成[8]。1977 年，来自马里兰州圣玛莉学院的丹 · 英格索尔（Dan Ingersoll）、史密斯博物馆所属美国国家自然历史博物馆的乔治 · 耶伦（John E.Yellen）、明尼苏达大学古典学系的威廉 · 麦克唐纳(William A.McDonald)三位考古学家合著出版了很有影响力的著作《实验考古学》。2002 年，宾夕法尼亚大学考古与人类博物馆的詹姆斯·马修(James R.Mathieu)出版了《实验考古学：复制过去的物体、行为和过程》。

（二）**船舶遗存重构实验**

船舶遗存重构实验是在对古代船舶遗存的研究中，选定某个原型，将实验技术应用到船舶遗存的重构，采用合理而固有的设计与建造技术，由工匠使用原始的工具、材料，在相似的空间环境中重建与考古实据相同的复制品，在相似的航行条件下进行操控与行驶测试，最终得到最接近历史原型的实物和解释。在重构造船与航行的行为过程中，循着技术逻辑，观察、检验和评价先前的考古发现与认识，并对考古研究所产生的诠释和假说进行推理与实证，进而生成新的假设和推断，或是对尚还无解的问题排除一些可能。

尽管实验方法作为一种科学方法在西方考古学中并未获得全面认可，正如许多新的学科和研究领域一样，实验方法还没有建立一个共同的标准体系，也并不能产生严格的考古学证据，却可以应用到复杂的船舶遗存考古研究中，成为能够把保留在沉船实物、历史文献、田野调查资料、模型、晚近实船等方面的信息，汇集在一起进行对比、分析、印证和补充的最有效途径，既是回溯历史原型也是对船体遗存进行可持续保护的最主要方法。

船舶遗存重构区别于其他目的与用途的复原船或仿古船，在于其首先是一种基于学术研究的实验；其次是一定存在着由实据支持的历史原型；第三重构物可能是具有航行能力的实船，也可能是模型、船舶的某个装置或工属具，或是需要修复的古船残骸。

1889 年，在挪威桑德菲福德的高克斯塔农场（Gokstad）挖掘出土一艘陪葬船。这艘维京船保存得较完整，只缺首柱和船尾，长约 24 米，宽约 5 米，主要材料为橡木，据考证该船造于公元 850 年，现保存在奥斯陆的维京船博物馆，命名为高克斯塔。

1892 年，一群挪威人认为复制一艘高克斯塔维京船航行到芝加哥，参加将于次年举办的纪念哥伦布发现美洲 400 周年活动和芝加哥世界博览会，将有力证明维京船具有比哥伦布早 500 年横渡大西洋的航行能力和可能，以此改变公众对哥伦布发现美洲的固有认知。于是挪威人成立委员会，通过公众募捐筹得资金后，在桑德菲福德的一处造船厂建造完成复制船维京号，用 28 天时间横渡大西洋到达纽约，在博览会赢得巨大的关注，之后捐赠给芝加哥市。

维京号的建造和航行虽然不属于船舶遗存重构实验，却是最早的古船遗存复制活动，并且使在北欧建造各种用途的复原船成为一种传统，为实验方法提供了借鉴和经验，而现存放于日内瓦城禁酒会公园展出的维京船本身也成为一项船舶遗存。

托尔 · 海尔达尔（Thor Heyerdahl）的康替基号帆筏探险，是一次将实验方法用于考古研究的成功实例，其目的是为了证明人类迁徙活动的假说，而非研究帆筏本身的历史原型，因此并不属于船舶遗存重构实验。

一般认为，斯堪的纳维亚人首次将实验考古学方法应用于古船复制。从分布在公元前 4 世纪至 11 世纪一系列古船遗迹的发现，使这个地区的居于传统考古学的船舶遗存研究有一个较早的开始。丹麦国家博物馆在 1964 年建立海洋考古研究中心，并自 1969 年起与维京船博物馆合作，对一个世纪以来陆续发现与发掘的船舶遗存及其背景进行详细的研究，其中对 1962 年发掘的维京时代长船斯库勒莱乌 2 号（Skuldelev 2）遗存的复制，被认为是最早的船舶遗存重构实验，而该项目的负责人，后任丹麦国家博物馆海洋考古研究中心主任的奥莱 · 克鲁姆林 · 彼得森（Ole Crumlin–Pedersen）则被尊为船舶遗存重构实验之父。奥莱和他的同事将船舶遗存发掘与重构范例撰写成《北方的帆船与小船》系列专著[9]，目前已出版 7 卷，而对于视野更加宽泛的海洋考古，维京船博物馆则出版了另一重要系列专著《北方的海洋文化》[10]，目前已出版 3 卷。

英国海洋考古学家间或质疑和批评已有船舶遗存重构实验的科学性，来自牛津大学考古研究所及南安普敦大学海洋考古中心的肖恩·麦格雷(Sean McGrail)是其中的代表，奥莱与肖恩的学术争论部分见于前者所著的《航向过去》（Sailing into Past）[11]。

澳大利亚的海洋考古专家尼克 · 伯明翰（Nick Burningham）是目前在船舶遗存重构实验领域的佼佼者，从 20 世纪 80 年代先后主持 7 艘包括荷兰船、普拉胡马来帆船（Prahu Kalulis）、印度尼西亚的舷外浮木帆船、阿拉伯帆船和中式带帆竹筏的重构，其中最大的全长 24 米，最小的为 14 米。

1999年，日本大阪海洋博物馆以江户时代的内海菱垣廻船（Higaki–Kaisen）画作为原型，复制一艘全长29.9米的实验船华浪丸号(Naniwa–maru)，此前的研究模型的船体曾进行水槽试验、模型的帆装进行风洞试验。华浪丸下水后在大阪湾进行航行实验，记录了最近风角度、最大航速、操纵性等航行表现并做了分析研究[12]。华浪丸其后被安置到新博物馆的中央大厅，成为考古实验与博物馆展示相结合的典型船舶遗存重构范例。

在中国，由笔者主持的清初赶缯战船复原研究是目前为止唯一的船舶遗存重构实验，前期的研究报告已经发表[13]。此前，同样由笔者主持的明清册封舟重构实验，则因原型资料欠缺而无法进行定量研究，在复原设计阶段终止[14]。台湾海洋大学海洋事务与资源管理研究所曾树铭的硕士论文《华船复原的实验考古研究：以台湾古舶重建为例》[15]是首篇专门讨论实验考古学与船舶遗存重构的中文论文，但讨论的主题以船舶重构的实验考古研究推动海洋文化创意产业，未针对具体案例进行定量研究。

（三）范例

1.斯库勒莱乌2号重构[16]

从793年到1066年的维京时代是斯堪地维亚地区历史上著名的时期，但同期的文字资料留存的很少，而考古学证据对了解这个时期则发挥了重要作用。

1957年至1962年间，丹麦考古学家在斯库勒莱乌附近的罗斯基勒峡湾发掘了5艘维京时代后期的长船，由奥莱领导的团队对这些船及其背景做了详细的研究，在此基础上，实验方法于1982年被引入，每艘船各作为一个单独的功能单位被复制建造，进行全面的测试。

斯库勒莱乌2号在1962年被发掘，全长30米，经过树龄及产地测定确定其于1042年建造于都柏林地区。发掘时所有部件都被仔细描述、编号、拍照、1：1比例绘图，再减为以1：10绘制。

用1：10比例的部件图纸做成纸板，在钉孔的原位置使用大头针固定在模型上。这一阶段的工作主要是推论船身的可能长度。船体遗存中前部除了残存几块框架船板外，几乎全部缺失，模型提供了线索。如果长度小于29.2米，这些部分将不可能被完全结合在一起，而如果想要船体线型平滑、协调，则船身长度不能超过31.2米。在这个基础上，研究人员选择以最小的可能长度重建该船。

下一步是制作一个木质船模，对重构存在的不确定因素，尝试不同解决方案。对于缺失的部件，则用其他同时期发掘的船舶遗存来参考。

由于维京时代的造船技术和航行方法已经失传，研究人员、专门的木匠小组和税收小组就集中于造船法则、材料和工具的研究，以符合实验考古学方法的要求。此前，斯库勒莱乌于 1969 年被运到维京船博物馆时，整个修复过程即向公众开放，同时开展斯堪地维亚地区传统造船与航海技术的田野调查和保护，收集一批现存的传统帆船，用于让研究人员与参观者尝试修复、再造和操控，让传统造船活动依照当时的方式不断地延续。

2000 年，等比例的实船复原建造在维京船博物馆的造船厂开始，所用材料、工具和技术都与原船的建造近似，对于原船遗存缺失的帆具和索具，则是在以往的材料和经验基础上的假设。在复制过程中，对木料的来源、所需的人工、使用的技术、所有工序等都进行仔细的考察并且全部保留记录。

2004 年复原船下水，并被命名为格兰达洛的海上种马（The Sea Stallion of Glendalough）。为了验证对原船及其缺失部分诠释的假设，复原船需在原船最初设计要求的条件下进行为期 84 天的航行实验，如果对原船缺失的部分所增加的船体部件不符合船只整体，那么就失败了。如果这艘船和设计的这些部件运行良好，说明我们所做的诠释是可行的。复制品和其航行的结果可总的代表原船和维京长船。

2007 年和 2008 年，复原船进行两次从罗斯基勒到都柏林并折返的试航，分别采用了维京时代从丹麦到爱尔兰的北部航线和绕英伦三岛的南部航线，航行里程 2.482 海里。

试航的目的是要验证作为假设的复原船，检测船只的质量和适航性能，为此使用电子设备记录船只的位置、航向和航速，最接近的迎风角度等等，测量外部的流速、风速和温度，船长日志记录所有与航行相关的信息和船上的状况，水手长记录船体、帆具和属具出现的磨损，压舱物所出现的任何移动都被记录在一个专门的调整记录中，五个分段工长各自记录其负责的段内发生的事件和经验，厨师负责记录船上食品和水的消耗情况，护士记录船员健康状况的日志，摄影师将航行以影像的形式记录下来，每个船员每天写日记。

于对假设的验证，船只的灵活性和紧固是实验中最具挑战性的问题之一。灵活性很难被调查，它与建造法则密切相关，船形、风帆压舱物都能影响到船只灵活性。而由于原船的紧固部件并未完全保留下来，成为船舶重构过程中一个不确定的因素。

另一个关键的问题就是船只的定向即操舵系统。复原船的操舵系统，是在同时代船舶遗存和之前修复和建造后来的传统帆船所得到经验的基础上设计建造的，在实验过程中，舵的材料断裂了好几次，而用缆绳和皮带固定。

航行实验对原船遗存不确定的部分进行了验证，对船只的质量和性能进行了检测，实验结果显示，维京长船在维京时代的航行速度和航行距离，可与任何其他船只在相近距离的航行中取得的结果相比。通过船舶遗存重构实验的跨学科学术检讨，促进了研究人员对维京时代船只和社会的理解。

2. 小鸽号（Duyfken）重构[17]

1996年，澳大利亚西部城市弗里曼特尔（Fremantle）的居民发起复原建造小鸽号荷兰船的活动并成立了基金会，具有荷兰船遗存研究经验的西澳大利亚海事博物馆认为，该项目可以成为实验考古学方法的应用和荷兰船型研究的延伸，于是膺任项目设计任务，由尼克·伯明翰担任技术总监。

建造于1595年的小鸽号是一艘快速小型武装商船，在1661年加入荷兰东印度公司（VOC）前往香料群岛的船队，是五艘船中最小的一艘。1606年或1607年，小鸽号沿着新几内亚南下探索，发现澳洲东北角的约克半岛。1608年，小鸽号与西班牙船队发生战斗后受创。因无法修理而拆解，其部件用于印尼摩鹿加(Maluku)群岛特尔纳特（Ternate）的堡垒与围桩。

前期的研究集中在复原设计上，原船建造资料的缺乏是重构实验面临的主要难题。小鸽号唯一已知的数据是她具有25或30拉单位（last）的货物容量值，在她的时代船只大小以拉来衡量，它是近似经验的估计，计算方法未知。直到17世纪末，拉才被公式化地由船长 × 船宽 × 船深的和换算而成，如果船只的长、宽、深的比例确定，则精确的船尺寸就可以从拉或登记吨数被计算出来。从统计学的规范角度，可以归纳出小鸽号的年代荷兰船的拉的因素与尺寸的关联性。

小鸽号的航迹，显示她是一艘相对快速和可戗风航行的船，这些特征通常是因为拥有一个相对地美好的船形才能达成，船只的尺寸仍是未知，17世纪的荷兰船考古学纪录，特别是对1628年由荷兰建造的瓦萨号（Vasa）的数据则是很有用的参考。虽然小鸽号的航海日志已不存在，但在1601 ~ 1602年间该船队旗舰格尔德兰号（Gelderland）的航海日志中，记载着小鸽号随船队到香料群岛，是五艘船中最小和最快的，平均大约每天航行130海里，被归类为巡航船（Jacht）。

在船形的具象方面，在17世纪初有8位以上荷兰画家艺术家留下精细的海洋风俗画和版画，记载了当时的荷兰船形状。其中发现有小鸽号的三张图画，由格尔德兰号旗舰上的Jouris Joostensz绘制。

重构小鸽号的复原设计，集合对17世纪荷兰造船演进与设计的理解认知、考古学所发现的证据、实用的造船实务经验。在对资料的分析方面，画像分析（Iconography）、形态数据分析（Morphometric analysis）、单变量和多维分布式统计分析方法等被证明非常有效，船艏形状和艉柱倾斜度、舷弧、船舷的上缘、桅坐、前后甲板与船艒的相对长度、艉甲板斜度、撞角与艏柱接点的高度、撞角长度、艉楼的悬长与高度、舯部干舷、主桅的位置、前桅的位置、后桅的位置等特征被数据被一一推测出来。

1997年，小鸽号的复原重建工程在西澳大利亚海事博物馆前的广场开工，沿用许多17至18世纪荷兰造船工人使用的造船模式与技术，重建过程的造船技术和技巧对复原设计进行了合理的修改，并将增加对荷兰船考古记录中的船体结构的直观了解。

2000 年4 月，建造完成的小鸽号复原船从弗里曼特尔起航，进行到布里斯班的试验航行。2001 年5 月，小鸽号复原船沿着当年原船来访的航线回航，途经雅加达、加里、摩里西斯、开普敦、圣赫勒拿岛、阿森松岛、亚速群岛，于2002年4月抵达荷兰东印度公司的原乡台克塞岛（Texel），全程18200海哩。

3. 婆罗浮屠船（Borobudur）重构⑱

婆罗浮屠船是一艘三桅舷外浮架木舟，其原型来自位于印度尼西亚爪哇中部的8世纪婆罗浮屠寺浮雕。一共有五个被认为是由不同艺术家完成的婆罗浮屠船浮雕的样式十分相似，标明这是一种真实的船型。

先前至少有两次试图重建婆罗浮屠船，一次是在复原设计出图纸和全比例模型，另一次是复原一艘原尺寸的实船，结果它们都倾覆了，表明没有足够的稳定性去航行跨越一个海域。2002年，尼克·伯明翰应邀担任又一艘婆罗浮屠船的重构复原设计和指导建造。

婆罗浮屠船显然带有舷外浮木。在时代更近的印度尼西亚船设计中，舷外浮木经常被用于增加独木舟稳定性，这些独木舟如果没有舷外浮木将不具备足够的稳定性去航行。经过细节观察，发现婆罗浮屠船的舷外浮木与近代独木舟的舷外浮木具有较大差异。一般而言，近代的舷外浮木比其独木舟要长，它们由巨大的竹子制成。通过测量印度尼西亚的各式舷外浮木，可以计算出竹制舷外浮木的长度与直径之间的适当关系。如果直径不足，那么舷外浮木的浮力就不足以提供充分的稳定性。巨大的竹子是一种自然产品，其自然生长的尺寸有一定范围，适宜制造舷外浮木的竹子直径最粗不超过200毫米，这意味着舷外浮木具有理论上可能的最大尺寸，其所对应的独木舟也同样具有理论上可能的最大尺寸，即大约十米长。海洋民族志调查表明，10米确实是19世纪和20世纪带有舷外浮木独木舟的最大长度。

婆罗浮屠船原型的船只长度可以用各种计算方式进行估算。船上的划手之间有已知的最小距离，因为如果空间不足划手们就不能运作自如，按最小已知距离的比例去推算，婆罗浮屠船应该不短于15米，如果舷外浮木要提供稳定性，那么其长度需要达到20米，而相应的直径则为300毫米。制造这样的舷外浮木的竹子可能无法找到，即便能够找到，也会由于内在的工程难题即按比例增大的设计而容易在大海中损毁。民族志提供了另外一种解释，即婆罗浮屠船的舷外浮木是使用船桨者的平台。

婆罗浮屠船有一个特别的细节在于船艏和艉柱明显缺失。虽然船艏和艉柱这种结构被普遍纳入欧洲古代在船舶设计中，但民族志学和沉船考古都提供了印度尼西亚造船传统中不采用船艏和艉柱结构的证据。在重构过程中，研究人员寻找记得沿用这种传统造船法式的工匠者来建造复制船，尽可能地运用与原船相同的技术至关重要。

重构建造过程为考古发现中的一些细节提供了解释。印度尼西亚船是在船的骨架安装之前，用木楔或榫钉将船板装配在一起。在现代惯例中，楔子是等距的。考古学表明，楔子在中世纪除去每第六个间距要比其他的大 50% 以外，其他通常是等距的。在婆罗浮屠复制船上，要安装每片 7 米长的船板时，70 颗楔子要与钻在要被安装的船板上的 70 个孔对齐。船板必须用很大的硬木锤敲进木楔中。有一次，一个楔子偏离了正确位置，工匠无法将船板从楔子中拔出来，因为它们装得太紧了，楔子只能被削掉，钻上新的孔洞并装上新的楔子，否则船板就得被放弃扔掉。之后换成中世纪每第六个楔子的距离大于其他楔子的方法，这种错误就不会再次发生。

婆罗浮屠复制船可以离开舷外浮木航行，试航时航行性能良好，其后由尼克奈自担任领航员，快速穿越了印度洋，绕过好望角抵达赤道西非。

对于船舶遗存的重构，在完全了解原船的设计和建造细节前提下的复制几乎还从未有过，复原船重建设计部分可以从沉船考古证据中获得，其余部分则可以通过综合研究进行重构，包括对历史文献的分析，从原始的功能、性能、技术局限等特征进行推论，以及从与之相同文化区的造船传统中寻求年代更近的船只设计和建造的根据。虽然这类年代延后的参考是推理性的，但在考古学中却有着长期的运用。一些相对封闭的文化区内保留着独立的造船传统，虽然对于在历史上某个阶段是否也使用同样的技术还没有考古依据，却是在该地区一直还在使用而在其他地区却从未出现。通过民族学田野调查了解这种具有很强延续性的现存造船传统，对于了解过去造船的技术逻辑具有很大助益。

四 建模技术

（一） 分类与认知

对于庞杂的中国帆船门类，如果用时间的纵向与地域的横向加上船舶功能的第三维坐标，就可以把在不同时代各个水系的战船、商船、渔船、使船、杂舟简单归类到各自的空间。

具体到某一种船式，可以按照明代百科全书《天工开物》中的描述方法，将船舶的部件分类为船体系统（船形与结构）、推进系统（桅杆、帆装、橹、桨）、定向系统（舵、超、前帆、尾帆）、靠泊系统（椗、锚、柱）、连接系统（钉、锔、箍、桐油灰）、绳索系统、涂装系统（油饰、彩画），再按建造工种区分木作、捻缝、铁作、油画、帆装、冶缆工序。

接下来就是结合田野调查工作和对晚近留存实船的观察，实地了解和认识船只各个系统主要部件的形态和位置，以及在行驶过程中的功能和动态表现。

（二） 对应与标注

对考古发掘或历史文献中所记载的船舶部件清单，首先按照上述分类法分成功能系统和构件系统两阶，其次分出其中比较容易认知的和文献本已说明清楚的部分，然后依据造船技术与部件术语古今名称对照表又对应出一部分，剩余的不明部件可结合田野调查向不同地域的老船匠逐一请教之后，汇集结果进行比照，再定位出一部分，保留最后少数尚不能解读的部件。

完成部件的对应之后，按照文献记载的部件长、宽、厚尺寸以及用料定额，进行逐一标注，这样就可以绘制和制作出每一个具体部件的图样和实物。

对于船舶遗存的部件，根据所假设的各部件在船上的功能使用历史术语来命名并加以归类。这些部件名称及术语来源于文献研究及田野调查，在不同的地域、不同的年代具有不同的系统。比照方言、历史文献用语及英语的传统造船技术名词对照表可以帮助没有任何地方语言的知识的学者，使之获得尽可能精准的二手资料。

（三）测量

对船舶遗存整体及细部测量，可使用以来方法：

手工测量——使用 10 米卷尺、米尺、铅锤、水平仪和铅笔进行接触式丈量，在纵横高三元坐标系统上面做记录。这是最原始也是最直观的测量方法，对于内部结构的了解与记录特别有效。

摄影测量——借助电子技术手段，实地操作速度极快，可获得三维测量结果，再绘出平面图、剖面图及其他种类的空间再现。

前面已经指出，大型木帆船新造时与旧船的外形，因为重力的作用和材料的老化而具有明显的差异，而埋藏在淤陆和海底的沉船遗存的外形，与其行驶状态的差异更大，我们所见或测绘下来的形态未必是原船真实的样子。测绘资料在做复原设计参考时，必须依据其他资料进行校正。

图1 金华兴号虚拟三维模型 王杨团队制作

（四）虚拟三维模型

在取得上述船舶遗存每一构件测量数据基础上，先使用 photoshop 软件和 illustrator 软件完成部件贴图部分的制作，包括矢量图片。应用 3dmax 软件进行部件与整体模型的创作，展 uv 贴图，为了保证仿真度和真实感，在贴图部分进行调节、包括木材的纹理和凹凸贴图。尝试渲染输出后进行动画部分的创作，制作船只建造动画以及航行动画，采用真实渲染和 finalrender 渲染器的 finaltoons 渲染插件渲染所需的表现，使用 maya 制作接近真实的海面，运用 maya 的动力学系统模拟海面的波浪以及船体和海水的碰撞。最后输出成带 alpha 通道的 tga 格式导入 aftereffect 进行后期合成，增加光效雾效等等辅助效果，最后输出成片。

2004 年对金华兴号帆船的全船测量和外形虚拟三维模型制作，是上述建模技术的首个应用范例（图 1）。

五 结论与讨论

（一）结论

中国帆船历史遗存虽然在沉船考古领域的个案还不是太多，却在来源多样的历史文献中存留较多的线索，特别是中国帆船的大部分门类延续到 20 世纪上半叶尚还保留，最后一代传承传统造船法式的工匠尚还健在，使我们应用实验考古方法进行船舶遗存研究时，具有比较明晰的历史原型可选择，并且还能组织匠师进行真正意义的复原设计、复原建造和复原航行。与其他文化区的船舶遗存重构实验案例相比，重构实验可尝试倚重传统法式和造船工匠，所有研究人员和参与工匠应不具备现代造船学教育背景，避免采用模型水槽试验、帆装风洞试验等常用实验手段，各个重构环节尽可能回归历史原貌。与此同时，使用各种现代科技方法留下详细而系统的实验记录。

中国帆船千姿百态，船只形式实际上是木造结构的当然结果和直接表现，而非勉强造作而成[19]。船只一方面为实现其功能用途，一方面受制于地理环境和政治经济等因素，其形式乃至形成，而由工匠沿用传统造船法式建造实现。船舶遗存重构实验的目的，就是借用各种实验技术，模拟相似的历史空间环境，重建与历史原型尽可能相同的复制品，认识和揭示出其中的技术逻辑。

船舶遗存重构是还原历史原貌的有效途径和研究方法，复原船将用于进行航行实验，而航行必须以安全抵达目的地为前提，因此一切定性研究层面的臆造、推论和推断都必须为细致而严谨的定量研究所替代，并以实物作为研究的结果。对于生产工具技术史的研究终究走出书斋，回顾实践，避免再现过去对郑和宝船研究的生搬硬造。

通过对跨湖桥独木舟遗存、席状编织物遗存、木桨遗存，以及石锛、石斧、石凿、石镞、石锤等出土石器遗物的现场观察，我们认为跨湖桥独木舟遗存具备运用实验考古学进行重构研究的条件。在实测独木舟遗存建立虚拟三维动画模型，进行重构方案设计、比较与优化之后，经过重建制造现场，采用原始的石器与火焦法在同树龄的马尾松上重构独木舟并进行航行试验，可以为跨湖桥独木舟是否具备边架结构、是否可安装席状编织物风帆、是否适任航海等一系列谜题提供可能的答案。

对一项传统技术，只有被需要、有市场才是其生存和延续的唯一途径，而一项技术遗存必须是生活中或记忆中的活物，才有不息的生命力和延续的可能。持续的船舶遗存重构是目前保留中国帆船作为世间遗产的抢救性手段，维京船博物馆的范例可给予我们启发和借鉴。

（二）讨论

船舶遗存重构实验需要依据考古实物证据、文献学证据、对沿袭造船传统地区的民族学调查等资料才能得以有效进行，如何把这些线索组合起来？先前已有单位开展中国古代航海文献汇集成和点校整理的工作，但仅限于对国内所存的史籍，未能涵盖分散在境外图书馆、博物馆的相关史料。如果能运用目前已相当成熟的数据库技术、模拟图像技术和互联网技术，以时间、地域、功能为轴，把在不同时代各个水系的战船、商船、渔船、使船、杂舟简单归类到各自的空间，建立一个基于互联网的船舶遗存古代文献可视化数据库，支持多种关键点的在线查询，将极大提高检索、查询和研究的效益。

采用同样的技术，可将近年来国内的沉船遗存发掘资料建成相应的三维数据库。

中国帆船有别于世界其他文化区的特征之一是造船法式鲜有变化，最后一代传承传统造船法式的工匠尚还健在，成为船舶遗存最后的活物，始于20世纪初的一系列西方学者有关中国帆船的分类研究著作，正是出自长期的田野调查和对造船工匠和船员的访谈。建议投入资源立项开展全面而深入的抢救性调查与记录工作，至于访谈和调查的方式，满铁调查报告的严谨、详细、规范、精确可供借鉴[20]。

目前笔者在进行一项新的船舶遗存重构实验，以民国年漳州海澄郑氏造船图谱为原型，比较完整地记录了时年88岁的郑俩招师傅的最后一次设计，将建成一艘双桅小型海船进行航海实验，掌握和记录史料中几乎没有量化记载的传统帆船操控技术和古代的天文与地文导航技术。

另一项船舶重构实验计划，则以大理洱海民家帆船遗存为原型，记录和保留这种曾被李约瑟归纳为中国文化区内唯一别于横向舱壁式结构船式的例外船型。

注释：

①〔法〕李特著，吴旻译：《沉船、水下考古与船舶建造历史》，《历史、考古与社会——中法学术系列讲座》第13号，法国远东学院北京中心编印，2008年。

② Daniel Ingersoll, John E.Yellen and William Macdonald, eds., *Experimental archaeology*, New York: Columbia University Press., 1977.

③ James R Mathieu, *Experimental Archaeology: Replicating Past Objects, Behaviors, and Processes* (British Archaeological Reports, International Series), BAR International Series 1035, Oxford, 2002.

④ Thor Heyerdahl, *The Kon-Tiki Expedition: By Raft Across the South Seas, London*: Allen & Unwin, 1948

⑤ Robert Ascher Ascher, *Experimental archeology*. American Anthropologist(Menasha)63, 4: pp 793-816.1961

⑥ Stephen C.Saraydar and Izumi Shimada, *Experimental Archaeology*: A New Outlook, American Antiquity Vol.38,No.3(July,1973),pp.344-350

⑦ John Morton Coles, *Archaeology by Experiment*, New York: Scribner, 1973.

⑧ John Morton Coles, *Experimental archaeology*, London: Academic Press, 1979.

⑨ Viking Ship Museum, The series *Ships & Boats of the North:* Vol.1:*Skinboats of Greenland*(1986); Vol.2:*Viking-Age Ship and Shipbuilding in Hedeby/Haithabu and Schleswig*(1997); Vol.3:*Landby,A Viking-Age Ship-grave*(2001); Vol.4.1:*The Skuldelev Ships I*(2002); Vol.4.2:*The Skuldelev Ships II.The Reborn Ships(?)*; Vol.5:Hjortspring, *A Pre-Roman Iron-Age Warship in Context*(2003); Vol.6:*The Renaissance Shipwrecks from Christianshavn*(2006). Roskilde.

⑩ Viking Ship Museum, The series Maritime Culture of the North: Vol.1Ohthere' s Voyage(2007); Vol.2:Wulfstan' s Voyage(2008).Roskilde.

⑪ Crumlin-Pedersen, O.and Vinner, M.(Eds.), *Sailing into the Past*, Viking ship Museum, Roskilde, 1986, pp194–207.

⑫ 野本谦作、增山丰、樱井晃：《复原菱垣廻船“华浪丸”的航行性能》，关西造船协会春季讲演会论文，2000年5月。

⑬ 许路：《清初福建赶缯战船复原研究》，《海交史研究》2008年第2期，47～74页。

⑭ 参见许路：“基于福建造船史的远航复原船研究”，2004～2006年；“对中国航海博物馆高仿真明代福船设计及建造方案的建议与提示”，2008年，福龙中国帆船发展中心存档。

⑮ 曾树铭等：《华舶复原的实验考古研究：以台湾古舶重建为例》，台湾水产学会98年度会员大会暨学术论文发表会，2009年12月，高雄。

⑯ Tinna Damgård-SØrensen, *Widening the scope and refining the methods of maritime and experimental archaeology, the Roskilde Case.Part two: experience with research-oriented reconstructions of the Skuldelev ships,* Conference papers, Of Ships and Men:International Conference on New Comparative Approachesin Asian Maritime History and Archaeology, Beijing, 2009.

⑰ Nick Burningham, *The Duyfken Project: an Age of Discovery ship reconstruction as experimental archaeology*, The lnternutionul Journuf of Nuutrcul Archaeokogy Volume 26, Issue 4, Pages277 - 292 1997.

⑱ Nick Burningham, *Integrating ethno-archaeology with archaeological and historical evidence in the design of replica ships*, Conference papers, Of Ships and Men:International Conference on New Comparative Approachesin Asian Maritime History and Archaeology, Beijing, 2009.

⑲ 有关木造结构与外形表现的关系，来自梁思成诠释中国古代木构建筑的启发。梁思成：《中国建筑史》，百花文艺出版社，2005年。

⑳ 满铁调查部编：《中支の民船业——苏州民船实态调查报告》，博文馆，1941年。

做大做强杭州“五大水系”的舟船文化

吕洪年
（浙江大学 杭州 310058）

杭州社会科学院主办的《杭州研究》2006 年第二期，曾发表我写的《杭州旅游做大做强“水文章”的构想》。此文由该院以《江河湖海溪，五龙抱明珠》为题，作为“调研专报”上报杭州市委、市政府。不久，市委、市政府在一个文本中概括为：“杭州之胜，独在于水。水是杭州的灵魂，杭州是从水中孕育出来的。杭州今后的发展也要从读水、品水、亲水开始，力求做到江河湖海溪‘五水共导’”。今天，我要做的文章是它的姐妹篇，题目叫《做大做强杭州“五大水系”的舟船文化》。

杭州五大水系：江、河、湖、海、溪，各有各的景观特色，作为旅游的交通工具，也应当与之相匹配，有各不相同的舟船及其文化。

江，是指“浙江三叠浪”：钱塘江、富春江、新安江。钱塘江，古名浙江（包括其上游富春江、新安江），是杭州人民的母亲河。河，是指源远流长的京杭大运河和浙东运河。京杭大运河早在隋代就是南北交通大动脉，使杭州成为“水居江河之汇，陆介两浙之要”的地方，自古吸引多少帝王将相、仁人志士、骚人墨客。浙东运河比京杭大运河更早，始凿于春秋时期，起自萧山西兴，东连上虞运河，与姚江、甬江相接而直通明州（今宁波）入海。湖，是指“水上三仙女”：西湖、千岛湖和湘湖。西湖，使杭州具有“三面云山一面城”的独特生态；湘湖，与西湖世称“姐妹湖”，在新发现的跨湖桥文化遗址的区内。跨湖桥文化，距今 8000 多年，远比良渚文化还早，经发掘，其灿烂辉煌的文化惊世骇俗；千岛湖，因新中国成立后建设新安江水电站拦坝截流而形成，使大杭州有了新的景区；海，指杭州湾，钱塘江出口处，是数万年前三次海侵海退之后形成的冲积扇，如今是长江三角洲的南翼，新建的跨海大桥又把上海、湖州、嘉兴、杭州、宁波、舟山等杭州湾的经济发达地区连成一片，缩短距离，而杭州则始终居于枢纽地位。溪，是眷恋依徊的西溪、苕溪和天目溪。杭城西部的西溪，东与运河相通，西与浙西山区相连，形成一个河阜交叉的水网地带，历来就有许多著名的风景点和名胜区，如今它已是首个国家级湿地公园，名声远播。西溪湿地即西溪绿地，是一个草木葱茏幽雅舒适的好去处，于 2005 年 5 月 1 日正式对外开放，为杭州增光添彩。从大杭州的范围来看，东西天目山麓的天目溪和苕溪属于浙北太湖的同一个水系，它们的开发与建设将有利于杭州旅游的辐射与集散，应当说也可以包括在城市东扩、旅游西进的范畴。

下面，仅择要以历史传统、现实状况和创意构想三方面分述之。

一 打造钱江“游船社区”，适应“三江两岸”旅游之需

宽阔浩渺的钱塘江，因其上游是风景秀丽的富春江、新安江，历来水上航运航行舟船繁多，有来自兰江的“茭白船”，有沿江渔民捕鱼摸虾的打鱼船，有水上捞沙的挖沙船，也有装载货物的水泥船，更有运送往来旅客的小火轮等等。大多是短途往返，早出晚归。从来也没有统一的、规模较大的旅游船舶。随着杭州市委、市政府提出城乡统筹发展，打造500公里“三江两岸”生态旅游绿道，可以水陆兼程，让船行、车行、自行车行，从而成为 “山水秀美、生态宜居、城景交融、和谐发展”的“天堂”新区。

这就必须考虑改善钱塘江水上旅游的方式，其载客的工具应当采用较大的客轮，船上可以有多种娱乐设施和生活设施，游览的日期可以有三日游、七日游、十日游、半月游等多种安排，把它搞成一个“游船社区”，以供人们休闲度假之用，也为远行者提供中途的旅游服务。

有了这样的设施，我们便可以做这样的构想：真正实现“五水共导”，打通五大水系，发展江、河、湖、海、溪各有特色、各有积淀、各有功能、各有影响的水上旅游。

到那时，可以有更多的旅游项目，比如：钱江古迹游，运河古镇古村游，西湖（湘湖、千岛湖相类）园林游，杭州湾港口、岛屿游，西溪（天目溪、苕溪相类）生态游。以上合起来成为一个水上历史文化综合博物馆或水上历史文化综合展览会。

此外，还可以有：钱江观潮游，运河观灯游，西湖赏花游，杭州湾海上“激浪”游（发展北戴河似的海泳活动），西溪野趣游。以上合起来成为古都杭州民俗风情的展演与游赏。

再之，随着季节的变化，我们还可以设置：西湖春季游，钱江夏季游，西溪秋季游，运河冬季游。根据一年四季不同的气候状况让人选择水上旅游的重点，合起来使水上旅游成为人们按季节改变生活环境的一种选择。

如果这样的构想一旦能够实现，那么，当年郁达夫笔下富春江上小火轮开拔的情景就会离我们更远了。郁达夫在自传之五《远一程，再远一程》中这样写：

到杭州去之先，家里非得供一次祖宗，虔诚祷告一番不可，意思是要祖宗在天之灵，

一路上去保护着他们的子孙。而邻里戚眷，也都来送行。吃过夜饭，大家手提着灯笼，排成一字，沿江送到夜航船停泊的埠头，齐叫着“顺风！顺风！”才各自回去。摇夜航船的船夫，也必在开船之先，沿江绝叫一阵，说船要开了，然后再上舵梢去烧一堆纸帛，以敬神明，以赂恶鬼……

二 打造运河婚庆船，弘扬水上婚俗好传统

京杭大运河，世称“古运河”，与古长城一样，是我国建筑史上的一大奇迹。千百年来，它是南北交通的大动脉。古代帝王下江南，江南漕运上京城，走的都是这条水道。它对于杭州经济的繁荣，文化的荟萃，资源的集散等有着重大的、积极的影响。据《杭州运河桥、船、码头》一书记载：“来往于运河水上的船舶，自古至今种类繁多：按所有权分类，可以分为官船和民船；按有无桅帆，可以分为有桅有帆、有桅无帆、无桅无帆；按推进方式分，可以分为撑竿、划桨、摇橹、鼓帆、脚踏明轮、拉纤等几种形式；按使用性质划分，又可以分为战船和运输及游览船；从船艏形状来分，可以分为尖艏和方艏两大类；从船底式样来分，可以分成尖底和平底两大类”。

运河水上船舶，日夜繁忙，往来如梭；林林总总，举不胜举。但是要与古运河的景观、氛围、人情、风俗相匹配的、并且真正能够与民众的生活习惯相贴近，这就要有所选择的加以发掘与弘扬。窃以为，打造古运河婚庆船既是传统的继承又是民众现实的需要，是可以考虑的。

古运河水上婚庆习俗，历史悠久。南宋吴自牧《梦粱录》卷二十“嫁娶”，对杭城八百年前嫁娶婚庆风俗记载详尽，其“相亲”一节写道：“然后男家择日备酒礼诣女家，或在园圃，或湖舫内”。其湖舫即大型美观之舟舫。由此推断，由于乡间道路狭窄，便因水道纵横之便采用“舟舫”举办水上婚庆。

随着时代的发展，现今年轻人对自己的终身大事，可谓相当重视，而各色各样的婚典层出不穷，如前些年从国外引进了一些西式婚庆模式，吸引了很多年轻人。然而对有着千百年传承历史的水上婚庆却被淡忘和冷落了。为了弘扬民俗文化，恢复这一有着千百年历史的水上婚庆，并在拱宸桥设置运河水上婚庆基地具有特定意义，不仅可炒起杭州大运河旅游人气，提高文化品位，而且还可以带动沿途的商旅氛围，从而使江南大运河旅游，一举扬名天下。婚庆船上自然也可以有“洞房”等设施，与繁杂闹区相对隔离，在荡漾晃悠的水域之内，让新人留下最美印象。

三 拓展西湖游船服务项目，凸显“玩水”“看景”两大特点

据《杭州城市发展史探索》（中国文史出版社2010年1月出版）一书中提到，西湖游船品种多样，功能齐全，由于湖游历史悠久并十分繁盛，西湖游船品种丰富多彩。从动力分，有手摇的、脚划的、撑篙的、拉纤的、脚踏的、用风帆的、用机电的等，直至现今用电瓶的和太阳能的。从形式分，则有瓜皮舟、画舫、竹筏、帆船、游艇、快艇、碰碰船、运动船等。其品种之丰富，也是其他湖泊难以匹敌的。为适应各种游娱与生活之需，西湖游船功能也是比较齐全的。历史上，西湖游船不仅进行观光、赏月，还可以进行歌舞、饮宴、吟诗、作画、读书、避暑甚至缔姻、送葬、诵经梵唱、买卖，乃至用以居住，更可以进行许多参与性活动，如采莲、采莼、垂钓、抓鱼、放灯、放生、放纸鸢、掮投壶、打弹等。明代还有无底船，在湖上做体育游戏，现今体育船则更多。清代则有专门的军娱船。西湖游船有如此多的功能，实为世所罕见。

今天作为“世遗”的西湖，面对广大的国际旅游市场，广大的国际旅游客源，是否可以考虑拓展新的服务项目，以适应游客的更多需求，让“世遗”西湖更添魅力。

一是船上观光，异时异趣，可考虑划定重要景观线和关键视角要素，建立专门的“观景摄影”船。西湖船上观光，追求的是不同时空条件下的不同情趣。而西湖春夏秋冬、晨昏雨雪，异时异趣，变化多端，难识其全。湖游春则翠绕红围，莺歌燕舞，“尽逐春风看歌舞”（范景文）；夏则十里荷香看红妆，满船风露夜纳凉；秋则蒹葭疏柳，“冷雨香风烟水行”（陈洪绶）；冬则破冰而行，赏暗香浮动，观玉树琪花。晨泛“晓风残月”夜泛“扁舟载月”，晴则“晴翠满船”，雨则“山色空濛”，各有其妙。前人对西湖游观作过精辟之论；“晴湖不如雨湖，雨湖不如月湖，月湖不如雪湖”。舟观雪湖确实是难得的美景：“放舟湖中，周览四山，若秋涛耸涌，璀璨乘飙，而玉树琪花，晃然夺目”，“但舟泛晴湖，虽不如雨、月、雪时难得，也是妙不可言的，明袁宏道曾于春日晴午‘小舟人湖’，得其神韵”；“山色如蛾，花光如颊，温风如酒，波纹如绫，才一举头，已不觉目酣神醉。此时欲下一语不得，大约如东阿王梦中初遇洛神时也”——西湖舟中游观，精神享受是如此丰富而奇妙。

二是洁净无染，玩水奇趣。湖水清澄之时，亦即游娱旺盛之日，且更添自然情趣，亦处处入画。因此，是否可考虑添设特殊的玩水体验区和玩水垂钓、采摘船。千百年来，西湖船上游娱比游观山水更为人看重；“尽逐春风看歌舞，几人着眼到青山？”（范景文）它成为人们参与生活，享受生活，增添生活情趣，获得陶然忘我境界的一种方式，其重在体验人生。“泛画船，列绮筵，笙箫一片，人在水晶宫殿”（吴弘道），追求的

是美景、美食、美乐、美色的享受与神仙般的快活。船上吟诗作画，则满足情感宣泄与艺术创作的需求；采莲摘莼，为获得参与性的乐趣；放生、放灯，则满足积善祈福的心理需求；更有舟居者，居游皆得，是为获得无拘无束的生活意境。明诗人闻子将说：“欲领西湖之胜，无过山居，而予尤不能忘情于舟。山居饮食寝处常住不移，而舟则活；山居看山，背面横斜，一定不易，而舟则幻；山居剥啄应付，犹苦未完，舟则意东而东，意西而西，令人意远。”所有这一切游娱的最大享受，莫过于获得陶然忘我、遗世独立、飘然欲仙的人生体验。满足人生最高理想的短暂追求。使人感到西湖毕竟是世间少有的“般若胜地”。“涌金门外春如海，画舫笙歌步步仙”（萨都剌），“船开便与尘世疏，飘若乘风度太虚”（杨万里），便是这种精神享受的真实记录。作为西湖“姐妹湖”的萧山湘湖，其游船的品种和功能，自然可以与西湖游船相参照，但也应有自己独特的个性，但与西湖游船一样拓展新的服务项目，凸显看景和玩水的特点还是可以参考的。

四 杭州湾游艇冲浪，还可发展海上探险漂流

萧山区跨湖桥文化遗址发掘出8000多年前的“独木舟”，引起了全球考古界、航海界、历史界和学术界的广泛关注，从而引出了远古时代海上交流史的研究话题。

远古时代，亚洲人曾向美洲移民，许多研究报告指出美洲土著印第安人，其祖先来源于亚洲特别是来源于中国，这已经为许多基因学、细胞学、人种学的证据所证实。他们的迁徙路线有两种说法：一是据古地质学的研究，约7万年以前，亚洲东北部海平面曾经大幅度下降，有些地方甚至露出海底，介于西伯利亚和阿拉斯加之间的白令海峡形成一道由狭窄的山脊组成的陆桥，古地理学上将它称为“白令及亚”。约离现在2.5万年至1.1万年是陆桥最后存在的时期，即冰河时代末期。当时亚洲蒙古人种的一支，或因食物匮乏，或因气候骤变，或因战乱，为求生存而经过这座陆桥徒步踏上美洲的阿拉斯加；二是史前发生过两次从亚洲迁徙到美洲的移民大浪潮。第一次在2万到4万年以前的冰川时期。当时人们从西伯利亚经过冰冻的白令海峡到达美洲。第二次移民浪潮发生在6000年至1.2万年以前。一些海上移民者从中国的东北部南下越南，经过菲律宾到斐济群岛和夏威夷，然后再到北美。他们在海上行数月乃至数年的时间。而海上航行的工具便是最原始的竹筏和木舟。

而中、日、韩三国，是隔海相望的邻国，海上交往有相当久远的历史。为了证实中、日、韩海上交往的起源和历史，原杭州大学韩国研究所曾在1996年和1997年两次举办中韩海上漂流学术探险活动，最终获得成功，成为举世瞩目的奇迹。通过这两次竹筏漂

流，用实例证明了从浙江沿海出发，遇东风可到达山东半岛，遇南风、西风、西南风均可到达黑山岛；从黑山岛出发，遇东风可到达山东半岛，而到达韩国西海岸则需要西风或西南风。同时发现在这一海域，沿海逆流对航行影响不大，而海风对航行的影响则是绝对的，证实了东海北部和黄海具有地中海性质。而且这两次漂流路线，除遇台风外，都与宋代徐兢奉使高丽的路线基本重合，从而实证了该路线就是古代利用季风和海流从中国江南到达韩国的自然漂流路线，从韩国再到日本，则很方便。据《中韩海上交往史探源》（金健人编著，学苑出版社 2001 年 12 月版）。

对于漂流探险用的工具竹筏，人们往往有很多疑问：凭借竹筏，能否在大海中航行？会不会被浪打翻沉没？一天能航行多远？怎么做饭？怎么睡觉等等。

今据韩国探险家尹明喆的《探险日志》以为竹筏很可靠。他说：竹筏比人们想象得要更安全。它总是贴在水面，根本不可能翻覆，也不会沉没。他们用的“东亚地中海”号竹筏是用宁波生长的竹子制造的，共使用 34 根竹子。筏底制成双层，长 7 米，前部宽为 3.5 米，后部宽为 4.5 米，呈梯形。竹筏上竖立高 8 米的桅杆，桅杆上挂 6 米的帆，帆上画着象征高句丽的太阳鸟——三足鸟。竹筏配有两条桨，一只舵，可在一定程度上操纵方向。最让人们担心的是如何休息的问题。我们在竹筏上建了一间 2.4 米大小类似瓜棚的小屋，离甲板 40 公分，可储藏行李，也可供人休息。当然，小屋顶上也很宽，我主要生活在屋顶。即使遇上 5 米以上的大浪，竹筏也只是随着波浪起伏。出发后的四天里，我们几乎都是做饭吃。到今天我们航行了约 75 公里。

海上漂流虽然是一项探险活动，但其体验到的种种困难和风险，以及以大无畏的精神去战胜的这种体验是极其可贵的。由此也可想见古人“独木舟”渡海的可能性。由此也可想见古人“独木舟”渡海的可能性。探险活动不是经常展开的，但全球的探险者却不是一个小数目，只要多方合作，并有财团的资金支持。我想，这一活动也绝不会成为泡影。

当然钱塘江上新开辟的“轮船社区”，从新安江而直达杭州湾喇叭口，以至于环游舟山、嵊泗、胶州等岛屿也是因美丽而吸引人的。

五 打造西溪花舫，强化“花朝节”品牌

船是西溪湿地的一大特色。船是西溪主要的交通工具，也是西溪湿地的一道浮动的风景线。据徐建庭主编的《西溪纪胜》说，西溪的船与西湖的船不同，它因为“溪河多窄，不容巨舟”，故没有画舫、楼船等较大的船。常见的有：扁舟、瓜皮舟、小舟、艇

子、瓜皮艇、采菱船、卖渔船、摇橹船等等。当年的船只，有官船与私船、实用船与游览船之分。制作的材料有木、竹等，现在还有水泥制作的，结构形式有独船、组装船等。

西溪的船有单人划的，也有双人驾驭的。还有一种不能载客，只容一人划的小舟，划起来飞快，由于舟小且轻，必要时划者单手可抱舟上岸。有诗曰"卖鱼船子小如凌"，就是指这种船。民国以前，有关游西溪的诗文和绘画中常出现"雪压篷背"的景象。那时西溪的梅花和芦花合称"两雪"，沿溪梅、芦丛生，笼罩水面。赏"雪"时节，有篷背的小舟行在其中，篷背会碰到无数白花瓣或花絮，出现"雪压篷背"的景象。（参见《西溪简史》，杭州市西湖区地方志办公室编）

蒹葭里一带几乎家家有小船，平时就停在门前屋后的水里，如城市家庭的自行车一样。村民们平时到自家鱼塘或地里去，多用小舟，也有载客玩河渚的，常见的还有手摇船，可容纳七八人，但船中设施简陋，多数是临时摆几条竹椅板凳。2003年开始，有了电瓶船，顶上还有篷背，四周透空便于瞭望。船内有简易沙发和茶几。20世纪70年代前，西溪一带还有一种以船为家，船便是屋，屋便是船的"水上人家"。吃住在船上，以打鱼为生，他们居住的船有多层，船体较大，每层10平方米左右。第一层是储藏室，主要放捕来的鱼虾；第二层的后船梢用来烧饭，前梢用来捕鱼，还辟出一小块地方供奉家堂菩萨，中间用来做卧室，每层高度都很低，只有半人高，只能弯腰进去，如今这样的渔民已不多了。2005年后，随着西溪湿地综合保护工程的实施，这里的游船又以古韵的传承和时尚的新姿和谐地展现于游人面前。要在西溪做大做强舟船文化，除了保持与弘扬原有的特色之外，还应当与传统花潮节落户西溪相匹配。

据查，早在南宋定都杭州之时，高宗皇帝曾多次举全宫人马赴临安洞霄宫祭祀，车马队、锣鼓队、鲜花队进入西溪时，形成历史上著名的"辇道"，每年辇道之上，铺满鲜花，奔驰的辇车之上，载满祭神的各色时鲜花朵，香雪十八里，遂成佳话。虽说西溪没有花神庙，没有南宋御花园的遗址，没有各色花木的基地，但是它始终与各色花木结缘，特别是柿树、芦花、梅花等更是名闻遐迩，'首届中国杭州西溪花潮节"作为传承此节的新起点，花潮节便因此花落西溪，看来也是不无理由而是顺理成章之事。为了使西溪花舫与花潮节的特色相匹配，可借鉴浙江兰溪的"茭白船"，关于茭白船名称的来历，说法也不一样。有说此船方尾尖头，浮于水上，形如茭白，故称。有说操此船者，遭人白眼，称为"遭白船"。也有说此船常年靠码头停泊，故称"靠泊船"。"茭白船"，这是一个俗名，其实就是花舫。自南宋以来，苏杭一带，花舫早已盛行。如杭州西湖的画舫；苏州的灯船、木兰舟、小快艇，出没水上。而兰溪因地理优势，世称"三省通衢，六水之腰"。船家多汇于此。花舫即仿效苏杭，成为一大特色和亮点。

“茭白船”大小不一，有双开门、单开门、小八舱等。双开门：中舱至船头左右有过道，水阁有玻璃窗，后舱有妆阁（招牌主住处），两边花栏杆，船头挂有红色琉璃灯，可容纳二三十人，设席二、三桌。船尾方而高翘，船中陈设华丽，虽无雕梁画栋，油漆却也光彩照人。单开门：船身更小，水阁亦有玻璃窗，有妆阁，船头亦挂红灯，仅可容十余人，设席一、二桌，陈设次于双开门。小八舱：船身更小，属游览船。为货船所改。茗茶待客，不设酒宴，虽有窗可观景，但无华丽陈设。有歌女侍唱，或为客介绍沿江名胜古迹，类似导游。

花舫一旦引入西溪，则最为重要的是，花舫上必须点缀各色盆景和花镜小品，让人坐在船上即可欣赏两岸各色花木，又可欣赏船上各色花木，两者交相辉映。花舫的功能又可分宴游、博游、请游三类。宴游，俗称吃水果酒。博游则是客以游戏为主。而请游，一般是文人雅士，约三五知己乘船游览，或饮酒吟诗，或泛舟溪上。西溪原有曲水探梅的旅游项目，新设的花舫也可用之，并可扩大规模。

造船业是“十二五”规划重点振兴、重点调整、重点规划、重点发展的行业。以上五个方面的创意构想同时也为造船业提供前瞻性的信息。

“江处早莺争暖树，谁家新燕啄春泥”。让我们争做引领潮流和喜迎春光的“早莺”和“新燕”，去助推“东方休闲之都、生活品质之城”杭州的更大发展和繁荣！

舟船文化·舟船游艇旅游经济

霍玲、倪鹤鸣、范汉江、韦文喜、黄奎林
（北京郑和与海洋文化研究会 北京 100871）

杭州市萧山跨湖桥遗址独木舟，距今已有8000多年，是一处重要的人类文化遗址，共经历了三次考古发掘。主要发现包括独木舟及其相关遗迹等。其中的独木舟是大陆沿海迄今发现最早的一艘独木舟，对研究人类水上交通工具具有重要的研究价值；将对我国造船史、交通史及世界造船史的研究产生重大而深远的影响；对弘扬舟船文化，发展游艇旅游经济有很大的推动作用。

一 发展舟船与游艇的良好环境

1. 地理环境

在中国有江河5千多条，总长度42万多公里。其中长度在1千公里以上的河流有15条，大小湖泊有900多个。中国拥有1.8万多公里海岸线，大小岛屿6500多个。在中国发展水上航运及舟船与游艇产业具有很多优越条件。几百吨以下船舶可在大部分航道通航。

2. 第十二个五年规划纲要政策导向

(1) 积极发展旅游业

第十二个五年规划纲要有关章节中明确：大力发展生活性服务业，积极发展旅游业。推动旅游业特色化发展和旅游产品多样化旅游，全面推动生态旅游，深度开发文化旅游。

(2) 扩大消费需求

建立扩大消费需求的长效机制。促进消费结构升级，进一步释放城乡居民消费潜力……旅游、度假、休闲运动的消费，游艇、舟船等水上活动越来越受到人们的青睐，游艇、舟船产业尤其为中、高档消费群瞩目。

3. 城镇居民收入不断提高

2010年我国城镇居民人均可支配收入达到19109元，2015年预期可达到26810元以上。随着我国人民不断富裕，人民的消费和文化需求将不断提高。江河、湖、海的旅游业也必将得到蓬勃发展。

二 传承舟船历史，弘扬舟船文化

1990 年 6 月首次发掘以来，在杭州市萧山发掘了跨湖桥遗址独木舟及其遗迹。独木舟是用整棵马尾松加工而成，残长 560 厘米，宽约 52 厘米，舟壳平均厚度 2 ～ 3 厘米。在独木舟两侧发掘 1 片木桨，长约 140 厘米。另外根据摆放方式，周围木材加工状况，生产工具比较集中等分析，该处可能是一处独木舟加工作坊。

浙江余姚河姆渡遗址出土的船桨，可以证明舟船源于距今 7000 年左右的原始社会母系氏族公社的繁荣阶段。至原始社会末期黄帝时代，出现了木舟和竹木筏，并开始用于运输及沿海航行，特别是江浙水乡一带，水上交通发展甚兴，江浙江河湖和沿海地区经济文化的繁荣交流到了奴隶社会的夏代，造船和水上交通均较前有发展，“陆行乘车，水行乘船”可见当初内河航行之一斑。

目前，在我国历史博物馆中，珍藏着一条古老的独木舟，舟长 11 米，宽 0.9 米，据测定制成于 6000 年前。它是 1958 年江苏武进县民工挖河发掘出来的。在我国各地考古发掘中，先后出土的独木舟已达20多只。从这些古代遗物中可以看出当时的独木舟的形体，大致有三种：一种是头尾方形，没有起翘，接近平底；一种是头尖尾方，舟头起翘，尾部平底；一种是尖头尖尾，都有起翘。后来的船型有方头方尾、尖头尖尾和尖头方尾之分，船底有平底和尖底之分，可能是随着人类生活和交流的需要及环境变化进化、发展而来。

舟船不仅是交通工具，也是一种水上的建筑，许多构造与陆上建筑相同，舟船既可作为一个活动生活空间，也可作为承载独特的文化舞台，浙江越剧“舞台姐妹”长途航行各地演出，沿河湖传播越剧文化，主要的业务活动及船员的生活起居都在船上，由此产生了丰富的舟船文化，成为中国近代文化的一个组成部分，渗入社会生活的方方面面，与古老的黄土文明相互交融，共同组成了辉煌悠久的中华文化。

我国和印度、伊拉克、埃及四大文明古国都有大江、河流入大洋、大海，依江傍河的人类祖先，要依靠船只在水上从事渔业、交通运输、军事和游乐活动，在这些地区最早出现了独木舟一类的水上交通工具。杭州市萧山独木舟的发现，证明中国是最早有独木舟的国家。后来，又经过一代又一代辛勤劳动、实践，不断改进、创新而逐渐形成了各类木质的舟船。

中国古代的舟船种类和名目繁多，主要有四种船型系列，即沙船、福船、浙船（鸟船）和广船。

1. 沙船

沙船在唐代出现于江苏崇明。它的前身，可以上溯到春秋时期。沙船在宋代称防沙平底船，在元代称平底船，明代才通称沙船。

明代以来沙船功能有所扩展，特别在明代的抗倭战争中发挥了重要作用。到了清代，沙船活跃在中国的北洋航线和去日本的重要航线上。

沙船特点：

（1）平底船，船型独特。方头、方尾、平底、浅吃水，长宽比大，具有宽、大、扁、浅的特点。沙船底平能坐滩，不怕搁浅。在风浪中安全，特别是风向潮向不同时，受潮水影响比较小，比较安全。

（2）航海性能优越。沙船上多桅多帆，可以逆风驶帆，能在海上航行。沙船上桅高帆高，利于使风，又加上吃水浅，阻力小，所以能在海上较快航行。适航性能好，较大的船七级风能航行，又能耐浪，所以沙船能远航。

（3）船体强度高，安全性好。沙船的纵向结构采用"扁龙骨"，从而使纵向强度得到加强，横向结构则是采用水密隔舱，纵横一体，船体结构强度大。

（4）载重量大，由于平底，利于利用空间，装载量大。

2. 福船

福船是以产地而得名，是明清两代福建、浙江一带沿海对尖底海船的统称，是适应我国南方海阔水深多岛屿地理环境应运而生的一种船，在中国古代适合航行于外海的一种船型，为中国古代著名海船船型。

福建在明代是全国著名的造船中心，明朝廷派出的出国使臣乘坐的官船均为福船型海船。郑和下西洋的船队驶向西洋各国，途径太平洋、印度洋，还要去波斯湾和东非沿海等深水海域，必然会选择尖底、深吃水、长宽比小的福船船型。

福船船型首尖尾宽两头翘，尾封结构呈马蹄形，两舷边向外拱有护板。舷侧用对开原木厚板加固，强度较大。船舱是水密隔舱结构，船体底尖上宽，尖首尖底利于破浪，吃水深，稳定性好，并且容易转舵改变航向，便于在狭窄的航道和多礁石的航道中航行。福船的用材主要是就地取福建盛产的松、衫、樟、楠等优良木材。

3. 浙船（鸟船）

浙船又称鸟船。鸟船之名常见于郑成功船队中，属于浙闽地区一种桨帆两用船，常用作战船，无风时荡桨，有风时驶帆。适于作沿海航行，在宁波和舟山地区有不少这类海船。

鸟船，其中的绿眉毛，传说距今已有八百多年的历史。文天祥抗元时曾乘坐此种船。直至 20 世纪 50 年代依然是浙江渔业捕捞和运输的主要船舶，随着机帆船的普及于 70 年代而渐次消失，堪为中国特色的博大的航海文化遗产之一，是中国古船文化的重要组成。其特点是船首形似鸟嘴，故称鸟船，古代浙江人认为是鸟衔来稻谷种子，才造就了浙江的鱼米之乡，所以把船头做成鸟嘴状。由于鸟船船头眼上方有条绿色眉，故它又得名绿眉毛。

4. 广船

产于广东的广船与福船较相近，它是与福船齐名一种航海船型。同沙船和浙船一样，广船也是我国古代航行于外海的一种优良船型。在唐代、南宋、明、清代都建造了各种广船。主要航行于我国南方港口和南海航线。

广船船型首尖体长，吃水较深，梁拱小，甲板背弧不高，有较好的适航性能和较大的续航力。船体结构的横向是以密距肋骨与隔舱板构成；纵强度依靠龙骨和船侧板。一般采用多孔舵，减小了转舵力矩，提高了操舵效率。广船的用材采用广东的荔枝木、樟木等。

三 发展游艇旅游经济

（一）发展旅游经济促进游艇旅游产业

国务院颁布的《国务院关于加快发展旅游业的意见》中明确提出，要“培育新的旅游消费热点，支持有条件的地区发展邮轮游艇旅游，把邮轮游艇游乐设施和数字导览设施等旅游装备制造业纳入国家鼓励类产业目录”。“旅游业是战略性产业，资源消耗低，带动系数大，就业机会多，综合效益好”。我们应抓住机会，通过举办各种发展游艇经济、产业论坛，举办国际游艇展、引进游艇及扩大消费潮流，发展游艇经济及产业。

随着我国经济不断持续稳定地增长发展，国外游艇制造商通过举办展会方式，纷纷向中国介绍各类成熟的、性能优良的超级游艇。世界各国很多游艇制造商来我国参加展览会，这说明了国外游艇制造商已看好了中国潜在的、巨大的游艇消费市场。

我国已具备了开发水上旅游服务的广阔条件和基础。而我国经济迅猛发展则带动了举办各种帆船赛事、水上度假、休闲运动的消费，游艇产业正在各地受到重视。

据有关报道：按照国际经验，当地区人均 GDP 达到 3000 美元时，游艇经济开始萌芽。目前我国沿海多个城市已达到游艇经济这一临界点。深圳的游艇登记在册的有一千多艘，厦门有一百多艘，各地游艇业发展规模虽然不一样，发展的方向也有所不同，如上海提出，根据上海自身优势，将在游艇制造、国际贸易、国际游艇展等方面发展。目前已有十多个省、市地方政府和财团正在规划和布局景观水系开发和游艇俱乐部建设。三亚市提出把三亚建成世界一流的“游艇基地”，深圳也将游艇制造业列为该市优先发展的行业之一，珠海已确定游艇工业为该市特色产业，杭州市将游艇及相关产业作为该市鼓励和促进的产业发展的重要方向。

据报道，中国现有260多家船艇制造商，70多家俱乐部。中国游艇产业在未来几年内的产值有望达到2000亿元，并能解决150万人就业。目前，国内很多有湖泊的省、市和沿海地区在景观水系、游艇码头、游艇俱乐部、游艇工业园区、游艇出口生产基地等项目正在规划和建设中。

我国游艇产业的地缘环境、国内游艇制造、游艇消费市场的广阔前景表明，游艇产业是一个可以带动地区经济发展的朝阳产业。

（二）发展舟船游艇旅游经济

中国的游艇产业，在发展中一定还要继承民族的传统文化和精神，更要创建自己的民族品牌特色及自主知识产权。中华传统帆船曾被世人所尊重，有着悠久历史、先进技术和光辉魅力。每一型古船都有它的历史内涵和故事，通过发展古船游艇，可促进古船文化、游艇旅游经济。另外，古船有风帆、橹等，既节能又环保。古船有风帆推进，也可配其他动力，如电力推进，有利于防污染。香港和欧洲发达国家都拥有古船游艇。古船还有尺寸较小，船速较低，比较适合沿海、内河使用。以下介绍推荐待发展或在用的几型适合内河和沿海使用的舟船。

1. 上海沙船

上海沙船既是中国最古老的母型船种，不少船种由此派生，又是上海的家乡祖船。

上海是沙船的发祥地，而沙船得名来自崇明，崇明与沙船发展紧密相连。清乾隆《崇明县志》载：“沙船以出崇明沙而得名，太仓松江通州皆有。”可见沙船的发源地在崇明。

由于沙船在清代开展国内外贸易活动方面成功，上海建起了全国最大的商船队——上海沙船队，形成了颇具特色的行业。同时它还带动了上海其他行业的发展，并在行业发展中最先产生了不少的资本主义萌芽。可见上海沙船业在上海城市发展中曾作出过不可磨灭的重要贡献。

为了开发上海沙船，我们正在与上海市有关部门，有关企业和古船设计、生产单位协商研究设计仿造该型船。主要性能指标：

(1) 任务：能用于在江、海航行，能容载宾客航行观光；能在岸边码头系泊展示，接待公众登船参观；能在船上进行特殊接待；能在船上进行实际风帆操驾。

(2) 使用航区：航行于江河及长江口沿海航区，即黄浦江（主要在南浦，杨浦大桥间）、长江及长三角沿海区域。在采取适当措施后也可以航行于台、港、澳区域。

(3) 船型：仿古上海沙船可考虑大型和中型两种船型。大型以著名的“北直隶沙船”为基型，是北洋货船的典型海船。中型以上海的“崇明沙船”为基型，是大量活跃于长江、黄海一带的常用货船。

考虑建造经费、资料、规范、先易后难等因素，建议先设计建造中型沙船，长约30米，船体采用木材，在设计中尽量尊重历史，复原古貌。在建成中型上海沙船后，视情设计建造大型沙船，长约50米，船体采用木包钢。

中型沙船船型为方头、方尾、平底、长宽比大，船上装有5桅5帆。

(4) 载员：船员6人，乘员60～80人；在保证宽松舒适的条件下，在设计中尽量提高乘员定额人数。

2. 仿古明代福船

上海航海博物馆要选造一艘大尺寸的能在该馆中央大厅内陈列的仿古船，要求该船可供观众入舱参观，又能下水航行。经专家评审推荐，博物馆审批，建造了一艘仿古明代福船。

主要尺度及其比例连同外形、结构等，显示中华传统帆船特征，总长30.6米，设计水线长22.59米，型宽8.2米，型深3.1米，吃水2.1米，设计排水量223.4吨。

3. 浙船绿眉毛·朱家尖号

2002年舟山朱家尖镇决策采用传统造船工艺打造，系当时国内最大的仿古木帆船绿眉毛·朱家尖号，是中国沿海四大著名船型之一。船长31米，宽6.8米，型深3.2米，吃水2.2米，排水量230余吨，三桅四帆，主桅高24.5米，设有上下两层客舱，采用风力做主动力，同时配备机电推进设备，设计航速7节。

“绿眉毛·朱家尖”号2003年交船之后，经过三海（黄、东、南海）、三江（长江、闽江、珠江）航行、锚泊和靠离各类码头等。还出国访问韩国丽水。

“绿眉毛”号在国内外影响深远。日本NHK放送协会及美国、加拿大、英国、新加坡、韩国等国外影视单位、媒体和国内多家媒体都曾进行实地拍摄采访，也多次在纪录片、新闻片和故事片中报道了“绿眉毛”或以它为海上道具拍摄海上场景。

4. 广船广州女士号

“广州女士”号船是由法国客户订造的一艘广船，由广州造船厂于1981年建造。历经各大洋航海，获得威名。从1995年起泊靠在巴黎市区风景如画的塞纳河畔。

“广州女士”号木质帆船，总长25米，型宽6．8米，吃水1．4米，排水量60吨，载重6～10吨，三帆，最高航速可达9节以上。该船停泊在塞纳河畔，与河上各式各样的帆船游艇相邻为伴、争奇斗艳。作为一座东方色彩的水上文化沙龙，主要举办各种音乐和表演活动；每周还专门安排一次针对少年儿童的登船观光和歌舞表演等；该船也可举办聚会、展览和婚礼等活动。

5. 香港“张保仔”号仿古游船

香港“张保仔”号仿古木帆游船，全木结构，以清代船为依据，配有三具桅杆和帆装。可借风扬帆，也有机械推进，航速为10节。该船全长28米，宽约6米多，主甲板客舱可设80人座位，下层为封闭式餐厅。该船可驶到香港范围任何适合靠泊、上岸的码头，也可邀请乐队或京剧演员登船献艺。

6. 安福舻游船

2007年末北京通州区政府决定仿造京杭大运河中的古游船。2008年8月北京奥运会火炬传递至北京，打造的“安福舻”仿古游船，使他们能按预定计划在8月5日平稳、顺畅地驶完总长11公里的通州段运河，共同完成奥运火炬传递的最后一棒。

“安福舻”仿古船的原型是史料记载的乾隆沿京杭大运河六下江南所乘的皇船。“安福舻”气势恢宏，船上有亭台楼阁，船中央竖立一面绘有巨龙的大帆。船窗上的花纹、图案参照北京故宫的门窗花纹雕刻。

安福舻船可在江、河及水库区当旅游艇用，进行观光、文娱、商务活动等。

船主要技术参数：

总长：28．90米

型　　宽：6．00米

型　　深：1．70米

吃　　水：1．10米

试航速度：14．2公里／时

载客人数：62人

船　　员：8人

四 结束语

我国8000年前已有独木舟，并发展形成4大古船系列，近些年来又仿造了一些仿古游船等，为弘扬舟船文化，提升游艇旅游经济发挥了重要作用。为了今后更好发展舟船产业，建议进一步研究解决仿造舟船中存在的问题，如发展舟船的规划，规范编制，组织协调，人才保护培养，政策支持等。让我们从各自工作做起，经过不断努力，舟船游艇产业，舟船游艇旅游经济，舟船文化的兴盛将水到渠成。

参考文献：

1. 杨櫆、陈伯真：《话说中国帆船》，上海科学普及出版社，2007年。
2. 楼卫：《世界第一舟——萧山跨湖桥遗址独木舟及其遗迹》，《浙江文物》2009年第5期。
3. 郑明：《中国船史与舟船文化》。
4.《郑和与海洋文化研究》特刊第五期。

从山东菏泽元船的四爪锚看锚具的发展历程

蔡薇、李铖、艾超、席龙飞
（武汉理工大学造船史研究中心 武汉 430063）

一 伴随菏泽元船出土的四爪锚和锚链均属中国首例

2010 年 9 月 17 日在山东菏泽市国贸中心建设工地，发现一艘古代沉船。山东省文物考古研究所和菏泽市文物事业管理处组成联合考古队，对沉船进行了抢救性发掘。同年 11 月 23 日，省文物局与市人民政府召开菏泽沉船考古成果鉴定暨新闻发布会。《中国文物报》于 12 月 3 日刊发了“山东省菏泽沉船考古发掘获得重要收获”。CCTV 于 12 月 5 日有采访报道。因随船出土大量名贵元瓷而被确认为元船。伴随该元船出土有 0.96 米高的四爪锚和 18 米长的锚链。元代四爪锚和锚链的出土，在中国均属首例，十分珍贵。

河北平山战国墓随葬船，用铁箍联并船板，可以说是铁器在中国船上应用之始[①]。

铁链在我国的应用也很早。举其要者：唐代开元年间在今山西运城永济市用铁牛、铁链和木船构成的浦津浮桥[②]，其“八根铁链，链环节每股直径需为 25 ～ 32 毫米”，堪称其大。

北宋时期，铁链的应用更加广泛。《清明上河图》所绘船舶，其“舵都用链条或绳索拉住并卷在船尾的横向圆辊上。可因航道的深浅而降下或升起”[③]。

虽然铁链在唐、宋均有应用，但作为锚链随菏泽元船出土，则是开中国之先。

铁锚，最早的出土实物是 1975 年在上海南汇护塘外获得的元代造型独特、短柄单齿锚。“锚齿平面像是矛头；柄为长方柱体，顶端有圆孔，内有缆绳的残留物。柄与齿是分别打制而后锻接在一起的，夹角 25°；在锻接点偏上之处加上一道铁箍，起加固作用”[④]。

有人说《清明上河图》中有锚，说宋代就出现了铁锚。但是查无实据，只能存疑。

四爪铁锚，因为在明代著作《天工开物》一书中有图文并茂的论述，又兼 1956 年在山东梁山发掘的明初大船有洪武五年的四爪锚[⑤]，一般认为它是明初的产物。现在。既然出土有元代四爪锚，自然就将四爪锚推前到元代。

为了了解中国首创的四爪铁锚的优越特性、制作工艺以及对中外航海业的影响，本文试着对锚具的发展历程略作探讨。

二 船舶系泊工具发展的几个阶段

船舶要有行有止。行要靠篙、桨、橹、帆；止就要靠各种系泊工具。

“我国浙江余姚河姆渡遗址发掘中，曾发现新石器时代晚期的石碇，是用一块直径50厘米的圆石，装在专门编织的网兜内。这可说是我国发现最早的锚”[⑥]。这种“网兜”碇石可以说是系泊工具的原始阶段或称之为第一阶段。

据报道，1976年在美国加利福尼亚帕拉斯维德半岛浅海中，发现两起被称为石锚的人工石制品。一起是两件圆柱形和一种正三角形人工石制品。另一起是一块中间有孔大而圆的石头，它是在加利福尼亚的麦德西诺小岬附近由美国调查船打捞出来的。有的学者认为它是约有二三千年历史的“中国人最先到达美洲的新物证”[⑦]。其中右边的圆形石礤，被认为是移作碇石用的“我国特有的农用碾场的碌碡”。该项人工石制品的断代是以石头上积聚的一层锰矿外衣为根据的，在学者们中间还存在着争议，但确认这些是产自亚洲的石锚。美国圣地亚哥大学的莫里亚蒂说：“毫无疑问，这是一个来自亚洲的早期船碇。”[⑧]

此类石碇，在我国大陆也有相应的文物。1985年在江苏省赣榆县，分别在徐阜村（1件）和大港村（4件）出土[⑨]。

关于“系石为碇”的早期记载见于汉代的文献。汉献帝建安十三年（208年），孙权击黄祖。“祖横两艨艟挟守沔口，以栟榈大绁系石为碇，上有千人，以弩交射，飞矢雨下，军不得前”[⑩]。该书在注解中也称“碇”为“垂舟石”。

系石为碇概可认为是系泊工具发展的第二个阶段，这个阶段延续的时期可能很长。在蓬莱水城采集到的石碇，虽然没有确切的年代考证，但都可以归并到第二阶段。

船舶系泊工具，到了东汉时代及其以后有了长足的进步。不仅结构、型制复杂，材质也趋于多样化。其典型文物就是广州东郊汉砖墓出土的陶船模型[⑪]：尾有舵；首有碇。仔细观察该碇的构造就可以发现有两个椗爪，在垂直于两爪构成的平面又有一横杆。有的文献对此种构造概括和评价为：“正视呈‘十’字形，侧视则为‘V’字，已具有后世多齿锚或有杆锚的特点”[⑫]。如果按照东汉陶船模型将此碇进行复原，这实际上是一种木石结合碇[⑬]。知道利用碇爪的抓力泊船，较单靠碇石重量泊船则是泊船原理的质的飞跃。这可以看做是系泊工具发展的第三个阶段。

“令人惊异的是，近代西方所发明并曾风靡全球的有杆锚或称为海军锚，便是采用这种构造形式。海军锚的优越性是可以较小的锚重而获得较大的系船力，这已为举世所公认。虽然我们不能说海军锚的发明是借鉴过中国汉代的木石结合碇，但至少可以说汉代的碇在构造上的合理性，已为后世的大量实践所证实”[14]。

木石结合碇，是在石器两边绑上木钩，构成2个碇爪之外，还有一根横杆与两个木钩所构成平面相垂直。当碇石落到水底后不论怎样倾倒都能有一个木钩抓入海底，与近代的霍尔锚有几分相似。

宋代的船舶形制趋于成熟。其系泊工具，如木石结合碇也有长足进步，但是仍属于锚具发展的第三个阶段。

三 宋元时代的木石结合碇和木椗、木锚

1975年4月间在泉州法石乡晋江滩地出土一件宋元碇石[15]。“这碇石长232厘米，中段宽29厘米，厚17厘米，两侧对称地凿有$29 \times 16 \times 1cm^3$的凹槽，用坚硬的花岗岩制成”，现保存在泉州海外交通史博物馆。经研究和鉴定认为这是宋元碇石。该碇石加工细致。如果按北宋徐兢所撰的“石两旁夹以二木构”[16]的记叙，就能复原成相当先进的宋代木石结合碇。当将石碇垂到海底时，如果任一木钩均未抓入海底泥土，则石碇必有一端支撑在海底并成为不稳定态势，只要碇索稍有摆动则碇将翻转并必将使一只木钩抓入海底泥，碇石将有助于木钩抓入海底泥并使碇的抓力增加数倍。

在蓬莱水城1984年清淤时还出土一批石碇、木石结合碇、木椗和铁锚。虽然没有进行严格的年代测试，不过通过观察锚具的形制也可以大致判断其年代。

展出在登州博物馆的木椗，实则为木石结合椗。该椗长5.21米，椗爪长2.5米[17]。在椗杆中间部位有两个直径为110毫米圆形透孔，可以用两根直径为110毫米长木杆穿入透孔。在两根长木杆之间、椗杆两旁，各绑上一块长形碇石，就成为木石结合椗。沈同惠认为：“石木椗在结构形状上已非常进步；其次从《发掘报告》中提到此次出土木椗制作用木极为精良，而且椗爪系用楠木加工制成，再者碇杆和椗爪的联结结构形式均属上好，因此从结构形状、制作用材和连接形式来看此古木椗均属佳品。在年代上应属木椗的晚期，也就是年代应在宋、元时期之前（期）。”

在泉州海外交通史博物馆也收藏有类似的木石结合椗，是1975年于泉州晋江深沪湾出土的。椗杆长度为7.4米，椗杆中部也有两个圆形透孔，是为安装两根木杆和帮扎碇石预备的。看来此种锚具的形制已经成熟并且流行在我国的北方和南方。

木石结合椗的进一步发展就是木椗或木锚。蓬莱小域清淤时采集到的木石结合椗，原为江苏省金湖县朱宝勇先生所收藏。据其介绍，该锚于清末、民初在吴淞口外九段沙处由渔民打捞出水。1996年起为其购置并收藏。2005年起为宁波宝德中国古船研究所

收藏。现在，收藏并展出在中国航海博物馆（上海）。该锚锚柄长 7.45 米，锚爪长 2.55 米。柄与爪仅由一圆销及两个矩形暗榫连成一体。锚杆已失，只在锚柄上留有锚杆插孔及键槽。横杆是复原的，复原长度为 3.40 米。锚爪尖端为便利入土，外表还包有 10 毫米厚的铁帽。这是以往各木锚上所未曾见过的。据初步观察，木锚质地为铁力木，有的造船工人认为是铜槽木。虽然年代久远，但木锚锚柄仍保存完好，表面还有光泽，并未腐朽。二锚爪一爪保存较好，另一爪略有腐蚀。仅存的一只铁帽虽已腐蚀严重，但其结构形式和紧固铁钉仍然清晰可见。有杆木锚制作精良，设计巧妙，虽然其结构并不复杂，但表面光洁、加工准确，结构、工艺到位，非其他古代木锚可比，是国内保存最长、最完整、构造最清晰的大型有杆木锚[18]。宁波文物考古研究所前所长林士民认为：从该木锚的形制看应是宋元时代的遗物。

2009 年到我造船史研究中心访问的日本青年学者木村淳，带来收藏在西安的另一木锚的照片。照片显示：该木锚的形制，与现在收藏并展出在国家航海博物馆大型木锚完全一致。只是锚杆长度较小，大约为 5 米。由之可见，此种形制的木锚在宋元时代已经成熟并广为流传。

重要的是该照片显示出锚爪的帮扎方法。锚冠处用铁箍将锚柄与锚爪扎紧；然后将一侧锚爪与锚柄用绳索绑扎，并在索束中腰处加横索加力固紧；用同样的绑扎方式，绑扎另一侧锚爪，并且压住前次绑扎的绳索。如此交替反复四次，使得锚柄最终与锚爪连为一体，并且既保证了强度要求，又美观实用。

四 明代著作《天工开物》详论四爪铁锚

《天工开物》[19]，由明代宋应星撰成并刊刻于崇祯十年（1637 年）。其“第十卷锤锻”绘有锤锚图并记有：“凡舟行遇风难泊，则全身系命于锚，战船海船有重千钧者。锤法先成四爪，以次逐节接身。其三百斤以内者用经尺阔砧，安顿炉旁，当其两端皆红，掀去炉炭，包木棍夹持上砧。若千斤内外者则架木棚，多人立其上共持铁链，两接锚身。其末皆带巨铁圈链套，提起捩转，咸力锤合。合药不用黄泥，先取陈久壁土筛细，一人频撒接口之中，浑合力方无微罅。盖炉锤之中，此物之最巨者。”[20]

在锤锻焊接铁件时，通常还要加以焊剂。在锤锻卷冶铁部分则记有：“凡焊铁之法西洋之国别有奇药（焊剂）。中华小焊用白铜末，大焊（指锻接）则竭力挥锤而强合之，历岁之久终不可坚。故大炮西番有锻成者，中国则惟事冶铸也。”

在冶铁部分还记有：“凡铁性逐节黏合，涂上黄泥于接口之上，入火挥槌，泥滓成楞而去，取其神气为媒合。胶结之后，非灼红斧斩，永不可断也。”[21]在这里强调“涂上黄泥于接口之上”，说黄泥是合药。但是在锤锻铁锚时又说“合药不用黄泥”，是“取陈久壁土”。合药为什么有所不同？这可能是锻造铁锚长期实践的经验之谈。

南宋周密所撰《癸辛杂识》就说到锚，且锚有四爪，但把锚字写作“猫”。后世清代的官府海运档案汇编《江苏海运全案》上也说：“大樯之前有舟牙焉，所以起猫也。”如此说来，“猫”倒是本字。这或许是最初把这种4个爪的泊船工具类比作猫，当猫被普遍使用之后，为既保持其原音又根据材质是金属的特点，才创造出一个“锚”字。撰纂于清康熙五十五年（1716年）的《康熙字典》收有“锚”字，其解释为“船上铁猫曰锚”。由之可见“猫”字的应用已为时不短并相当广泛。

五 四爪铁锚广为流传并远播海外

在《天工开物》第十卷锤锻和在第八卷冶铸中详细记载了四爪铁锚的锻造工艺和锚爪的焊接过程。可见在明代制造和应用四爪铁锚的技术已十分成熟。四爪锚为中国所独创，在任何情况下必有两爪同时抓泥，单位锚重的系船力优于其他锚具。四爪锚在我国一花独放，持久不衰。由元、明以迄大清。清代著名画作《姑苏繁华图》中的客船，一只四爪铁锚挂在船尾很是明显。即使在当代，中国帆船也都是采用四爪铁锚。

随着中国帆船在世界各个海区航行，四爪锚则在世界各地频频亮相，并引起关注。“这种锚，日本叫作‘唐人锚’。流传到西方时，这个被称作‘猫’的船舶属具连同它的名称，也传到西方。例如在英文中，吊锚杆叫作cat davit；起锚滑车叫作cat block。cat就是猫，也是锚。德文Katzenker是猫锚，即四爪锚。俄文кошka，既是猫，也是四爪锚。西方也猫、锚通用，透露着中国四爪锚向外传播的信息”[22]。

四爪锚虽然有两爪同时抓泥的突出优点，但是其缺点也很突出，诸如：出水后收藏较为不方便；如果吊在船头其锚爪将抓伤船体；抛锚以后由于有两个锚爪向上竖起，在浅水区域对过往船舶会造成伤害，也许这就是使它没有在海内外更广泛流传的原因。

注释：

① 河北省文物管理处：《河北平山中山国墓葬发掘简报》，《文物》1979第1期，第1～10页。
② 唐寰澄著：《中国科学技术史·桥梁卷》，科学出版社，2000年，第625～631页。
③ 席龙飞等主编：《中国科学技术史·交通卷》，科学出版社，2004年，第107页。
④ 王冠倬编著：《中国古船图谱》，三联书店，2000年，第149页。
⑤《山东梁山县发现明初木船》，《文物参考资料》1958年第9期，第73～74页。
⑥ 沈同惠：《蓬莱古船属具论析》，《蓬莱古船与登州古港》，大连海运学院出版社，1989年，第81页。
⑦ 石钟健：《古代中国船只到达美洲的文物证据》，《思想战线》1983年第1期。
⑧ 房仲甫：《殷人航渡美洲再探》，《世界历史》1983年第3期，第56页。
⑨ 王冠倬编著：《中国古船图谱》，三联书店，2000年，第73页。
⑩《资治通鉴》卷六十五，中华书局，1956年，第2076页。
⑪ 广州市文物管理委员会：《广州东郊汉砖墓清理纪要》，《文物参考资料》1955年第6期，第61～76页。
⑫ 沈同惠：《蓬莱古船属具论析》，《蓬莱古船与登州古港》，大连海运学院出版社，1989年，第83页。
⑬ 席龙飞著：《中国造船史》，湖北教育出版社，2000年，第94～95页。
⑭ 章巽主编：《中国航海科技史》，海洋出版社，1991年，第42～43页。
⑮ 陈鹏、杨钦章：《泉州法石发现宋元碇石》，《自然科学史研究》1983年第2期，第173～174页。
⑯（北宋）徐兢：《宣和奉使高丽图经》卷三十四，故宫博物院，1931年影印本。
⑰ 沈同惠：《蓬莱古船属具论析》，《蓬莱古船与登州古港》，大连海运学院出版社，1989年，第85～86页。
⑱ 龚昌奇、席龙飞、何国卫：《大型有杆木锚的发现、测绘与初步研究》（未刊稿）。
⑲（明）宋应星：《天工开物》，中华书局，1959年（按崇祯初刻本影印）。
⑳ 潘吉星著：《天工开物校注及研究》，巴蜀书社，1989年，第404页。
㉑ 同②，第399页。
㉒ 章巽主编：《中国航海科技史》，海洋出版社，1997年，第95页。

蓬莱高丽（朝鲜）古船探讨

袁晓春
（登州博物馆　蓬莱　265600）

2005年7月，蓬莱发现两艘高丽（朝鲜）古船后，在国际学术界产生影响，韩国、日本、荷兰、葡萄牙、法国等国学者纷纷前往蓬莱实地考察。2006年8月，在蓬莱召开"蓬莱古船国际学术研讨会"，到会中外学者90余人，提交会议论文44篇①。同年11月，韩国召开"14世纪亚洲海上贸易与新安海底遗物国际学术研讨会"，中国学者应邀发表了"中国蓬莱水城古船发掘与成果"的论文②，向国外学者详细介绍了两艘蓬莱高丽（朝鲜）古船的有关情况，使蓬莱高丽（朝鲜）古船的影响愈来愈广，韩国KBS、MBC电视台先后来蓬莱拍摄并播出"复活的韩船"等电视专题片。韩国迄今发现最长的古代远洋帆船在中国蓬莱的出土，重新揭示了中韩古代频繁的政治、经济、文化等海洋交流的历史。2012年，新建的蓬莱古船博物馆将建成并展出两艘蓬莱高丽（朝鲜）古船，这是韩国古船首次在国外展出不同类型的远洋帆船。两艘高丽（朝鲜）古船在中国北方古代著名的国际港口出土并进行展示，将填补中韩造船技术交流史的空白，其相关研究尚需进一步深入和拓展。本文试将两艘蓬莱高丽（朝鲜）古船的特征与结构、成因以及高丽（朝鲜）使节登州港出入等进行探究，就教于国内外专家。

一　蓬莱高丽（朝鲜）古船的发现与鉴定

蓬莱高丽（朝鲜）古船的发现地登州港（蓬莱水城）是中国古代北方最著名的港口，早在唐朝（618～907年）神龙三年（707年）登州在蓬莱设立后，登州港成为中国古代与东亚进行海洋交流的主要口岸。据《新唐书》记载，唐朝与国外往来有两条海道：一是"登州海行入高丽渤海道"；二是"广州通海夷道"。登州港自唐朝以来，成为古代中国北方重要的交通枢纽。

登州港（蓬莱水城）是中国古港中唯一保存下来的古代名港，一千多年来登州港一直作为港口使用，在中国古港中使用至今颇具独特性。迄今中国古代著名古港中，广州港现在演变成城市街区，扬州港已湮没消失，明州港已不见踪迹，唯独登州港经过历朝清淤至今仍在使用。近代100多年来，登州港先后经历了三次大规模清淤，为1957年、1984年和2005年。在1984年登州港港口清淤工程中，蓬莱县文化局和烟台市博物馆考古工作人员，在港湾西南隅2.1米深淤泥中，发现三艘古代沉船，因受工程时间和人员限制，文物工作者只清理出一艘元朝古船，在1990年建立起登州古船博物馆进行展示，另外两艘古船仍回埋于港内。

2005年3～11月，登州港进行又一次港口清淤工程。由蓬莱市文物局、烟台市博物馆、山东省文物考古研究所联合组成考古队，对原古船回埋处进行考古发掘。7月24日，在1984年蓬莱元朝战船发现地西数十米处，发现一艘长21.5米的明朝战船，战船残宽5.2米，舱残深0.56米，保存有龙骨、前桅座、6道舱壁和11列外板。7月26日，在明朝战船北部1米多处发现几近并排的蓬莱3号古船。蓬莱3号古船东西走向，头西尾东，左倾斜沉于黑色淤泥中③。从船舱中出土中国古代陶瓷器残片、朝鲜半岛古代镶嵌青瓷碗、瓷瓶、陶茧形壶、陶瓮等韩国文物，后在蓬莱3号古船北部数十米处，又发现另一艘蓬莱4号古船底板等残船体。

在蓬莱古船发掘现场，中国古船专家席龙飞、顿贺以及袁晓春等发现这艘古船的奇特之处，船底板用木栓连接，舷板用木钉连接，中央底板未设粗大的龙骨，与以往发现的中国古船从船型到结构都有不同，当时年近八旬的席龙飞教授评价蓬莱3号古船的船型为见所未见，中国古船专家开始推断此船朝鲜半岛的海外背景。当年11月，韩国国立海洋遗物展示馆金圣范馆长、金炳堇博士考察蓬莱新发现的三艘古船，当即提出蓬莱3号、4号古船为韩国高丽时期的古船，中韩古船专家对蓬莱3号、4号古船的判断不谋而合，趋向一致。蓬莱当年发现并鉴定外国古船，中韩古船专家的共同研究为蓬莱高丽（朝鲜）古船鉴定开了一个好头，成为中外古船专家共同研究古船的成功案例，在国际船史界颇具前导性。2006年8月，召开了“蓬莱古船国际学术研讨会”，中国船史学者席龙飞、何国卫、顿贺、李国清、龚昌奇、袁晓春等，韩国学者金圣范、金炳堇、李元植、许逸、崔恒洵等分别撰写论文，对蓬莱发现的高丽（朝鲜）古船进行多角度的研究④。至此，蓬莱高丽（朝鲜）古船得到了中韩古船专家的共同认定，其影响越来越广。

二 蓬莱高丽（朝鲜）古船的结构

蓬莱3号、4号古船结构不同，蓬莱3号古船的结构受到了中国造船技术的影响，蓬莱4号古船显示出韩国古船的传统技术。蓬莱3号古船的结构因为采用了舱壁、肋骨、桅座等先进中国造船技术，因此被韩国著名船史学者李元植、许逸评价为：“设置了隔舱板和肋骨以取代高丽海船通常采用的加龙木，这是具有划时代意义是重大发现。”试析如下：

1. 蓬莱 3 号、4 号古船的尺寸

蓬莱 3 号古船为小方首、方尾，首尾皆起翘，长 19 米（1984 年清淤工程时出土古船长 19 米，因施工折断尾部，残长 17.1 米），残宽 6.2 米，舱残深 1.28 米。左侧船外板保存较完整，为 8 列，右侧船外板保存不全，为 3 列。

蓬莱 4 号古船残长 8.53 米，残宽 1.96 米，分别是龙骨、龙骨翼板、零星外板，其他船材都已不存。

2. 蓬莱 3 号、4 号古船的船型

蓬莱 3 号古船的船型出现新变化，船型呈现 U 形船体。迄今韩国已发现莞岛高丽古船、木浦达里岛高丽古船、群山十二东波岛高丽古船等三艘箱形船体的高丽古船。蓬莱 3 号古船的船体呈 U 形，与新安安佐高丽古船船型相近，说明朝鲜半岛的古船在 14 世纪高丽后期出现 U 形船体。经现代科学试验证明，古船箱形肥满的船体阻力最大，U 形船体的阻力较小，与传统韩国古船相比，U 形船体具有先进性。1122 年，中国宋朝使节徐兢出使高丽乘坐的使船，“上平如衡，下侧如刀，贵其可以破浪而行也”，为 U 形船体。中国泉州古船建于 13 世纪，其船体呈 V 形。欧洲造船界在 18 世纪 70 年代，瑞典造船师 F.H.A. 查普曼发表关于 V 形船体研究成果后，西方造船界才普遍采用 V 形船体结构。从出土的中韩古船进行观察，引人关注的是，古代东方早在 13、14 世纪已有 V 形船体海船建成，并投入运营，应为世界最早出现的 V 形船体海船。

蓬莱 4 号古船从发现的平底船底板等船材来看，船型为朝鲜半岛传统的平底船，以此可以复原方头、方尾、平底海船，适合航行于中国北方、朝鲜半岛西海岸等水浅多沙滩的海域。

3. 蓬莱 3 号古船特殊的底板结构

蓬莱 3 号古船的底板结构特殊，地板仅有三列，中央底板尾部短于左右底板，左右底板呈拐尺状进行褒护，形成蓬莱 3 号古船底板特殊尾部结构。蓬莱 3 号古船的中央底板结合处，上加宽大补强材，补强材长 8.2 米，宽 0.31 米，厚 0.15 米，补强材用铁钉钉牢，以增强纵向强度，为以往发现的韩国古船所未有。

4. 蓬莱 3 号古船舱壁、肋骨、桅座、补强材等特殊结构

蓬莱 3 号古船发现 5 道隔舱壁及 4 道隔舱壁遗迹，即 9 道隔舱壁，分为 10 个船舱。水密舱壁是中国发明的造船技术，在江苏如皋出土的唐朝（618 ~ 907 年）古船上就已发现使用水密舱壁技术。韩国古船采用加木和驾龙木，来加强横向强度，却没有横向舱

壁。在蓬莱3号古船发现舱壁，无疑是中韩造船技术交流的结果。

蓬莱3号古船还发现肋骨，使用肋骨加强横向强度是中国的造船技术。发现肋骨有两种，一种锯齿状肋骨，与泉州宋朝古船使用的肋骨相似；另一种肋骨选用曲形或直形自然圆木，使用方法是钉固在锯齿形肋骨外侧。这种利用自然圆木的原型，未进行加工制作的肋骨，在中国古船中未有发现，倒与韩国莞岛古船使用的圆木驾龙木相似，多少有一些韩国古船驾龙木的影子。

蓬莱3号古船发现前、后桅座，表明该船是利用桅座装桅的两桅海船。韩国发现的古船中未见使用桅座，而是在中央底板上开槽装桅。在中央底板上开槽装桅，无疑将损害其强度，桅座技术的使用，应是蓬莱3号古船的技术进步。

蓬莱3号古船使用了补强材，补强材位于中央底板的接头处，补强材长8.2米，宽0.31米，十分宽大。在中国蓬莱元朝古船上发现龙骨接头处上方附加补强材，以增加接头部位的结构强度。而韩国发现古船中未见此类补强材，可见蓬莱3号古船补强材的使用，是受到中国造船技术的影响。

三 蓬莱高丽（朝鲜）古船的特征

1. 蓬莱高丽（朝鲜）古船独特的船壳技术

蓬莱3号古船与蓬莱4号古船，其连接技术颇为独特，又有所区别：

蓬莱3号古船底板使用长槊（木栓）连接，左、右舷板是用皮槊（木钉）连接，韩国古船使用长槊（木栓）和皮槊（木钉）连接船壳技术，具有悠久的历史，并保持其独特的造船技术传统。2006年，曾有韩国学者提出蓬莱3号古船，是在中国建造的韩国古船的观点，笔者认为其观点是错误的。因为目前在中国大陆发现的众多古船，没有一艘中国古船其船壳连接是采用长槊（木栓）与皮槊（木钉）连接技术，况且皮槊被加工成小S型，显然中国的造船工匠不掌握这些韩国古船的技术和工艺。

韩国高丽时期的船壳技术与改槊技术有关，韩国古船用松木制作的船材，出现腐朽和损坏后，可以进行改槊，即拔出长槊或皮槊，更换腐朽和损坏的船板，再重新用皮槊或长槊连接，方便而简单的改槊技术为韩国古船的传统技术。

蓬莱4号古船仅发现几块底板，但是采用了长槊（木栓）连接，未发现使用铁钉连接，其船壳技术可确定为地道的韩国古船连接技术。由此可见，蓬莱4号古船如改槊时相对简单，而蓬莱3号古船因采用了铁钉连接，虽然船材连接较为牢固，但其改槊时需再拔出铁钉费工费事，这也是蓬莱3号古船与蓬莱4号古船在船壳连接技术上的区别所在。

2. 蓬莱高丽（朝鲜）古船宽厚的船材

蓬莱 3 号古船、蓬莱 4 号古船作为韩国古船，其特征之一是宽厚的船材。古代朝鲜半岛森林茂密，大型树木生长旺盛，为造船用材提供了充足的木料。因为韩国古船的技术传统以及造船木材的充裕，韩国古船的船材特别宽厚，以至成为韩国古船的船材特征。迄今中国发现 100 多艘古船，没有一艘古船船材像韩国古船那样宽大和厚重，显然中国与韩国在船材用料和加工工艺上方式不同，区别十分明显。

3. 蓬莱高丽（朝鲜）古船船材选用油松

蓬莱 3 号古船底板、外板、桅座、舱壁、肋骨等都使用油松，蓬莱 4 号古船的底板也是使用油松，可见两艘蓬莱高丽（朝鲜）古船选用了同一种木材。据韩国著名船史学者金在瑾《我国船的历史》记载，朝鲜半岛古代造船船材选用松木，用松木造船是朝鲜半岛的造船技术传统。

而在中国幅员广阔，造船用材品种较多，如泉州宋朝古船、蓬莱元朝战船，其龙骨、左、右舷材，使用马尾松、樟木、杉木、松木等，中国古船的用材技术传统，是根据古船的不同部位，使用不同的船材，以至于使用紫檀木、黄花梨木、铁梨木等珍贵木材。就目前中国与韩国发现的古船船材方面来看，中国古船船材更为多种。在中国如蓬莱发现的两艘韩国高丽（朝鲜）古船，船材仅使用油松是一个特例，也再次表明了两艘古船来自于古代朝鲜半岛。

4. 蓬莱高丽（朝鲜）古船的铁钉连接技术

蓬莱 3 号古船连接工艺上，还出现新的发展，即长槊和皮槊连接船体外，还普遍采用铁钉连接，铁钉间距为 23 ～ 25 厘米。有意思的是，铁钉是从船壳外向里钉进，在舱内几乎看不到铁钉的痕迹。与蓬莱元朝古船等中国古船在舱内钉进船钉，船壳外几乎看不到铁钉的痕迹，以使铁钉不受海水腐蚀的连接工艺有明显区别。显然古代朝鲜半岛的造船工匠使用铁钉工艺还是像韩国古船的皮槊技术一样，从船底或舷外向里钉进，其钉进工艺与皮槊钉进工艺一脉相承。

5. 蓬莱高丽（朝鲜）古船的艌料技术

蓬莱 3 号古船还采用艌料密封技术，显然是引入中国的造船技术。中国古船使用艌料，作为船材之间的密封填料，用于船舶的制造和维修。中国古船艌料有两种：第一种名叫“麻板”，用麻丝、桐油、石灰调制而成，还有使用贝壳灰、桐油、麻丝调制，主要用于填塞板缝等较大缝隙，保证了船体的水密性。第二种艌料名叫“腻子”，是用桐油和石灰调制而成，主要用于密封钉孔和较小的缝隙，封堵铁钉，可以防止铁钉生锈腐蚀。在蓬莱 3 号古船船板间发现的艌料颜色灰白，凝结度不太强，推测原因是朝鲜半岛不生产桐油，其凝结度不好与使用桐油量少及用桐油调制　料的方法有关。但不可否认，蓬莱3号古船发现使用舱料技术，应该是高丽船舶在船材密封技术上新的突破。

6. 蓬莱高丽（朝鲜）古船的供水设施

中国古船的供水是安设水仓，以满足船上人员的生活用水。而蓬莱高丽（朝鲜）古船供水设施好像有所不同。在蓬莱3号古船第3舱出土了陶瓮残片，经复原陶瓮直径达65厘米，古船上发现的陶瓮是如何使用呢？据韩国船史学者李元植《韩国的船》书中照片显示，一艘朝鲜时期的韩船船头部分设有三只大瓮，韩船是用陶瓮盛水，供船上人员使用。此外宋朝宣和年间（1119～1125）使节徐兢出使朝鲜，撰有《宣和奉使高丽图经》记载："华人自西绝洋而来，既已累日，丽人料其甘泉必尽，故以大瓮载水，鼓舟来迎，各以茶米酌之。"当时中国使船越洋而来，朝鲜半岛高丽人以为使船载水已尽，因而用大瓮盛水，为中国使船供水，可见朝鲜半岛用陶瓮盛水的习俗，自宋朝时就存在。这种船载陶瓮供水的习俗，从1000多年前的宋朝直到近代尚在沿用。因此可以推测蓬莱3号古船的陶瓮，是船上用来供水的用具，与中国古船水仓供水的设施不同。

四 蓬莱高丽古船特殊结构与特征的成因

蓬莱3号古船，在中国与韩国造船史上是一个特例，迄今中国发现100多艘古船中没有相同船型，在韩国及朝鲜半岛发现的古船也没有与此相同的结构，显然蓬莱3号古船是结合中韩古代造船技术的特殊构造船型。究竟是在什么历史条件下，出现的这种特殊船型呢？这一问题引起中韩船史专家的关注。

笔者20多年来，先后参加1984年和2005年两次蓬莱水城古船发掘工程，先后发掘出土4艘古船。2003年后主持参与"中韩古代海洋文化共同研究合作项目"，先后多次赴韩国访学、参会和合作研究。搜集了众多的中国与韩国资料，现提出蓬莱3号古船为高丽后期（元朝时期）高丽造船工匠在朝鲜半岛建造的中国式样海船，试析如下：

据查中韩史料，1274年（至元十一年）与1281年（至元十八年），元朝先后两次用兵日本，由元军与高丽军组成联军，进攻日本遭到失败。当时元朝廷命令高丽王朝造船900余艘，据《高丽史》一百四列传·十七卷金方庆传记载："十五年（1274年）帝欲征日本，诏方庆与茶丘建造战船。造船若依蛮样，则工费多，将不及期。……用本国船样督造。"由此可知，元朝曾在公元1274年后，将中国古船式样发给高丽王朝，要求按照中国古船的样式建造战船。然而高丽造船工匠终归不熟悉中国古船的船型与构造，因此用工很多，却不能按期造出900艘的战船，只好又重新依据高丽王朝船型建造了大量的征日海船。据此分析，蓬莱3号古船正是在1274年后，在朝鲜半岛由高丽王朝的造船工匠，使用朝鲜半岛的松木建造的海船，其船壳连接技术采用高丽时期的长槊与皮槊技术连接，古船内部结构按中国古船样式，增加横舱壁、肋骨、桅座、补强材等中国造船技术，由中韩古代造船技术混合建造的古代海船。在中韩古代造船技术交流史上属昙花一现，其时期短暂，却遗留下韩国造船史上的罕见船型。显然在这之后，朝鲜半岛古船继续按照其平底船型等传统造船技术建造发展，其独特的造船技术一直保持到近代，元朝中国古代造船技术虽短暂传入朝鲜半岛，但未对其传统造船技术产生根本影响。

五 蓬莱高丽（朝鲜）古船与高丽、朝鲜使节

公元707年，唐朝在蓬莱设立登州，管辖山东半岛的东部地区。登州与明州（宁波）是唐朝以后中国与朝鲜友好交往的两个主要口岸。唐朝出入中国的新罗、日本使节、僧人、商人等，在北方地区都需在登州口岸办理出入境手续。日本名僧圆仁在江苏口岸归国时，被要求远行到登州办理出入境手续，才回到了日本。唐朝廷在登州设新罗馆，接待朝鲜半岛新罗遣唐使30余次。宋朝高丽使节仍从登州进入中国，据《宋史·高丽传》记载："高丽往返，皆自登州"。宋朝廷在登州建"高丽馆"接待高丽国使，因接待费用过高，在天禧五年（1021年），朝廷"别给登州钱十万，充高丽贡使之费"[5]，以弥补登州接待高丽使节开销的不足。元、明、清三朝，登州仍是高丽使节的出入口岸，据不完全统计，高丽、朝鲜使节郑梦周、李齐贤、郑道传、朴宜中、金九容、李詹、李崇仁、权近、李稷、吴允谦、全湜、李民宬、金尚宪、高用厚、金地粹、崔有海、申悦道、吴翿、李献庆等20余人从登州出入。为此，笔者编辑出版《朝鲜使节咏山东集录》一书[6]，将保存在上述使节的个人文集，以及《宾王录》、《朝天录》、《燕行录》等有关山东半岛的资料，进行搜集整理和介绍，以期引起中外学者的重视和研究。

近年来，在韩国先后发现众多高丽时期的海船，主要有莞岛高丽古船、木浦达理岛高丽古船、群山十二东波岛高丽古船、新安安佐高丽古船、泰安郡高丽古船等一批高丽时期的海船，被发现打捞出水。目前，尚未有资料表明与高丽使团的使船有关，而在中国蓬莱市登州古港出土的高丽古船，是否与郑梦周等各批使团有关呢？据韩国朴现圭教授考证[7]，高丽王朝出使中国从登州海路访华的使节主要有郑梦周、李崇仁、权近、朴宜中等人，在为数不多的高丽使节中，其使船因长期使用失修，不能驶回高丽，是否是遗留在登州港。

在古船上发现高丽镶嵌青瓷碗、瓷罐、茧形壶、陶瓮等韩国文物。其中古船上发现了2件高丽镶嵌青瓷，分别为菊花莲瓣纹碗和水波连珠纹碗。据韩国国立海洋遗物展示馆的金圣范馆长、金炳堇博士考证，2件镶嵌青瓷器皿具有高丽后期镶嵌青瓷衰变期的特征。镶嵌青瓷是在青釉上镶嵌白色纹饰，具有典型的朝鲜半岛风格。蓬莱3号古船高丽镶嵌青瓷的发现，是首次经过科学发掘，证明高丽海船装载镶嵌青瓷自登州海路输入中国的史实，为朝鲜半岛古代瓷器输入中国，提供了海路输入的实物依据。

蓬莱登州港发现的2艘韩国古船，表明高丽海船吸收了中国的造船技术而出现造船技术进步，主要表现在采用中国的舱壁和肋骨技术，加强横向强度；采用补强材，加强

表1 著名高丽、朝鲜使节出入登州港一览表

使节名称	生卒	访华时间	著作
安轴	1282～1348年		《谨斋集》
郑梦周	1337～1392年		《圃隐集》
朴宜中	1337～1403年		《贞斋逸稿》
金九容	1338～1384年		《惕若斋集》
李詹	1345～1405年	1400年	《梅堂集》
李崇仁	1347～1392年	1386～1388年	《陶隐集》
郑道传	1337～1398年	1384～1392年	《三峰集》《经济六集》 《锦南杂题》《陈法书》
李齐贤	1287～1367年	1314年	《益斋乱稿》《栎翁稗说》
权近	1352～1409年	1388年	《五经浅见录》《阳村集》
李稷	1362～1431年		《亨斋集》
吴允谦	1559～1636年	1623年	《楸滩集》
李民宬	1570～1629年	1623～1624年	《敬亭集》《敬亭续集》
吴翽	1592～1634年	1624～1625年	《天坡集》
全湜	1563～1642年	1625～1626年	《沙西集》
金尚宪	1570～1652年	1626～1627年	《清阴集》《野人谈录》
金地粹	1581～1639年	1624～1627年	《苔川集》
申悦道	1589～1659年	1628～1629年	《懒斋集》
高用厚	1577～？年	1630年	《晴沙集》《正气录》
崔有海	1587～1641年	1629年	《默守堂先生文集》《东槎录》
李献庆	1719～1791年		《艮翁集》

中央底板，以增强中央底板接头部位强度；采用桅座技术安装桅杆、铁钉连接船体等先进造船技术，使蓬莱3号古船与其他发现的高丽古船相比，具有航速较快，水密性强，抗沉性高等优点，使高丽船型出现了新变化⑧。

六 结论

1. 蓬莱发现的两艘高丽（朝鲜）古船船型与结构根本不同，属于两种不同类型的韩国古代海船，蓬莱3号古船的船型为U形船，蓬莱4号古船为箱形体船型。

2. 蓬莱3号古船为韩国造船史上的特例，其长槊与皮槊连接船壳的韩国古代造船技术，采用舱壁、肋骨、桅座、补强材等中国古代造船技术，该船属于中韩古代造船技术的混合使用，为中韩古代造船技术交流史文物实例，较为罕见。

3. 据《高丽史·金方庆传》记载，在公元1274年前后，元朝曾将中国古船式样发给高丽王朝，要求按照中国古船式样建造征日战船。蓬莱3号古船应为这一时期建造的中国式样的高丽海船。

4. 蓬莱3号古船的发现表明，最迟14世纪中国造船技术曾系统的传入朝鲜半岛，被韩国学者称为“具有跨时代意义的重大发现”。但是不知什么原因，韩国古船一直保持着自己独特的技术传统，但其U形船型的出现是否与中国造船技术传入有关，尚待中韩古船专家的深入研讨。

5. 蓬莱4号古船为方头、平底、方尾典型的平底型韩国古船，适合航行于中国北方、朝鲜半岛西海岸多沙滩的海域，其造船技术、改槊技术，以及航海范围，值得引起中外专家的关注。

注释：

① 席龙飞、蔡薇主编:《蓬莱古船国际学术研讨会文集》，长江出版社，2009年。

② 袁晓春:《中国蓬莱水城古船发掘与成果》，《14世纪亚洲海上贸易与新安海底遗物国际学术研讨会论文集》，韩国国立海洋遗物展示馆2006年，第471～509页。

③ 袁晓春:《再析中韩古代海船中翘保护技术》，《中国文物科学研究》2009年第1期，第90～92页。

④ 袁晓春：《山东半岛与朝鲜半岛海洋文化遗产的研究与国际合作》，《中国海洋文化研究》，海洋出版社，2008年，第306～319页。

⑤《续资治通鉴长编》，卷九七“天禧五年”条。

⑥ 袁晓春：《朝鲜使节咏山东集录》，《蓬莱文库》，黄河出版社，2007年。

⑦〔韩国〕朴现圭：《高丽时代妈祖接触考》，《海上交通与伊斯兰教文化学术研讨会论文集》，2008年，第304～315页。

⑧ 袁晓春：《海上丝绸之路蓬莱史迹初探》，《登州与海上丝绸之路国际学术研讨会论文集》，人民出版社，2009年，第89～95页。

论海湾三角洲与海洋文明
——以杭州湾三角洲为例

陈仲玉
（台湾“中央研究院”史语所）

一 前言

中国是位居东亚的大国，总面积960万平方公里。因紧傍着太平洋，海岸线长达18000余公里。除本土大陆之外，还有沿海的6500余座大小不等的岛屿，岛屿沿岸的海岸线总长也达14000余公里①。地形上具有各式各样的地质层或砾砂，地形上多曲折的海岸与天然的良好港湾，再加上沿岸各地绝大多数字在温带与亚热带间，气候适中，多为优良的不冻港。又因中国海岸地处全球最大的欧亚大陆版块与最大的太平洋交接处，每年有明显规律的季节风，带动着清晰的海洋洋流走向，方便沿岸居民的海上活动。

温带与亚热带的气候，配合着那温湿或干冷的季节风，还有那定向的海流，也使得中国沿海大部分的区域，具有很好的自然生态环境。它所显示的特点是自然动植物和水生资源丰饶。所谓“自然环境”，生活在其中的人类也是一分子。古代沿海先民，他们既然生活在那么优良的生态环境中，必定也会产生相当水平的文化，至少可与内陆的文化匹敌。综观沿海地区的古文化，自北而南，渤海湾到山东半岛以南，长江下游和杭州湾，闽东的闽江下游，闽南的九龙江口，粤东至珠江口和广西的北部湾等地；其史前文化均可早自距今8000年到5000年之间。再者，其史前文化水平与内陆的古文化比较，有过之而无不及。但是，沿海各地进入“文明”的时程，比内陆，尤其是中原地区，则至少晚了一二千年以上，南方诸地更晚。何以致此？这是本文所要探讨的主题之一。

中国的古代史很普遍的两个现象：其一是重政治史而轻社会史；其二是重陆地而轻海洋。因而，所谓《二十五史》，绝大部分的篇章，都在叙述历朝历代的皇室家谱和与政治相关的典章制度。由于重陆地而轻海洋，国土中占有相当大范围的沿海地区和生活其中的人民，在历史中的分量就更轻了。究其原因，在中国国境中本来就有“内陆文化”与“海洋文化”，两者自远古时代就并存着。史学家着眼于政治，自然就把政治中心的中原地区作为他们叙述的主题；作为边疆的海洋文化就被边缘化了。海洋文化未受激励，就未能成长。因而也延缓了海洋文明化的进程。

下面说一说自海洋文化进入海洋文明发展的要素。依据《百度百科》所述的“海洋文明”的定义：人类历史上主要因特有的海洋文化而取得文明状态。所以，一种海洋文明之所以能称为海洋文明，一是它要领先于人类社会发展；二是这种领先主要得益于海洋文化，两者缺一不可。这是说，人类的思想和精神所创造出来的海洋文化到达了相当的水平，去发展经济生活，产生了领先的社会制度。这段说词并不清楚，海洋文化与海洋文明的差异，王慕民在《文化与文明的差异——河姆渡文化研究中一个应该区分的问题》中说：“文明的真正产生，应该在城市出现或城邦国家建立之后。”依照王氏所说的文明产生之要素，要有矿产冶炼、文字的发明、文献之应用、城邦社会组、行业细分工、社会有阶级，社会由少数高层人士所主导等[②]。笔者对于文明的产生在于城市的出现或城邦国家的建立，深有同感；但他所说的要素多是内陆文化的部分，海洋文化则有所不同，也是本文的主要论点，将留待下文叙述。

21 世纪以后，全球各国势力的消长和霸权的布局，关键在海洋。中国要想在其中有立锥之地，一定要应用海洋文化上的许多观点，去处理未来的海洋事务。首先要从对海洋国土的陌生与隔阂中，重建海洋文化史，这是件很重要的工作。由于中国有广大的国土与资源，又有悠久的海洋文明，要能完全掌握那广大的海洋国土，使原来的内陆大国扩张到兼具海洋的陆海并具的大国。

二 海湾三角洲是海洋文化的摇篮

（一）海湾三角洲的自然生态环境

1. 地形：有海湾的地形必定是一条河流的出海口处。由于河流长年的切割而造成内凹的地形。原海湾的地质矿物的结构有所不同，会有岩岸或沙丘的不同地质层；在海湾的沿岸也会因地质层和地理条件的不同，其沿岸会有小地形的差异，如：河谷高低不同的阶地、沙丘平原和潟湖湿地。

2. 气候：由于海湾的地形，其海面多成三面陆地围绕，甚至是四面围绕，仅留一处小出口的瓮形海湾；则在湾内因受太阳辐射较强，相对于外海水温较高。中国又在西太平洋与欧亚大陆东侧的位置，全年均有太平洋西岸季节风的波及，各海湾在季风与洋流的双重影响下多雨。海湾又因受到定向和不定向的海流冲击，形成多变的海上航道。

3. 动植物资源：全球大多数的海湾，在各地区沿海不同的地形中，相对的动物资源比较丰富。鱼类与贝类是大宗。各地又因纬度与气候的不同，另有如鲸豚、海豹、海狗等水生哺乳动物。两栖类海龟，无脊椎动物，如：章鱼、水母、龙虾等；鸟类有各种海鸟和某些陆上的候鸟；除了动物之外，还有各种海藻类植物，不一而足。

（二）海湾三角洲是史前文化的摇篮

1. 地形特性适于族群聚集：海湾三角洲地形的特性对动植物已是它们所喜爱而聚集的场所，更何况是人类。因而海湾往往也是人们的聚集场所。对人类来说，不仅是海湾本身的优点，海湾两侧边岸那些由河流所冲积成的肥沃土地，更是他们优良的农耕用地。所以，除非是近两极地区，气候特别恶劣的海湾，一般温热带的海湾是人们聚集的首选。这情形早在新石器时代中期至晚期即已是普遍的现象。在中国沿地，如渤海湾和杭州湾，距今8000年即已有史前文化出现。杭州湾以南，其时代虽稍晚1000～2000年，但这种史前文化普遍出现的现象均非偶然。

2. 海湾三角洲适于先民的海上活动：由于海湾中动植物的资源丰富，也是另一主要原因。但海湾也是在海象恶劣时的避风港，近海鱼类和水生动物也要以那地形为躲避的场所。丰富的海上资源，更能吸引人们的驻足，以海湾为人类海上活动的根据地，自古已然。

3. 海洋文化进入海洋文明的契机：就中国沿海各地的海湾来说，均在史前新石器时代的中晚期出现海洋文化。然而，各地自海洋文化进入海洋文明的进程，则各不相同。这一点就是本文要探讨重要主题。笔者在前言中，即已讨论到所谓“海洋文明”的定义问题；它有两个要件，其一是那文化要领先人类社会发展，其二是这种领先要得益于海洋文化。所谓社会结构发展，大致指的是城邦或国家的形成。如果以今天的观念来看，似乎不是很难的事，其实不易。就以中国几处大型的海湾三角洲的文明化进程来看，譬如渤海湾的史前文化来说，它与杭州湾的历史相似，可以早到距今8000年前的兴隆洼文化，但是那地区的文明化要到商代以后，足足晚了4000多年，其南边诸地区则就更晚。究其原因，笔者的看法与族群的民族性有关。具海洋文化的民族，他们的生活环境不同，所采取的资源不同，相关的生活习性、思想和发展的重心和目标均与内陆族群的文化有相当的差异。只有当海洋文化遭遇到内陆文化的冲击，两者彼此融合，相适应时，海洋文化的民族才会往城邦或国家的形式发展，才是走向文明化的契机。

三 海洋民族的特性

海洋族群具有不同于内陆族群的特性：

1．乐观的天性：生活环境，不论是海岸或是岛屿，成天面对一望无际的大海，海会给他们无限的希望，自然养成海阔天空的胸襟，生性乐天。由于心情的开朗，与人相处显得热情。海洋会给他们丰富的资源，日常的生活也显得悠闲，富有美感；因而，海洋文化中很早就有许多艺术创作，譬如兴隆洼文化的玉器，跨湖桥文化中的太阳和鸟纹合成的图案等。

2．开放性和冒险性：生活重心倾向海洋发展。然而海洋也有它凶险的一面，气象万千，变化莫测。海洋民族虽然胸怀是开放的，但也要有冒险精神，面对海洋各种恶劣天候下风浪凶险的挑战；因而崇拜力量，包括自然力和自身的能力，生气蓬勃，永远面对着未知的将来。到了海外，随时会遭遇阻力，要勇于进取。经常会发生战争、征服和掠夺，但不是海洋化中的常态。

3．两栖性与流动性：虽然海洋民族会经常在海上活动，但在岸上仍然要有固定的住所，因此其生活居地具有陆地双栖的性质；即使岸上的居所会很简陋，这情形至今在东南亚和南亚的沿海仍然多见。由于长期在海上活动，必然习惯于海上生活，也要具有造船和航海的技术，喜欢追求新知和哲理。经常游走于海上，喜好自由。对于那海洋上的诡谲多变的各种现象，司空见惯，也善于应付，充分显示他们的活动力，也是“文化的传播者”[③]。

4．竞争性：海洋民族游走于海上，从事争战、掠夺，并非海洋文化中的常态；他们主要是从事经商贸易。古时的贸易多是“以物易物”，以我的所有交换你的所无，在多族群之间难免造成竞争，是很有竞争性的。中国沿海的海洋族群在史前时代的活动情况，虽然无史籍可考，但可举中国史前物质文化的精品——玉玦为例，可见一斑。这种玉器早在八千年前兴隆洼文化中就已出现。杭州湾河姆渡文化三期的塔山遗址也发现过，此后它的分布很广，从台湾、广东到东南亚的菲律宾和越南一带；年代更晚到距今两千年左右。至于它的器形，在台湾一地即已变化多端；东南亚出现的所谓 lingling-0 型更是特殊。在最近台湾的学者研究中，台湾玉材曾在菲律宾和越南的考古遗址中出土，均突显出古时货物贸易中的竞争性。

5．宗教驱动性：由于海洋环境的诡谲多变，生活其中的族群必然产生对海的恐惧和不安全感，在精神上就产生了某种宗教信仰，似乎冥冥中有个专门主宰海洋的神明，当须崇拜。此外，每天在海上首先出现的太阳，会给予宇宙光明，太阳也应该是由神明来主宰，于是崇拜“太阳神”。人类会应用自己的想象，绘出太阳神的图像，就是吾人在考古遗址中出土的许多各式各样的太阳神图案，这情形相当地普遍。例如良渚文化玉器中的神鸟，鸟形做了夸张的变形，形象都不同于自然鸟，实质上它是太阳而不是鸟[④]。

以上所叙述海洋民族的特性，仅是举其大概而言。当然在众多的海洋民族中，还有些地区性的差异，我们至少由那五大项特性中看出，他们与内陆族群文化间的差异是很大的。

四 内陆文化与海洋文化的比较

所谓“文化”指的是人类一种生活方式；不同族群为了要过他们自己的生活方式，应用智慧所创造的各项事与物的总和，这就是那族群的文化。所以，各地区不同的族群就有他们自己的文化。今者，试将上节所述的五大项海洋文化的通性与内陆族群相对应的文化特性归纳起来，两者做个比较，有以下的八点现象：

1. 生活区的重心：内陆的族群生活的重心是在他们所居住的那块土地，重视的是那土地上各种资源，使他们得以生存；因而安土重迁，不能轻易迁移。所有的竞争，也是争那块土地和它的资源，他们的生活区是依土地的范围受局限的封闭性环境。海洋族群生活的重心在海洋，在那广大的海上自由自在，不受拘束地在那开放性的环境中生活。

2. 地理环境：内陆的地理环境是平原、高山、丘陵、沙漠、溪河的河谷和湖泊等。海洋的地理环境是沿岸、沙丘、阶地、潟湖和岛屿等。其中的岛屿又分大小，大者如澳洲、纽西兰、格陵兰、英伦、台湾等，则是岛中有高山、丘陵、平原等地形，犹如陆地。然而，生活在其中的族群基本上仍然是海洋性的生活方式。

3. 聚落形式：内陆多是固定的聚落、庄园、城堡、一般的聚落形式均要强调其防御性。中国的城墙可早到四千年前，更强于西方的城堡建筑。海洋族群在沿海的聚落均是散村的格局，在中国从未出现如西方的城堡。聚落中的建筑，古百越族尚干栏式居屋，或是流动性高的船屋。至于一家人居住在一艘船上，到近现代仍然可见。

4. 生物资源：内陆多陆生的植物与动物，因当地的地理位置而异。海洋则是海生的植物与动物，也因地理的位置而异，但又要分浅海或深海的区别，其中的差异更大。

5. 生业形态：内陆族群大部分地区首选农耕。但中国的南北方的作物各异，南方的谷类稻米耕作可到八九千年。此外是畜牧、狩猎和湖河渔捞。海洋族群的首选是渔捞，依据各时代的航海技术，究其渔捞范围的远近。他们会在岸边的家园附近采食植物瓜果，或是做些园艺型的农耕。成熟的海洋文化也重视稻米耕作，如良渚文化时的发展。

6. 社会结构：内陆族群是先由聚落扩张到乡镇、城市，再由多城市形成邦国。海洋族群是由聚落扩张到乡镇，或是小型的酋长邦。是否会发展到邦国的组织，就要看是否能进入文明化，而形成邦国。其要素留待下文叙述。

7. 交通工具：内陆族群在古时依赖车、船、马、骡等。海洋族群在海上要靠能够航行于海上的船只，最重要的是要有航海的技术。船具的好坏与航海技术的发展程度，决定了他们在海上活动的远近和可及性范围的大小。这与内陆河湖上活动的船具的要求是有相当的差异。

8. 宗教信仰：内陆族群崇拜的主要是天神和土地神，以及在由天地神所衍生而出的各种神祇。中国人宗教信仰中最普遍的是土地神。天神虽然主宰了人们的命运，但“土地公”才是管理人世间的俗事。海洋族群的命运是由海神主宰。又由于在海上的夜晚是恐怖的，偶有的星辰和月亮的光芒无法与灿烂的阳光相比，给予人间光明的永远是在东方定时升起的太阳。海洋民族每日所期盼的就是那东方的太阳。然而，不论是在内陆或是海洋，中国的先民永远崇拜祖先，以求庇护赐福。

由上述八项的比较可以看出内陆族群的文化和海洋族群文化之间的差异相当大；显示两者之间求生存的空间与资源的应用，以及所引发的思想观念和物质文化的发明，均依照各自需求的不同而发展。

五 杭州湾三角洲的史前文化

中国古史的研究，自从苏秉琦提出多文化区系的观念之后，考古学者张光直也提出史前多文化中心的看法；显然对早期“中国大一统”的文化史观是一种突破，于是史学界“百花齐放”，各抒已见，议论纷纷。不论“文化区系”或是“文化中心”的划分，中国东南沿海这一块，都有它的位置。杭州湾三角洲的古文化的分量是其中的关键。距今九千年的嵊州小黄山遗址的发现[5]，揭开了这地区史前文化年代的序列。不仅是年代的久远，其文化内容之丰富、物质文化中精美的玉器制作和木质品的多样均是其他中国史前文化区所无法伦比的。

（一）宁绍平原史前文化

1. 跨湖桥文化：遗址位在杭州湾钱塘江南岸，萧山县城西南方。年代 8200 ~ 7000 BP，可分成三期。陶器制作多样，灰陶质地为夹砂、夹炭和夹蚌壳，胎质细腻，薄而匀称；器形有釜、钵、豆、多圆底罐、敛口盆；少平底器和器盖，亦无三足器；花纹有镂空刻划。彩陶器很丰富，薄厚彩并存，并有点彩，彩纹施于陶衣之上。另有黑光陶、红内底黑陶和薄胎黑陶。石器：石锛很多，并附木质柄，手握用之石斧，石锤是此文化的特色。

房屋基址，发现众多建筑遗迹遗物，如：排柱、独木梯（可能为干栏居屋之用），木桩立骨的土墙，地面有鹅卵石铺路遗迹。发现颇为完整的独木舟。陶器和木器上尹有与宗教有关的艺术图案或符号，如太阳纹，火焰纹等，亦可能有祭台。由于出土物中有手握之石斧，装木柄的锛、木钉、弓和骨针类骨器等物；推测其生业方式，可能已经有野生种的稻作，狩猎，家畜饲养和纺织等⑥。

2. 河姆渡文化：遗址位在杭州湾钱塘江南岸支流姚江旁。年代 7000 ～ 5000 BP，可分成四期。跨湖桥文化是其文化的源头，但并非主要源头⑦。陶器有夹炭陶，烧成的细孔（可能是稻壳残骸夹其中）。器形：有脊釜、双耳罐、敛口盆等；无钵形器，圈足器，无三足器；炊器多绳纹，少彩陶而无镂空刻划纹，但多花纹雕刻的立体陶偶。石器：石斧、带穿石斧。有段石锛特多，可能是此类石器的原生地。并附木柄；带把靴形石刀，石耜冠和石簇等。骨角牙器也很丰富，有：骨耜、骨匕、骨勺、骨哨、骨簇等。木器具中，出土多只木桨和其他，并已经有髹漆工艺。居屋建筑主要是干栏式，很成熟地用榫卯技术。生业中已经有栽培稻作出现，发达的耘耕农业，并附有狩猎采集和家畜的饲养。其时甚至还有象和犀牛。精湛的雕刻工艺多与宗教信仰相结合，陶塑工艺亦佳⑧。

3. 塔山文化：在河姆渡文化二三期，年代约在距今 6900 ～ 6300 年间，有一段文化的侵入期，为马家滨文化－崧泽文化，也介入宁绍地区，学者称之“塔山文化”⑨。造成此地区在文化史上很特殊的现象，但在河姆渡文化的盛行时间，钱塘江北岸的杭嘉湖平原地区发生的马家滨文化和崧泽文化的更替不会波及南岸，似乎也不可思议，故“塔山文化”一说也言之成理⑩，详情后述。

4. 良渚文化（钱塘江南岸）：文化内容将于杭嘉湖平原的良渚文化（钱塘江北岸）一节中叙述。但在年代上，会晚五六百年。

（二）杭嘉湖平原史前文化

1. 马家滨文化：遗址位在杭州湾北岸，靠近太湖地区，文化范围广达三四万平方公里。年代 7000 ～ 6000 BP，文化可分成三期。早期以灰黑陶和灰红陶，以釜形器为主，多绳纹。中期以灰砂红褐陶，仍有少量灰黑和灰红陶；器形以釜为主，另多豆形器少量鼎，和牛鼻形耳的罐；绳纹已消失，多素面。晚期以夹砂红陶和泥质红衣陶为主，器形主要是釜、鼎、豆。石器：磨制技术较高；器形多锛和带孔斧，体型厚实；木器：有铲和喇叭形器，表面出现红色或黑色涂料，骨器：骨针、骨簇等。生业方式：水稻种植并有籼稻和粳稻均已出现；还饲养猪、狗、水牛等家畜。此外渔猎也占重要的分量，同时亦有采集活动。居屋形状，兼有圆形和长方形房基出现；有柱洞和柱础垫木板的遗迹；

木柱有榫卯结构。墓葬多俯身葬，但也有仰身直肢、屈肢葬和侧身葬，随葬品：有食器和炊器，石器、玉器、骨牙质饰物等[11]。

2. 崧泽文化：遗址位在杭州湾北岸江苏省青浦县境，但这文化的范围波及太湖的周围，另有遗址 17 处，大多分布在上海与太湖之间。年代 5800 ~ 4900 BP。陶器：以灰陶和黑衣陶为主，器形：铲形足鼎、豆形器、小折腹扁耳罐、花瓣形圈足的壶与杯等；纹饰盛行压划藤竹编纹，镂刻圆形和三角形组成的图案，以及红黄两色彩绘。石器：通体精磨的带孔石斧，扁形长条石锛和方柱形石鉴。居屋基址所见是长方形的平地建筑；木柱的柱础用垫木板；火塘灶坑在屋外。松江汤村遗址发现古井，井壁使用芦苇竹子编织物。墓葬：仰身直肢，平地不挖墓坑，有多种陶器、玉器和象牙饰物等殉葬品，封土掩埋；有氏族群葬的习惯。生业方式：水稻耕作，已经用锄耕和犁耕；兼家畜饲养和渔猎。有玉器工艺。崧泽文化源于马家浜文化，良渚文化则是其承袭者[12]。

3. 良渚文化（钱塘江北岸）：遗址在杭州湾北岸，杭州市余姚县良渚村。但此文化所波及的范围扩散在海湾的两岸，太湖周围，文化分早、晚两期，遗址多处。年代 5300 ~ 4000 BP。陶器：以夹砂灰黑陶和泥质灰胎黑皮陶为主。普遍轮制。器壁较薄，器表以素面磨光的为多，少数有精细的刻划花纹和镂孔。圈足器、三足器较为盛形。代表性的器形有鱼鳍形或断面呈丁字形足的鼎、竹节形把的豆、贯耳壶、大圈足浅腹盘、宽把带流杯等。石器：磨制精致，新出现三角形犁形器、斜柄刀、“耘田器”、半月形刀、镰和阶形有段锛等器形。琮、璧一类玉器数量之多和工艺之精，为同时代其他文化所未见。玉器制作显得十分突出。玉器主要有珠、管、坠、玦、瑗、璜、镯、琮、璧、蝉等。外方内圆的长筒形玉琮，磨制抛光并雕刻纹饰，规格定型，表现出很高的工艺技术水平。生业：主要作物是水稻。据在钱山漾发现的稻谷鉴定，有粳稻和籼稻两种。还发现有花生、芝麻、蚕豆、甜瓜等植物种子，可能是当时的农作物，农具种类较多，制作大都较精细。手工纺织业也有迅速的发展。钱山漾遗址发现有国内早期的丝麻织物。从现有的考古资料来看，蚕的饲养可能以太湖地区为最早。此外，良渚文化还有桨、槽、盆、杵锤等木器。木桨的使用，说明生活在河道纵横地区的原始居民，已有了舟楫交通工具。良渚文化发现干栏式建筑遗迹。有木柱和竹席、芦席编织覆盖。也发现水井。墓葬是仰身直肢，头向南，长方形墓坑。墓分大小两型，大型墓中多大量玉器随葬品[13]。

六 杭州湾的邦国文明

杭州湾的古文化，以最早的嵊州、黄山遗址文化和跨湖桥文化来说，可以早到距今八九千年[14]，而晚到越国文明之间，相差六千余年。这段过程为什么会如此地缓慢？笔者认为基本的关键在海洋文化与内陆发展的取向不同所致。按内陆族群所处的生存环境是局限在有限的土地范围和该土地所提供各项生活必需的有限资源，并且是有土地才有资源。因而，一个族群的生存，不但要管理好自己族群内部的各种事务，并且也要有力量保护好自己所安身立命的土地。在族群不断地成长扩张的时候，必须依靠占有更大的土地，以获取更多的生活资源。等到一个族群在其所拥有的土地上，人口压力饱和到临界点，唯一的解决办法，就是用征战的方式掠夺更多的土地和资源。

海洋族群的文化发展取向是广阔的海洋。虽然他们的生活仍然要在海边沿岸的土地，但是其生活资源多取自海洋，活动范围则不局限于那块土地上。因为他们的流动性，竞争的对象是海外，有时也要征战和掠夺，激烈的程度则不如内陆，可以遇强则躲，遇弱则取而代之。他们是居地“过客”，住得舒服就留下来，不舒服就另谋出路。因而社会组织是松散的。物质文化上的发展，先求船只与航海术的精进；日常生活有的是时间，尽可投自己的所好，耗时慢工的艺术精品是他们的嗜好，如良渚文化的玉器。乐天知命而悠闲地生活。我们不难想象，为何在数千年前的百越民族，会一下子往台湾和泛太平洋迁移；他们就是现今人类学所谈论“南岛语族”。他们扩散的能力之强劲是让人惊讶的。

当海洋文化与内陆文化相接触之际，那悠游自在、乐天知命、社会组织松散的族群与那长年累月都在斗争，讲求物质精制发展与社会组织严密的族群的竞争中，胜败立见。海洋族群只有两条路可走：其一是落海而逃；其二是参与角逐邦国大业。前者即是在今天泛太平洋诸岛屿上的南岛语族；后者，在华北是东夷一支的殷人，在杭州湾的于越族，两族群均参与“逐鹿中原”的事业，也曾经各有所成。

说到杭州湾于越民族的文明化历程，就要先从楚国文化和楚国的文明说起；因为吴越族和于越族各形成邦国的驱动力量是受到楚国的刺激。楚族原来居住在江汉地区，其文化源于“屈家岭文化”[15]，并不是南方的部族。《史记·楚世家》记载，祖先祝融部落是颛顼高阳氏的后裔。商代时，有一支芈姓南迁，才与荆蛮等土著合而为“荆楚”，臣服于商，是为商之“南土”。商末因与周联盟，西周时才立国，居丹阳，受周的封号[16]。所以，楚文化基本上是由原来中原黄河中游的商代文化，青铜器文化再加上江南印纹陶，三者合一而成的一种文化[17]。楚国至楚武王时才开始强盛，而威服邻国，“拥有蛮夷，奄征南海”。其实晚至春秋早期才形成国家[18]。公元前689年，楚武王子文王赀，将国都由丹阳迁于郢（今湖北江陵北）。先后并汉水与淮水诸国。前615年，国力伸入皖东。楚庄王时，曾问鼎中原。前513年，楚被位在其东的吴国国王阖闾联合唐、蔡诸国攻破郢都，几乎为吴所并[19]。

上文所说的吴王阖闾攻破楚都郢的吴国，其立国有一段很有人情味的故事。按《史记·吴太伯世家》云："吴太伯、太伯弟仲雍、皆周太王之子，而王季历之兄也。季历贤，而有圣子昌。太王欲立季历以及昌。于是太伯、仲雍二人乃奔荆蛮，文身断发，示不可用，以避季历。果立。是为王季。而昌为文王。太伯之奔荆蛮，自号句吴。荆蛮义之，从而归之千余家。立为吴太伯。"[20]

这是西周初年，文王的两位伯伯，因为要让贤而往南奔，进入荆楚建立自己的政权，统治当地土著民族，甚至断发文身，与当地人认同，同化于吴人。大约到周康王的时候与中原中断来往。直到公元前六世纪，因晋用联吴制楚政策，才又与中原各国交往，文化因而迅速提高。到吴王阖闾在位时（公元前514～公元前496年），用伍员及兵法家孙武以整顿政治，训练军队，终于打败楚军。但吴军因深入远斗，难以持久；终被秦楚联军逐回吴地[21]。

这段历史很清楚地叙述了位在太湖地区北边与西北边的句吴族立国的过程。先是周族的一支，在周的立国之前，即迁入华南与土著融合，因为文化渐异，逐渐与中原疏远，成为蛮夷族群的一部分。后来因为西边楚国的兴起，为了必须与之抗衡，就要先向楚人学习，必须提高文化水平。前544年，吴人曾经派遣使者季札，出使鲁、齐、郑、卫、晋各国，显示他们有高度文化的修养。同时在境内，实行一场社会改革。改革的内容，先仿周王室的井田制度，学习仿制青铜的农具和工具。并善于任用楚人伍员（子胥）实行社会改革，所谓"立城郭、设守备、实仓廪、治兵库"；吴王阖闾时，又实行"修法治、下贤良、选练士、习战斗"。另在富国强兵方面，任用孙武，整治军队等的改革[22]。最后果然有了雄厚的经济基础和军事国力，打败了西边的楚国和东边的于越。这是很典型的内陆文化和邦国文明成功的例子。

在吴国这段大变动的时代里，于越人当然也受到强大的威胁。对于原是海洋民族的他们，至少不能再过以前的那样生活，也要向内陆文化的那套作为学习。其改变的内容可能类似句吴族的情形，所不同的是，习于海洋文化的越人可能会有部分往海外移民。他们所牵动的泛太平洋族群的移动状况，直到2000年前的某些海岛之间，仍然还在波动，例如，南岛语族到达复活节岛 (Eastern Islands) 可以晚到1000年前。不过，这时不论是移民或是贸易亦非易事，因在各地的活动空间有限，阻力必然加大。留在杭州湾三角洲的于越族，即是发展成春秋时代的越国。

晋人联吴制楚的政策成功，破楚郢都后，使楚人难安，因而牵引越人，也用以越制吴政策。于前537年，楚灵王联合越军攻吴。又于前505年、前496年，两次攻吴，皆击败吴军。然而，越国的力量仍然不足，于前494年，吴王夫差大破越军。越王勾践求和，允为吴的属国，从此不再以越为意。另一方面，吴王夫差专心北上要争霸中原。另一方面，越王勾践“卧薪尝胆”，“十年生聚教训”，东山再起，前482年，越王乘夫差长年争战之时，挥水师断其归路；一面亲领大军攻入吴都，自后吴国力日损，终于前473年为越所灭。越国灭吴后，同样也挥军北上，会诸侯于徐州，称霸中原于一时。但最后于前307年终为楚国所灭[23]。于越族所建立的越国，在中国历史上，仅存在230年左右，可说是昙花一现。自后进入战国以后，越地仍属内陆强权楚国所有，直到秦汉的统一。

七 结论

综观杭州湾三角洲这段自海洋文化的形成，又从海洋文化走向海洋文明的历程，其中所遭遇的有外在因素和内在的要素。

（一）海洋文化进入海洋文明的因素

1．内陆强势邦国文明的冲击：在杭州湾的于越族原是有着完美的海洋文化发展，但在受到内陆楚国和邻国吴国文明的冲击，为了要与之抗衡，因而必须起而仿效，而走向邦国文明。

2．邦国间求生的竞争：内陆如有两个以上的邦国，彼此即会竞争，这是邦国文明的本质。有竞争才有进步。

（二）海洋文明化的要素

1．生活的重心必须兼顾海与陆的平衡发展。

2．生业方式的多元化，即海与陆生业均需兼顾。

3．海岸城市的形成与规模扩大。自渔村发展到海港城市。

4．提升物质文化的水平。除了海洋资源的开发与应用，亦应兼顾陆地资源的应用。其时如青铜工业的传入，所影响的农工具和武器等。

5．提升河海航行的技术，亦需配合陆地的交通。

6．人口的成长。

（三）建立邦国走向海洋文明

其实邦国仅是外在的形式，而精致的海洋文化生活，要配合邦国体制的运作，才是走向海洋文明的真谛。

注释：

① 北京泛亚太经济研究所编：《海洋中国》，中国国际广播出版社，1999年，第1193、1194页。

② 王慕民：《文化与文明的差异—河姆渡文化研究中一个应该区分的问题》，《河姆渡文化新论——海峡两岸河姆渡文化学术研讨论文集》，海洋出版社，2002年，第282页。

③ 陈仲玉：《论中国东南沿海的海上族群》《论中国东南沿海史前的海洋族群》，《考古与文物》2002年第2期，第38～42页。

④ 董楚平：《东西方太阳神形象比较研究》，《河姆渡文化新论——海峡两岸河姆渡文化学研讨会论文集》，海洋出版社，2002年，第219～220页。

⑤ 同④。

⑥ 浙江省文物考古研究所、萧山博物馆：《跨湖桥》，文物出版社，2004年。

⑦ 黄渭金：《简论河姆渡遗址与跨湖桥遗址的关系》，林华东、任关甫主编《跨湖桥文化论集》，人民出版社，2009年，第123～130页。

⑧ 林华东：《河姆渡文化初探》，浙江人民出版社，1992年。

⑨ 蒋乐平：《良渚文化与宁绍地区的史前考古学》，《良渚文化研究》(纪念良渚文化发现六十周年国际学术讨论会文集)，科学出版社，1999年，第285页。

⑩ 同⑨。

⑪ 嘉兴市文化局主编：《马家滨文化》，浙江摄影出版社，2004年，第16、17页。

⑫《中国大百科全书·考古学》“崧泽文化”条，中国大百科全书出版社，1986年，第271～273页。

⑬《中国大百科全书·考古学》“良渚文化”条，中国大百科全书出版社，1986年，第271～273页。

⑭ 王海明：《九千年前的远古文化——浙江嵊州小黄山》，《浙江省文物考古研究所学刊》第八辑，科学出版社。

⑮ 马世之：《试论楚文化的形成及其相关问题》，《楚文化觅踪》，中州古籍出版社，1986年，第13～14页。

⑯ 李玉洁：《春秋以前的楚族与楚国》，《楚文化觅踪》，中州古籍出版社，1986年，第112～118页。

⑰ 马世之：《试论楚文化的形成及其相关问题》，《楚文化觅踪》，中州古籍出版社，1986年，第26页。

⑱ 王光镐：《试论楚国国家的形成》，《楚文化觅踪》，中州古籍出版社，1986年，第148页。

⑲ 何光岳：《楚国疆域的开拓和演变》，《楚文化觅踪》，中州古籍出版社，1986年，第159～163页。

⑳《史记会注考证·吴太伯世家》。

㉑ 萧璠：《先秦史》，傅乐成主编《中国通史》，（台北）长桥出版社，1999年，第103页。

㉒ 石奕龙：《春秋时期吴氏族社会改革考古观》，《东南考古研究》第二辑，第175页。

㉓ 萧璠：《先秦史》，傅乐成主编《中国通史》，（台北）长桥出版社，1999年，第103、104页。

跨湖桥独木舟遗址微生物危害综合防治课题研究中期报告

楼　卫

（杭州市萧山跨湖桥遗址博物馆　杭州　311203）

《萧山跨湖桥独木舟遗址微生物危害综合防治研究》课题于2010年8月经浙江省文物局批准立项实施，计划于2012年12月完成。2010年12月，我馆与浙江天科高新技术发展有限公司（浙江省微生物研究所）签订协作研究协议。一年多来，课题组围绕课题开展了一系列的研究工作，现对主要的研究工作及取得的成果进行分析和阐述。

1.课题研究的背景及意义

1.1 立题背景

近年来，土遗址的微生物危害问题引起了专家的重视，有关单位对此类危害的防除进行了一些尝试：2004年起，中国科学院武汉岩土力学研究所、浙江省博物馆、湖北省博物馆等单位承担了"跨湖桥独木舟遗址原址保护"的研究工作，对遗址的地质勘探、疏排水系统、岩土加固、木构件脱水、加固等保护技术进行论证，也对部分遗址的微生物危害进行了调查，并采用合成防霉杀菌剂喷洒及熏蒸工艺进行防治；绍兴印山大墓木椁霉菌的灭除提出了硫酰氟熏蒸处理方案；湖北九莲墩等土遗址菌害也采用化学抗菌剂控制方法。有害微生物的化学抗菌剂常用异噻唑类、咪唑类、季铵盐类等，甚至采用有机氯、有机磷等处理手段，虽然对部分菌害起到抑制作用，但总体效果不够明显，还造成了遗址土体的板结和环境二次污染等不良后果。

1.2 立题意义

1.2.1 具有较强的针对性和现实意义

萧山跨湖桥遗址位于钱塘江南岸的宁绍平原，地处浙江省杭州市萧山区湘湖景区内，是浙江省内一个重要的新石器时代人类文化遗址，距今约8000～7000年，文化内涵十分丰富，出土了中国最早的独木舟及其相关重要遗迹，据专家推测，可能是一个与独木舟有关的木作加工现场。跨湖桥遗址作为人类舟楫文化的实物见证，对造船史和交通史的研究有着非常重要的意义。2002年被评为"全国十大考古新发现"，2006年被公布为全国重点文物保护单位。2004年萧山区政府决定对遗址实行原址保护，2005年8月《原址保护规划》通过了国家文物局评审，于2006年7月完成"疏干排水地质工程"，今年4月完成了“遗址土体加固工程”，从2005起，实施了“独木舟及木构件的脱盐脱水保护工程”，目前独木舟脱水保护工作已经进入自然风干脱水阶段。

2006年，萧山区政府投资一个亿建设跨湖桥遗址博物馆，2009年9月28日正式开馆。遗址展示厅约2千平方米，三面环水，跨湖桥遗址位于湘湖水下6～8米。厅内常年相对湿度在70%～100%之间，温度在10℃～42℃之间，大厅内无除湿设备，加之遗址土壤中含海洋无机盐和动植物遗存的有机质非常丰富，至使遗址微生物危害非常严重。我们从独木舟上和周边土壤2个采样区采选，采集6批样品，经过微生物样品分离培养与纯化鉴定，初步确定真菌、细菌10多个属或种。从2010年5月开始，遗址厅中微生物生长情况加重，展区出现了多处菌落，最多时有20多处，有的菌落直径达1.4米，仍有不断蔓延和扩展的趋势。由于微生物具有代谢能力强、繁殖速度快、容易发生变异和对环境适应能力强等特点，霉菌又以孢子形式在空气中传播，受通风条件的限制，在遗址厅内细菌和真菌总量超过了《公共场所集中空调通风系统卫生管理办法》中的有关规定。因此，不但对遗址内文物将造成侵蚀，危及文物安全，同时也严重影响展示效果，观众和工作人员身体健康。跨湖桥遗址环境处于水位以下封闭超大空间，又是公共开放场所，这些特殊性给微生物防治提出了更高的要求。

1.2.2 具有创新性和指导意义

课题以跨湖桥独木舟遗址微生物危害的综合治理为重点，同时对绍兴印山大墓、田螺山遗址等钱塘江沿岸木结构土遗址的微生物侵蚀情况及含盐状况进行了解，结合遗址土壤条件，遴选出适合潮湿环境下土遗址安全有效的生物酶防治技术和低海拔环境控制技术，该课题的研究对于我国南方潮湿地区土木结构遗址、木椁墓葬的科学保护将具有重要意义。

2. 课题研究的目标和内容

由于跨湖桥遗址所处高温高湿环境内，近年来，采用的常规方法无法控制生物危害，尤其是丝状真菌的菌丝体在土壤中扎根较深，喷洒合成杀菌剂或植物杀菌剂无法根除，熏蒸灭菌方法又不太适合超大空间，本课题采用生物酶抗菌技术对木结构土遗址微生物危害进行有效防治，并结合低海拔密闭遗址厅大环境的温湿度控制作为创新点，从遗址环境温湿度及霉菌孢子检测、土壤成分分析、独木舟材性分析和遗址土壤墙面有害微生物的采集、培养分离、鉴定着手，采用生物酶对主要有害真菌进行灭活试验：研究防治遗址有害微生物的生物酶技术；研究最低有效灭活浓度；开展物质影响研究；研究土壤某些元素和土体加固剂对生物酶作用的影响；研究独木舟及周围木构件脱水稳定剂对生物酶作用的影响；研究环境温湿度对生物酶作用的影响；研究设计跨湖桥独木舟遗址大厅环境温湿度控制系统，从而有效控制有害微生物对遗址和上卧文物造成的危害。

3. 课题研究进展情况

3.1 前期研究成果（2010 年 8 月至 2010 年 12 月）

3.1.1 了解跨湖桥遗址、田螺山遗址和印山大墓等木结构土遗址的环境条件，包括土壤成分、环境温度、湿度、风速和气压等。

3.1.2 对遗址厅大环境温湿情况进行监测。为了掌握遗址厅内的温湿度较为准确的数据，2011 年我馆购置了一批奥地利产的电子温湿度记录仪，确定遗址厅 7 处作为监测点，对遗址厅内的温湿度变化情况进行实时监测，并对温湿度变化情况进行分析（见表 1）。

表1 2011年遗址厅月平均温湿度汇总表

月份	平均温度（℃）	最高温度（℃）	平均湿度（%）	最高湿度（%）
一	10.24	13	92.59	98
二	11.25	13	89.36	95
三	13.21	17	83.12	89
四	16.78	19	86.14	93
五	20.75	22	81.23	85
六	23.14	25	80.69	89
七	28.94	35	77.34	82
八	35.35	40.1	75.12	91.3
九	27.22	36.1	75.89	94.1
十	22.56	28.2	81.34	95
十一	15.78	23.5	90.59	98.9
十二	10.71	16.3	89.99	100

①每天温度变化在5℃～10℃之间；湿度变化在10%～30%之间；

②晴雨天湿度相差20%～30%左右；

③2011年01月01日～12月31日，湿度在65%以下，只有53天；湿度为65%以上，有312天，最高湿度达到100%。

3.1.3 对遗址微生物侵蚀情况进行初步调查，对侵蚀严重区域作重点调查与分析，确定 7 处监测点周围共计 20 处采样点：其中空气采样点共 8 处、土壤采样点共 10 处、其他采样点 2 处。具体步骤与方法如下：

3.1.3.1 采样方法

a、空气采样，采用沉降法，采样之前配制培养基，营养琼脂培养细菌，PDA 培养基培养丝状真菌。培养基经过 48h 的空培养确定无污染后用于采样。采样平皿用 90mm 的玻璃平皿。灭菌后在无菌的条件下加入 25ml 的培养基。采样暴露时间为 5min。

b、土壤采样，按微生物常规方法采集表层土，并逐级稀释，培养，计数。

3.1.3.2 微生物的培养和计数：所有采集的样品在运送到实验室后在培养箱中进行培养，细菌培养 35℃，霉菌培养 25℃，培养 96h 后进行菌落计数。

3.1.3.3　经采集样本，培养、分离、纯化、鉴定等技术手段，初步确定侵蚀主导菌及区域分布状况，以 2011 年 1 月 13 日采样标本为例（见表 2、3）：

表2 空气中微生物计数（沉降法）

编号	营养琼脂		PDA		备注
	细菌数/皿	霉菌数/皿	细菌数/皿	霉菌数/皿	
1	5	0	1	1	遗址厅
2	2	1	2	0	遗址厅
3	3	0	3	0	遗址厅
4	0	0	5	3	玻璃房内
5	0	0	1	3	玻璃房内
6	5	2	3	0	遗址厅
7	9	2	3	1	遗址厅

表3 土壤中微生物计数

编号	10-2		10-3		10-4		结果
	细菌	霉菌	细菌	霉菌	细菌	(霉菌)	
1	多不可计	1	137/145	1	23	0	1.4×107(细菌) 1×104(霉菌)
2	多不可计	0	120/123	0	95	0	4.0×107(细菌)
3	多不可计	1	70/63	1	3/1	0	4.3×106(细菌) 1×104(霉菌)
4	150/124	3	110/76	0	5/3	0	5.3×106(细菌) 3×104(霉菌)
5	多不可计	0	160/128	0	66/37	0	3.3×107(细菌)
6	110/64	1	5	0	1	0	8.7×105(细菌)
7	26/31	1	5	0	0	0	2.8×105(细菌)
8	8/8	4	4	3	0	0	8×104(细菌)
9	80/59	1	18/18	0	4	0	6.9×105(细菌)
10	0	27	0	3	0	5	2.7×105(霉菌)

遗址厅空气中微生物总量为 338cfu/m³ ；玻璃房空气中微生物总量为 235cfu/m³

3.1.4 对遗址地质工程状况进行分析和研究，对空间深井制冷系统结构、配置及配套条件进行了解和研究，组织专家进行论证评审，确定大环境温湿度控制整体方案。

3.1.5 遗址土壤成分分析

3.1.5.1 采样地点

（1）1 号为遗址厅回填土壤区

（2）2 号为独木舟展室电化学桩加固区

（3）3 号为独木舟展室舟底土壤区

（4）4 号为遗址厅集水井北侧土壤区

（5）5 号为遗址厅文化层西侧加固区表层土

（6）6 号为遗址厅文化层加固区内 20cm 土壤

（7）7 号为遗址厅文化层北侧加固区表层土

3.1.5.2 遗址土壤分析结果（见表 4，单位为质量分数）

表4 跨湖桥遗址七个点土壤主要成分检测结果

分析项目	1号	2号	3号	4号	5号	6号	7号
K^+mg/kg	42.9	107	173	19.2	61.0	61.0	51.0
Na^+ mg/kg	123	805	2365	560	424	350	940
Ca2+ mg/kg	885	1765	1540	1515	1250	925	1475
Mg2+ mg/kg	435	2525	8250	3380	1730	1270	3975
Cl－mg/kg	142	248	309	92.3	146	146	273
HCO3－mg/kg	290	285	236	260	201	270	574
CO32－ mg/kg	———	———	———	———	———	———	———
SO42－ mg/kg	4968	15600	41328	18048	10944	7680	20640

3.2 实施阶段成果（2010 年 12 月至 2011 年 12 月）

2010 年 12 月，我馆与浙江省微生物研究所协作，对遗址微生物侵蚀情况进行全面调查，于 2011 年 1 月、3 月、5 月、7 月、9 月、11 月共 6 次，分别对遗址区 20 个点进行采样。

3.2.1 微生物的采集

3.2.1.1 试验设备：撞击式空气微生物采样器 JWL ～ 6 型 六级

3.2.1.2 采样

3.2.1.2.1 采样地点

（1）空气采样点共 8 处，分别为入口（1#）、前右侧（2#）、后右侧（3#）、玻璃房里侧（4#）、除湿机前（5#）、后左侧（6#）、前左侧（7#）、中部通道（8#）。

（2）土壤采样点共 10 处，分别为独木舟里侧（1⊕）、独木舟外侧（2⊕）、展厅左侧人像边（3⊕）、左侧土园（4⊕）、中部左侧通道（5⊕）、中部土坡（6⊕）、右侧高坡（7⊕）、中部高坡（8⊕）、（后部高坡 9⊕）、（壁画前 10⊕）。

（3）其他采样点 2 处，分别为独木舟和字幕墙。

3.2.1.2.2 采样方法

（1）空气采样：采用撞击式空气微生物采样器进行采样。它是模拟人体呼吸道的解剖结构和空气动力学特征，依据微粒撞击原理（Stokes 模式）设计制造，可将空气中的微生物直接收集到半固态的琼脂表面上，经过培养计数、计算，进而测定出每立方米空气中所含的微生物菌落数（CFU/m^3）。该采样器分为 6 级，每级 400 个孔，从 I ~ VI 级孔的直径逐渐减小，空气流量为 28.3L/min，每一级的空气流速逐级增加，从而把空气中的带菌粒子按直径大小不同分别捕获在各级的培养皿上。采样器每一级可以截留的有效粒子直径范围分别为：＞ 7.0 μm （第一级），4.7 ~ 7.0 μm （第二级），3.3 ~ 4.7 μm （第三级），2.1 ~ 3.3 μm （第四级），1.1 ~ 2.1 μm （第五级），0.65 ~ 1.1 μm （第六级）。

采样之前制备 NA 和 PDA 培养基平板（Φ90mm），并经 28℃，48h 培养确定无污染后用于采样，采样器各层的孔眼至采样面的距离（即撞击距离）为 2 mm。采样时间为 3min。采样频率为每逢单月采样一次，每次两个重复。

（2）土壤采样：在各土壤采集点用无菌金属小勺采集表层土壤 3g ~ 5g 装入无菌玻璃试管中。

（3）独木舟采样：用无菌金属小勺刮取少许独木舟软腐木，装入无菌玻璃试管中。

（4）壁画采样：用无菌玻璃三角刮棒，刮取壁画表面粉层，直接涂抹在营养琼脂平板和 PDA 平板上。

3.2.2 微生物的培养和计数

3.2.2.1 试验设备

（1）生物安全柜 Hfsafe ~ 1200；

（2）生化培养箱 LRH ~ 250A　15 ~ 40℃ ±1℃

3.2.2.2 培养基

（1）营养肉汁琼脂培养基（NA）：蛋白胨 10g；牛肉提取物 3g；NaCl 5g；琼脂 15g；蒸馏水 1L；pH 7.0。

（2）马铃薯葡萄糖琼脂培养基（PDA）：去皮马铃薯 200g，切成小块，煮沸 10 分钟，纱布过滤取汁；葡萄糖 20g；琼脂 15g；蒸馏水 1L；pH 6.0。

3.2.2.3 试验方法

空气采集和壁画采集的培养基平板运送到实验室后直接放入培养箱中进行培养，营养琼脂平板 35℃，PDA 平板 28℃，培养 48h ~ 96h 后观察、计数。

采集的土壤样品和软腐木样品运送到实验室后在无菌条件下分别称取 1g 放入装有 99mL 灭菌生理盐水并带玻璃珠的三角烧瓶中，振荡 30 分钟，静置后，取 1mL 并注入 9mL 灭菌生理盐水，振摇试管，混合均匀，并做 10 倍递增稀释。分别取不同稀释度的样品液 0.1mL 于营养琼脂平板和 PDA 平板，用无菌玻璃三角刮棒涂布于培养基表面，培养方式同上。

空气中微生物数量按下述（1）式计算；微生物粒径大小分布按（2）式计算：

$$C\ (CFU/m^3) = \frac{T \times 1000}{T\ (min)\ \times F\ (L/\ min)} \quad (1)$$

$$C_{I \sim VI}(\%) = \frac{T_{I \sim VI} \times 100\%}{T_{(I \sim VI)}} \quad (2)$$

C 表示采样区域中空气微生物的数量，T 为六层采样器上获得的菌落数总和，t 表示采样时间，F 表示空气流量。$C_{I \sim VI}$为各级微生物粒径大小分布，$T_{I \sim VI}$为该级菌落数，$T_{(I \sim VI)}$为六级总菌落数。

土壤中微生物数量按经典的平板计数法测定。

3.2.3 微生物的分离、纯化与鉴定

待培养基平板菌落长成后，根据培养的菌落形态特征（细菌主要根据形状、大小、表面、透明度、边缘性状等；丝状真菌主要根据菌落生长速度、菌落和培养基颜色变化、表面质地、渗出物等），选择不同菌落进行分离、纯化，结合显微特征和（或）生理生化特性（发酵类型、生物酶特性、碳源的利用等），对分离、纯化的菌株作进一步的分类鉴定。

3.2.3.1 细菌的鉴定：根据菌落培养的形态特征（形状、大小、表面、透明度、边缘性状等）和显微特征及生理生化特性（发酵类型、生物酶特性、碳源的利用等）进行鉴定。

3.2.3.2 丝状真菌的鉴定：采用点植法和载玻片培养法

（1）点植法：采用平板培养法，点植三个菌落，经培养 7 天～ 12 天，观察其生长速度和菌落的形态及颜色特点。

（2）载玻片培养法：取直径约 8cm 的圆形滤纸置于培养皿底部，并放入一个 U 形玻棒于滤纸上，其上平放一个洁净的载玻片，盖上培养皿盖后灭菌。取 10ml ～ 15mlPDA 培养基，注入另一培养皿中，使其凝成薄层，用解剖刀无菌地把琼脂切成 1cm 见方的小块，并将此方块移植于载玻片中央，用接种针将待鉴定霉菌的孢子接种在琼脂的四角，然后将已灭菌的盖玻片覆盖在琼脂上，并给滤纸上加注 2ml ～ 3ml20% 无菌甘油溶液，置于培养箱中 28℃培养 4、7、10 天，染色，分别在不同生长期间在显微镜下观察其菌落的生长的显微形态特征。

根据显微镜下观察菌丝形状、孢子梗特征和孢子器特征（大小、长短、颜色）、孢子着生方式和孢子形态等，结合点植培养特征、菌落生长速度、菌落和培养基颜色变化、表面结构和质地、菌落高度和边缘形状、渗出物、气味等进行鉴定。

3.2.4 遗址微生物侵蚀主导菌及种类特性

3.2.4.1 遗址微生物种类

共采集样品 60 件，其中空气样品 48 件（组），土壤样品 10 件，字幕墙样品 1 件，独木舟样品 1 件。检出丝状真菌类群 20 种，它们分别隶属于子囊菌纲曲霉属 5 种、青霉属 4 种、头孢（霉）属 2 种；半知菌纲丛梗孢科、暗色孢科和瘤座孢科 9 种。细菌类群 13 种，主要集中在芽孢杆菌属，其他有链球菌属、不动杆菌属、棒状杆菌属、微球菌属、片球菌属。各菌的分类地位（见表 5、6）。

3.2.4.2 侵蚀主导菌的区域分布状况

（1）空气：黑曲霉、土曲霉、圆弧青霉、展青霉和芽孢杆菌。

（2）土壤：黑曲霉、土曲霉、聚多曲霉、杂色曲霉、圆弧青霉、展青霉、黑青霉、宛氏拟青霉、枝孢霉，以及芽孢杆菌、星座链球菌和人苍白杆菌。

（3）玻璃房内：芽孢杆菌属。

（4）字幕墙：杂色曲霉和芽孢杆菌。

（5）独木舟：宛氏拟青霉。

3.2.5 遗址微生物的生长、演变规律

遗址微生物随季节温度变化的统计数据汇总及图表（见表 7、8）。

3.2.6 生物酶抗菌剂有效抑菌浓度及处理工艺

3.2.6.1 试验材料

表5 丝状真菌的分类地位

子囊菌纲	散囊菌科	曲霉属(Aspergillus)	聚多曲霉(Aspergillus sydowii)
			土曲霉(Aspergillus terreus)
			黑曲霉(Aspergillus niger)
			杂色曲霉(Aspergillus versicolor)
			灰绿曲霉(Aspergillus glaucus)
		青霉属(Penicillum)	圆弧青霉(Penicillium cyclopium)
			黑青霉(Penicillium nigricans)
			展青霉(Penicillium patulum)
			产黄青霉(Penicillum chrysogenum)
	长喙壳科	头孢(霉)属(Cephalosporium)	顶孢头孢霉(Cephalosporium acremonium)
			考氏头孢霉(Cephalosporium costantinii)
半知菌纲	丛梗孢科	拟青霉属(Paecilomyces)	宛氏拟青霉(Paecilomyces varioti)
		轮枝孢属(Verticillium)	——
		木霉属(Trichaderma)	康宁木霉(Trichaderma konrngii)
		瓶孢霉属(Phialophora)	烂木瓶孢霉(Phialophora richardsiae)
	暗色孢科	枝孢霉属(Cladosporium)	——
		交链孢霉属(Alternarea)	细交链孢霉(Alternarea alternata)
		弯孢属(Curvularia)	——
	瘤座孢科	镰孢属(Fusarium)	毛球镰孢霉(Fusarium flocciferum)
		黑乌霉属(Memnoniella)	——

表6 细菌的分类地位

序号	革兰氏染色/菌体形状	属名	种名
1	革兰氏阳性杆菌	芽孢杆菌属（*Bacillus*）	枯草芽孢杆菌（*Bacillus subtilis*）
2			巨大芽孢杆菌（*Bacillus megaterium*）
3			地衣芽孢杆菌（*Bacillus licheniformis*）
4			环状芽孢杆菌（*Bacillus circulans*）
5			侧芽孢杆菌（*Bacillus laterospore*）
6			球形芽孢杆菌（*Bacillus sphaericus*）
7			浸麻芽孢杆菌（*Bacillus macerans*）
8		棒状杆菌属（*Corynebacterium*）	——
9	革兰氏阴性杆菌	苍白杆菌属（*Ochrobactrum*）	人苍白杆菌（*Ochrobactrum anthropi*）
10	革兰氏阴性球杆菌	不动杆菌属（*Acinetobacter*）	——
11	革兰氏阳性球菌	链球菌属（*Streptococcus*）	星座链球菌（*Streptococcus constellatus*）
12		微球菌属（*Micrococcus*）	——
13		片球菌属（*Pediococcus*）	——

表7 遗址微生物数据汇总统计

月份	一月	三月	五月	七月	九月	十一月
细菌	57	63	71	120	97	73
霉菌	234	294	417	667	539	356

（1）几丁质酶（Chitinase, from Strepto-myces griseus）518 units/g，西格玛奥德里奇（上海）贸易有限公司生产。

（2）葡聚糖酶（Dextranase,from Penicillium sp.）25.3 units/mg，西格玛奥德里奇（上海）贸易有限公司生产。

表8 遗址微生物随季节温度变化图

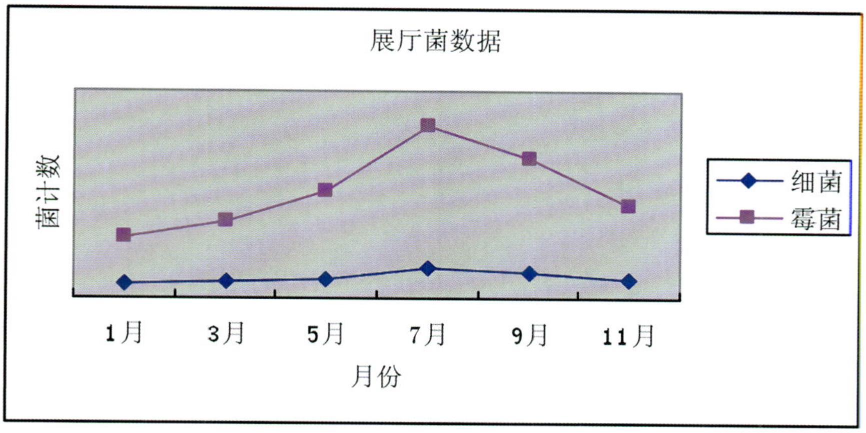

（3）蛋白酶（Protease，type Ⅰ：crude，from bovine pancreas）6.9 units/mg，西格玛奥德里奇（上海）贸易有限公司生产。

3.2.6.2 试验方法

采用摇瓶振荡－涂布试验方法。在PDA培养液中分别加入不同酶活性单位的几丁质酶或以葡聚糖酶、蛋白酶、几丁质酶组成的复合酶，以确定生物酶的最低抑菌浓度，并以不加生物酶的培养液为对照，分别接种一定量经活化的试验菌，28℃，摇瓶振荡培养6h，以0.1mL涂布于含有同样酶活单位的PDA平板，28℃，培养48～72h，观察生长情况。

3.2.6.3 生物酶抗菌剂的抑菌效果

（1）几丁质酶的抑菌效果（见表9）

几丁质酶处理试验表明：不同酶活的几丁质酶对9种丝状真菌有不同的抑菌效果：圆弧青霉、黑青霉对几丁质酶较为敏感，100unit酶活力即能较好地抑制菌丝的生长发育，而其他7种丝状真菌效果不明显；当酶活力达到200unit时枝孢霉属、土曲霉、黑曲霉的生长发育受到抑制，而聚多曲霉、展青霉、杂色青霉和宛氏拟青霉的抑制效果仍然不明显（见图1～9）。

（2）复合酶的抑菌效果（见表10）

复合酶处理试验表明：不同组合的复合酶对单用几丁质酶处理效果不佳的4种丝状真菌有较好的抑菌效果，主要表现为菌丝生长发育受到抑制，菌落生长迟缓（见图10～13）。

表9 几丁质酶的抑菌效果

序号	侵蚀菌名称	对照	几丁质酶处理		
			50*units*	100*units*	200*units*
1	聚多曲霉(*Aspergillus sydowii*)	+	+	+	±
2	枝孢霉属(*Cladosporium*)	+	+	±	-
3	展青霉(*Penicillium patulum*)	+	+	+	±
4	圆弧青霉(*Penicillium cyclopium*)	+	+	-	-
5	土曲霉(*Aspergillus terreus*)	+	+	±	-
6	黑青霉(*Penicillium nigricans*)	+	±	-	-
7	黑曲霉（*Aspergillus niger*）	+	+	±	-
8	杂色曲霉(*Aspergillus versicolor*)	+	+	±	±
9	宛氏拟青霉(*Paecilomyces varioti*)	+	+	+	±

注：“+”表示菌落数在1.0×10^4～1.0×10^5之间；“±”表示菌落数在1.0×10^3～10^4之间；“—” 表示菌落数在1.0×10^3以下（下同）。

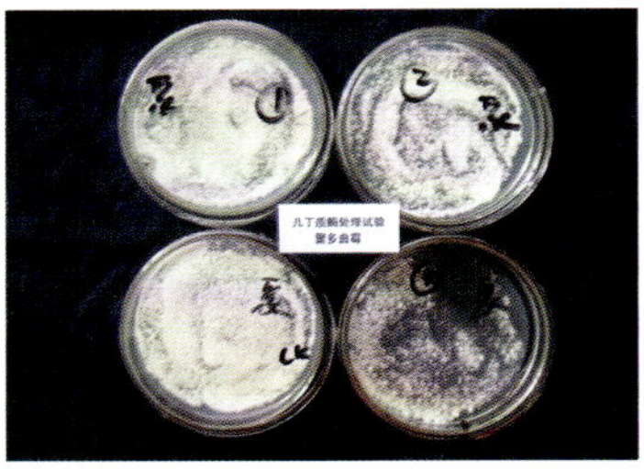

图1 聚多曲霉

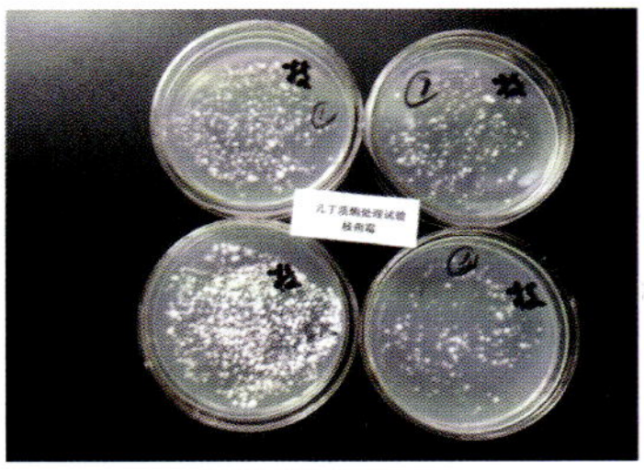

图2 枝孢霉

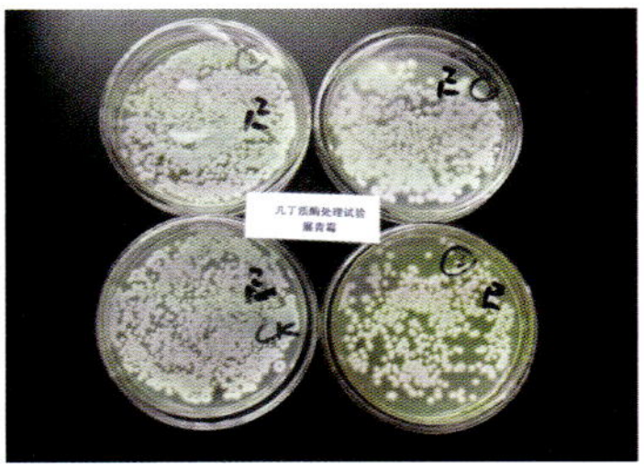

图3 展青霉

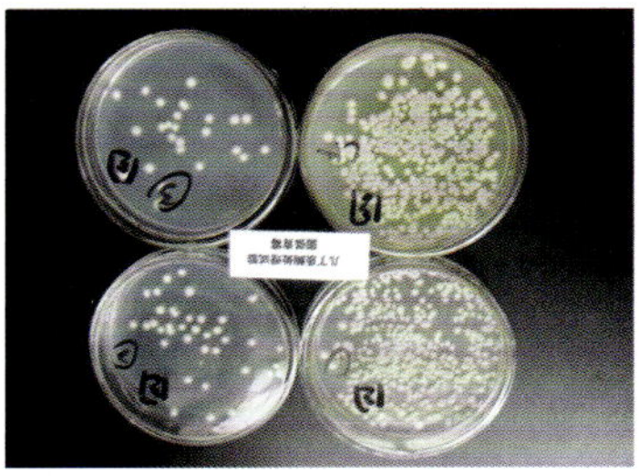

图4 圆弧青霉

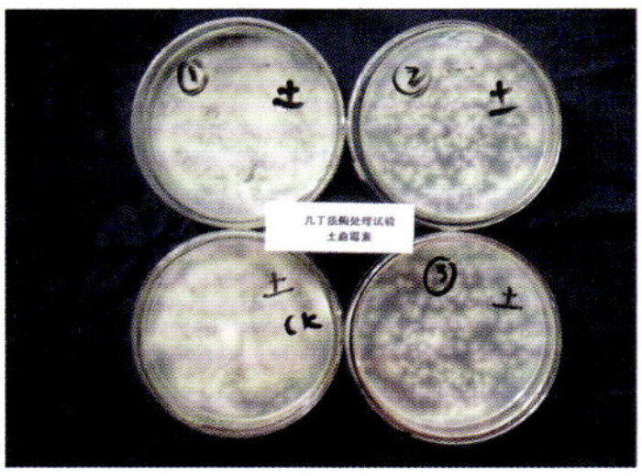

图5 土曲霉

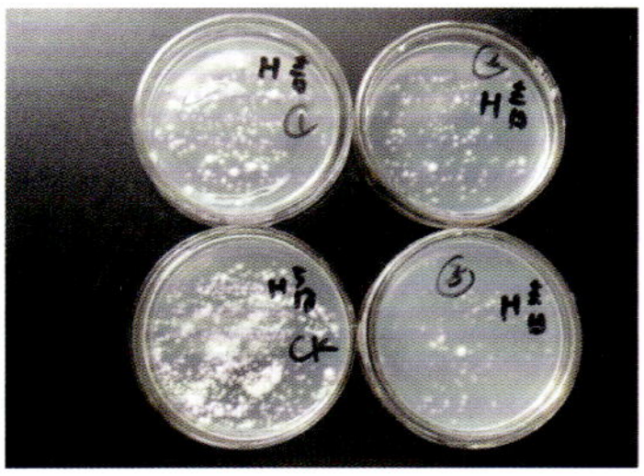

图6 黑青霉

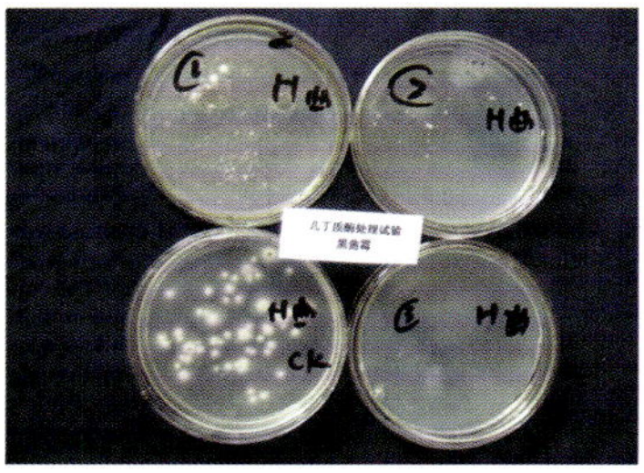

图7 黑曲霉

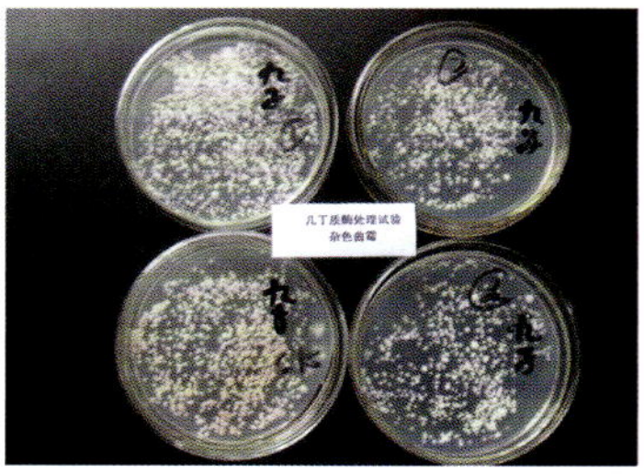

图8 杂色曲霉

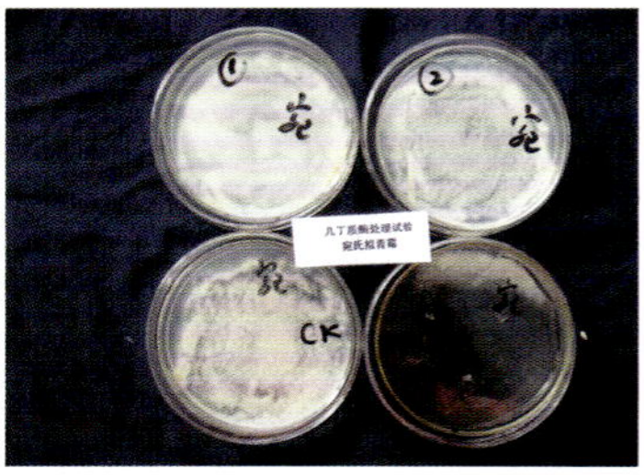

图9 宛氏拟青霉

表10 复合酶的抑菌效果

序号	侵蚀菌名称	对照	复合酶处理		
			几丁质酶+蛋白酶	几丁质酶+葡聚糖酶	几丁质酶+葡聚糖酶+蛋白酶
1	聚多曲霉(*Aspergillus sydowii*)	+	-	-	-
3	展青霉(*Penicillium patulum*)	+	+	+	±(生长迟缓)
8	杂色曲霉(*Aspergillus versicolor*)	+	+(生长迟缓)	±(生长迟缓)	-(生长迟缓)
9	宛氏拟青霉(*Paecilomyces varioti*)	+	±(生长迟缓)	-(生长迟缓)	-(生长迟缓)

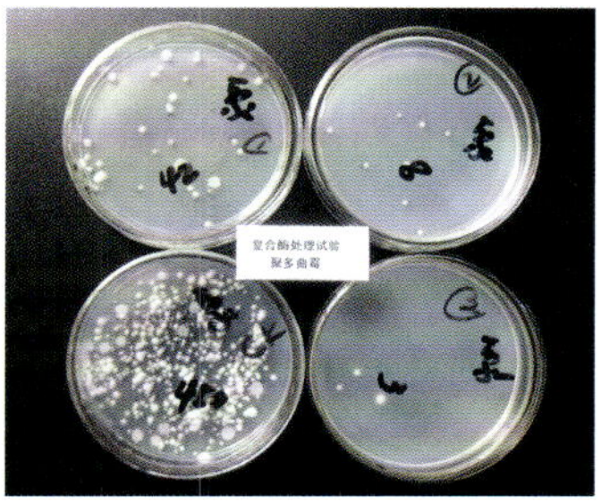
图10 聚多曲霉

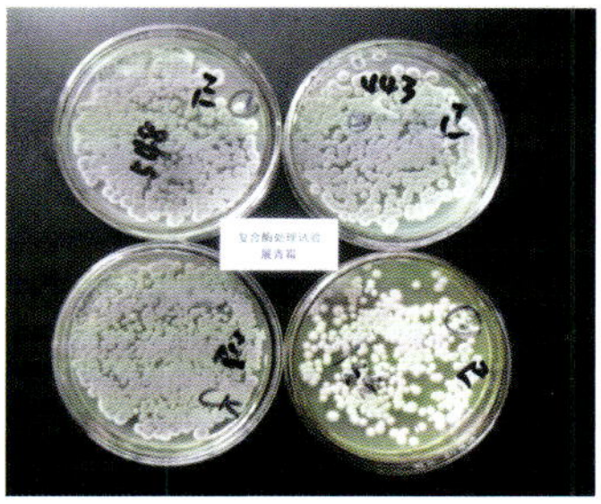
图11 展青霉

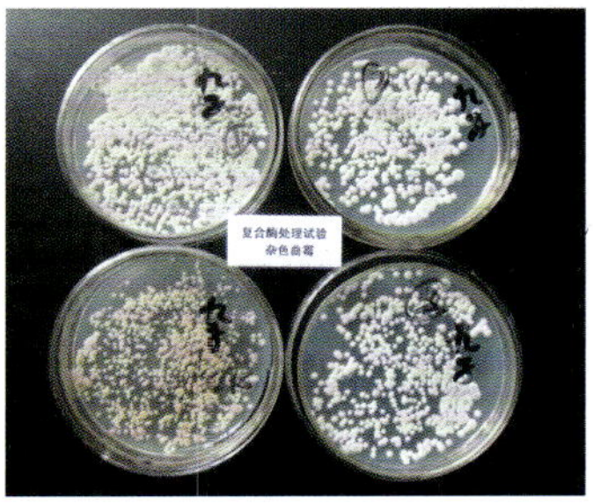
图12 杂色曲霉

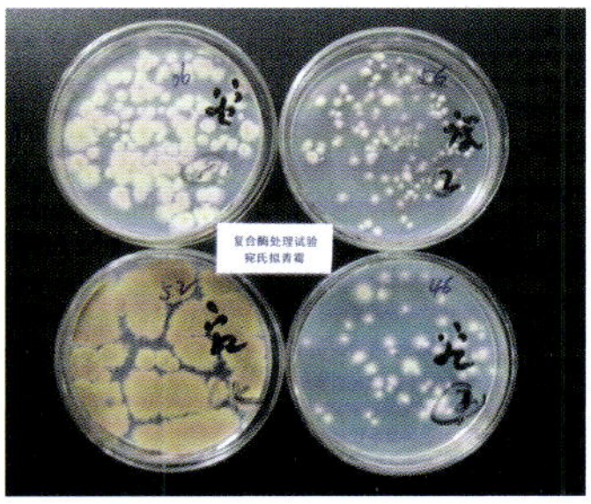
图13 宛氏拟青霉

4. 课题难点及解决情况

由于我馆位于湘湖边，湘湖是萧山的备用水源，根据深井致冷相关专家意见，考虑到深井致冷可能造成水源的污染。因此，我馆对于遗址厅密闭大空间的温湿度控制方案进行了调整，于2011年2月萧跨博［2011］06号《关于对跨湖桥遗址博物馆遗址厅小气候变化造成冷凝水问题及处理情况的报告》向主管局区文广新局提出对遗址厅大环境进行整改的要求，在区文广局高度重视和努力下，区政府于2012年1月对该项目进行立项，地方财政投入470万元，2012年开始实施。

5. 后续研究计划

（1）深入研究生物酶抑杀菌工艺，生物酶抗菌剂在遗址中全面应用，进行抑菌效果分析；

（2）制定遗址厅密闭大空间温湿度控制方案、专家论证、组织实施。

（3）研究生物酶抗菌剂对遗址土层和木构件外观的影响。

（4）研究土壤加固材料、土壤盐类对生物酶抑杀菌作用的影响。

（5）生物酶抑杀菌工艺应用。

（6）准备申请专利资料，进行专利申请。

（7）研究成果包括调研报告和论文专著等的汇总整理、发表。

（8）建立课题档案：包括检测报告、调研材料、应用情况、评估报告等对本课题进行全面总结。

（9）完成课题结题报告，准备结题验收相关工作。

通过课题研究和实践，不但提升了理论和实践水平，积累了课程研究经验，还提高了队伍的业务素质，使我馆文保工作和科研力量得到加强。但由于遗址厅空间较大，并且处于湘湖水位下，在大环境温湿度控制上要求高、难度大，同时生物酶抑杀菌具有很强的实践性。因此，课题组的任务还很艰巨，还需开展进一步的现场试验和应用，向更深的层次延伸和总结。但我们坚信：在各位领导和专家的支持和悉心指导下，通过全体课题组人员的共同努力，我们有信心克服困难，高质量完成萧山跨湖桥独木舟遗址的微生物危害综合防治研究课题的研究任务，以期对于我国南方潮湿地区土木结构遗址、木椁墓葬的科学保护提供有益的参考和经验。

组合型边架独木舟的艏艉结构

（澳大利亚）尼克·伯明翰
澳大利亚杜伊夫根复制品基地

这篇论文专门讨论亚太地区的挖空式带边板组合型独木舟的基本形式和结构。我将根据船体结构的区别，特别是船艏和船艉的区别，从文化地域角度区分各种传统的特点，并简单列举东南亚地区边架独木舟众多用途中的几种，最后将尝试性地归纳出中国及周边地区组合型独木舟的结构特性与传统。

学术界认为，在世界上的大部分文化区范围内，拼合式木板船是由挖空式木舟发展演变而来的（图 1）。

也有理论认为拼合式木板船是从中国的竹筏发展而来，但这之间存在一个很大的概念差别。

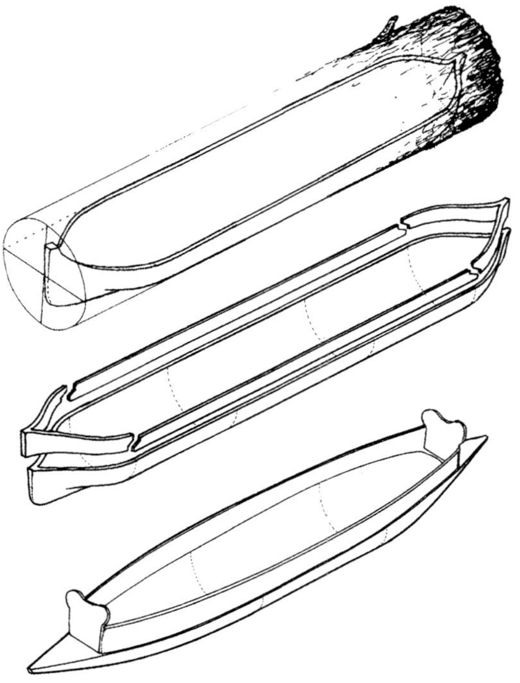

图1 最早的独木舟由一棵原木而来，段式独木舟具有明显的横向艉部。

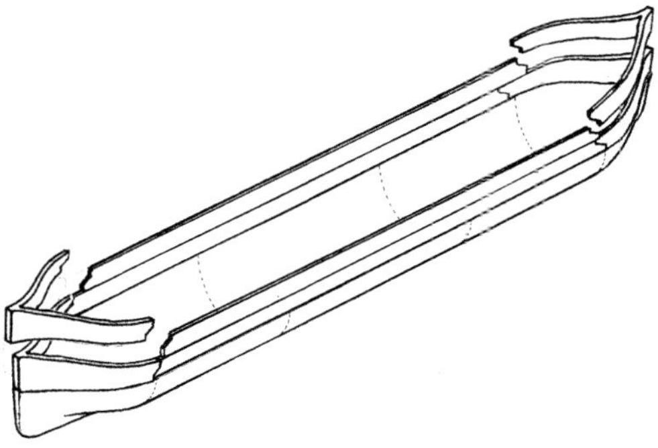

图2 这艘独木舟由9块部件构成，但仍然可以被视为五段式结构。

在简单的挖空式独木舟上，通常可以看到一点船艏和船艉的形状，但这种形式的独木舟的形状和规格受制于所能取得的原木的条件。

干舷是指水面以上的船舷高度，古人可以通过加设防浪边板来增加干舷的高度。一艘纯粹的挖空式独木舟，加上防浪的边板，就成为挖空式带边板组合型独木舟。一条典型的挖空式木舟上，可以使用近乎垂直的木板，甚至是编织的茅草作为船艏防浪板；而在独木舟的艉部，往往需要更为复杂的结构。

哈登(A.C.Haddon)和豪内尔（J.Hornell）在1937年，使用“五段式独木舟”这个术语，来表述众多挖空式带边板组合型独木舟的基本形式。组成这种独木舟的五个部分是：挖空的木舟底部，船舷两边的两列长板，再加上船艏和船艉两部分的短板。

他们就此著述一部《大洋洲独木舟》，阐述奥斯特罗尼西亚即南岛语族的独木舟。南岛语族包括波利尼西亚人、密克罗尼西亚人、美拉尼西亚人以及印尼马来人，他们都使用同一语系的语言，拥有相似的独木舟建造技术。南岛语族遍布地球广大地区，从印度洋西部马达加斯加，穿越太平洋，到达复活节岛和夏威夷，南至新西兰，离起源最近的南岛语族现居的台湾南部，与中国大陆东南部他们的起源处很近。南岛语族的广泛分布，大多数要依靠海上航行。

南岛语族的独木舟在各地有设计和形式的不同，但主要都是五段式的基本结构，木舟可以分为两大类：

1. 叉形船艏和船艉结构

2. 平板式船艏和船艉结构（尼克·伯明翰 1992:192）

五段式的结构同样可以适用在部件多于五块木板的船只上（图2）。

建造独木舟或其他木船，可以采用三种基本技术：（McGrail 1985）

首先是减法——原木可以用不同的方式来切割或灼烧成型，这样的技术用来制造挖空形独木舟和制作边板，一些具有自然形状的木料则被巧妙地利用（图3）。

其次是加法——不同的木板可以用不同的方式固定在一起，比如钉子、榫头、缝合等。五段式独木舟的五个部分要相互连接到一起（图4）。

第三是成型——木材可以通过弯曲而改变原先的形状。某些木材很容易弯曲，另一些则非常困难。加热可以使木材变得更加具有弹性（图5）。

在大多数南岛语族生活的地区，用弯曲木材的成型方法并不常见，一般直接通过切割或雕刻成型。而在东南亚大陆地区和印度尼西亚西部，加热后弯曲木材则是很普遍的技术。普通的挖空式独木舟通过成型可以让其底部变宽。这样具备较宽船底的组合型独木舟，具有很好的稳性和劈水性能（图6、7）。

图3 用锛斧切削独木舟，即减法技术。

图5 用榫头固定木板，制成独木舟，即加法技术。

图4 两块木板被弯曲，将成为两侧的船舷边板，即成型技术。

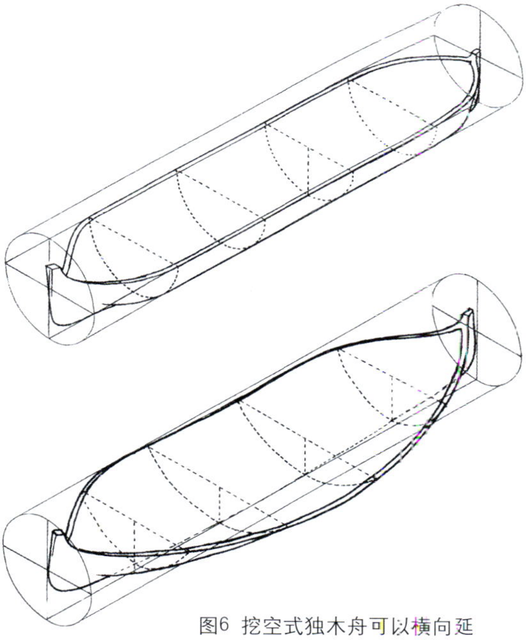

图6 挖空式独木舟可以横向延展或打开，舟体变成更宽和更加轻薄。

在大多数南岛语族地区，由于原木没有经过变形加工，其挖空式独木舟的体型未改变，由此建造的组合型独木舟仍显得很狭长。这种形状的舟体几乎没有稳性。南岛语族人通过在船边架设边架或者用双体独木舟，解决了这个问题。边架木舟和双体独木舟的航行速度很快，但是因限于独木舟的长度载货能力相对不强（图8、9）。

图7 加宽后在两舷上用边板加高的独木舟，形成优美曲线形状。

图8 双体独木舟。平行的两艘独木舟用桥式边加连接在一起。

图9 边架独木舟。图上这种独木舟两侧都有边架的，可以称作双边架独木舟。

在东南亚地区，独木舟各个构件之间由木钉或榫头连接。当连接两块部件时，所有榫头都应该几乎平行（图 10)。

加装叉形的艏部和艉部，这对于底部没有经过展开成型加宽的独木舟是可以做到的。但是对于加宽变形过的独木舟，位于一个面（底部）的榫头与处于另一个面（船舷）并不在同一个面上。这样，船艏和船艉的部分就需要分别切割成两块，也就形成了“七段式独木舟”。这种结构的独木舟在东南亚很常见，它们是一种截然不用的传统与结构上的需要（尼克 · 伯明翰 1992）（图 11、12、13）。

如果使用的是平板型的船艏与船艉结构，无论独木舟经过加宽变形与否，安装艏封板和艉封板都不成问题。

平板型船艏独木舟的传统，在东南亚地区和太平洋地区的某些方法可以找到（图 14)。

图10 用一排榫头连接两块边板。所有的榫头都应该几乎平行。

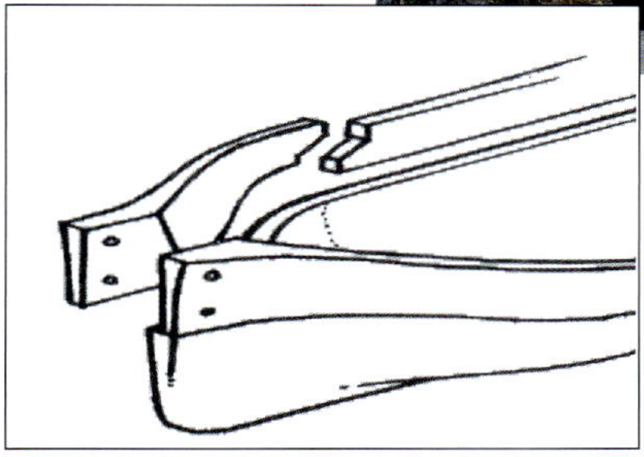

图11 七段式独木舟的艏部结构

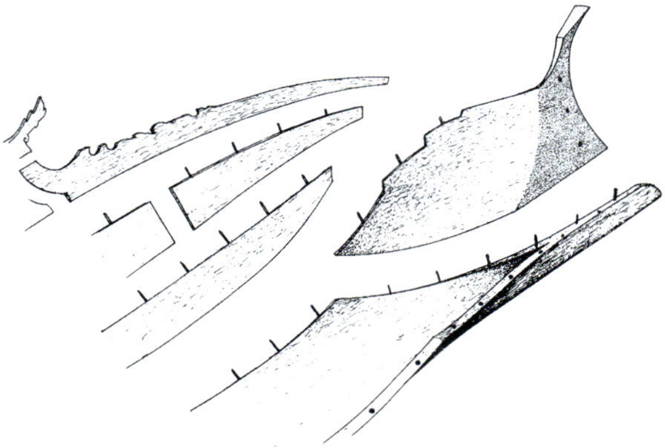

图12 七段式组合独木舟的船艏结构，可以看见刳挖出来的底部和一侧船舷边板的内部结构

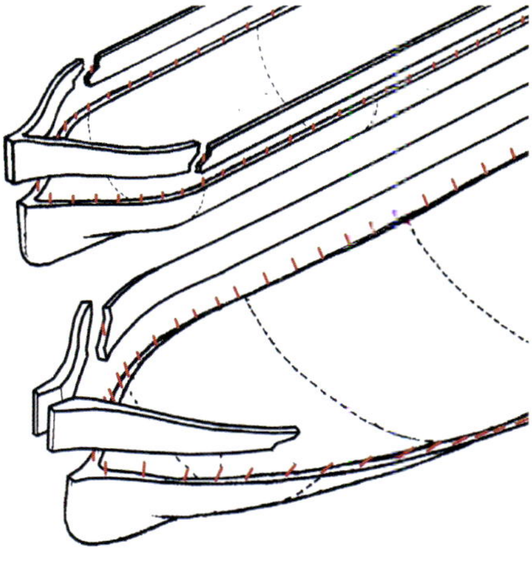

图13 未经加宽的独木舟上，连接木板的榫头都是垂直的，而为加宽变形过的独木舟，连接的榫头就都是垂直的。

图14 一艘具有平板型船艏结构的婆罗洲独木舟

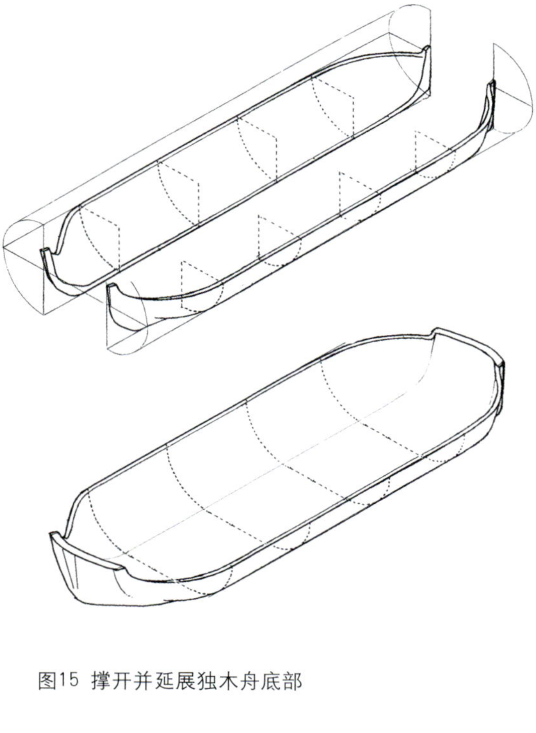

图15 撑开并延展独木舟底部

有一种方式不需要将舟底部件变形就可以加宽独木舟。把一条独木舟从中间剖成两半，中间加上一块。一些证据证明这种技术可能曾经用于东亚地区（图 15）。

在讨论中国文化区的截然不同的平板型船艏传统之前，先提出几个有关边架功能的观点。

一般来说，边架作用于稳性相对差的狭长独木舟，为其提供更好的稳性，比如那些小型划桨独木舟，有时还带有一面小帆的独木舟。这些情况下，边架并不太大，与主船体之间的固定也不是太牢固（图 16、17）。

某些边架独木舟的稳性完全依赖边架，这种独木舟的边架通常要比独木舟的船体长，由粗大的竹子制成。竹子浮力很大，当在水面移动时产生相应的水升动力（图 18）。

边架和边架的连接杆必须牢固而且有韧性，连接杆和独木舟间船体的连接也必须非常牢固（图 19、20、21）。

也有一些大型船舶装置了边架，但这种边架对稳性影响不大。长度大于 10 米的船只无法通过作为边架的竹子浮力得到足够的稳性，因为受限于竹子的最大规格，并且随

图16 边架独木舟，独木舟的两舷用棕榈叶材料制成，边架直接系在连接杆上。

图17 更先进复杂的边架独木舟具有较小的边架，靠划桨或一面小帆推进。

图18 印度尼西亚的perahu pakur 在强风中行驶时，独木舟体和边架的压强非常大。

图19 在强风中扬帆行驶时，边架和边架连接杆受力很大。

图20 这种东非坦桑尼亚桑给巴尔岛独木舟的设计，减少了边架和边架与独木舟船体之间连接点的受力，但其稳性依赖船员操作的灵活性。

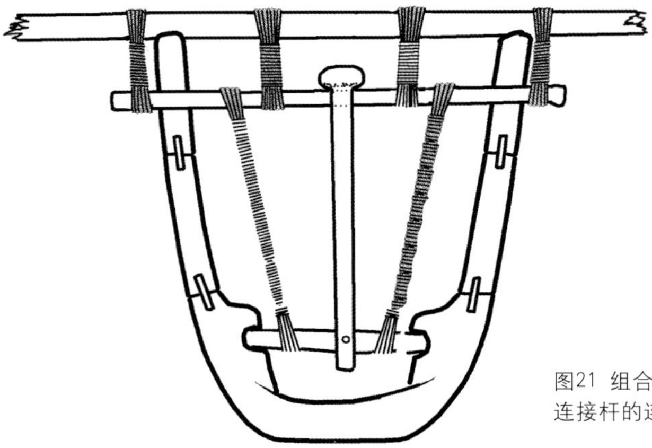

图21 组合型挖空独木舟的横截面图，显示了边架连接杆的连接方式。

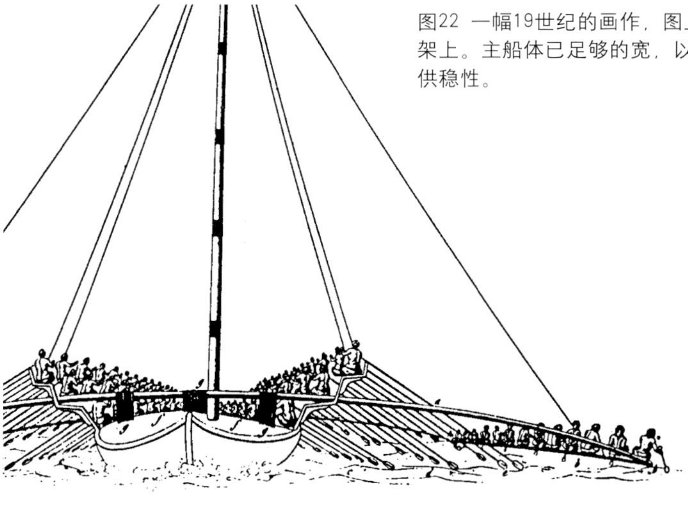

图22 一幅19世纪的画作，图上显示划桨手坐在边架上。主船体已足够的宽，以至不需要靠边架提供稳性。

着独木舟规格的增大支架的阻力也会增加。某些情况下，边架是为划桨手提供一个坐着的工作平台，或者是作为阻止敌方战士登船的屏障。

边架的作用不可一概而论（图 22、23）。

回到平板型的船艄与船艉的问题上，我想提一个关于南岛语族平板型船艄与中国平板型船艄之间根本区别的看法。平板型船艄和船艉在南岛语族的多个区域中的组合型独木舟上均有运用，它们在中国和周边区域的木板船中也有广泛的运用，所以，我们可以怀疑挖空式独木舟在这一区域曾经使用平板型船艄和船艉结构。至今为止，很少有考古证据可以支持或反驳这种假设。从一些古老的船只遗存残余上可以看出，船体的底部使用几块大木板加工拼合而成，这可以推断它是组合型独木舟的一种演进或退化。

图23 一艘停泊着的大船，婆罗浮图石雕的复原船，两侧的边架都在水面之上，它行驶时可以不装边架。

图24 韩国全罗南道Anjwa14世纪沉船的船艉或是船艏，平板型的底部还保留着。相似的结构还可以举出其他例子。

图25 在这艘印度尼西亚建造的janggolan，当船壳边板建造完成时，船艏平板即将被固定在船壳边板两侧的末端。

图26 一艘几近完工的janggolan，船艏平板已经被固定在船壳边板两侧的末端。

图27 泉州后渚沉船的船艏平板笃定在船壳内，形同横向隔舱板一样。

一个很好的例子是韩国全罗南道 Anjwa 发掘的沉船上的发现 (Sasaki and Lee 2010)（图 24）。

以这个未成定论的证据为基础，我认为在中国文化区建造的组合型挖空式独木舟，其平板型船艏和船艉的结构，与南岛语族区域的传统并不一样，尽管它们外表很相似。

在南岛语族的传统中，平板是固定在防浪板的顶端（图 25、26）。

对一些古船考古实例，中国地区的平板通常固定在两侧防浪板之间，也就是说平板船艏和船艉在两侧船舷安装之前就已经固定好了，建造工序与南岛语族不同。或许从这个意义上，南岛语族地区与中国地区组合型挖空式独木舟之间，具有概念上的不同（图 27）。

结论是，或许中国及东亚地区的船艏与船艉平板，更偏向是建造工序的组成，最后成为船体的一部分。它可以被看做是横向隔舱结构这个中国造船传统重要特征的雏形。

寻找远古波利尼西亚远航木舟

（法属波利尼西亚）易立亚·奥蒂诺
中国—法属波利尼西亚友好协会会长

波利尼西亚人的祖先曾经实现了人类历史上独一无二的一次大探索：进驻太平洋——这个世界上最大洋面的中心，定居在距离亚洲和中美洲20000公里的岛屿上。从此以后，太平洋地区成为各种交通交流的重要枢纽。

我们的寻根之路，就是驾驶一条传统的浮架木帆船，用四个月时间沿着六千年前的原始迁移路线重返本源。

寻根之路的独木舟重走迁移路，从东至西，经由太平洋各岛到达其文化的发源地：中国。一路经停当时迁移过程中的各大中转点，包括：大溪地、库克群岛、汤加、斐济、瓦努阿图、所罗门群岛、巴布亚新几内亚、帕劳、菲律宾、中国。

独木舟

独木舟可能是波利尼西亚文化中最重要的元素了。除了有技能非凡的船长之外，他们的浮架木舟也不同寻常，驾驶着双体木舟或浮架木舟，他们就可以跨越大洋。远古的木舟带着迁移者们穿越太平洋，但对于它们的性质、形状和建造过程，我们却仍然不太了解。我们只能假设的认为这些古老的航行者们像他们的子孙后代一样，驾驶着浮架木舟或双体木舟。关于这些木舟的最初记载源于1767年，根据早期欧洲航行家们在大溪地的观察写成。所有的欧洲人都惊叹于木舟在大溪地人日常生活中做扮演的重要角色。

探路航行

他们在广袤的海洋中航行，仔细观察大海和天空的细微变化，在西方人首次完成穿越大洋的航程前2500多年，就已经成功跨越了广阔的海洋。

探路航行要求对夜空星辰十分了解，例如需要记住：

32颗星星的星象仪，知道星星从哪里升起哪里落下

解读不同形状的海浪

云朵

鸟类飞行规律

海图

这些海图是用条形棍或棒制成的，记录海浪情况，上面附着贝壳代表岛屿，使航行者可以判断行驶的距离。这种棍棒型的海图在制图历史上有很大的贡献，代表了一种前所未有的，全新的海图体系。所使用的材料在全世界也是独一无二的。

这次跨洋航行是人类历史上第一次通过使用知识和技术完成的迁移，也是最后一次如此远距离高难度的迁移。

对太平洋的探索和定居完成之后，可以说人类对地球的大型探索和迁移也就结束了。如果现在我们想要走得更远的话，可能需要进入太空了。

当以库克船长为例的西方航海家到达太平洋之时，只有屈指可数的几个岛屿上有人居住。

如果用达尔文进化论的逻辑思考，那每一条船都是另一条的翻版。很显然，设计拙劣做工糟糕的船会在一两次航行之后沉入海底，因此不会被别人复制……所以可以说，是大海用最严格的标准塑造选择船只，只留下好的，把其他通通摧毁。

法国哲学家阿兰

它是一条船

从船只设计角度来说，木舟一直都是一个样子：狭窄的船体，旁边加上另一个浮体。不管船体旁联结的是浮架还是另一个船体，或者是由两个浮体支撑起中间的水手生活平台，原则还是一样的：几千年以后，西方人用这个原理制造出了世界上行驶速度最快的船，把它们叫做 catamaran 双体船或 multihulls 多船体船。

更是一种象征符号

作为人、植物和动物的交通工具，木舟是人类迁移过程中的生存保障，同时它也是广阔太平洋上社会、政治、宗教组织不可缺少的工具。

所以，va’ a 指的是木舟，但不仅仅如此。对于同一组群的人和领地内的人来说，这个概念要广义得多。

人们用航段的名字命名木舟，也用木舟的名字命名岛屿。

浮架木舟在太平洋各地分别被称作 va'a，vaka，waka，是人类与大洋的最基本的纽带的象征。

木舟是交通工具，也是沟通、交流和战争的工具，是波利尼西亚文化的精髓。

分类

这些远古木舟主要有两种分类方式：

- 根据船体
  - ○ 双体木舟
  - ○ 带一根或两根浮架的单体木舟
- 风帆形状

船体

任何一种船体设计都需要妥协。

木舟设计演变

由于探索并定居在东波利尼西亚的人来自于同一中心区域，所以推断木舟的设计也应该相似或相同。可惜那时候的木舟设计已经消失了，木舟同驾驭他们的主人一样都已经消逝了。

除了在中国和新西兰挖掘出的古木舟残片，以及在波利尼西亚 Huahine 岛上发现的木舟残片，并无更多实物证据。

波利尼西亚关于木舟描述性的记录也很少，复活节岛的一幅岩画上有记载。

这是荷兰航海家勒梅尔和斯考滕见到的第一条波利尼西亚航船，于 1616 年 5 月 9 日在汤加岛以东的海域。

最早的雕刻图案：这个影印版本的雕刻图，最早在 1618 年，发布于荷兰。

图上看到的是一条浮架木舟，船帆上有一只鸡。

雕刻图中的欧洲航船是第一条向东，通过南美驶入太平洋的荷兰帆船，而通常的路线是经由非洲和印度洋。这正是荷兰航海家斯考滕和勒梅尔的船，之前他们向东经过非洲到达了太平洋的边际。打败葡萄牙人的时候他们与摩鹿加群岛的战船在一起，之后建立的淘金公司和澳大利亚公司，1615 年 5 月从英格兰出发向西通过南美进入太平洋寻找澳大利亚，航行至 1519 年被命名的麦哲伦海峡以南，跟随了德瑞克 1577 ~ 1580 年的环球航行路线。

最初关于木舟的详细书面记载是由欧洲航海家根据他们在大溪地见到的木舟于 1767 年记录的。所有人都惊叹于木舟在大溪地人日常生活中所扮演的重要角色。

其他的描述参考，都在我们代代相传的口述和古老的神话中。

接下来的几个世纪中，这种形式的风帆变得越来越普遍，每个地区都以之为基础，根据当地的风向、海洋情况和木材资源的不同而有所不同。

双体木舟

用于运输和远航的带风帆的双体木舟船体很大，有时候可以达到 25 米长。它的形式与现代双体船相似，有一面或两面帆，根据木舟的大小由 4 至 20 人操纵。出海寻找岛屿并迁移定居的，很可能就是用这种木舟。

它可以装载 60 人，并配备路上所需的生活材料。

带船桨的双体木舟基本只在战争中使用。

也分为两种，一种圆底的只用于战争，另一种 V 形底的可以用于战争，也可用于远航。

当时的双体木舟，由于两个船体是用绳索连接，所以两船体之间的距离比现代双体船之间的距离要近，也就是说两个船体间有水通过的面积较窄。

对于大型双体远航的木舟而言，两面风帆要比一面大帆容易操作。前帆应该较大。由于两面帆分别受力，所以减少了翻船的可能性，在船体间距离比现在双体船小的情况下，保证了木舟的稳定性。

如果在航行过程中风力过大，木舟可以快速降下后帆以减少受力。

单船体+1个浮架

浮架木舟的两个船体长度不相同，较小的那一个在左边，叫做 ama，也就是浮架。

只有一个例外，在波利尼西亚南方群岛上发现了一条木舟的浮架在右边，但是现在没有人能解释其原因。

在与南岛语族同源的所有地区，尽管文化和语言不尽相同，但都有浮架木舟的存在，从印度洋最西部的马达加斯加，安达曼尼科巴群岛，

到南太平洋的美拉尼西亚、北太平洋的密克罗尼西亚

和东太平洋的波利尼西亚各岛，到处都有浮架木舟。

– 小型浮架划桨型木舟（va’ a）

长 5 ~ 9 米，用于短途航行和近海捕鱼，只需要一棵大树的树干就可以建造船体和其左侧的浮架。

– 小型风帆型木舟（va’ a motu）

长 10 ~ 13 米，用于捕鱼和短途航行。主船体上用木板加高，用椰子纤维编制成绳，缝在原来的树干上，在需要的情况下也可用另一根树干加长。前部带一个狭小的平台，在需要时可以站人、加重、保持平衡。风帆的形式根据各个群岛有所不同。

– 风帆型木舟

长 14 ~ 18 米，根据大小不同，由 5 ~ 12 人操纵，用于捕鱼、战争和岛屿间的往返。

风帆的形式各个群岛不同。

要将一条战争用的木舟改为远航木舟，只需拆除两个打斗用的平台。13 ~ 17 米的木舟可以载 30 人左右。主船体用一根或两根树干制成，上方用加工过的木板缝合加高。前方建造了一个小平台，将主船体和浮架连接起来，还有一个竹子做的编织篷，为人和供给物品提供遮蔽。

传统工具和资源

当时的环境里可用的资源非常少：木材、石头、贝壳等。

所有的工具都只能用这些天然材料制成，像石斧、扁斧，凿子、贝壳工具等。

然后他们外出寻找木材。

波利尼西亚的造船木匠会根据船的用途选择木材（捕鱼、岛屿间往返或宗教仪式用船）

– 深海船的船体是用高密度的硬木制成。

– 至于浮架，木匠们在满足最基本强度要求的前提下，会选择密度较低而浮力更大的木材，并以质地均匀气孔不太多的木材为佳。

主船体和浮架中间的连接杆，需要强韧性，起缓冲作用，又要选择较轻的木材。

不同的部分需要选择不同的木材，通常需要 4 个人花上几个星期的时间来砍树并把它们运回家。

为了运输方便，把树砍倒以后，他们会根据需要对树干进行大致修剪，这会花去不少时间。要加工一块木板，只能用扁斧，而在那个时候，扁斧是用石头或贝壳制成的，边缘被用火山石打磨锋利形成刀口。

传统切割木板的方式是用硬木的尖角敲打树干，把树干一分为二。

被劈开的树干两边分别可以被削薄成一块木板。

木舟的建造

船体形状

一般来说圆底船的三要动力是人力划桨，风帆只做辅助作用，优点在于操纵的灵活性。

但如果木舟的主要目的是航行，那通常船体就会更深，或者在沿着龙骨部位的船体底部，更加像一个 V 字形，以便更好地在大海中控制航线。

这种船体在操作的灵活性上不如前一种，但是在顶风或风从侧面方向刮来的时候，可以有效防止木舟侧滑，偏离预定轨迹。

从古代航行的超远距离我们可以推断，木舟具有优良的航海性能，以人力划桨作为辅助。

这些木舟并不像现代双体船呈 V 形船体，而是带有圆弧的 U 形，使本身的船体浮力最大化。

圆弧的 U 形船底，加上两边向外凸出的弧形船身，比起 V 形船底和两边平坦的船身而言强度要高，弧形能增强抗浪能力。

所有波利尼西亚木舟的船体，水线以下部分都是弧形向外突出的，无论从长度还是截面来说都是如此。

两种船体

dugout　挖空

planked 缝合

建造地点

建造木舟的第一件事，就是要找到合适的造船地点。在一个满地都是沙子的海岛上找造船地点看起来不是困难的事，但对于建造木舟的大师们来说，这也并不像看起来这么简单。

然后，需要祈福，企求上天的保佑。

在古代，建造过程中，造船师傅会日夜守在它的木舟旁边寸步不离，建造的方法是保密的，不能让其他人知道。

地面被仔细地整理平整，用椰子树叶搭建成十几米长、四米左右宽的草棚，高一米多，保护木舟和正在工作并祈祷的工人们不受日晒雨淋。

族群里年长受尊敬的技师监督，由其他 3 ～ 4 个亲信完成。

挖空

一旦工人们找到了足够大的木材，就会在砍伐后就地挖空。可以在两边用木板缝合加高，以加深船体。

挖空木材

烧

拼合型木舟——建造流程

如果处在环礁形成的小岛，找不到足够大的木材用来挖空，或者如果要建造更大的木舟，可以采用两种方式：

1．完全使用木板缝合的方式建造船体。

2．用一根树干掏空在底部做龙骨，龙骨以上用木板加高形成船体，中间有横梁加固。

龙骨塑性

龙骨需要选用直的硬木。

固定龙骨

龙骨需要被斜着弯曲形成弧度，所以龙骨的中心点与它的中心线是偏离的。

龙骨偏心的原因，是为了抵消行进过程中，浮架在一侧形成的减速力，这种减速的拉力会使木舟始终偏向一侧而转圈。龙骨向浮架方向的偏心，可以让木舟偏向另一个方向，从而抵消拉力，让木舟可以直接向前方行驶。

建造得好的木舟在浮架与水面齐平时，给一个推力它就会完全笔直地向前移动。

船首的造型

船首要选用弯曲度基本相同的两根树干。

首先打磨成切面大致呈三角形。然后就由造船老师傅自己一个人，万分小心的，将其加工成以下形状。

可用的工具只有一把扁斧和一根木锉。锉子是用经过处理的鳐鱼皮绑在木手柄上制成的。

船首的固定

它是通过用三股线拧成的绳分两次与龙骨捆绑在一起的，龙骨和船首二部有凿孔。填缝使用的密封材料是露兜树的树叶通过咀嚼柔软后浸泡在椰子油中或树木的树胶。

建造船体

现在要做的就是在连接好的龙骨和船首之上，建造船体了。与中国和欧洲造船的方式相反，工人们先加工船体的木板，再完成内部的骨架结构。

首先从船体中间的木板开始安装，然后从中间往两边推进。

波利尼西亚的木匠将船体不同部件组合在一起的捆绑方式也分为两种：

第一种方式是直接在木板两侧边缘打孔，然后用绳子穿过圆孔捆绑在一起。通过在两块板之间放入竹片或者质地较有弹性的木块，加强水密性。

另外一种是在船体内部缝合，也就是说每块木板在加工时，就在四周边缘预留了一条朝向船体内部的凸起，在这条凸起上打孔捆绑，所以从船体外部是看不见的。

不管使用的是哪种方式，船体上的每个开孔都会被打入木榫，接缝会被填塞，内部另有木框架加固。

建造内部船架结构

在这个阶段船体两侧的船板都还比较灵活，只是被缝合在了船首和龙骨上。在安装骨架结构之前，需要把船体木板调整到最终想要的形状。这一工序由造船的老师傅亲自监督，由工人从内往外推船板，达到需要的形状后从内部调整固定。

然后结构木条打磨成需要的形状，在两侧分别放置，每两条之间相隔20英尺左右，最后缝合在船板上。

浮架

– 表示的是主船体与浮架间的高度和位置关系。

– 连接船体与浮架

– 浮架和连接杆之间的连接

– 为了保证牢固度，浮架和连接杆之间的连接方式。

在基里巴斯

为了保护建造木舟的木材，人们用沸腾的椰子油一层又一层的刷在船体上，并用力摩擦。下水对于造船的老人来说，是一件紧张的事，因为木舟是要用来捕鱼的，所以它的初次航行必须不能惊动鱼。在吉尔伯特群岛，人们相信鱼儿在近海有它们的侦察兵，窥探观察渔民的举动，一旦有木舟运到海边准备下水，它们就会通知自己的伙伴多加小心。但如果木舟在夜晚下水然后系泊，那时候侦察兵们都已熟睡，就不会警觉。

所以要等到夜幕降临的时候木舟才能下水。当下水的时刻逼近，老人会轻声念着咒语，保佑木舟平安顺利。他会突然抬高嗓音，大声念起咒语。

三遍以后，老人拿起三个青色的椰子放入船中，船头船尾各一个，中间一个。这几个椰子整夜都会留在船上，给巡视的神灵作为食物。如果神灵没有食物而饿着离开，就会吸走木舟的能量。于是，在璀璨的星辰下，木舟被静静地抬到海边。木舟会抛锚靠在岸边，直到清晨。

船帆

任何一种船帆设计也必须妥协。

船帆形状

在南岛语族的海洋文化中存在很多种形式的船帆，人们也就对此产生疑惑和争论，想知道哪一种才是最古老的。

由于人类学家经常把技术的传播看做是分析文化起源的方式，所以这方面的疑惑就让人在文化起源的问题上有些分歧。

Adrian Horridge 在他的《巴里、马都拉、印度尼西亚浮架木舟》一书中，认为南岛语族最原始的船帆是一种三角帆。太平洋上的其他风帆形式都是由它演变而来。

另一个人，Edwin Dorran Jr. 在《南岛语族木舟起源》一书中，将南岛语族的主要船帆形式归纳总结为 9 种。

9 种分类又分成 3 大类

– 蟹爪形帆

– 斜桁帆

– 肋杆纵帆

– 斜桁帆是非常简便而且有效的方式。对于小船来说，不需要竖杆，而且这种可以旋转的船帆装置受力中心很低。在不使用时，通常这根矮桅杆和斜撑帆杆可以收入船内。斜撑的帆杆配较大的船帆。

– 肋杆纵帆：就像方形帆一样，它是从上方的斜桁上挂下来，不同的是，升降索并不是系在斜桁的中心，而是靠近它的前端。

每次木舟抢风行驶时，整个船帆和斜桁都要被拉到桅杆迎风的这一面来，这个动作需要把船帆稍稍降下再重新升起，要求快速和协作。因此，这样的船帆通常被用在需要长距离在同一方向上抢风行驶的船只上。

A. 大洋洲的斜桁帆

让我们从大溪地最普遍的蟹爪形帆开始讲。

Dorran 认为蟹爪形帆是大洋洲基本的斜桁帆的一种极端形式。

David Lewis 把它叫做“倒三角帆”，把它列入爪形帆内，标注“带有深深向内弯曲的自由边”。

B. 双斜桁帆

仅存在于印度洋的某些地区。这种形式的船帆没有桅杆。两根斜桁分别只是固定住了长方形船帆的一角。它也可能是所有南岛语族斜桁帆中的古老的祖父级人物。

C．普通斜桁帆

有些斜桁帆有下方的帆桁，有些则没有。与欧洲的斜桁帆形式基本一致。

D.E.F 大洋洲斜桁帆

D 和 E 的区别只在于后斜桁的角度，如果角度够大偏于水平，我们就可以把后斜桁成为 boom，也就是帆下方的帆桁，列作 E.

D 型则如下图，是目前为止最为普遍的形式。

F．起重机型斜桁帆

Dorran 坚信这并不是三角帆的一种变异形式。这里介绍的其他几种船帆形式都是适合抢风行驶的船帆，而这一种，是太平洋上著名的 shunting rig. 多了一根斜杆，底部可以活动,根据风向固定在船的前部或者后部,让木舟可以直接向前行驶而不需走“之”字形路线。

有的木舟的右侧搭出了一个平台，有人坐在上面，也可以堆放货物，与浮架形成一个重量平衡。

G．长方形下方带帆桁的斜桁四角帆

H．正方形下方带帆桁的斜桁四角帆

I．梯形下方带帆桁的斜桁四角帆

Dorran 认为以上这三种船帆非常相似，不同的船帆形状实际上的区别也很小。我们在分类的名字上每次强调“下方带帆桁”是为了区别于其他不带帆桁或者带有压条的船帆，比如古代中式的船帆。

船帆的材质

在古代，船帆是用露兜树叶子编制成的。

树叶首先要浸泡在海水中，然后在太阳下晒干，再浸泡再晒干，一周内如此重复多次。接下来需要用表面光滑凸圆的木杵敲打，直至树叶变得柔软易弯曲。在这时候，可以很容易地把外层表皮剥离。

用树叶斜纹编织，叠成双层做成船帆，在边缘处锁边以加强牢固度。

然后就可以缝合在一起了。缝合用的线是用露兜树根部纤维丰富的部分搓成的。

这样的船帆质地轻盈，如果用椰子油好好保养的话，可以有很长的使用寿命。不过一旦翻船的话，就需要尽快把船帆晾干。

船帆是用树叶交织以后用线缝在一起的，然后用绳子缝边。

寻根之路木舟的设计

我们刚才看到了古木舟的主要设计特点。

运用研究“年龄分布”的方法，我们可以假设，在欧洲人到达之时，太平洋上各岛在船体形状、船帆形状和建造技术上的相似性，应该是在远古迁移时期从当时的文化中心辐射出去的，这些相似性可以被认作是古代木舟的特点。

人们认为当时的大迁移是通过双体木舟完成的，但是在那些伟大的航行之前，勇敢的航海家们已经对面前的大海开始了探索。

这些探索可能是通过50尺的木舟或单体木舟完成的。

参照这些古木舟的特点，我们认为重新复制出性能良好的单体浮架木舟是可能实现的。

“寻根之路”的木舟也就是这样诞生的。

寻根之路木舟的建造图

Kenneth Emory翻阅了所有记载木舟的早期图例和其他资料，列出了在广大太平洋地区最具相似性船体和船帆图，从他们的相似性，可以推测这些可能是最古老久远的形式。这些元素都被加入了我们的设计理念中。

根据我们对太平洋里汹涌海浪的经验，水线长度55～60尺似乎是最适合的长度，可以应对汹涌的大浪也可以相对容易地从波谷中驶出。Emory也认为这是18～19世纪在图阿莫图和大溪地诸岛长途航行木舟的平均尺寸。

对于更大型的木舟，航行时拼合板之间的受力会大得多。

O Tahiti Nui Freedom

形式：1个主船体，1个浮架，2根连接杆

船帆：mixed fore-and-aft + jib

尺寸：

主船体长15.25米／50尺

浮架长14.5米／47尺

载员6人

跨洋的浮架木舟是参考大溪地一张由海军上将帕里斯1820年绘制的古老图纸。

我们与NG Yacht Design设计师紧密合作，根据海事局的规范和标准，重新绘制了木舟的内部结构图，外形仍然采用帕里斯上将的图形。

我们的木舟用木板和环氧树脂建造而成，重量轻，速度快而且不可沉，符合一级船只标准。

关于这条木舟，我们做出了一份完整的建造报告，包含重量、稳性、结构分析和流体静力学数据、浮力测试、发泡图、工程图等，我们把这份完整的报告送给了沿途的政府和相关协会，希望为传统造船和现代海事标准间的两难提供解决方案。

下风板

下风板是中国的发明，帮助没有龙骨的船只在迎风行驶时减少横漂，这个发明从来没有传到波利尼西亚，但是波利尼西亚的木舟在需要的时候，会让水手在下风侧排成一排，握住船桨，以取得同样的效果。这样做需要很多体力，但是在迎风时可以增加 10 度的舵角。

在风暴中生存

当风暴逼近时，必须把船帆降下，有时候甚至需要把甲板上的遮蔽棚也丢弃，以减少受风力，还要抛锚拖出很长的绳索。据说在夏威夷人们曾经使用牢固的篮子代替船锚。

在必要的时刻，需要小心的让木舟没入海中，这一行动在现代人的头脑中也许觉得不可理解，但在密克罗尼西亚地区仍然被广泛使用。木质的船体可以提供足够的浮力，因此，船员们可以踩在没入水下的木舟上，只把头和肩膀露出海面。

由于几乎全部在水面以下，木舟不会在风浪中到处漂移。对于航行来说最重要的，也就是木舟不会顺风滑走，而是能保持大致位置不动。

风暴过去以后，船体可以重新露出水面，继续航行。这时候如果能有额外的漂浮物，就可以帮助抬高船舷边缘，到有足够的干舷以后，便于将木舟复位。在古老的木舟上，椰子除了作为水源和食物之外，也可以用作额外漂浮物。椰子和其他货物，会被装在网袋中固定在船体内。

太平洋中波利尼西亚人的迁移历史

凯达布[1]　易立亚·奥蒂诺[2]
1. 法属波利尼西亚大溪地独木舟协会会长
2. 中国—法属波利尼西亚友好协会会长

波利尼西亚人的祖先完成了在人类历史上独一无二的一次探索，从大陆出发，进驻到世界上最大洋面的中心地带，到达了距离亚洲和中美洲两万公里的岛屿上。从那时起，这片大洋就成为了交通交流的重要枢纽。

太平洋地区从文化上划分通常被分成三个区域：密克罗尼西亚、美拉尼西亚和波利尼西亚。但从语言和考古学上分析，只有波利尼西亚人具有可识别的共性，即"只有波利尼西亚地区内的文化是紧密关联的，可以表明共同经历的迁移历史。"①所有已知的波利尼西亚文化都有一个共同的源头：亚洲，文化遗产也可谓一脉相承。

关于波利尼西亚人的起源问题，两个世纪以来一直存在很多争议，主要有三种假设，分别认为波利尼西亚人来自美洲、亚洲或者就是本土特有族群。1947 年，人类学家海尔达尔用 Kon　Tiki 号木筏从南美洲到波利尼西亚图阿莫土群岛的航程，提出波利尼西亚人来自美洲的观点。他用生长于南美洲的树木的树干，捆扎成木筏顺着洋流的方向前进，这种观点立足于大洋学，认为有利的洋流方向易于航行。第二种假设由 Forster 于 1778 年提出，他曾亲身参与了库克船长的第二次航行，他认为在现在的波利尼西亚地区，曾经存在一块大陆，后来沉入大海，只有山顶露出海面，形成了现在的各个岛屿。Froster 的这个理论得到了美国考古学家默仁侯特的大力支持，两人论点的基础都是波利尼西亚人依靠独木舟不可能长途航行，而且他们对航海的认识极其有限，无法在南太平洋信风横行的复杂环境中生存。随着现在考古学、语言学和基因学研究的深入，波利尼西亚人源于亚洲的理论被进一步证实，这也成为当今被各界广为接受的观点。

在这一页上，我们可以追溯波利尼西亚人从亚洲大陆出发以后，如何从打猎和采摘过渡到与海洋为伴的过程，并且最终能够驾驶木舟进行远距离航行。我们可以把波利尼西亚人的祖先向东迁移进入太平洋的过程，描述为一个语言转变、工具变化和航海技能的充实过程。这就是波利尼西亚人迁移进入并定居波利尼西亚三角地区的简单阐述。

太平洋岛屿文化的起源[②]

从狩猎、采摘到航海

从 55000 年到 35000 年以前的地球第四纪冰川的更新世开始，居住在现印度尼西亚某些地区的靠狩猎和采摘为生的人类部落，开始穿越近百公里宽的海峡，来到莎湖陆棚：这块将现在澳大利亚、新几内亚和塔斯马尼亚岛连成一体的大陆。他们在此居住的那段时间海平面很低，我们至今发现的最早的太平洋上人类的航海足迹是在新几内亚，可以追溯到公元前 53000 多年，其他还有在其东北方向的邻岛上，约公元前 33000 年，以及澳大利亚，约 50000 年前。

要正确评判这人类历史上这一次里程碑式的海上航行的意义，需要回溯到远古时代的状况，要知道根据在克里特岛和塞浦路斯的考古发现，人类仅在 8000 年前才开始进驻的地中海的岛屿，而塞浦路斯距离大陆的距离仅为 80 公里。

而早在几千年前，从爪哇岛到新几内亚和澳大利亚一线的岛屿上，就已经有人类的足迹了。在这个时期人类对自己的看法发生了很大改变，包括对死亡和对环境的态度。也就是在这个时期，人类开始了种植作物和驯养家畜。

“新石器时代”的新几内亚居民开始“开垦”土地，帮助野生的可食用植物的生长并帮助其繁殖。他们根据不同植物对湿度的需要，发明了不同的排水和灌溉技术，从考古学家在土地上的发现推断其年代在公元前 7000 年。这可以说明越来越多的人开始进行耕种。在亚洲的居民也同样，根据自己居住地的纬度和自然条件，开始种植黍类和稻米，在南方的人类居民开始种植块茎作物，此作物今后在太平洋地区变得尤为重要。由此，在新几内亚，中国大陆、中国台湾、菲律宾和印度尼西亚东部范围内的地区，人类逐渐学会种植，在后来的迁移过程中将不同的作物带往各地，并使其逐渐适应新的环境。而即使这些部落的人类已经学会种植和圈养家禽，他们还是希望离开探寻新陆地。在新几内亚海边的居民开始穿越海洋往返于周围的岛屿。

也就是这样人类开始逐渐定居到巴布亚新几内亚的新不列颠岛、新爱尔兰岛，所罗门群岛的部分岛屿，

波利尼西亚人祖先（先波利尼西亚人）的诞生地

至于波利尼西亚人的祖先的起源地，根据现有的考古学和语言学研究成果，应追溯到遥远的中国内地的东南海岸，特别是台湾省，在六七千年前有一个分支，他们的语言属于南岛语系，生活习性方面，他们同样通过敲打树皮制成布料，制作陶器，捕鱼，并且也使用同样的浮架独木舟。他们学习种植和圈养家畜，在它们的陪伴下完成历经千年

的迁移。他们对越来越广阔的海洋和散落其中的岛屿渐渐了解并熟悉，并不把海洋当做陆地世界的边际和前进的障碍，而是把它当成另一个完全不同的世界。海洋成为了一种生存方式，成为了交通方式，一种发现或是一种生活。通过这一次跨越大洋的迁移，由西至东，他们一代一代繁衍，他们不仅是水手，也是渔民、猎手、农民、战士、手工业者、艺术家……他们在太平洋的大量岛屿上定居生活。

在接下来的几千年里，他们逐渐穿越越来越宽广的海洋，在4000年前深入到了西太平洋。根据对他们语言的研究，我们知道他们的生活中已经有了芋头、薯蓣、甘蔗、猪、狗和鸡，然后再慢慢加入面包树、椰子树和香蕉树等。考古学家的发现表明，公元前2500年，在所罗门群岛北部，俾斯麦群岛、阿德莫勒尔蒂群岛和巴布亚新几内亚东北部之间的地区，曾经混居着不同文化的种族。这个地区内不同文化的接触与碰撞，形成了我们今天称之为Lapita的文化，覆盖整个美拉尼西亚地区并且一直延伸到波利尼西亚西部。

西波利尼西亚的居民

有考古学家在西波利尼西亚地区发现了大约公元前1500年lapita的陶器，具体位于斐济、萨摩亚和汤加附近区域。几千年来各种文化相互交融，将语言学和考古学的研究结果放在一起分析，我们将得到这样的结论：密克罗尼西亚、美拉尼西亚和波利尼西亚人，他们祖先的生活方式具有相当的相似性。

1986年J.Garanger提出，无论是靠海生存的人还是在陆地生活的族群，都保持着与别的岛屿之间的联系。具体到生活习俗和习惯，他们之间存在很大差异，但这大部分是由于距离和长时间以来的演变造成的。时间和空间造成的差别，并不足以完全抹去同一种文化在深层的紧密关联，包括艺术表现形式、语言、技能、血族关系以及祖先在社会生活和宗教生活中的位置。

自公元前第二个千年的后半期，至公元前最后几个世纪的这段时期内，西波利尼西亚与其相邻的美拉尼西亚的岛屿上，不同群族的文化差别开始渐渐加大。大约到公元前500年前，波利尼西亚文化从混杂的Lapita文化中脱离出来，形成了单独的一支：在南岛语族中的波利尼西亚语的分支渐渐清晰，新的工具（扁斧，鱼钩等）、陶瓷的使用和新的社会关系等都标志着波利尼西亚文化的出现。

东波利尼西亚的居民

虽然岛屿之间的交流持续着文化、社会、血族关系和技能方面的联系，但在东波利尼西亚地区开始出现了一些特点。工具方面比如萨摩亚的扁斧，另外还有制陶技术的发展以及装饰图案的应用（一部分图案在整个东波利尼西亚地区都有应用，一部分只在个别岛上）。

由于族群间的争斗，某些族群日益强大。人口增加的压力、弱势族群没有足够的土地，或者是对广阔天地的向往，一部分人离开原先生活的地方去寻找新的土地，他们的旅程从近至远，最后一直延伸到太平洋东部。

地区沟通网络

对于他们是否能够只通过一次航行就到达新的岛屿定居的问题，还是需要再考虑一下。我们认为存在一个地区性沟通网络，群族的迁移是通过多次持续性的航行完成的，而其间，他们一直与这个沟通网络保持联系。由此这种文化也可以辐射到其他区域，根据希望的迁移方向，有选择性地与近邻和盟友建立联系。

这种通过社会纽带的联络方式可以追溯到非常久远的年代，是一种持久的传统交流方式，在美拉尼西亚的大陆型岛屿上非常普遍，是后来美拉尼西亚岛屿与西波利尼西亚之间海洋沟通网络的原型。这种有几千年历史的传统，20 世纪初在大洋洲的某些地区仍然常见。在史前阶段的后期，这种传统似乎在东波利尼西亚渐渐消减，但在这一地区的口述历史中仍然存在。

自然现象

各种自然因素可能也成为迁移的助力，比如洋流、海风、甚至是一次重要的天文现象也可能被他们所用，因为他们习惯观察星空，根据星象航海。根据 M.A.Clark 的记述，一场超新星爆炸所产生的光，会持续几个月甚至一到两年，异常明亮耀眼的光团在白天都可以看到。又比如，罕见的西风和厄尔尼诺海流的结合也可以有利于长途航行，还有萨摩亚和马尔基斯群岛之间的“直接”联系。除去这些较为罕见的情况之外，从东方吹来的海风和信风让航行者们顶风前进，成为一项安全保障，在寻找新岛屿失败的情况下，他们可以由风带回他们出发的地方。

语言和基因遗传学

几十年来，大洋洲引起了研究基因和遗传学的专家的注意。各语言学家、考古学家和基因遗传学家关于波利尼西亚人的起源提出了多种假设，其中包括：

假设 1：波利尼西亚人的祖先来自中国台湾，当时的种植者使用南岛语，他们从陆地出发进入海洋进行迁移，沿途避开了与巴布亚语言使用者的接触，从沿途发现的有装饰图案的陶器文物判断，他们的确经过了此区域。从基因学上考量，他们的线粒体 DNA 数据也符合了这一假设。

假设 2：在南岛语族和巴布亚人之间有过一些接触，波利尼西亚的祖先慢慢迁移进美拉尼西亚，然后再前往太平洋其他区域定居，Y 形染色体的研究结果可以支持这一假设。

南岛语系[3]

南岛语系中包含约800至1000种语言，将数量这么庞大的语言种类归入同一语族，是比较特别的情况，并且这些不同语言的使用区域绝大多数是在远离陆地的岛屿，就连各个岛屿和岛屿之间的距离也非常远。南岛语系区域的扩张在整个人类历史上都是罕见的，它自6000年前始于中国。

南岛语族在到达了菲律宾、婆罗洲、印度尼西亚、帝汶和摩鹿加群岛以后，开始定居在新几内亚和俾斯麦群岛的海岸沿线，那里在大约3500年前曾经是Lapita文化的发源地。经过较短的停留，他们又继续向人烟更加稀少的东方挺进（所罗门群岛，密克罗尼西亚，瓦努阿图，新喀里多尼亚，斐济和波利尼西亚西部），用了约800到1200年的时间，最终到达了大洋洲最靠近中心的岛屿（波利尼西亚东部，新西兰南部，夏威夷东北以及复活岛东部），并且向西到达了马达加斯加。

通过对这些语言的比较，可以列出一个较为详尽的关系表，将各种语言在语族中做出从属和分支的属性划分。

印尼语和波利尼西亚语之间的关联在很早的时候[4]就已经建立起来了，但是将形式更加多变、发音更加复杂的美拉尼西亚语也纳入南岛语族，却是很长时间以后。

南岛语族主要有两个分支：

其发源地——中国的方言

马来西亚——波利尼西亚语和它最为庞杂的大洋洲分支：囊括了美拉尼西亚地区语言（大约350种）和波利尼西亚地区（40多种）以及密克罗尼西亚地区（20多种）的所有语言，使用者总共超过三百万人[5]。

历史语言学家确认了这些语言之间的关联以后，在其之上重建了，或者说假定了一种最初的语言形式，并且在南岛语系庞杂的分支中间整理出了分支和从属关系的线索。同时，通过整理和重组，不同语言中的共同词汇也让我们对当时生活的地理环境、物质生活和最初的社会结构有了新的认知。其中可以确定，这个语族的原始使用者同时靠捕鱼和种植为生。

近期的考古发现（在俾斯麦群岛北部，发现了原始植物残留：种植作物的种子，淀粉痕迹和工具上残留的晶体；以及陶器残片、贝壳、鱼刺、海龟骨、贝壳制成的鱼钩等）符合语言学研究得出的结论，并且证明了Lapita文化是种植和海上生活的卓越技能的结合。

传说

世代口口相传的传说，体裁丰富多变，包含内容广泛，其中对当地风俗有非常详细确切的描述，有些甚至确凿的指出古代事件发生的地点和年代。因此，考古学家、人类学家、历史学家和语言学家们，对此都展开了研究，使传说成为各领域共同的丰富题材。

大洋洲的大部分语言只有口述形式，没有文字。19 世纪开始，传教士到达各岛之后，开始教原住民用文字记录语言。之后语言学家们又尝试推行更加严格的书写方式，以语音为基础对拼写进行规范，取得了一些成果，但古老的习俗总是难以改变。

航行

航海技能

最初的波利尼西亚航海者没有工具也没有海图，在航行中完全凭借对日月星辰和风向的判断。他们可以根据海浪的方向，海水的颜色，海里植物的碎屑，鲸鱼、鸟的种类来估算离陆地[⑥]的距离。船上有专门观察星象的海员，可以用星座位置来定位他们要去的目的岛屿。之后，他们经由的航海路线通过口述或歌曲的形式代代相传。

航行分为两个阶段。最初木舟先出去探路，寻找适合居住的岛屿，找到以后水手们根据星星记住岛屿的方向，然后返程去接自己的家人，带上动物和植物再重新出发回到要定居的岛屿。这样的航行应该持续了几个世纪之久，随着船只建造工艺的逐渐完善，食品储存技术的提高，每次航行的路线也开始越来越长。

风向和水流

关于波利尼西亚人迁移历史的争论长期集中在一个问题上，那就是波利尼西亚人远距离海上航行的能力和可能性。那些最初到达波利尼西亚的欧洲人在亲眼目睹了当地的大型木舟和船长的航海技术之后，坚定不移地相信他们是经过有准备有意图的航行来到此地。

但是在 19 世纪初，波利尼西亚祖先传统的独木舟建造技术以及航海技能几近失传。20 世纪中期，研究人员提出假设：波利尼西亚人在大海上随着风向和水流方向航行，中途偶然路过一些岛屿，然后定居下来。

Levison(1973) 利用美国船只水道测量获得的数据材料，模拟了太平洋上特殊位置的风向和水流方向。在 101016 次测试中，如果说自东向西方向（正是我们此次航行的方向）的漂流还可以成立的话，要靠漂流而不是由准备有意图的航行反向往东移动就是不可能的。同样，他模拟的 16000 次测试也证明，从波利尼西亚中部或东部靠漂流到达夏威夷也是不可能的。

工具

在欧洲人带来金属之前，种植者和渔民们用的工具都是用木头和岩石做成的。贝壳和珊瑚也可以被加工成各种日常工具如横口斧，半圆凿，削皮刀，砍刀和鱼钩等等。

食物

航海者们在船上准备了植物和动物，要带到新的岛屿上去繁衍，除此之外，他们还带了品种丰富的食物储备，有些是新鲜的，另外一些为了便于保存已经晒干或者煮熟。其中包括叶子（既作为水源又作为食物），香蕉、富含糖分的植物根茎、半发酵的面包树果，还有露兜树的果实和鱼干以及新鲜捕到的鱼等。

淡水被储存在葫芦中。

这样，重要的食物和草药被带到到各个岛上，家畜如狗、猪和鸡也都被带到新的岛屿上。

捕鱼

渔民们在海上捕鱼，其他人就用一种沙炉烤鱼。某些大型木舟上甚至配有真正的烤箱，可以同时烤几头猪。鱼线由每个渔民自己手工制作，通常用山谷中的灌木树皮或者椰子壳里面的植物纤维，搓成三股再编织而成。鱼钩通常是用珍珠贝的贝壳经切割后，再用珊瑚做成的锉刀或海胆刺打磨成型。鱼钩的形状根据要捕的鱼的不同而有变化。用贝壳制成的小鱼钩用在浅水中捕鱼，而在暗礁以外较深的海域捕鱼时，就用木头制成带倒刺的大鱼钩。在深海捕鱼时，船头会装一根活动的长杆，用活饵垂钓金枪鱼。或者在较短的竹竿上系上短鱼线，挂上一个带刺的用贝壳刻成的鱼饵，一头粘上一些猪毛以模仿小鱼在海里的形状。这种类型的鱼饵一直沿用至今。捕鱼的渔网是用树皮纤维编织而成，这种渔网在整个波利尼西亚应用广泛。

著名的航段

2008 年至 2009 年著名的“Lapita Voyage”，顺着所罗门群岛从东到西北，至新几内亚北部海岸，然后从横穿马鲁古群岛到达菲律宾。

波利尼西亚三角地区人类迁移阶段概述

约 5 万年前，中国南方有人陆续穿越太平洋，他们的后代通过多次持续的迁移潮，成为太平洋最初的居民。关于大迁移时代的几个时间点：

公元前 5 万年，最后一个冰河时代到来，海平面高度低于现在高度 150 米之多。东南亚地区、婆罗洲、爪哇、菲律宾众岛、澳大利亚、斐济和所罗门群岛都可以通过步行到达，露出了海面，这也就可以对美拉尼西亚人的存在做出解释：他们不了解海洋，也不懂航海，但他们的领土一直延伸到新几内亚，也就是现在的巴布亚境内。

公元前 1 万年，地球变暖，海平面上升了 50 米，使得澳大利亚和塔斯马尼亚和其他岛屿被与陆地隔离开来，中国海域和日本海、西里伯斯海上的众多岛屿也是那个时期形成的。至今发现人类最早的农业证据可以追溯到8000年前，那段时期这些地区人口较为密集。

公元前4000年，台湾海峡形成。原始大陆人向大海迈出的第一步就是从大陆坐着浮架独木舟穿过台湾海峡。逐步熟练掌握航海技能之后，他们驾驶浮架独木舟到达了菲律宾、印度尼西亚和新几内亚。路途中他们用从陆地上带来的根茎植物充饥（芋头、薯蓣和各种香蕉），在他们居住的区域，这些食物在冰河世纪时期也没有消失。也是这同一族人，从他们的本源——中国南方大陆出发，一直到达马达加斯加，波利尼西亚和遥远的复活岛。浮架木舟在以上所有这些地方都有出土，并且都带有南岛语族的文化相似性和语言相关性。

公元前2000年，在斐济、汤加、新喀里多尼亚、瓦努阿图、巴布亚新几内亚，美拉尼西亚人和南岛语族混居，渐渐形成了先波利尼西亚人。

公元前1500年，这些先波利尼西亚人，都属于我们说的Lapita文化，从斐济出发，到达汤加和萨摩亚，在那里建立起了强大且有序的社会体系。

公元前500年，他们又继续扩展，在到达马尔济斯群岛以后向外散开，北至夏威夷，东到复活岛，西南至新西兰。

结论

作为总结，我们刚才回忆列举了一些表明波利尼西亚人起源的证据事实。要列举这一族人在几千年来取得的技能和能力是非常重要的。近几十年来，人们根据传统和原始形态重建木舟，探讨并重走波利尼西亚人祖先的足迹，证明了木舟并不是只能顺风航行，而是可以去我们想去的任何方向。在这些重建的木舟中间，值得一提的除了有著名的夏威夷双体木舟Hokulea之外，还有大溪地的“寻根之路”号。

注释：

① “On the Roads of the Winds – an archaeological history of the Pacific Islands before European Contact », University of California Press, 2000, Patrick Kirch (page 211).

② «Hiva Oa – images d’ une mémoire océanienne », Département Archéologie (Centre Polynésien des Sciences Humaines),1991, Pierre Ottino et Marie-Noëlle de Bergh-Ottino (page7-11)

③ From documents of Ms. Claire Moyse-Faurie.

④ 17世纪到18世纪，欧洲各大航海家，如西班牙的托雷斯（Luis Vaez de Torres）和吉洛许（Pedro Fernandez de Quiros），荷兰的塔斯曼（Abel Janszoon Tasman）、勒梅尔（Jakob Le Maire）和斯考滕（Willem Schouten），法国的布甘维尔（Louis-Antoine de Bougainville）和佩鲁兹（Jean Francois de la Perouse），以及英国的瓦利斯（Samuel Wallis）和库克船长（James Cook），在他们穿越太平洋的航行中，记录下了一系列从岛屿居民那里学来的词汇。

⑤ 其中一部分，比如萨摩亚语，汤加语和斐济语等有大约十几万人使用，其他大多数语言都只有几千人，一些语言已经面临消失的危险，甚至有一些已经在近几十年内完全消失。

⑥ 1976年从一条重建的双体独木舟进行了自夏威夷出发前往大溪地的航行实验，结果显示这类木舟是可以逆风航行并且控制航向的。如果独木舟不能逆风航行，或者只能顺风漂流的话，很可能在欧洲人到达波利尼西亚之前根本没有人能迁移至此。

BIBLIOGRAPHY

- Bellwood, Peter. Man's *Conquest of the Pacific – The Prehistory of Southeast Asia and Oceania*, New York Oxford University Press (1979)
- Carroll, R. & Y.Sinoto. *Huahine – Island of the Lost Canoe*. Honolulu: Bishop Museum Press (2005)
- Carter, Georges. *Plants across the Pacific*. Memoirs of the Society for American Archaeology #9 (1953)
- Chang Kwang-chi. *A working hypothesis for the early culture history of South China*. Bulletin of the Institute of Ethnology, Academia Sinica #7 (1959)
- Chang Kwang-chi. *Chinese prehistory in the Pacific perspective*. Harvard Journal of Asisatic Studies, volume 22 (1959)
- Chang Kwang-chi. *On the Polynesian complexes in Formosa*. Bulletin of the Institute of Ethnology, Academia Sinica #3 (1957)
- Ekholm F. Gordon. *A possible focus of Asiatic influence in the late classic cultures of meso-america*. Memoirs of the Society for American Archaeology #9 (1953)
- Ekholm F. Gordon. *Is American culture Asiatic*? Natural History, Volume 59 #8 (1950)
- Ekholm F. Gordon. *The new orientation toward problems of Asiatic-American Relationships*. New Interpretations of Aboriginal American Culture History, Volume of Anthropological Society of Washington (1955)
- Estrada Emilio & Meggers Betty. *A complex of traits of probable trans-pacific origin on the cost of Ecuador.* American Anthropologist. Volume 63 #5 (1961)
- Garanger José, Les ancêtres lointains, in Encyclopédie de la Polynésie, Gleizal/Editions de l'Alizé, 2nd edition (1986)
- Haddon & J. Hornell, *Canoes of Oceania*. Honolulu: Bishop Museum Press (1975)
- Heine-Geldern Robert & Ekholm F. Gordon. *Significant parallels in the symbolic arts of southern Asia and middle America*. The Civilizations of Ancient America. 29th International Congress of Americanists, Volume 1 (1947)
- Heine-Geldern Robert. *Chinese Influence in Mexico and Central America : the tajin style of Mexico and the marble vases from Honduras*; *Chinese influence in pottery of Mexico, Central America and Columbia; Representations of the Asiatic Tiger in the Art of the Chavin culture : a proof of early contacts between China and Peru*. 33rd Congresco International de Americanistas, Costa Rica (1958)
- Heine-Geldern Robert. *L' art pré-bouddhique de la Chine et de l' Asie du sud-est et son influence en Océanie.* Revue des Arts Asiatiques, Volume 11 # 4 (1937)
- Heine-Geldern Robert. *Un nouveau parallèle entre l' Amérique du sud pré-colombienne et l' ancienne Asie du sud orientale*. Miscellanea Paul Rivet, Ocogenario Dicata #2, Mexico (1958)
- Heyerdahl Thor. American Indians in the Pacific: The Theory behind the Kon-Tiki Expedition. George Allen and Unwin, London (1952)
- Heyerdahl Thor. Kon-Tiki: Across the Pacific by Raft. Rand McNally New York (1950)
- Highland,A., R.Force, A. Howard, M.Kelly & Y.Sinoto, eds. *Polynesian Culture History – Essays in Honor of Kenneth P. Emory*. Honolulu: Bishop Museum Press (1967)

- Jennings, Jessie. *The Prehistory of Polynesia*. Cambridge: Harvard University Press (1979)
- Kellum, Marimari. *Trans-pacific Asian-America Contact.* Inédit (1962)
- Kirch, Patrick. *On the Road of the Winds – An Archaeological History of the Pacific Islands before European Contact*. Berkeley: University of California Press (2006)
- Ling Shun-sheng. *Formosa sea-going raft and its possible origin in ancient China*. Bulletin of the Institute of Ethnology, Academia Sinica #1 (1956)
- Ling Shun-sheng. *Tapa making in ancient China and its relation with the invention of paper.* Inédit
- Moerenhout Jacques-Antoine, Voyages aux îles du Grand Océan. Arthus Bertrand, Paris (1837)
- Ottino, Pierre & MN de Bergh-Ottino. *Hiva Oa - Images d' une mémoire Océanienne* (1991)
- Schuster Carl. *Joint-marks, a possible index of culture contact between America, Oceania and the Far East*. Royal Tropical Institute, Amsterdam (1951)

首届跨湖桥文化国际学术研讨会会议概要

2010年9月24～25日，由浙江省社会科学院、浙江省文物局、萧山区委区政府主办，中国博物馆学会史前遗址专业委员会、浙江省考古研究所、杭州市萧山区委宣传部、浙江省社会科学院跨湖桥文化国际研究中心、杭州市萧山区文化广电新闻出版局承办，萧山跨湖桥遗址博物馆执行承办的首届跨湖桥文化国际学术研讨会召开，来自德国、美国、日本、韩国等国家以及国内各省市的史前考古、文物保护、博物馆学、舟船研究等学科的专家学者60余人共聚萧山美丽的湘湖之畔，从不同的学科领域，多视角解读8000年跨湖桥文化的精髓，大会收到论文20余篇。

浙江省社会科学院党委书记林吕建，浙江省文化厅副厅长、文物局局长鲍贤伦，萧山区领导谭勤奋、裘超、周红英、张爱莲、方毅、汤金友等出席学术研讨会开幕式。

专家们围绕“跨湖桥文化在史前考古和中华文明起源上的地位和价值”、“跨湖桥独木舟与世界舟船文化”、“遗址保护与旅游产业、文化创意产业发展”、“博物馆的展陈研究、管理和运行”以及“东南地区史前文化研究对比”等五大主题进行了精彩演讲，并围绕“跨湖桥文化的去踪”、“独木舟仅是艘内陆船，还是我国海洋文化的卓越代表？”、“遗址器物上刻划符号的解读”和“栽培稻是旱稻还是水稻？”等问题，专家们各抒己见，新论点迭出，讨论热烈深入。

最后，中国社会科学院考古研究所副所长、研究员陈星灿先生从三方面对会议进行了总结：一是会议的成功召开，为未来跨湖桥文化研究奠定了基础。现在跨湖桥文化吸引了越来越多学者的关注，在国外也具有一定影响，这是很好的开端，也是很好的延续；二是从历史的背景看，跨湖桥文化的发现是浙江继河姆渡文化发现后的又一次重大突破，奠定了长江文明源远流长的地位，标志着浙江史前考古走到了全国的前列；三是跨湖桥和上山文化的发现，带动了整个中国南方新石器早期考古研究的进展。同时，他还指出，虽然跨湖桥遗址首次发掘距今已二十年，跨湖桥文化的命名也已八年，但仅仅有了一个良好的开端，从学术的角度上来看，我们对跨湖桥文化的探究，方兴未艾，还有很多问题等待去研究、认识。因此，今后着重要做好三方面工作：首先是要保护好这一独特的、重要的宝贵文化遗产，才能提供长期研究；二是继续关注遗址周围的遗存，并加以保护和利用，它们是我们未来研究的基础；三是拓宽研究视野，加强多学科的合作，加强区域之间的合作，将跨湖桥文化的研究推向一个新的高度。

第二届跨湖桥文化国际学术研讨会暨舟船文化国际学术研讨会会议概要

随着第二届跨湖桥文化节的盛大启幕，一系列文化盛事在萧山逐步展开。2011年10月7日下午，舟船文化国际学术研讨会在杭州萧山跨湖桥遗址博物馆举行开幕式，会期两天，来自美国、英国、澳大利亚、法属波利尼西亚等国家，以及国内舟船研究、遗址与考古、博物馆等方面的知名专家学者100余人相聚湘湖，共同探讨交流独木舟文化的精髓。

研讨会由中国造船工程学会、杭州市园文局和中共杭州市萧山区委、杭州市萧山区人民政府主办，中国造船工程学会船史研究学术委员会、北京郑和与海洋文化研究会古船研制工作委员会、杭州市萧山区委宣传部、跨湖桥文化国际研究中心、浙江湘湖旅游度假区管委会、杭州市萧山区文化广电新闻出版局承办，杭州市萧山跨湖桥遗址博物馆执行承办。中国船舶重工集团公司原党组书记、总经理，第九届、第十届全国政协委员，中国造船工程学会理事长黄平涛，中国造船工程学会荣誉理事、海军少将郑明，中国文物报社副总编曹兵武，以及萧山区领导谭勤奋、裘超、周红英、琚朝晖、方毅、汤金友等出席，中共萧山区委常委、副区长琚朝晖主持开幕式。会前，国家文物局原副局长张柏在听取郑明介绍会议筹备情况后深以不能参会为憾，欣然批示“跨湖桥遗址独木舟是中华文明探源工程的重要内容，是中华民族先人对世界文明的重大贡献，希望深入研究给予科学评价”表示祝贺。

中共萧山区委常委宣传部长裘超在开幕式上讲话。她说，跨湖桥遗址的独木舟，像纽带一样把国际皮划艇马拉松邀请赛和舟船文化国际学术研讨会联系到了一起。舟船文化国际学术研讨会的举办，对进一步探索和挖掘跨湖桥独木舟的文化内涵，探讨东方远古文明与海洋的关系以及中华民族舟船史在整个人类文明中的彰显有着重大贡献，对国内外独木舟考古成果也是一次很好的交流机会。

中国造船工程学会理事长黄平涛先生致辞，他指出，浙江省是我国造船业发展最快的省份，2002年造船完工量仅有6.9万载重吨，但到2010年达到了1033.8万载重吨，8年增长约150倍，为我国建成第一造船大国做出了重要贡献。距今8000年历史的跨湖桥独木舟及相关遗迹，被专家认定是全国迄今发现的最早的独木舟，也是世界上发现的最早独木舟加工现场，对于研究人类水上交通史、造船史具有极其重要的价值。它的发现证明了中国船只起源于独木舟，它有力地证实了中国的船舶制造业不仅当今处于世界领先地位，早在新石器时代早期就处于领先地位。

学术研讨会上，来自舟船、考古等领域的专家学者各抒己见，开展了气氛热烈的学术交流。专家们介绍了中国现已出土、有初步考古成果的独木舟、相关木桨等，并对其起源历史与发展水平、制造工具、结构特征、技术价值、对当时人类文明影响等进行了深入探讨。国外专家专题介绍了世界古代早期出土独木舟的起源历史，与中国古代独木舟的异同，并对世界航海交往作用与影响进行了评析。

中国船史专家席龙飞教授提出，在跨湖桥、在中国，独木舟是用石锛制造的，从跨湖桥石锛到1000年以后的河姆渡有段石锛，是一种发展过程。有段石锛代表的中国海洋文明远播太平洋，影响所及不仅在我国东南沿海，对太平洋广大区域都产生了重大影响。

武汉船舶职业技术学院何志标副教授在发言中说，跨湖桥独木舟遗存的发现，填补了中国船史研究的重大空白，不仅为"独木舟在长江中下游和滨海地区形成于8000年前或更早"的论断提供了强有力的实物证据，而且还为进一步研究中国木板船最早出现的年代提供了新的线索。

中国造船工程学会荣誉理事、海军少将郑明在题为《跨湖桥遗址独木舟与中华海洋文明起源探讨》的发言中提出，独木舟是世界古代文明的重要标志、中华独木舟遗存是丰富而悠久的，独木舟的制造成功，是人类历史上的一件大事。有了独木舟，人们的活动范围扩大了，以此可以跨越水域，开拓新的天地，促进了生产进一步发展。独木舟为人类进一步认识自然、改造自然提供了有效的工具。较完整的独木舟和具有造修独木舟作坊特征的遗迹，在中国是唯一的，而在世界上可能也是仅有的，年代又最为久远。这令人信服地证明，中华独木舟不仅发明的早，而且应用的早，在人类江海交往的历史中，在公元前6000年吴越先人已为世界做出中华民族的特殊贡献。因此，她不但是浙江的珍贵文化遗产，更是我们中华民族的宝贵财富。

最后，中国文物报社副总编曹兵武先生从六方面对会议进行了回顾和小结，他说，与会专家围绕六大方面内容进行了交流研讨：一是交流了杭州地区最新发现独木舟的情况；二是独木舟保护、现场处理及展示等内容；三是对独木舟深入的研讨，独木舟类型学的比较和归类；四是航海技术和航海文化，加深了对独木舟的认识；五是交流了独木舟的文化现象；六是南岛语系的起源与东南地区特别是新石器时代早期文化内容、要素的比较。他说，此次大会提供了研讨的机会和对话的平台，材料丰富、信息大，研讨有深度、有广度，对推动和加深跨湖桥文化和航海文化交流与合作具有重要意义。他希望，会后大家要继续加强联系和交流，促进多学科多领域的合作，加强研究成果的宣传，推进跨湖桥文化、海洋文化和舟船文化的进一步研究。

后　记

国运昌盛，文化昌盛。跨湖桥遗址博物馆的建成开放，见证了萧山文博事业的大繁荣、大发展，也为大遗址的保护和研究提供了展示和实践的平台。

跨湖桥遗址博物馆从到呱呱坠地到蹒跚学步的三年里，全馆人员播种于斯，收获于斯，奉献于斯，欢乐于斯，用热情和梦想，创新和探索着跨湖桥文化的研究方向和思路，在区委区政府的重视支持和区文广新局的领导下，成功举办了两届跨湖桥文化国际学术研讨会，邀请到海内外专家学者相聚萧山，共同研究、探讨和解读跨湖桥文化。

本文集收录了两次跨湖桥文化国际学术研讨会的征文，涉及的研究领域广泛而丰富，包括考古学、文物保护、舟船文化和船史研究等方面，理论研究与技术探讨兼具，宏观与微观并存，并将英文文稿译为中文，为使读者了解会议概况，书后还附录了两次会议的概要。论文集共收录了40篇文章，约50万字，其中不乏重量级专家的精耕之作，题材新颖、论点精湛、研究深入；也有从征文中选编的与主题相关、有一定建树的论文；还有部分新人新作，带着清新的探索气息，使这本文集显得气象万千，相映成辉。

跨湖桥文化国际学术研讨会得到了中国造船工程学会、浙江省社会科学院、浙江省文物局、浙江省考古研究所、杭州市园林文物局等单位的指导和大力支持，中国博物馆学会史前遗址专业委员会、中国造船工程学会船史研究学术委员会、北京郑和与海洋文化研究会古船研制工作委员会为会议的举办做了大量的工作，文物出版社对文集出版给予了很大的帮助。

今天，值此论文集付梓之际，我们向给予跨湖桥文化研究极大支持的单位、机构和各级领导，特别是对黄平涛先生、郑明先生、林华东先生、陈星灿先生、曹兵武先生、张昌倬先生、蒋乐平先生以及所有为跨湖桥文化研究提供无私帮助的专家学者和所有参加会议的各界朋友们表示诚挚的感谢。另外，齐韶花女士、许路先生、王辛女士和陈阳女士在会上和文集出版中承担了许多翻译工作，在此表示衷心的感谢！

由于编者认识水平的限制，本论文集如有不当之处，敬请作者和读者斧正。

《跨湖桥文化国际学术研讨会论文集》编委会

2012 年 4 月